该书出版得到萃英文化发展（天津）有限公司资助

孔子研究院文库

第一辑

儒 学 新 诠

宋志明 著

人民出版社

总　序

张立文

　　"沧海万仞，众流成也"。无边无际的大海，由众流汇聚而成。1955 年中国人民大学成立哲学史教研室（包括中国哲学与外国哲学），教研室教员来自五湖四海和各大学，既有中外哲学史的专家，也有新进者，他们会聚一起，互帮互学，切磋琢磨，切问近思，终日乾乾；他们都有一种"文江学海思济航"的理想，尽管中外哲学史资料浩如烟海，哲思深奥，但都思奋力航行，为发扬中外哲学精华，以登更高境界。

　　1956 年中国人民大学哲学系正式招收本科生，系主任是著名的何思敬教授。1960 年我提前毕业留校，分配到哲学史教研室，室主任是石峻副教授，党支部书记是尹明同志。他（她）们分配我重点研究宋元明清哲学思想，通讲中国哲学史。系主任吴江同志要求哲学史教研室全体教员编写《中国现代哲学史》，为了便于相互学习、交流、探讨，在中国人民大学附属中学借了一个教室，集体办公，分配我撰写"梁漱溟乡村建设理论"，各人写就草稿，互相传看，并进行讨论，提出修改意见。教研室资料员江涛则配合搜集现代哲学家的思想资料，分册印刷。1961 年开始教学检查运动（检查讲稿、文章、课堂笔记中是否有修正主义观点），《中国现代哲学史》的编写就停了下来，接着中宣部要编写社会科学各学科的教材，哲学史教研室按各教员的专业分别参加中国哲学史与外国哲学史的编写，再也无空顾及《中国现代哲学史》编写了。

　　1969 年中国人民大学全体教职工分批下放到"千村薜荔人遗失，万户萧疏鬼唱歌"的江西余江五七干校进行脱胎换骨的劳动改造，1972 年回到北京，中国人民大学解散，哲学系、经济系等分到北京师范大学，北师大成立哲学系和经济系。1977年恢复大学招生，哲学系招收本科生，1978年中国人民大学复校。中国哲学史教研室即开始编写《中国哲学通史》，原计划有先秦、汉唐、宋元明清、近代、现代五卷，并携程前四卷稿件，由杨宪邦、方立天、张立文各统先秦、汉唐和宋元明清卷出版。

当前，由中国哲学教研室主任罗安宪教授提议、组织为每位教研室教授出版专著，得到教授们的赞同和支持，以展示教授们中国哲学科学研究成果，并得到人民出版社哲学编辑室主任方国根编审帮助，而呈现于读者座前。

回顾中国哲学教研室经知天命之年而到耳顺之年的艰苦、曲折、奋斗、日新的历程，有诸多值得我们继续传承和发扬的精神。

一是自强自立精神。中国人民大学哲学系哲学教研室成立之初，除个别原从事中国哲学教学与研究的教师外，绝大部分教员都是新进的同志，对中国哲学均需重新学习研究，总体力量比之北京大学哲学系中国哲学教研室和中国科学院哲学研究所中国哲学教研室要薄弱。1952年院系调整，全国各个大学院校的哲学系统统合并到北京大学哲学系，中国哲学教研力量大大增强，如冯友兰、汤用彤、任继愈、张岱年、朱谦之等。中国科学院哲学所中国哲学史研究室集中了一批老专家如梁启雄、容肇祖、王维诚、王维庭、吴则虞、王范之、王明、陈孟麟等。这对于中国人民大学哲学系中国哲学教研室的教员来说是很大的压力，同时更激起了中国哲学史教员的"天行健，君子以自强不息"的热情和信心。他们一方面兼顾学习，积极求教，虚心吸收，努力参与；另一方面认真撰写论文，展开学术讨论，如1957年中国哲学史方法论、谭嗣同思想以及后来的老子思想、庄子哲学、孔子思想、《周易》思想等的学术讨论。在学术交流中开阔视域，在学术讨论中提升认知，他们深知"跬步而不休，跛鳖千里，累土而不辍，丘山崇成"。腿有毛病的鳖，不断地迈着半步也能至千里之遥的目的地；不停累土，便能使小丘陵终于变成高高的山岭。经此自强不息、自立不止的终日乾乾奋进，最终成长为与北京大学中国哲学教研室、中国社会科学院哲学研究所中国哲学教研室鼎足而三。

二是勤劳坚毅精神。知己知彼，既知自己之不足，补救之方就在于"人生在勤，勤则不匮"。因而中国哲学教研室的教员都有"千淘万漉虽辛苦，吹尽狂沙始见金"的自觉意识。他们一方面为夯实理论功底，认真领会马克思著作原著和外国哲学知识以及文字音韵训诂功底，如听魏建功教授的课和请吴则宾研究员讲文字训诂课，又派人到佛学院进修佛学；另一方面，他们以"人生世上，寸阴可惜，岂可暑刻偷安"的观念要求自己，无星期天、无日夜，不偷安一刻地刻苦钻研中国哲学，真可谓一寸光阴一寸金地珍惜时间。他们作卡片，记心得，撰文章。即使在三年困难时期、饥肠辘辘之际，或认真备课，挑灯著文；在劳动之息，会议之隙，或捧书以读，或思考问题。他们胸怀"天将降大任于斯人也，必先苦其心志，劳其筋骨，饿其体肤，空乏其身"的坚毅意志，顽强地克服种种困难，而无怨无悔地献身于中国哲学。即使遭受个人主义、名利思想、资产思想为改造好等等的批评，也无碍他们为弘扬中华哲学而努力的激情。特别在"文化大革命"以后，更加激起了中国哲学教研室教授们为传承与创新中国哲学的勤思考、勤著书、勤立言、勤交流的行动，即以学问思辨及笃行的实践，来实现宏愿，为中国人民大学中国哲学教研室的发展作出贡献。

三是诚实正直精神。荀子云："君子养心，莫善于诚。"思诚为修身之本，亦是为人之道。自教研室成立以降，经历不断的政治运动，由于个人认知的差分，不免产生意见、观点的分歧，但都能以坦诚的态度相待，而无害人之心，亦无为争自己的利益而斗争不止的行为。尽管20世纪60年代初曾被认为是全校21个"疙瘩"之一，但迅速化解，和好如初。教研室的教师都能以真诚的态度教书育人，为人师表，诲人不倦，而受到表彰；教师之间，直道而行，周而不比，互学互帮，和而不同。"文化大革命"以后，教研室的教授们以极高的热情投入中国哲学的教学和研究，撰写了一批高质量的论文和专著，获得众多各种奖赏，也获得国内外学界很高评价。其诚实正直为人，其严谨深思为学，成为教研室教授们自觉的行为准则。

四是包容谦虚精神。中国哲学教研室教授之所以能以诚实正直的精神待人、待学，以客观同情的态度待古人、待史事，就在于心存"君子以厚德载物"的意志，这样才能"志量恢弘纳百川"。自古以来，由于时势的变迁、观念的转换、体认的差分、道德的转变，对各个哲学家哲学思想的评价、理解、诠释各说齐陈，以至对经典著作中某句某字的解释亦针锋相对，此种情况，可谓屡见不鲜。如何能够获得一种比较贴近历史实际的理解，教研室教授们都有一种谦虚的学风，体会其为什么有如此不同的理解，其理论前提和根据是否有理；又以一种包容的态度，寻求其理论前提和根据有否可吸收之处？唯有如此，才能有一种"大海从鱼跃，长空任鸟飞"的学术诠释空间，做到"学古人在得其神理，不可袭其面目"；才能为文"有我"，提出自己独立见解，以供中国哲学史界参考。

五是无私奉献精神。做到诚实正直、包容谦虚，是由于心灵无私，无私而能公正，不存私人偏见，按实品评；无私而能虚怀若谷，不存个人成见、前见，而能包容吸收。荀子说："公道达而私门塞，公义明而私事息。"如此，为学，对中国哲学史上的人物、事件能作出比较公正的理解和评价，能控制自己对某一研究对象的偏好，而不有失公允；在学术互相探讨交流中，能无私奉献自己独到见解，使他人的观点得到完善，而绝不保守。为人，教研室教授们一致发挥正能量，2002 年中国人民大学孔子研究院率先成立，在国内外引起很大反响，社会上以此为风向标。孔子研究院在无钱无人的情况下，积极开展学术交流活动，每年召开 150 人左右的"国际儒学论坛"，在韩国高等教育财团及众多国内外专家的支持下，已成为国内外影响深远的儒学学术品牌，并在每年孔子诞生日 9 月 28 日至 10 月 28 日举办"孔子文化月"活动，举行系列学术报告、经典诵读及礼乐道德教育等。每次"孔子文化月"都有明确主题，如 2004 年是"尊吾师道，传吾文化"；2005 年为"明礼诚信，修身立德"；2006 年为"明德贵和，读经新民"；2007 年是"弘扬乐教，广博易良"；2008 年为"立足本义，和而不同"；2009 年是"志道据德，依人游艺"；2010 年是"明体达用，修身养性"；2011 年是"博学审问，慎思明辨"；2012 年为"博学于文，以友辅仁"等。这些都要付出中国哲学教研室教授们的大量精力和宝贵时间，而教授们在无任何报酬的情况下，无私奉献。

这种无私奉献的精神动力，来源于为道。中国人民大学孔子研究院的院训是"继承优秀传统文化，弘扬孔子思想精华，提高国民人文素质，建设人类美好未来。"这个院训既是中国哲学教研室教授们愿望的寄托，也是他们使命的实践。他们以无私崇敬的心情绍弘孔子思想和传统文化，以庄严弘道的精神传承道德精髓和振兴中华。为学、为人、为道，中国哲学教研室的教授们竭尽精力，尽职尽责。

六是开拓创新精神。为人、为学、为道落实到学术开拓创新上，中国哲学教研室的教授在中国哲学的多个领域都能与时因革，心随世转，新裁屡出。他们都胸怀"意匠如神变化生，笔端有力任纵横"的意向，精心思量"阐前人所已发，扩前人所未发"。无论在《周易》思想、先秦儒、道、墨、阴阳、名、法研究，魏晋玄学、隋唐佛学研究，还是在宋元明清理学、近现代新儒学研究中均提出了诸多创新的诠释和观点，在国内外学术界产生深刻影响。特别是儒教研究和《国际儒藏》的编纂，也在国内外产生很大反响。这都是由于"别出心裁，不依旧样"所获得的效果。即使由中国哲学教研室编著中国哲学众多教材，无论在编写的体例上、问题的概括上、观点的诠释上，还是言辞的叙述上、思想的发展上、逻辑的结构上，都与以往的教科书有所区别，并有所超越。这是教授们长期认真刻苦学习、体认的结晶。若统计一下教研室教授们的专著和在国内外发表的论文，乃是十分可观的、领先的。

中国哲学教研室成立 60 年来所塑造的精神，难能可贵，应为珍惜和发扬，以达更完美境界。

黾勉成此，是为序。

于中国人民大学哲学院
2014 年 8 月 28 日（甲午年）

目　录

儒学通论

传统儒学

儒释道关系

儒学转向

狭义新儒家

广义新儒家

代自序：岱老与我的治儒学之路

　　我是 1975 年认识张岱年先生的。1974 年，我在吉林碳素厂当工人时，由于文笔还可以，被工厂宣传科遴选为"工人理论队伍"的成员。那一年，吉林大学哲学系选择碳素厂做教学基地，实行"开门办学"。我以"工人阶级"的身份，有幸参与他们的办学过程。我先是在碳素厂同哲学系师生开展"批判《三字经》"活动，后来竟然从"体力劳动者"变成"脑力劳动者"。脱离了工人岗位，到吉林大学参加了"法家著作注释"编写组，参与《荀子选注》编纂工作。编写组有几十人之多，几个人负责一篇，大家分头去做提要、注释、今译。于省吾、金景芳担任顾问。《荀子选注》脱稿后，我又参加吉林大学哲学系与吉林碳素厂共同组成的《中国哲学史》编写组，还荣幸地被聘为"工农兵讲师"。我在吉林大学招待所住了一年多的时间，特许到图书馆书库中随便翻阅书籍，借阅亦不限量，真可以说是待为上宾。《中国哲学史》初稿脱稿后，印了若干册，准备到全国各地征求学者的意见，以便进一步修改。第一站就是北京大学哲学系。1975 年夏天，我随同编写组到北京大学，参加在冯友兰先生家中召开的书稿座谈会。在这次座谈会上，我第一次见到张先生。他身材修长，面容清癯，穿着朴素，说话语速较慢。他对我们说了许多鼓励的话，具体内容已经记不清楚了。

　　1978 年，改革开放后的第一批研究生招生开始，我便同张先生有了书信往来。我致信张先生，表示有意报考他指导的研究生，张先生回信表示支持。那一年报考北京大学哲学系中国哲学史专业的考生很多，据说有 300 人左右。只有 15 人收到复试通知，我也在其中。我平生第一次"进京赶考"，兴冲冲地赶到北京大学哲学系接受复试。复试考生被校方安排在一间大教室中住宿，没有床，几十人睡在地铺上。尽管条件比较差，可是考生们都极其亢奋，没有人会在乎这些。复试分两次进行。上午笔试统一进行，哲学系无论何种专业的考生，题目都是一个："论实践是检验真理的唯一标准，写短文1500字，闭卷当堂完成"。下午口试，分专业进行。主持中国哲学史专业口试的有张岱年、朱伯崑、楼宇烈、邓艾民等几位先生。在复试时，我第二次面见张先生。复试结束后，我返回吉林市。好久没有音讯，我预感到事情有些不妙，遂忍不住写信给张先生，问讯结果。张先生回信说："你的成绩合格，名次为后，故没有录取。"得此消息，我十分沮丧。可沉下心来想想，有那么多优秀的考生，尚且名额有限，怎么可能录取我这个没有大学学历的高中生呢？于是也就释然了。后来得知，张先生当时还试图把我推荐给北京急于用人的文化部门，可惜没有成功。

1983年，我终于实现了到北京读书的夙愿，考取了中国人民大学第一批博士研究生。全校共有5人，经济系2人，哲学系3人。我的导师是石峻先生。到北京后，我有了更多向张先生当面请教的机会。张先生同石先生是至交好友，往来颇多。张先生是中国哲学史学会的会长，石先生是副会长，我担任学会的秘书。在两位老先生的家里，在学会的工作会议上，在学术研讨会上，我多次见到过张先生，多次交谈过。留在我脑海中的印象，张先生似乎总是一身陈旧泛白的灰色的中山装；石先生似乎总是一身陈旧泛白的蓝色的中山装。

20世纪80年代初，我提出"现代新儒家"的概念，博士论文选题是《现代新儒家研究》，以梁漱溟、冯友兰、熊十力、贺麟为研究对象。张先生起初不同意"现代新儒家"的提法，担心由此会引发批判老一辈学者的风气。我向张先生汇报了自己选题的思路。我解释说：我将以同情的眼光看待几位老先生的学术思想，整理出五四以来现代新儒家思潮演化的头绪，客观地展现老一辈学者的思想架构，公正地评判他们的学术特色、理论贡献和思想局限。听了我的解释后，张先生表示：如果是这样的话，"现代新儒家"应该是个合适的选题。我的博士论文脱稿后，请了13位先生做评阅人，其中有张先生。那时论文评阅书不许答辩申请人看，所以我至今仍不知道张先生的具体意见。我的博士论文答辩通过后，张先生将其纳入他担任主编的

"历史与文化"丛书，拟由山东人民出版社出版。由此看来，他对我的博士论文还是比较满意的。由于出版社的原因，这套丛书未能出版。

我毕业后一直留在中国人民大学任教，继续以儒学为自己研究的重点。我的博士论文《现代新儒家研究》1991 年由中国人民大学出版社出版，后来又陆续出版了"国学大师丛书"中的《熊十力评传》（江西百花洲文艺出版社 1993 年出版，张先生为丛书作"总序"）、《中华儒学源流》（北京京华出版社 1994 年出版）、《贺麟新儒学思想研究》（天津人民出版社 1998 年出版）、《冯友兰学术思想评传》（与梅良勇合著，北京图书馆出版社 1999 年出版）、《批孔和释孔——儒学的现代走向》（与刘成有合著，上海华东师范大学出版社 2004 年出版）、《现代新儒学的走向》（北京师范大学出版社 2009 年出版）。我之所以能够取得这样一些儒学方面的研究成果，同张先生的支持、鼓励、指导有直接的关系。

近年来，我继"现代新儒家"之后，又提出"现代新儒学"的概念。我认为前者指特定的学派，后者是指现代中国社会思潮动向。尽管二者的外延有部分重合的情况，但毕竟不是同一概念。在我看来，张先生是著名的马克思主义哲学家，并不是现代新儒家，但他对"现代新儒学"思潮的发展，发挥了独特的推动作用。

"现代新儒学"思潮的发展并不是一帆风顺的，曾遇到种种困难，但毕竟延续到今天，并且仍然保持着向多重向度进一步发展的态势。"现代新儒家"已经成为历史；"现代新儒学"思潮正在参与创造历史。"现代新儒学"思潮发展已经进入"后新儒家"阶段，呈现出多元化的态势。许多学者讲论"现代新儒学"，可以说是接着"现代新儒家"的话题讲的，但并不是照着"现代新儒家"的讲法讲的。他们有各自的讲法，目标仍旧是推动儒学的现代转化。他们基本上放弃了道统的观念，不像"现代新儒家"那样重视"本体论证明"，试图从多重视角阐发儒学的现代价值。他们不再以"新儒家"自诩，称其为儒学解释者似乎更为合适。张先生就是这样一位儒学解释者。他同其他儒学解释者的区别在于，站在时代的制高点，擅长运用马克思主义哲学的观点开发儒学思想资源，走出长期束缚人的"左"的思想误区。

1980 年，张岱年先生在《孔子哲学解析》一文中，把孔子的思想概括为十点：1. 述古而非复古；2. 尊君而不主独裁；3. 信天而怀疑鬼神；4. 言命而超脱生死；5. 举仁智而统礼乐；6. 道中庸而疾必固；7. 悬生知而重见闻；8. 宣正名而不苟言；9. 重德教而轻刑罚；10. 整旧典而开新风。他多次在学术会议上讲，"时至今日，尊孔的时代已经过去了，批孔的时代也已经过去了，现在进入了研究孔子的新时代"。他所说的"研究"，其实就是从新的视角、以同情的态度诠释儒学，就是建构同新时代相适应的新儒学。张先生写了《关于孔子哲学的批判继承》《孔子与中国文化》《评"五四"时期对于传统文化的评论》《孔子的评价问题》《儒学奥义论》等多篇文章，阐述他关于儒学的新见解。

张岱年不同意给孔子带上一顶"保守主义"的帽子，他说："多年以来有一个流行的说法，认为孔子在伦理学说、教育思想方面有所创新，在政治上却是保守的，属于守旧派，他一生不得志，是由于他的政治活动是违反历史发展趋势的。十年动乱时期，'批孔'、'批儒'，更指斥孔子是一个顽固的反动派、复古派、复辟狂。时至今日，这个问题须加以认真考察，分辨清楚。"① 他充分肯定孔子对于中国文化的历史性贡献，他说："孔子有哪些主要的贡献呢？第一，孔子是第一个从事大规模讲学的教育家，在客观上为战国时代的百家争鸣开辟了道路。第二，孔子提炼并宣扬了上古时代流传下来的关于公共生活规则的处世格言，提出了以'泛爱'为内容的仁说。第三，孔子重视人的问题而不重视神的问题，提倡积极有为的乐观精神，要求在日常生活中体现崇高理想，从而为中华民族的'共同心理'奠定了基础。"② 他认为，儒学的基本精神不但不是保守主义的，而是积极进取、乐观向上的。张岱年把儒学分为深、浅两个层面：维护等级制的思想，属于浅层的儒学；微言大义才属于深层的奥义。这些思想为"一般人所不易理解的，对于文化思想的发展却起了非常重要的作用。"③ 儒学的浅层思想应当批判，而儒学深层的奥义具有普遍意义。他说："儒家学说中确实具有一些微言大义，'微言'即微妙之言，'大义'即基本含义。微言大义即比较具有深奥精湛的思

---

① 《张岱年全集》第 6 卷，河北人民出版社 2001 年版，第 114 页。
② 《张岱年全集》第 5 卷，河北人民出版社 2001 年版，第 393—394 页。
③ 《张岱年全集》第 6 卷，河北人民出版社 2001 年版，第 1 页。

想，亦就是儒学的深层意蕴。儒学是有时代性的，时至今日，儒学的许多观点（主要是浅层思想）都已过时了，但是其中也有一些重要观点（主要是深层思想）却具有相对的'普遍意义'，虽非具有永恒的价值，但至今仍能给人们以深刻的启迪。"①

现代新儒学思潮的发展走向，除了现代性向度、全球化向度、本体论向度、价值论向度之外，还应有中华民族精神的向度。在这一向度上，现代新儒家虽然也有所涉及，但没有进行充分的、深入的研究。在他们关于儒学现代转化的哲学思考中，所关注的重点往往是个体意义上的人，并非是中华民族群体。最早从民族精神的向度上思考儒学现代转化问题的思想家，当属张先生。他认为儒学"生生不息"和"刚健有为"的观念构成中华民族精神的核心。他指出，儒学主张变革，反对墨守成规。"《易传》重视'日新'、'生生'，因而在政治上也强调变革，肯定变革的必要，《系辞》云：'变而通之以尽利'，'功业见乎变'，《象传》赞美汤、武革命：'天地革而四时成，汤武革命，顺乎人而应乎天，革之时大矣哉！'（《革卦》）孟、荀都是盛赞汤、武的。《易传》也高度赞扬汤、武，这是先秦儒家的一贯观点。"② 儒家"天行健，君子以自强不息""不知老之将至""知其不可而为之""士不可以不弘毅"等说法，蕴含着刚健自强、积极进取的精神，为中华民族的生存和发展提供了强大的精神动力。

张先生拒绝人们把他称为新儒家，但把他的这些新见解归入"新儒学"的范围，恐怕他不会反对。他可以说是在新的历史时期运用马克思主义观点诠释儒学的杰出代表。

（原载于《学思之境人格魅力：纪念张岱年先生诞辰一百周年》，北京大学出版社 2012 年版）

---

① 《张岱年全集》第 7 卷，河北人民出版社 2001 年版，第 1—2 页。
② 《张岱年全集》第 5 卷，河北人民出版社 2001 年版，第 597 页。

儒学通论

儒家的安身立命之道

"安身立命"作为一个成语，出自禅宗。在《景德传灯录》卷十上，有这样的记载："僧问：'学人不据地时如何？'师云：'汝向什么处安身立命？'"可是"安身立命"作为一种学理，则出自儒家。孔子在《论语》中，已谈到"安"。宰我觉得守丧三年似乎太长了，主张缩短一些。孔子狠狠地批评了他，申斥宰我"不仁"。孔子认为，丧礼之所以规定守丧三年，理由就在于一个"安"字。"子生三年，然后免于父母之怀。夫三年之丧，天下之通丧也。予也有三年之爱于其父母乎？"(《论语·阳货》)孔子所说的"安"，指的是情感的安顿、精神的安顿，这是儒家讲安身立命之道的滥觞。《论语》也谈到"身"。《学而》篇写道："曾子曰：'吾日三省吾身：为人谋而不忠乎？与朋友交而不信乎？传不习乎？'"在这里，"身"指的是人的行为践履，把精神安顿与生活实践联系在一起。关于"立"，孔子的说法是"三十而立"(《为政》)，就是确立人生的价值取向。关于"命"，孔子的说法是"不知命，无以为君子也。"(《尧曰》)这里所说的"命"，指的是君子应有的使命感。

在《论语》中，已分别论及安、身、立、命，但还只是一些初步的想法。到孟子这里，则形成了儒家关于安身立命之道的比较系统的说法。孟子把人性善视为安身立命之道的内在依据，认为人性善是人与动物之间的本质区别。"人之异于禽兽者几希，庶民去之，君子存之。"(《孟子·离娄下》)人性善只是一种理论上的可能性，并不意味着每个人在事实上都是善的。由于每个人保留善性的程度不一样，遂形成"存之"和"去之"的差异，从而形成了君子与庶人之别，形成人格上的差异。"人性善"是孟子为安身立命之道找到的内在依据，而"天道诚"则是他为安身立命之道指出的超越指向。他说："是故诚者，天之道也。思诚者，人之道也。"(《孟子·离娄上》)所谓"思诚"，就是以"天"作为终极的价值目标，扮演好天民的角色，力求进入天人合一的精神境界。至于进入天人合一精神境界的路径，孟子不可能选择外求的认识路线，只能选择内求的心性修养路线，他称之为"求放心"。他指出，现实的人之所以流于不善，并非人的本心所致，而是人不肯下功夫寻回业已失掉的本心。他慨叹：连自己家的鸡犬丢失了，都知道找回来；可是自己的本心丢失了，却不知道找回来，真是一种悲哀！他对这种人的忠告是："学问之道无他，求其放心而已矣。"(《孟子·告子上》)"求放心"的过程，就是心性修养的过程，后儒称之为做工夫。

汉代以后，儒学在政治生活领域中有了长足的发展，可是在精神生活领域中却不占优势。在汉唐时期，形成儒、释、道三教并立的局面。三教拥有各自的优势，通常的概括是以儒治国、以道治身、以佛治心。在这一时期，儒家的安身立命之道似乎被儒者忽视了，致使儒学在精神生活领域中无法同佛、道二教抗衡。宋明理学出现后，改变了这种情形。理学家吸收了中国佛教哲学和道教哲学的理论思维成果，"出入佛老"，创立了儒学的新形态。他们讲儒学，已经不是单纯的儒家的讲法。他们致力于综合创新，致力于三教归一，力图把中国哲学统整起来。他们把儒学从政治哲学中讲出人生哲学，并且取代宗教哲学，使之在中国人的精神生活中获得主导地位。他们十分重视儒家的安身立命之道，对其作出深刻的阐发，使之在学理上臻于成熟。他们倡导的"孔颜之乐""圣人气象""常惺惺""为天地立心，为生民立命""复尽天理""发明本心""致良知"，都是关于儒家安身立命之道的具体说法。经过理学家的阐发，儒学不但可以治国，还可以治身和治心。

儒家的安身立命之道是一种内在超越的精神生活方式。人与其他动物的本质区别，在于人是一种精神性的存在，需要找到一种精神生活方式。人们寻找精神生活方式，可以选择外在的路向，也可以选择内在的路向。如果选择外在路向，会形成宗教的精神生活方式，把超越的目标定位在彼岸世界。这种精神生活方式通常会否定人生的价值，如基督教有原罪说，佛教也有"人生是苦"的说法。按照外在超越的路向，人无法自己实现超越，必须靠救世主或佛来拯救。儒家所选择的是内在超越的路向，而不是外在超越的路向，找到了一种哲学的精神生活方式，这就是安身立命之道。所谓"安身"，就是从内在性出发，肯定人性中具有崇高价值，肯定人具有自我完善的内在根据。用传统的说法，就是"人性善""人为贵"。这个"身"字很要紧，表明人的精神世界不可能脱离人的生活世界。所谓"立命"，就是主张追求理想人格，追求精神上的超越，追求境界上的提升。用传统的说法，就是"超凡入圣"，成就理想人格。这种内在超越，完全靠自己努力，"我欲仁斯仁至矣"，不必指望外力的拯救。儒家的安身立命之道，建立在"一个世界"的基础上，没有设置彼岸世界。儒家认为，在现实的人生实践中就可以达到超越的目标，不必企慕彼岸世界，也不必寄希望于来世。

儒家的安身立命之道具有包容性，可以同人们的其他信念相兼容。宗教的精神生活方式通常具有排他性：对于一个基督徒来说，怎么可能同时接受伊斯兰教？对于儒家的安身立命之道来说，则不存在这种问题。一个人认同儒家的安身立命之道，并不妨碍他接受任何宗教信仰，也不妨碍他接受任何政治理念。只要这些信念有助于人格的自我完善，儒者都会表示充分的尊重。

儒家的安身立命之道具有普适性，可以实行现代转化，可以成为一种建设社会主义精神文明的资源。精神文明程度固然同物质文明程度有关系，但不会随着物质文明的提高而自然而然地提高，需要人们有意识地去"建设"。如果忽略了精神文明的建设，人们的精神世界将会坍塌，物质文明也将随之失掉了价值。有些人钱包的确鼓起来了，可是失了人格，被人们嘲讽为"经济动物"，嘲讽为"穷得只剩下钱了"。对于这些人来说，儒家的安身立命之道难道不是医治的良方吗？

（原载于《光明日报·国学版》2010 年 3 月 1 日）

儒学的内在性与东亚价值观的共识

儒学的理论特色之一是承认在人性中存在着自我完善的根据，认为在人生实践中就可以达到理想的人生境界。立足于内在性原则，儒学倡导超越性原则，确立了内在超越的价值取向。儒家超凡入圣的价值学说对东亚价值观的形成产生重大影响。

一、超凡入圣的内在性

儒学家基于以人为本的精神，常常把人生论与宇宙观合在一起讲，把现实中人生道路的探索同理想中价值目标的追求合在一起讲。他们讲学的目的，一方面在于认识世界、指导人生，另一方面在于确定价值取向，寻找安身立命之地，以便成就理想人格。但是，他们并不企慕超验的彼岸世界。从前一方面看，儒学表现出现实主义品格，倡导经世致用的入世精神，看重实用理性；从后一方面看，儒学又表现出理想主义的品格，看重价值理性，这就形成超凡入圣的内在性品格。

如果我们把儒学的人生价值观同中世纪其他类型的人生价值观比较一下，可以对它讲究内在性的品格看得更清楚。拿西方人来说，他们向往的理想境界是天国而不是人间；他们心目中的理想人格不是"人"而是"神"，即所谓"上帝的选民"。按照《圣经》的说法，人类的始祖夏娃和亚当是因为偷吃了智慧果被上帝逐出伊甸园的，因而人生来就有罪，称之为"原罪"。人只有洗清"原罪"，才可能重新返回天国。如此说来，人是不可能自己解救自己的，必须靠上帝的恩惠才能超凡入圣，实现终极的价值目标。由此可见，西方人的人生价值观立足于外在性的。按照印度佛教的说法，人一生下来就掉入"苦海"之中。佛教的基本教义"四圣谛"中的第一谛就是"苦谛"，认为人生来就要受生、老、病、死的折磨，除此之外，还要受八苦、一百一十苦乃至无量苦的逼迫恼扰。总而言之，人生是不值得留恋的。茫茫苦海，回头是岸，与人生相对的彼岸就是佛国净土。这就是佛教为信徒们指示的终极目标。按照佛教的教理，人生是没有价值的，只有否定人生，接受佛教教义，才能超越苦难的人生，跳出六道轮回，证成佛果，进入"涅槃寂静""常乐我净"的极乐世界。基督教和佛教的具体说法有所不同，但至少有一点是共同的：他们都否定人生的价值，否定在人生实践中有自我完善的可能性，主张通过外在超越的途径，达到终极价值目标。

与基督教和佛教不同，儒学价值学说立足于内在性而不是外在性。所谓"内在"，是指肯定人生的价值，肯定在人性中存在着自我完善的内在根据，因而不必否定人生的价值，不必寄希望于外力的拯救与超拔。儒学讲究内在性，但也讲究自我超越。在儒学中，所谓"超越"，是指设定理想的价值目标，以此作为衡量自我完善的尺度，作为意义追求或形上追求的方向。这样一来，就把超越性与内在性联系在一起了，不必再同彼岸世界相联系，因而没有神性的意味。照儒学家看来，超越的依据并不在神学意义上的彼岸世界，而在哲学意义上的本体，用中国哲学的术语来说，就是道或理。道或理既是宇宙万物的究极本体，也是人生的最高准则。道或理不在宇宙万物之外，也不在人类生活实践之外，这就叫作"体用一源，显微无间"。

在16世纪，西方传教士利马窦到中国之后，经过多年的潜心研究，他也现儒学内在性原则与西方天主教的外在原则有很大不同。他说："吾窃贵邦儒者，并在此倡言明德之修，而不知人意易疲，不能自勉而修；又不知瞻仰天主，以祈慈父之佑，成德者所以鲜见。"（《天主实义》）利马窦站在西方天主教的立场上对儒家的内在性原则提出批评，认为仅仅靠人自身的道德修养很难达到超越的境界，主张树立对上帝的信仰，借助至高无上的外在力量的推动，进入完满的超越境界。利马窦的批评很难获得儒学家的认同，但他确实看到了儒家超越路向的内在性，看到了西方天主教超越路向的外在性。明确地把二者区别开来，这是利马窦的一个重要发现。

二、内在超越的价值取向

　　从内在性原则出发，在价值理想追求方面，儒家选择了内在超越的取向。儒家的这一取向是由儒家的创始人孔子奠立的。众所周知，孔子思想的核心是"仁"，一部《论语》，谈到"仁"的地方有一百多处。从哲学上看，孔子所说的"仁"正是对人生价值内在性的肯定。孔子强调，人的价值的实现，人的自我提升，完全是一种主体的理性自觉，"我欲仁，斯仁至矣"（《论语·述而》），他把这条原则称之为"为仁由己"，要求人在修己求仁时表现出主动性，而无须外在的约束与强制。他大力倡导"为己之学"，批评"为人之学"，他说："古之学者为己，今之学者为人。"（《论语·宪问》）"为己之学"出于自我完善的内在要求，故而孔子大力提倡；"为人之学"受外在功利目标诱惑，故而孔子表示反对。荀子对孔子这句话的解释是："古之学者为己，今之学者为人。君子之学也，以美其身；小人之学也，以为禽犊。"（《荀子·劝学》）荀子的解释是符合孔子的意思的。孔子提出儒家的内在性原则，也提出儒家的超越性原则。儒家的超越性原则集中体现在孔子的"道"的观念之中。孔子对"道"十分重视，曾表示"朝闻道，夕死可矣"。（《论语·里仁》）对于人来说，"道"是超越的终极目标，人为了求道可以舍弃一切，乃至于生命。但在孔子看来，"道"并不与人相外在，也不具有拯救人的力量，只是人追求自我完善的目标而已，所以他才说："人能弘道，非道弘人。"（《论语·卫灵公》）孔子提出了内在性原则，也提出了超越性原则，不过他对二者之间的关系说得尚不十分清楚。也许是由于这个原因，他的弟子子贡才会有"夫子之文章，可得而闻也；夫子之言性与天道，不可得而闻也"（《论语·公冶长》）的惶惑之感。

　　关于内在性和超越性如何统一起来的问题，在孟子那里得到比较妥当的解决。孟子继承孔子"为仁由己"的思想，提出人性善的理论。他认为，人生来就有向善的能力，叫做"良能"；生来就有道德意识，叫做"良知"。"人之所不学而能者，其良能也；所不学而知者，其良知也。"良能良知是万善之源，由此而形成恻隐之心、羞恶之心、恭敬之心、是非之心等四端，由四端而形成仁、义、礼、智等四个基本的道德观念。孟子断言："仁、义、礼、智非由外铄我，我固有之。"（《孟子·告子上》）他认为人性善正是人与动物的本质区别："人之所以异于禽兽者几希，庶民去之，君子存之。"（《孟子·离娄下》）孟子在这里强调的是"人之所以异于禽兽者"，而不是"人异于禽兽者"。"人异于禽兽者"属于现象上的差异，一眼就可以看清楚；而"人之所以异于禽兽者"属于本质上的差异，就不那么容易发现了，必须经过自觉的省思，才能达到理性的自觉。孟子认为，人与禽兽的根本区别，就在于人有求善的意识，而禽兽则没有这种意识。正是因为人性善，所以"人皆可以为尧舜"，可以成就理想的人格——圣人。孟子的性善论是对儒家价值学说的重要发展。孔子提出"仁"的观念，确立了内在性原则；但他的说法带有很强的规范性，只告诉人们应当以"仁"为价值取向，至于人为什么应当履行仁道以及何以可能履行仁道，并没有充分地说明。孟子的性善论从理论上说明履行仁道的内在依据，说明履行仁道的可能性，使儒家的内在性原则得以深化。孟子立足于内在性原则，进一步探讨超越性原则，提出"尽心，知性，知天"的哲学思想体系。孟子把传统天命观中人格神意义上的天，改铸为伦理学意义上的"义理之天"，给"天"赋予了道德的属性，以此作为超越性原则的形上依据。他认为，人所具有的仁义忠信等善良品格都来自于天，"仁义忠信，乐善不倦，此天爵也。"（《孟子·尽心上》）"仁，天之尊爵也。"（《孟子·公孙丑上》）天具有仁义等善性，人性善实则源于天性善。在"性善"这一点上，天人合一。所以，只要诚心诚意地尽量扩充人生来就有的善心，就可以了解到人的本性；了解到人的纯善的本性，也就是了解到天的本性。这就叫作"尽其心者，知其性也；知其性也，则知天矣。"（《孟子·尽心上》）孟子把"上下与天地同流""万物皆备于我"视为人生的最高境界，认为只有进入这种境界才是人生的最大快乐，才是终极价值的实现，即所谓"反身而诚，乐莫大焉。"（《孟子·尽心上》）孟子这种天人合一的思想，比较妥当地把内在性与超越性统一起来了，奠定了儒家"道德的形而上学"的理论基础。

在汉唐时代，天又恢复了神学意义，具有监督人事的权威。君主实行仁政，天会降下祥瑞表示奖赏；君主有"失政之败"，天会降下灾害予以谴责。董仲舒提出的这种"天人感应"思想，有违于先秦儒家内在超越的路向，表现出外在超越的趋势。魏晋玄学追求超越的本体，加剧了这种趋势。在一段时期内，哲学家们特别关注超越性，不太关注内在性。引入佛教的超越本体论学说之后，外在超越曾一度成为主流话语。不过，这种局面到宋代便有了改变。宋明道学作为一种新儒学，成功地应对了佛教超越本体论的挑战，化超越为内在，恢复了中国哲学讲究"超越的内在性"或"内在的超越性"的传统。程朱理学和陆王心学两大派在许多问题上存在着分歧，但他们在贯彻内在超越路向这一点上却是一致的。程朱理学的基本思想是"性即理"，从"天理"的超越性入手，说明人的本质的内在性。朱熹认为，天理在逻辑上先于天地万物而有，"未有天地之先，毕竟也只是理。有此理便有此天地，若无此理，便亦无天地，无人无物，都无该载"。(《朱子语类》卷一）天理在逻辑上先于人和万物，却不在人和万物之外。天理虽是超越的，但不是外在的超越，而是内在的超越，所以朱熹又说："性只是理，万理之总名。此理亦只是天地间公共之理，禀得来，便为我所有。""性毕竟无形影，只是心中所有的道理。"(《朱子语类》卷四）这样，朱熹便从超越的天理讲到内在的人性，体现既内在又超越的致思趋向。陆王心学的基本思想是"心即理"，首先肯定人的本质的内在性，然后从中引申出超越的天理。陆九渊在《与李宰书》中写道："人皆有是心，心皆具是理，心即理也。"在他看来，"万物森然于方寸之间，满心而发，充塞宇宙，无非此理"。(《陆九渊集》卷三十四）他所说的"心"不是指具体存在的个人的心，而是指人的抽象本质，即所谓"本心"。"本心"既是内在的，又是超越的，"本心"与"天理"是同等程度的哲学范畴。王阳明对"心即理"的解释是："心即理也，此心无私欲之蔽，即是天理，不须外面添一分。"(《传习录》）天理是具体存在的个人应当追求的价值目标，达到了这一目标也就是成就了圣人。相对于具体存在的个人来说，圣人的境界是超越的。这样一来，陆王心学便从内在性入手，讲到了超越性，与程朱理学殊途同归。总的来看，儒家虽一度表现出外在超越的倾向，但其基本路向是内在超越。

与内在超越的路向相联系，中国古代哲学中的无神论思想较为发达。在中国古代社会，虽然宗教神学在意识形态领域有很大的影响，但没有占据统治地位。除了个别的朝代以外，大多数皇帝都没有指定某一种宗教为国教。尽管中国思想史上也存在着哲学与宗教神学融合在一起的情形，但哲学始终保持着独立的品格，没有成为宗教神学的婢女。与西方中世纪哲学相比较，这显然是中国古代哲学的一个特点。总的来看，儒学在古代中国意识形态领域占据正统地位。佛教、道教虽有较大势力，但不能取代儒学而成为意识形态的主体。在古代，儒学也叫做"儒教"，把儒、释、道并称为"三教"。但这里所说的"儒教"，意思是指以儒家的礼教或名教对百姓进行道德教化，并不意味着儒学就是宗教。在古代中国，非议孔子被视为违法的行为，至少被视为"名教罪人、士林败类"；而批判宗教神学，一般来说则是合法的举动，不会受到限制。人们拥有指斥道教虚妄、力避佛教荒诞的自由，这势必削弱宗教神学的影响力，从而为无神论思想的发展提供良好的氛围。在这样的思想氛围中，涌现出许多无神论者。例如，东汉哲学家王充针对谶纬之学，旗帜鲜明地举起"疾虚妄"的大旗；晋朝哲学家范缜盛称"神灭论"，敢于同皇帝大臣们面对面地辩论，并且获得胜利。在中国哲学史上，从未发生过西方历史上那种"宗教裁判"之类的悲剧。

三、东亚价值观的共识

由于儒学内在超越的价值学说自身所具有的理论优势，对东亚价值观的形成产生重大的影响，并且促使这种价值观得以广泛地传播。

首先，儒学强调内在性，主张人性善，具有凝聚群体的功用，范导着人本主义取向。从内在性原则出发，儒学承认在人性中有自我完善的内在根据，因而大力倡导以人为本的精神，提出"人人可以为尧舜""途之人可以为禹舜"的人学原理。这为实施道德教化、造就礼仪之邦提供了理论依据。在儒学的人本主义导向中，包含着尊重他人、尊重民意、与人为善、利群利他、忧国忧民、严于律己、推己及人、向往高尚人格等合理思想，曾对中华民族的形成发展产生极大的影响。中华民族之所以形成世界上最大的民族，同儒学中的以人为本的思想传统有密切的关系。事实证明，以人为本的思想传统为中华民族提供了基本的价值观念，提供了强大的民族凝聚力。甚至可以说倘若没有以人为本的思想传统，中华民族将不可能发展成为世界上最大的民族。东亚各国之所以乐于接受儒学的价值学说，恐怕首先看中了儒学以人为本、注重教化、凝聚群体的精神。在东亚各国，社会道德观念恐怕主要是靠立足于内在性的儒学来维系的，而不是靠立足于外在性的某种宗教来维系的。儒学这种人本主义取向是东亚价值观的第一点共识。

其次，儒学强调超越性，主张超凡入圣，积极面对现实，提升人生境界，范导着淑世主义的取向。儒学的内在性原则只是承认人有自我完善的可能性，不是说现实的人已经达到了完善的地步。对于现实的人来说，仍存在着超越自我的问题。如何超越自我？那就是要效法圣人，培育内在的善根，最终把自己造就为圣人。按照儒家的价值学说，成就圣人不必求助于超验的彼岸世界，在人生实践中就可以实现。圣人与凡人在同一个世界，与凡人同类，圣凡之别只是精神境界的差别，圣人不需要做与众不同的事，不需要索隐行怪、出家修行。儒家希贤希圣的价值学说，特别关注现实社会秩序的建设，强调个人对于社会的责任，有助于提升个人对于社会的使命感。儒家的价值哲学从个人修身讲起，引申出治国平天下的政治哲学。孙中山先生说："中国有一段最有系统的政治哲学，……就是《大学》中所说的'格物、致知、诚意、正心、修身、齐家、治国、平天下'那一段话。把一个人从内发扬到外，由一个人的内部做起，推到平天下止。像这样精微开展的理论，无论外国什么政治家都没有看到，都没有说出来，这就是我们政治哲学的知识中独有的宝贝，是应该保存的。"① 儒学设计的圣人人格，既勇敢地面对现实，讲究经世致用，也勇敢地面对未来，有很强的时代感，用孟子的话说，孔子乃是"圣之时者也"。儒学的超越性原则鼓励人们奋发有为，积极向前，追求卓越，赶超前沿，引领时代的潮流，为个人发展和完善提供精神动力，为社会的发展和完善提供精神动力。东亚社会发展的实践证明，儒学价值学说不是现代化进程的阻力，而是现代化进程的动力。儒学这种淑世主义取向是东亚价值观的第二点共识。

再次，儒学强调包容性，拒斥排他性，主张"协和万邦""万国咸宁"，

---

① 《孙中山全集》第 1 卷，中华书局 1979 年版，第 684 页。

范导着和平主义的取向。儒学发端于中原地区，其创始人为汉族人，但它的受众绝不仅限于汉族，中国的少数民族大都认同儒学。儒学是中华民族的哲学，是中国各个民族共同拥有的精神财富。在中国古代，多次发生少数民族入主中原的情形，可是掌握了全国政权以后，都接受了儒学的价值理念。众所周知，程朱理学在封建社会后期占据思想领域中的统治地位，之所以会如此，同元、清两朝少数民族统治者采取的扶植政策有密切的关系。儒学立足于内在性，而不是外在性，只以自身的理论魅力吸引受众，绝不借用外力、暴力向受众灌输。在儒学传向东亚的历史上，从未发生"一手拿经书，一手拿利剑"的情形。儒学"协和万邦""万国咸宁"的理念是东亚各国和睦共处的精神基础，得到了普遍的认可。儒学这种和平主义的取向是东亚价值观的第三点共识。

（原载于《社会科学战线》2006 年第 2 期）

论儒学关于中华民族精神的培育理念

现代新儒学思潮的发展走向，除了现代性向度、全球化向度、本体论向度、价值论向度之外，还应有中华民族精神的向度。在这一向度上，现代新儒家虽然也有所涉及，但没有进行充分的、深入的研究。在他们关于儒学现代转化的哲学思考中，所关注的重点往往是个体意义上的人，并非是中华民族群体。最早从民族精神的向度上思考儒学现代转化问题的思想家，当属著名国学大师张岱年。他认为儒学"生生不息"和"刚健有为"的观念构成中华民族精神的核心。他指出，儒学主张变革，反对墨守成规。"《易传》重视'日新'、'生生'，因而在政治上也强调变革，肯定变革的必要，《系辞》云：'变而通之以尽利'，'功业见乎变'，《象传》赞美汤、武革命：'天地革而四时成，汤武革命，顺乎人而应乎天，革之时大矣哉！'（《革卦》）孟、荀都是盛赞汤、武的。《易传》也高度赞扬汤、武，这是先秦儒家的一贯观点。"① 儒家"天行健，君子以自强不息""不知老之将至""知其不可为而为之""士不可以不弘毅"等说法，蕴含着刚健自强、积极进取的精神，为中华民族的生存和发展提供了强大的精神动力。目前从民族精神的向度研究儒学的现代转化，尚处于起步阶段，还有待于加强。对于这一重要问题，笔者下面提出一些粗浅的看法。

---

① 《张岱年全集》第5卷，河北人民出版社2001年版，第597页。

一、以人为本

儒家倡导的第一个重要的价值理念是"以人为本"。简言之，就是一个"仁"字。《中庸》写道："仁者，人也。"按照儒家的看法，人的本质就是"仁"。与西方中世纪的宗教文化相比，中国古代文化具有明显的人文色彩。儒家充分肯定人的价值，强调"人最为天下贵"，历来重视人的作用，主张尊重他人。儒家认为，人禀天地之精气而生，人有生命、知识、智慧、道义，优于万物，是宇宙万物中最高贵者。在"天、地、人"三才中，人处于最重要的位置。历代儒家都关注人的问题，他们不仅从学术思想上给予论证，而且在社会生活实践中身体力行。

儒家一向把人道作为理论研究的中心，不太关心宗教神学问题。学生子路向孔子请教鬼神问题，孔子回答说："未能事人，焉能事鬼？"子路又向孔子请教关于死的问题，孔子的答复是："未知生，焉知死？"（《论语·先进》）对于鬼神以及死后的情形，孔子讳莫如深，"敬鬼神而远之"，不愿意谈论怪、力、乱、神之类的事情。他关心的是此岸，而不是彼岸，即应当怎样做人的问题。孔子"以人为本"的理念集中体现在他对"仁"的诠释观念中。在一部篇幅不长的《论语》中，论及"仁"的地方就有一百多处。在孔子关于仁的多种解说中，核心的一条当属仁者爱人。"樊迟问仁，子曰：'爱人'"（《论语·颜渊》），具体地说，爱人就是博施、济众。"子贡曰：'如有博施于民，而能济众，何如？可谓仁乎？'子曰：'何事于仁，必也圣乎！尧舜其尤病诸！'"（《论语·雍也》）孔子主张关心人、尊重人、帮助人、爱护人，有一次他家的马厩失火，孔子回家后首先问的是伤着人没有，并不过问马匹的损失情况。孔子把仁视为做人的根本，甚至把仁看得比生命还重要。他说："志士仁人，无求生以害仁；有杀身以成仁。"（《论语·卫灵公》）生命诚然可贵，然而做人的道义比生命更为可贵。在需要为道义献出生命的时候，不敢挺身而出、贪生怕死的懦夫是可耻的，而那些杀身成仁、舍生取义的志士才是令人敬佩的。孔子的这种人生价值观包含着利他主义和自我牺牲的精神，倡导崇高的节操，对于中国人培养正义感曾发挥积极的作用。中国历史上的民族英雄、伟人壮士都曾从孔子的人道至上的价值理念中受到启发和熏陶。在孔子以后，孟子提出"民为贵，社稷次之，君为轻"（《孟子·尽心下》）的民本思想；荀子将君和民的关系比作舟和水的关系，劝告统治者要平正爱民、隆礼敬士、尚贤使能；《大学》围绕着治国以民为本，以修身为本的原则而提出的"三纲领、八条目"，这些都是对"以人为本"理念的论述与展开。

在出于"以人为本"的理念上，儒家相信人性是善的，认为在人性中就存在着自我完善的内在根据，因而不必寄希望于外力的救赎。人经过不断地修身努力，在此岸世界就可以成就圣人人格，不必仰慕虚幻的彼岸世界。儒家所说的人性善，其实是说人性可以善，即人经过努力可以实现自我完善，但只是为自我完善预设的前提而已，并不认为人在事实上已经达到完善的程度。从现实的人到完善的人，是一个需要不断努力的过程；能否到达目的，取决于每个人的道德自觉性和主体的能动性。每个人的主体性主要体现在道德的自我完善方面。孔子相信"为仁由己"，天下众生，无论是士人君子，还是布衣百姓，作为主体的人，都具有内在的价值及对这种价值的自觉性，都蕴含着自我完善和发展的潜能。人在实行"仁"道时，自我处于主宰的地位，他是否遵循伦理规范，是否按"仁道"来塑造自己，取决于自我的选择和努力。"为仁由己"的深层含义就是指人应当树立德性修养的自觉性。儒家排除神的主宰，主张通过自己的主观努力来实现人的道德本性。具体地说，人的道德完善的途径是向内用功，故而在方法上讲求"自治""慎独"，向内心深处发掘，认真反省自己，检查自己的过失，调整自己的偏向，从而使自己的行为自觉地合乎道德伦理规范，成就一个有道德的、真正的人。

人的主体能动性不仅仅体现在道德实践层面上，也反映在人与自然的关系中。天人关系问题是中国古代哲学的基本问题。儒家在解答这一问题时，突出了人事的重要作用，旗帜鲜明地提出了"制天命而用之"的口号，凸显了人对于自然界的能动性，强调人与自然鼎足而立，人可以利用自然、掌握规律、运用规律，达到改造自然的目的。可以看出，人在自然界中的突出地位和主体作用作为一条主线始终贯穿在儒家思想中，并被儒家学者一步步深化，一步步凸显。儒家把人看作是"赞天地之化育""可以与天地参"

的主体，高扬人的道德价值，肯定人的主体意识和社会功能。值得指出的是，儒家不只是停留在理论上的阐释与论证，还以一种积极入世的态度，躬行实践，主张在实际生活中实现人的价值。

与宗教的出世主义不同，儒家历来主张积极入世，有着深沉厚重的现世情怀。在儒家看来，仁德应当通过自身的努力而得以体现，进而由己而及人、及国家。他们把自己的思想理论同社会实践相联系，同国家政治相结合，并以此作为基本的人生态度和价值取向。在具体实践中，儒家强调"泛爱众而亲仁""博施于民而能济众"，要求做人要有高度的社会责任感和历史使命感，以积极的生活态度对待现实世界，在有生之年实现自我价值，坚决反对消极遁隐、悲观厌世、逃避现实。儒家提出以人为中心的理念，用来反驳以鬼神为中心的虚妄观念，主张以投身现实的积极态度，来抗衡宗教出世主义的消极态度。

我们从儒家"以人为本"的理念中可以看出，儒家崇奉人的尊贵地位，弘扬人的主体价值，重视人的社会作用，鼓励人的入世态度和参与意识。这是一种鲜明的人文精神。儒家"以人为本"的理念在中华民族的历史发展中，发挥着激励民族群体的功能，使中华民族成为一个充满活力的民族。一个民族是否具有积极向上的活力，取决于组成该民族的成员。只有设法提升每个人的生命力和创造力，提升每个人的道德素质和能力素质，这个民族才会保持旺盛的活力。儒家出于"以人为本"的理念，把重人思想与奋斗精神、经世态度紧密结合在一起，提倡自强不息、开拓进取的精神。千百年来这种理念培育了中华民族积极进取、坚韧不屈的人格品质，激发了民族成员努力开拓、勇于创造的旺盛斗志。依靠这种民族精神的支撑，中华民族创造出灿烂的文明、优秀的文化，始终保持着强盛的生命力、创造力。"以人为本"的理念还具有凝聚民族群体的功能。儒家以文明程度作为评价人和人类社会的根本标准，以文化作为联络民族情感的纽带，作为民族融合的基础。在众多民族杂居的状况下，中华民族并不把血缘种族放在首位，而把"礼乐"作为区分文明和野蛮的标准，体现了人文化的价值取向。这种文化传统对中华民族内部各民族间的融合起到了重要作用。儒家文化没有宗教文化通常有的封闭性、虚幻性和排他性，而以一种注重现实的人文精神处理民族关系，讲究"天下一家"，避免因宗教信仰不同而产生互相敌视、互相攻讦的现象，消解了各兄弟民族之间的对立和排斥，在客观上加快了文化认同和民族融合的历史进程。

二、以和为贵

儒家倡导的第二个重要的价值理念是"以和为贵"。简言之，就是一个"和"字。先秦儒家所讲的"和"，有包容、和谐、适中、恰到好处等意思，讲究的是"和而不同""和而不流"。先秦儒者有许多关于"和"的论述，如：孔子弟子有子称："礼之用，和为贵，先王之道，斯为美。"（《论语·学而》）；孟子讲："天时不如地利，地利不如人和"（《孟子·公孙丑下》）；荀子讲："和则一，一则多力，多力则强，强则胜物"（《荀子·王制》）；《中庸》说："喜怒哀乐之未发，谓之中；发而皆中节，谓之和。中也者，天下之大本也；和也者，天下之达道也。致中和，天地位焉，万物育焉"。"以和为贵"是"以人为本"的引申与展开。"以人为本"是对作为民族成员的个体说的，是安顿个体价值的理念；"以和为贵"是就民族群体内人与人的关系说的，是安顿群体价值的理念。

"以和为贵"理念的内涵，可以简单地概括为：普遍和谐的意识，注重整体的观念，群体至上的追求和中庸之道的方法。它们在长期的历史发展中，造就了中国人顾全大局、讲求团结、舍己为人、以国为重的精神品格，对中华民族的统一大业起到了积极的促进作用。

儒家所讲的和谐涵盖面很广，汤一介先生称之为"普遍和谐"，主要包括四个层次：自然的和谐，人与自然的和谐，人与人的和谐，人自我身心内外的和谐。我们认为这种说法是比较全面的。不过应当注意到，从儒家学术思想的价值关怀和积极入世的人生态度来看，讲和谐的最终目标还是要落实在社会政治层面上。自然是一个和谐的整体，张载在《正蒙·太和》中提出"太和之谓道"，认为天地万物的通理是太和。王夫之认为，宇宙本来就是"合同而不相悖，混沌无间"的。和谐之自然永不停息地处在变化过程之中，作为主体的人积极有为，促成这种变化的顺利展开。这就是儒家常说的

"天人合一"。由追求人与自然的和谐，引申出人与人的和谐。人际关系和谐的关键在于个人德性的修养与完善。当人的修养进入了"贵和"的道德境界，在现实生活中就会看淡生死富贵、官场名利，就会保持自我身心内外的和谐。儒家"普遍和谐"的最高层次是政治上的和谐，即注重个人、家庭、国家一体观念。孔子说："有国有家者，不患寡而患不均，不患贫而患不安，盖均无贫，和无寡，安无倾。"(《论语·季氏》)他描绘出一幅提倡均平、追求安宁的社会生活画面。孟子认为"天时""地利"都不如"人和"重要，表达了希冀国家社会统一的愿望。儒家强调"政治和谐"，具体体现在注重整体的思想观念与追求一统的社会理想上。

在一定意义上讲，儒家的整体观念是和谐思想的具体形式。以这种观念为基础，儒家确立了大一统的现实追求，而大同理想即实现"天下一家""天下为公"的世界，乃是这种追求的价值指归。儒家开山孔子称赞管仲辅助齐桓公"一匡天下"，可谓开了一统思想之先河。荀子讲"文王载百里地，而天下一"，把天下统一视为明君盛世的基本标志。董仲舒则进一步把"大一统"扩展为"万物一统"，万物归于一统，才是真正的统一。这种讲法虽有泛化的倾向，但倡导统一天下的意向却是显而易见的。儒家的"一统"思想、"大同"追求作为其社会政治目标，并不是空中楼阁，它不仅有坚实的思想基础，而且与群体至上的价值观密切相关。

儒家提出"物以类聚，人以群分"的观念，认为人类的存在方式有别于其他事物，强调合群体性是人类社会的基本特征。荀子指出，"合群"是人类胜过万物的根本原因："力不若牛，走不若马，而牛马为用，何也？曰：人能群，彼不能群也。"(《荀子·王制》)清末的严复介绍西方进化论时，在其著作《天演论·制私》中写道："能群者存，不群者灭，善群者存，不善群者灭，不能爱则不能群，不能群则不能胜物，不胜物则养不定。"这段精辟的论述充分说明了"合群"对人类进化的重要作用。足见"群"作为人类社会的重要特征，不仅是胜物的基础，而且是社会发展的前提，也是民族生存与进步的力量源泉。儒家倡导群体至上原则，注重和谐，追求一统，紧紧抓住了人类社会的基本特性，符合人类社会发展的基本规律。

在儒家学说中，通向和谐目标的途径便是"中庸之道"。孔子说："中庸之谓德也，其至矣乎，民鲜久矣！"（《论语·雍也》）宋儒程颐解释为："不偏之谓中，不易之谓庸。中者，天下之正道，庸者，天下之定理。"朱熹的解释更是简洁："中者，不偏不倚，无过不及之名。庸，平常也。"冯友兰先生则用"极高明而道中庸"一句话概括了"中庸"之道的实质。由此可见，"中庸"之道是儒家人生哲学中的核心理论，"不偏不倚""以和为贵"正是"中庸"之道的"极高明"处。"中庸"之道并非不讲原则地一味做老好人，而是"极高明"的处世哲学，是营造和谐的人际关系、创造和谐的人文环境、避免和克服片面性与极端性的基本原则。而由"仁"引申出"忠恕之道"，则是儒家提倡的做人基本原则，"己所不欲，勿施于人"（《论语·颜渊》）成为儒家提倡的道德规范的底线。"中庸之道"是孔子根据自己丰富的学识和实践经验，形成的认识事物本质及其发展趋向的方法。它的核心是"执其两端而用中"，主张做人办事，应无过无不及，只有适中才是最好的，处理矛盾和冲突，要适度，要有分寸感，引导事物向最好的方向发展。"中"是因条件而变的，关键是做到"时而中"。由此可以看出，中庸之道的本质就是在平衡中应对常变。儒家认为，中庸之道作为"天下之达道"，既是天地之道，也是为人之道，是最高的道德准则。中庸作为最高的道德准则，既是道德实践的境界，又是理性的态度。"中庸"作为一种方法，不是"以同求和"，压制他人，强求一致，而是讲究"和而不同"，求大同，存小异，使人人各得其所。

儒家的"以和为贵"的理念，不仅有利于形成良好的社会环境，使每个民族群体中的成员自觉地加强道德修养，保持与外部世界的和谐统一，而且影响着每个成员在实际生活中的行为方式，使人们认识到在维系社会群体和谐中自己应承担的责任与义务，因而能做到各司其职，各负其责，形成一种亲和力，从而提升全民族的综合实力。在"以和为贵"理念的指导下，中华民族内部各民族一般都主张以和平方式解决民族之间的矛盾或争端，而不主张诉诸武力对抗。在保持人际关系、社会关系、民族关系的稳定方面，儒家的和谐思想发挥了积极的作用，促进了中华民族的融合，增强了中华民族的凝聚力。经过历史的不断选择和重塑，"以和为贵"的理念为中华民族广大成员所普遍接受，逐渐形成了稳定的精神观念，对民族的团结、民心的凝聚起了稳固与促进作用。"以和为贵"的理念在我国历史上影响深远，对于形成和发展中华民族的宽厚包容、团结统一、独立自主的民族品格具有重要意义。

基于"以和为贵"的理念，儒家主张用中庸之道来处理人际关系，主张人与人和睦相处，互谅互让，为达到"中和"状态找到了现实途径，使"中"在维系整个社会的安定和谐中处于核心位置，起到融众人为一体的作用，引导全民族的成员协调一致，同舟共济，共致中和。儒家主张用中庸之道来处理各个国家和民族之间的关系，希望造就"协和万邦""万国咸宁"的国际环境，培育爱好和平的民族精神。中华民族爱好和平的精神赢得了全世界人民的尊重，被赞誉为"骄傲得不肯打仗的民族"。"以和为贵"的理念也有助于培育人们的爱国主义情怀，激发每个民族成员"以天下为重"的社会责任感和历史使命感，激励志士仁人在民族兴亡之际，不惜牺牲个人利益乃至于自己的生命，为捍卫民族尊严和国家独立而勇敢斗争。由"以和为贵"的理念衍生出的群体至上的观念，直接铸就了团队精神，强调群体利益高于一切，个体服从集体，集体服从国家，要求每个民族成员忠诚地维护民族的整体利益，为国家事业的发展奉献出自己的全部力量。中华民族之所以在历经种种历史变迁后仍保持统一，保持民族的独特风格和顽强的生命力，正是儒家的群体至上观念在人们的心灵深处扎下了根，形成了全民族共同的心理认知，从而产生了强大的民族凝聚力的缘故。

三、以礼为序

儒家倡导的第三个重要的价值理念是"以礼为序"。简言之，就是一个"礼"字。司马谈在《论六家之要指》中，把"礼"学看成是儒家最主要的特色，他说："夫列君臣父子之礼，序夫妇长幼之别，虽百家弗能易也。"（《史记·太史公自序》）儒家关于"礼"的论述很多。孔子说："人而不仁，如礼何？"（《论语·八佾》）有子说："礼之用，和为贵。先王之道，斯为美。小大有之，有所不行，知和而和，不以礼节之，亦不可行也。"（《论语·学而》）。荀子说："礼者，贵贱有等，长幼有差，贫富轻重皆有称也。"（《荀子·富国》）"礼者，法之大分也，类之纲纪也。"（《荀子·劝学》）从这些论述中可以看出，"仁""和""礼"三者是相互联系着的。"仁"的实现离不开"礼"的规范，从这个意义上说，"克己复礼为仁"；维系"和"的局面离不开"礼"的调控，从这个意义上说，"礼之用，和为贵"。"仁"是儒家设想的应然的人格状态，"和"是儒家设想的应然的社会状态，二者的实现都必须以"礼"为手段。倘如没有"礼"，"仁"与"和"都将成为空谈。

礼对于社会而言代表着一种秩序，而对于个人来说，礼又是一种行为规范。孔子对此有充分认识。他认为，一个人要成为完美的人，一个不可缺少的条件就是"文以之礼乐"（《论语·宪问》），即用礼乐进行教育和熏陶。倘若没有礼乐，人肯定就会行为粗野鄙陋，只是一个举止不当的野蛮人。因此，孔子大力提倡学礼，强调"不学礼，无以立"（《论语·季氏》），并要求人们言行举止合乎礼，应当做到"非礼勿视，非礼勿听，非礼勿言，非礼勿动"。"为国以礼"是儒家治国平天下的基本主张，因此历代儒家知识分子对于"礼治"都给予了足够的重视。孔子就已经看到了"礼"在体现等级差别和道德情感中的作用，孟子则从人性善出发，强调"辞让之心，礼之端也"（《孟子·公孙丑上》），强调"礼义由贤者出"（《孟子·梁惠王下》），主张按照道德规范来培育"辞让之心"这个"善"的根芽。荀子从后天发展的角度提出"人之性恶"的命题，观点同孟子正相反；但他同样重视礼的作用，强调"礼者，人道之极也。"（《荀子·礼论》）他认为讲究礼义乃是道德活动的主要标志，"故学至乎礼而止矣，夫是之谓道德之极。"（《荀子·劝学》）历来的儒家大师都主张，一个贤明统治者应当学会以"礼"治国，即把一切社会行为的法则、规范、仪式贯彻到社会生活的方方面面。他们认为，社会上的每一个人，都应该了解礼义，遵从礼义规范，不仅要以"礼"治国，而且要依"礼"做人。

"仁"与"和"，比较抽象，可以作新的解释，实行现代转化比较容易；"礼"则是具体的制度设计，不可能不受到历史条件的限制，实行现代转化比较困难。近年来，在关于儒家思想的研究中，对"仁"与"和"表示同情的理解的人比较多，而对"礼"表示同情的理解的人比较少。还有相当一些人，仍然未能摆脱"左"的思想的阴影，把"礼"看成"吃人的封建礼教"，主张予以彻底的否定。笔者认为这种情况应当扭转。儒家所说的"礼"，作为具体的制度设计，是在古代社会条件下形成的，当然不可能不受到等级制度和君主制度的影响，但不能把儒家看成等级制度和君主制度的设计者。等级制度和君主制度是农耕时代历史的产物，同儒家并无必然的联系。在农耕时代，其他国家和民族没有儒家存在，照样实行等级制度和君主制度。因此，要儒家为等级制度和君主制度负责是不公道的，也不符合历史事实。

应当承认，在儒家的礼学中的确有维系等级制度和君主制度的因素（如三纲），但这并不是礼学的全部。礼学还有另一个方面，那就是站在民族群体的立场上维护正常的社会秩序，维护族群的和谐、团结、统一，规范人们的行为，指导人们的生活实践。礼学中的这些内容具有普适性，是同中华民族的生存和发展联系在一起的，是可以实行现代转化的。这方面的内容主要体现在以下德目中。

1. 五常

孔子提出儒家总体性的德目"仁"。"仁"的含义很广，囊括了忠、恕、孝、悌、爱、直、智、勇、义、温、良、恭、俭、让、宽、信、敏、惠等诸多具体的德目。孟子把儒家的德目概括为"四端"，即仁、义、礼、智。董仲舒在此基础上又加上了"信"，合称"五常"。五常的提法为后世儒家普遍接受，朱熹称其"放之四海而皆准，推之百世而不悖。"在五常中，仁是指人树立应当向善的道德信念，对人提出总的要求；义是指人应当选择正确的人生道路，要有正义感，养成儒者风度；礼是指人应当恪守礼仪规则，规范自己的视、听、言、动等一切行为；智是指人应当有明辨是非的能力，高扬道德理性；信是指人与人之间应当相互信任，以诚信友爱相待。五常的哲学基础是人性向善。儒家始终强调，人人都有向善的道德意识，道德是人的内在本性。孔子把"仁"作为人之根本，认为"仁"本乎人的内心，个体的本心自觉是道德发展的基础。对于不同的价值取向，应当以人之本性能否实现作为评判标准。孟子沿着孔子的思想，提出了性善说，认为道德观念全发自人性之善端，伦理规范皆源于人心之要求，而不是把外在的社会规范贯彻到人性当中，这样就为人的道德本性提供了先天的、内在于人心的基础。此后的儒家继承发展了这一思想。宋儒认为，人在气质禀赋上有一定差别，但道德修养程度完全取决于人自身。他们将人的道德本源和获取的动力置放在人自身之中，突出人的特质在于道德意识和道德觉醒。儒家所说的五常，既内在于人的本性，也有外在的指向，含括家庭、社会、国家各个层面。五常从个人品行讲起，最后讲到整个民族群体的团结友爱、和谐统一。五常贯彻了个体与群体相统一的原则，构成了完整的伦理规范体系。五常有很强的凝聚力，为中华民族广大成员所认同，成为人们的行为规范，影响久远，对于中华民族的形成和发展具有重要意义。

儒家十分讲究伦常关系。"伦"的意思是辈分或类别，"常"的意思是指经久不衰、普遍适用性。在家庭和社会关系中，每个人依据辈分、年龄、身份的不同，而处在特定的位置，承担某种角色，这就是人伦。儒家概括出五项最主要的人伦：君臣、父子、夫妇、兄弟、朋友，强调这五伦"无所逃于天地之间"，乃是天下古今所共同遵循的"达道"。一个人在社会中，不是君，就是臣；不是父，就是子；不是夫，就是妻；不是兄，就是弟，总而言之，都是充当一定社会角色的人。因此，儒家要求人人都要担负自己的责任和义务，在家庭中，做到"父子有亲"，"夫妇有别"，"兄友弟恭"，实行孝道；在社会上，要忠君爱国，遵守礼法，奉行忠道。这样一来，就在全社会形成了一种尊卑有序、亲疏有别、爱有等差的社会秩序和精神传统。这种社会规范和精神追求不断内化为社会成员的基本人格，为"理想人格"的追求和实现提供了广泛的社会基础。

2. 忠孝

关于孝和忠，孔子和孟子都谈到过，可是成为很有影响力的德目，却是在《孝经》问世以后。《孝经》把忠、孝两个德目突出出来，甚至把孝提到大经大法的高度。《孝经》写道："夫孝，天之经也，地之义也，民之行也。"儒家认为，一个人履行孝道是天经地义的事情，是做人最起码的准则。从这个意义上说，百善孝为先。孝主要适用于家族成员的范围，忠适用于整个民族群体的范围。儒家把人与人的关系归纳为五种类型，即君臣、父子、夫妻、兄弟、朋友，称之为五伦。孝首先对家庭中的不同成员提出了不同要求，即父慈、子孝、兄友、弟恭、夫义、妇柔，要求每个成员都从家庭整体利益出发，维护好上下左右关系，在家庭内部保持和谐融洽的气氛。儒家进一步把孝从调节家庭内部关系的原则扩展为处理家族关系的原则，从五伦范畴推演出六纪范畴。六纪是指诸父、兄弟、族人、诸舅、师长、朋友。"敬诸父兄,六纪道行,诸舅有义,族人有序,昆弟有亲,师长有尊,朋友有归。"(《白虎通义·三纲六纪》)在家族内部,各个成员按自己角色的不同,自觉地遵守相应的道德原则,履行基本的道德义务,以维持基本的社会关系,保障社会基础的稳固。

儒家再进一步"以孝移忠",从孝引申出忠,构筑适用于整个民族群体的伦理规范体系,叫做十义。据《礼记·礼运》记载:"何谓人义?父慈、子孝、兄良、弟悌、夫义、妇听、长惠、幼顺、君仁、臣忠,十者谓之人义。"儒家认为,在家庭中孝父与在国家中忠君是一致的:孝是对一家之长尽道德义务;忠是对一国之君尽道德义务。基于这种看法,儒家主张求忠臣于孝子之门。当出现尽忠和尽孝发生冲突、忠孝不能两全的情况时,儒家把尽忠摆在第一位,主张为国家的利益牺牲家庭的利益。对于儒家的忠君观念,应当用历史主义的眼光看,不能用现在的观点苛责古人。在古代社会,君主就是国家和民族的代表者,忠君也就是忠于国家、忠于民族。因此在忠君观念中包含着爱国主义的内核,不能全盘否定。"天下无不是的君父""君叫臣死,臣不得不死;父叫子亡,子不得不亡"之类的愚忠愚孝的观念固然应当批判,但儒家要求每个人为国家、为民族奉献出自己的一切的观念,在今天依旧值得我们发扬光大。

为了把忠孝落到实处,儒家主张实行仁民政策,倡导为国以礼、为政以德的德治主义。为国以礼,就是按照礼所规定的等级制度来进行统治。为政以德,就是实行德治,用道德原则作为治国理政的指导方针。孔子认为,用道德去教化人民、治理国家,使老百姓有羞耻之心,行为自然端正,政务自然会搞好。孟子进而把仁与不仁作为判断国之治乱兴衰的根本标准,主张把人之善性扩充为善德,依据善德治理国家,实施仁政。儒家的治国理念是:惠及万民,利济众生,方为仁民;以德治民,以仁治国,方得民心;减轻刑罚,厚施于民,方使民富。从根本上说,儒学是一种社会政治哲学。历代儒者从来不把儒学仅仅当作一种只供谈论的学说,他们总是力图付诸实践,以之治国安邦。

在儒家伦理体系中,忠德与恕道密切相关,合称"忠恕之道"。孔子所倡导的"一以贯之"的忠恕之道，作为处理群己关系和人我关系的基本原则，实际上就是以心换心、推己及人、以诚相待。消极地说，就是"己所不欲，勿施于人"；积极地说，就是"己欲立而立人，己欲达而达人"。忠恕之道的推行，以个人的道德自觉作为保证，以个人忠信的品质作为基础。只有这样，才能得人，才能行遍天下，才能保持人际关系的和谐。儒家以"忠恕"为基点，以"家"为中心，由我及人，由家及国，视人若己，视祖国如家，强调己人一体，家国同构。《孝经》写道："教以孝，所以敬天下之为人父者也；教以悌，所以敬天下之为人兄者也。"儒家把个体的道德自觉及对父母兄弟的感情，推广到他人、他家，推广到整个民族群体，主张"天下为一家，中国如一人"，主张"民胞物与"，为群己关系的融洽、为国家民族的稳定提供了重要的理论指导。这种思想在中华民族的发展历程中，有力地增强了全体成员之间的亲和力，增强了中华民族的凝聚力。

3. 三纲领八条目

三纲领八条目是《大学》对儒家修身德目的概括和总结。三纲领是："大学之道，在明明德，在亲民，在止于至善。"这是对怎样做人、如何修身提出的总体要求，故称之为"纲"。第一条讲的是个体性原则，主张修身从自我做起。"明明德"是个动宾词组。"明"意即发明，"明德"是指本然的善性，合起来就是发明本然的善性，以成就明德为做人的根本。第二条讲的是群体性原则，主张个体的人投身于民族群体之中，与其他成员和睦相处，与人为亲，与人为善，在社会群体中、在与其他人交往的过程中体现自己内在的"明德"本性。第三条讲的是个体性原则与群体性原则的统一。每个成员都能自觉地修身，充分体现"明德"本性；各个成员之间和睦相处，没有纷争，在儒家看来这就是至善的、和谐的、理想的社会。"三纲领"点明了儒学的宗旨，这就是提高个体的道德自我意识，确立处理人际关系的亲善原则，造就至善的理想人格和理想社会。

八条目是《大学》提出的修身的步骤和方法："古之欲明明德于天下者，先治其国。欲治其国者先齐其家。欲齐其家者，先修其身。欲修其身者，先正其心。欲正其心者，先诚其意。欲诚其意者，先致其知。致知在格物。物格而后知至，知至而后至诚，以诚而后心正，心正而后身修，身修而后家齐，家齐而后国治，国治而后天下平。"概括地说，就是格物、致知、诚意、正心、修身、齐家、治国、平天下等八条。这八条是围绕着"修身"展开的，"自天子以至于庶人，壹是皆以修身为本。"修身首先从"格物"做起。所谓格物，就是同事物打交道，在洒扫应对、应世处物的人生实践中改造自己、磨炼自己。通过格物，达到"致知"，即获得价值意义上的天德良知，树立道德自我意识。但是，仅仅做到致知还不够，要想把良知化为坚定的信念，还需要修养的工夫，这就是"诚意"。坚持不懈地做诚意工夫，就会受到"正心"的效果，即端正自己的心态，克服种种杂念，自觉地体现明德意识。通过格物、致知、诚意、正心四个步骤，完成了修身的过程。从第一条到第五条，讲的都在"内圣学"的范围，从第六条开始，进入"外王学"的范围。"齐家"是说有德之人善于处理家庭中的各种事情，建立了一个和睦的家庭。在儒家看来，家庭是社会的细胞，因此治理社会必须从治理家庭入手。在家庭得以治理的基础上，便是进一步治理好一个区域，这就叫做"治国"。在每个区域都得以治理的基础上，自然就形成了"天下太平"的局面，整个社会进入"止于至善"的理想状态。

"三纲领"和"八条目"是一致的，都围绕着治国以民为本、以修身为本这一主题展开论证，简洁明了地概述了儒家内圣外王统一、政治和伦理紧密结合的一贯思想。倡导三纲领八条目的目的，就是主张从提高社会成员的道德素质入手，在中国大地上建立一个和谐的、有序的社会，使天下太平，人民安康。这种主张代表了广大民众的愿望，对于中华民族的成员具有极强的吸引力，自然会起到凝聚民族群体的作用。孙中山先生对《大学》以民为本、以德辅政的理论评价很高，称之为中国特有的"政治哲学"。他说："中国有一段最有系统的政治哲学，……就是《大学》中所说的'格物、致知、诚意、正心、修身、齐家、治国、平天下'那一段话。把一个人从内发扬到外，由一个人的内部做起，推到平天下止。像这样精微开展的理论，外国什么政治家都没有看到，都没有说出来，这就是我们政治哲学的知识中独有的宝贝，是应该保存的。"① 在他看来，儒家的这种政治哲学相当完整，相当

---

① 《孙中山全集》第 8 卷，中华书局 1979 年版，第 684 页。

系统，相当有特色，相当有实用价值。他要求革命党人从中获得启发，把民国的政治建设同伦理建设有机地结合起来，使二者同时并进、相辅为用、相得益彰。他认为，要造就新的民国，首先应当造就出新的国民；有了新的国民，才会为新的民国建立起稳固的根基。

四、经世致用

儒家倡导的第四个价值理念是"经世致用"。简言之，就是一个"用"字。儒学讲究内圣外王、自强自立、奋发有为，注重现实，乃是一种实践哲学。在以往一些对于儒学的诠释，给人造成这样的印象，似乎儒家只讲动机，不看效果；只会空谈道德性命，不懂经世致用。这是对儒家学术精神的误解。儒学作为一种入世主义的学理，讲究经世致用当然是题中应有之义。儒家"以人为本"的理念、"以和为贵"的理念、"以礼为序"的理念，最终都要落实到"经世致用"上。"仁""和""礼""用"四个字相互联系，构成儒家完整的关于如何培育民族精神的理念体系。

儒家创始人孔子就明确地提出知行密切相关的原则，认为行才是学习知识的目的，主张学以致用。他说："诵诗三百，授之以政，不达；使于四方，不能专对；虽多，亦奚以为？"（《论语·子路》）按照孔子的看法，只会死记硬背《诗经》上的诗句，却没有从政的本事，也不能充任专对应酬的外交使者，这种没有什么用处的书呆子，算不上有知识。他在评价自己的弟子时，首先要看他们是否具有治理国家的本事。另一位儒家大师荀子也特别看重行，他说："不闻不若闻之，闻之不若见之，见之不若知之，知之不若行之，学至于行而止矣。行之，明也，明为圣人。"（《荀子·儒效》）荀子把行视为检验知的标准，视为求知的目的，认为知必须服务于行，行比知更为重要。如果脱离了行，知没有任何意义，没有任何价值。他所说的"行"包含着效果的意思。清儒颜元强调儒学就是实学，宣称"救弊之道，在实学，不在空言。"（《存学编》卷三）实学的范围包括正德、利用、厚生之学，包括兵、农、政事等经世致用之学。按照他的看法，《大学》所说的"格物"中的"格"，就是"手格猛兽之格，手格杀之之格，乃犯手捶打搓弄之义。"

（《实斋记余》卷六）例如，学习弹琴，光看琴谱是不行的，必须亲手操弄才能学会。他倡导实学，更倡导实行，主张"习而行之"，"亲自下手一番"，"只向习行上做功夫"。的确，有些儒者过分看重心性之学，有忽视经世致用的倾向，但这不能代表儒家的基本学术精神。从儒门走出来的，不都是书呆子，其中也有辅佐刘备成就"三分天下"大业的诸葛亮，也有敢于变法的王安石，还有建功立业的王阳明。

儒家本着"经世致用"的理念，强调在现实世界中提升道德品格，达到理想境界；在人生实践中自强自立、奋发有为，成就理想的人格。这种学风以其巨大的作用和影响而成为中华文化的主流，并由此培育出中华民族注重人生价值、敢于担纲、负重致远、刚毅进取、自强不息、谦恭有礼、不畏人先、吃苦耐劳、勤俭持家、求真务实、厚德载物、忠恕之道、利群爱国、乐观向上等一系列优秀民族精神。儒学以积极的处世态度、入世的精神以及讲求奉献的价值取向，教育并鼓舞着一代代华夏子孙发奋进取，在现实人生中成就了无数功业，为中华民族的生存与发展提供了强大的精神动力。

综上所述，儒家文化作为中华传统文化的主流，具有丰富的思想内涵。儒家提倡人文精神，重视人的生命力、创造力，强化了民族凝聚的主体因素；弘扬道德理性，认为道德义务是从"应当"到"规范"再到"责任"的发展历程，在社会中形成和谐的人际关系，为民族凝聚创造了重要前提；积极追求理想人格，提升人的精神境界，激励民族成员实现个人价值与社会价值，加强了民族凝聚的社会基础；努力实践和合目标，追求"天下一统"，客观上促进了民族的统一大业。儒家文化的重要思想内涵作为民族优秀的文化传统，构成了民族精神的主干，并成为民族凝聚力的核心因素，支撑着中华民族的发展与进步，维系着全体民族成员的情感与信念。

（原载于《广东社会科学》2007 年第 2 期）

略论儒家德治思想的普适意义

德治思想是儒家留给我们的一份优秀文化遗产。它凝聚着先人从治国实践中总结出来的宝贵的管理经验和政治智慧，具有普遍的适用性。认真研究德治思想的合理内核，结合当今时代的精神需求加以发展，对于当今社会的政治实践乃至人类社会的长远发展，仍有重要的现实意义。

一

人们常常把"德治"与"法治"联称并举，其实，"德治"观念要比"法治"观念久远得多。"法治"是有了阶级、有了国家之后出现的，并且随着人类社会的发展，逐渐形成比较完备的法律制度。"德治"的萌芽，可以追溯到有人之初，追溯到阶级、国家出现之前。在没有阶级、没有国家的原始社会里，部落或氏族的首领的德行乃是群体凝聚力的核心。他以自己高尚的德行影响、感召群众，管理群体的公共事务。首领本人必须是道德的楷模，否则他便没有资格担当首领。我们从远古的传说中，可以很容易找到首领德治实践的例证。神农尝百草的献身精神，尧主动让位给舜、舜主动让位给禹的禅让精神，大禹"三过家门而不入"的感人之举，都是首领德治实践的生动体现。他们或许没有明确地提出德治主张，然而在他们的不言之教中无疑体现出德治精神。因此，儒家在阐发"以德治国"思想的时候，把尧、舜、禹描绘为"圣王"，视为躬行德治的楷模。由此来看，德治实践由来已久。正是在德治实践的基础上，才会逐渐产生出德治观念、德治理论。从这个意义上说，"德治"可以说是纵贯古今的普遍观念，它形成和发展的历史与人类社会发展的历史是同步的。

据一些著名学者的研究，早在西周初年，就已出现德治思想的萌芽。据侯外庐先生考察，在周天子的王号中，就包含着道德的意义（如文王之"文"）。郭沫若先生也指出，"德"在西周是一个新字，是周人的新思想。他在《青铜器时代·先秦天道观之进展》中指出，这种"敬德"的思想在周初的几篇文章中就像同一个母题的合奏曲一样，翻来覆去地重复着。这的确是周人所独有的思想。周朝是在推翻商纣王的暴政后建立起来的新王朝。周人总结商纣覆灭的历史教训，提出"以德配天"说。《周书》写道："皇天无亲，惟德是辅。"周人在传统的天命观中添加了新内容：上天保佑君主不是无条件的，而是有条件的。这个条件就是看君主是否有高尚的德性。基于这种新观念，周人又提出"敬天保民"说。"敬天"就是君主以自己的德性感动上天，以获得上天的保佑；"保民"就是君主以自己的德性赢得民意，确保统治的有效性。周人以"德"论证周取代商的合理性，寻求长治久安的道德依据，在中国政治文化史上首开"以德治国"的先河。不过，周人的德治观念还是比较笼统的，没有上升到理论的高度。

德治思想的萌芽不仅在中国的政治文化史上可以找到，在西方的政治思想史中也可以找到。例如，在古希腊哲学家柏拉图"让哲学家做王"的主张中，就包含着德治的意思。亚里士多德强调，人自身的善是伦理学和政治学共同的研究对象。他说："政治学让其余的科学为自己服务。它还立法规定什么事应该做，什么事不应该做。它自身的目的蕴含着其他科学的目的。所以，人自身的善也就是政治科学的目的。一种善即或对于个人和对于城邦来说，都是同一的，然而获得和保持城邦的善显然更为重要，更为完满。一个人获得善值得嘉奖，一个城邦获得善却更加荣耀。"[1]他把伦理学与政治学紧密联系在一起，也包含着德治的意思。基督教成为西方社会的主流意识形态以后，政权与教权分开，"归还凯撒的东西给凯撒，归还上帝的东西给上帝"。从表面上看，宗教既不管现世的事，也不管现世的问题，而事实上仍对政治产生重大影响。即便在当今时代，法治也不是西方国家维护社会秩序

---

① 苗力田主编：《亚里士多德全集》第 8 卷，中国人民大学出版社 1994 年版，第 4 页。

的唯一手段，宗教的教化功能仍然是法治所无法代替的。政府的首脑们十分清楚这一点，他们也千方百计地利用宗教维护自己的统治。对于这种情形，贺麟在《基督教与政治》一文中以事实为依据做了充分的说明：

> 俾斯麦说："基督教是普鲁士的坚实基础，没有建筑在别的基础上的国家，可以永久存在。"至于德国旧教的牧师，当其就职时，必须做下列的宣誓："我誓以至诚服从并效忠于普鲁士国王。我将努力养成人民忠爱祖国，服从法律，尊敬国王的忱惆。凡于公共治安有害的结社，我绝不参加，凡有危害国家的密谋，我若有所知，必首先报告国王。"德皇阅兵演说曾有这样的话："大家须谨记日耳曼人是上帝的选民。我，德国的皇帝，是直接承受上帝的精神。我是上帝的降衷。我是上帝的宝剑，上帝的武器，上帝的战将。凡不服从、不信仰而怯懦的人，必受灾殃与死亡的惩罚。"①

由于受到宗教与政治分开原则的限制，尽管西方基督教没有明确提出德治主张，但实际上却在政治生活中发挥着德治的功能。由此可见，德治不仅是纵贯古今的普遍观念，同时也是横盖中外的普遍观念。

二

德治观念具有普适性，在中外的政治实践中都可以找到实行德治的例证，在中外政治思想中也可以找到德治思想的萌芽，然而，提出"以德治国"的系统理论，则是儒家独到的理论贡献。

在春秋时期，孔子通过反思周人的政治文化传统，明确地提出德治理论。孔子说："为政以德，譬如北辰居其所而众星共之。"（《论语·为政》）执政者必须具有高尚的品德，才算称职；对于民众来说，称职的执政者有如夜空中的北斗星。民众如同众多的星星一样围绕着北斗星，衷心地拥戴着执

---

① 贺麟：《文化与人生》，商务印书馆1988年版，第141页。

政者，这才是孔子心目中理想的政治局面。孔子特别重视执政者的道德素质，认为道德素质与行政效率之间有直接的关系，紧紧地把伦理与政治结合在一起。孔子对德治和法治加以比较："道之以政，齐之以刑，民免而无耻；道之以德，齐之以礼，有耻且格。"（《论语·为政》）如果仅仅采用行政手段和惩罚手段治理民众，只能使民众避免犯罪，但不能培养他们的廉耻之心；德治比法治高出一筹，只有实行德治，以礼教化民众，才能帮助民众养成廉耻之心，使他们发自内心地服膺执政者。在这里，孔子并没有把德治与法治对立起来，没有否定法治、片面凸显德治的意思，只是如实地指出法治的局限，并把德治看成弥补法治局限性不可或缺的手段。

孔子的德治学说有两个理论支点，一个是"仁"，另一个是"礼"。"仁"是德治理论在观念层面的支撑，表明德治的可能性，从人性角度说明德治可能的前提。孔子认为，"仁"乃是一种普遍的德性，"仁远乎？我欲仁，斯仁至矣"。（《论语·述而》）尽管孔子尚未明确地提出性善论，但实际上已预设"仁是人性中所固有的"前提。由于执政者具有仁德，所以他们才可能选择德治；由于民众具有仁德，所以他们才可能接受德治；因为双方都具有仁德，德治才可能得以实施："君子之德风，小人之德草，草上之风必偃。"（《论语·子张》）"礼"是德治理论在制度层面的支撑，表示实施德治的途径。礼治是商周政治文化的主流，人们以礼为准则，确定自己的社会等级身份，明确自己的社会待遇，规定交往方式、礼仪制度，协调人际关系，维持社会秩序。可是，到周王朝的末年，礼治已流于形式，礼变成了礼仪条文的总汇，变成了一套死板僵化的规定。孔子对这种情况十分不满，提出严厉的批评。他质问道："礼云礼云，玉帛云乎？"（《论语·阳货》）当然不是。那么礼的深刻内涵是什么呢？在孔子看来，就是"仁"。他把仁理解为礼的实质，把复礼看成行仁的手段，得出的结论是："克己复礼为仁，一日克己复礼，天下归仁焉。"（《论语·子路》）"天下归仁"，也就是实现了"以德治国"。就这样，孔子突破了传统礼治的形式主义的局限，赋予礼以仁德的内容，把礼治改造为德治。德治通过礼治得以实施，并没有另外的途径。德治的制度化就是礼治。在孔子以后，儒家对德治与礼治一般不再加以区分，当做同等程度的观念来使用。

尽管在孔子的仁学中包含着人性善的意思，但毕竟没有明确地提出性善论；孟子在战国中期进一步发展了孔子的仁学思想，提出人性善作为德治内在的理论根据。同孔子一样，孟子也主张从道德教化入手解决治理国家、统一天下等政治问题，贯彻伦理政治合一的思想路线。他采用王道与霸道两相比较的方法论述他的仁政主张：霸道的特点是"以力服人"，而王道的特点是"以德服人"。两种不同的政治策略会产生不同的统治效果："以力服人者，非心服也，力不赡也；以德服人者，中心悦而诚服也。"（《孟子·公孙丑上》）。急功近利的霸道虽然可以一时奏效，可是不能长久，因为这样做违反人性；只有采取王道，实行德治仁政，才能贯彻"以人为本"的人性原则。只有这样，才能得到民众的衷心拥护，并且实现长治久安。

孟子把德治仁政建立在性善论的基础上。他在说明仁政的可行性时指出："先王有不忍人之心，斯有不忍人之政矣。以不忍人之心行不忍人之政，治天下可运于掌上。"（《孟子·公孙丑下》）"不忍人之心"也就是善心、良心。"不忍人之心"不仅先王有，而且每个人都有，这就自然引出关于普遍人性的探讨。孟子得出的结论是：人性本善。人生来就具有向善的能力，他称之为"良能"；生来就具有道德意识，他称之为"良知"。"人之所不学而能者，其良能也；所不虑而知者，其良知也。"（《孟子·尽心上》）良知良能是万善之源，由此而形成恻隐之心、羞恶之心、恭敬之心、是非之心等四端；由四端而形成仁、义、礼、智等四个基本的道德观念。他强调，"仁、义、礼、智，非由外铄我，我固有之也，弗思耳矣。"（《孟子·告子上》）他从人性论方面为儒家德治主张找到了内在的根据，确立了儒家基本的价值取向。

孟子认为，人性善正是人与动物的本质区别。"人之所以异于禽兽者几希，庶民去之，君子存之。"（《孟子·离娄下》）这里强调的是"人之所以异于禽兽者"，而不是"人异于禽兽者"。"人异于禽兽者"属于现象层面的差异，是很容易发现的；而"人之所以异于禽兽者"属于本质层面的差异，就不那么容易发现了。孟子认为，人与禽兽的根本区别就在于人有求善的意识，而禽兽没有。正是因为人性善，所以"人皆可以为尧舜"。但这只是一种理论上的可能性，事实上并非如此。造成人格差别的原因在于每个人保留善性的程度不一样，有"去之"与"存之"之别。基于此，孟子强调心性修养的必要性和对"庶民"进行德治教化的必要性，帮助他们寻回已经失掉的善性，"求其放心"。孟子一方面运用性善论说明德治仁政的可行性，另一方面又用性善论说明了实施德治仁政的必要性。

孟子立足于仁学，过分强调王道而有排斥霸道的倾向，对儒家德治理论的阐发有浓重的理想主义色彩，缺乏制度化的设计，难免有"迂远而阔于事情"之嫌。另一位儒家大师荀子在战国末期弥补了孟子的不足，进一步发展孔子的礼学思想，协调礼法关系和王霸关系，提出"隆礼尊贤而王，重法爱民而霸"的主张，使儒家的德治主张在政治实践中具有可操作性。

孔子已经对周礼做了损益，荀子在这条路上走得更远。他从文化人类学的角度反思和理解礼乐文化，试图揭示它的起源。他分析说，人的气力不如牛大，奔跑不如马快，但人为什么能够驾驭牛马呢？其原因就在于人能够结成社会群体。人之所以能够结成社会群体，是因为人类创造了一套用来协调人与人相互关系的礼义制度。"故义以分则和，和则一，一则多力，多力则强，强则胜物。"（《荀子·王制》）正是因为人类创造了礼义制度，所以才取得了"最为天下贵"的地位。荀子指出，礼义的作用在于"养人之欲，给人之求"，即协调各个社会阶层之间的利益关系。他给"礼"下的定义是："礼者，贵贱有等，长幼有序，贫富贵贱皆有称也。"（《荀子·富国》）荀子剔除传统礼治观念中世卿世禄的陈腐内容，把"礼"界定为君臣父子各守其位的封建等级制度。他强调，每个人的社会身份不是一成不变的，"虽王公大夫之子孙也，不能属于礼义，则归之庶人；虽庶人之子孙也，积文学，正身行，能属于礼义，则归之卿相士大夫。"（《荀子·王制》）封建社会的科举制度把荀子的这一主张变成了现实。从荀子对礼义的新解释中反映出，他已把礼义视为组织社会群体必不可少的准则。经过这样的解释，使孔子提出的"约之以礼"的命题获得丰富而具体的内涵。

荀子对儒家德治理论的另一个重大贡献是重新解释礼法关系或王霸关系，使之不至于流于空疏，而获得可操作性的现实品格。在荀子看来，礼既然是一套等级制度，那么，便与同是等级制度的法并不冲突。他认为礼与法不是互不相容的对立关系，而是相辅相成的互补关系。"礼者，法制大分也，类之纲纪也。"(《荀子·劝学》)礼作为道德规范,其本身也具有强制性的约束作用。从这个意义上说,礼与法没有原则区别,礼就是广义的法,甚至可以称为法的总纲。孔子已把伦理与政治紧密地联系在一起,荀子进一步把伦理与法治紧密结合在一起。经过荀子的解释,礼与法、王与霸具有了相通性,不再是孟子眼中的那种对立关系。荀子强调,礼与法、王与霸都是维系社会秩序必不可少的强制性手段。他否定了孟子尊王贱霸的观点,主张王霸杂用、礼法双行。"粹而王,驳而霸,无一焉而亡。"(《荀子·强国》)荀子作为儒学大师,当然不会把礼法并列起来、等量齐观,而是以王道为"粹",以霸道为"驳",以王道为主,以霸道为辅。他的这一主张实际上为封建帝王采纳。汉宣帝直言不讳地宣称:"汉家自有制度,本以霸王道杂用之。"(《汉书·元帝纪》)经过荀子阐发,儒家的德治主张终于从理想层面落实到现实层面,对中国封建社会的政治生活产生了重大影响。

经过孔子和孟子的努力,到荀子这里,儒家的德治理论框架基本上已经成形了。后来的儒家对它进一步加以补充论证,使之更加完善。《中庸》和《易传》从天人合一的角度入手,试图把德治提到哲学的高度,借以强化德治的理论基础,提高德治的权威性。《易传》提出"天人合德"的理论,《中庸》提出"诚者,天之道也;诚之者,仁之道也"的理论。直到宋明理学,才比较圆满地完成了这一理论任务,理学家或以"天理",或以"本心"论证德治的普遍有效性,形成儒家的"道德形上学",用以支撑儒家的德治理论。

三

儒家德治思想作为古代的理论成果,不可能不带有历史的局限性,但我们不能因此而否认它的合理性,否认它的普适意义和现实意义。儒家的德治建立在人性善的基础上,相信人性中具有美好的一面,要求相信他人、尊重他人,承认人与人之间有相互沟通的共同基础,主张通过人格自我提升的途径形成良好的社会秩序、社会习俗,对于人类社会的发展和完善具有深远的意义。我们承认儒家德治思想具有普适意义和现实意义,并不意味着可以把它直接运用于当今的政治实践。对于当今时代来说，儒家的德治思想只是一种文化资源，我们应当根据现实社会的需要，对它加以改铸发挥，取其精华，弃其糟粕，创造出符合时代要求的政治文化。

第一，儒家所说的"德"，固然包含有"普遍德性"的意思，但主要还是指封建主义的道德观念。封建主义的道德观念维护等级制度，维护强者的利益，损害弱者的利益，片面地强调强者的权利，片面地强调弱者的义务，宣扬什么"天下无不是的君父""君要臣死，臣不得不死；父要子亡，子不得不亡"。这样的道德观念，显然不能成为我们今天所说的"以德治国"中的"德"。我们所讲的"以德治国"中的"德"，应该是新式的共产主义道德。它建立在人人平等的基础上，倡导奉献精神和对社会、对祖国负责的精神，其中包含着儒家"己欲立而立人，己欲达而达人""老吾老以及人之老，幼吾幼以及人之幼""先天下之忧而忧，后天下之乐而乐""国家兴亡，匹夫有责"的古道热肠，又比儒家的道德观念深刻得多。儒家所讲的"德"虽然包含着"公德"的意思，但侧重于"私德"，主张"穷则独善其身，达则兼济天下"。我们所讲的"以德治国"中的"德"，主要不是指"独善其身"的私德，而是指公德。"以德治国"中的"德"，包括公民道德、职业道德、家庭道德等内容，比儒家的道德观念意义广泛得多。

第二，儒家所说的"治"，包含着关心国事民瘼的民本意识，但毕竟以民众为统治对象，通常是站在统治者的立场上说话的。在当今人民当家做主的时代，"以德治国"中的"治"，不可能再是这种意思，而是治理国家、综合整治、维持社会秩序、形成良好社会风尚、建设精神文明、提高综合国力、发展先进文化等意思的总和。我们是站在人民的立场上讲"以德治国"的，应当以代表广大人民群众的根本利益为宗旨。我们一方面应当发扬儒家关心国事民瘼、尊重民意的入世精神，另一方面应当突破民本主义的局限，把"民本"提升到社会主义民主的高度。

第三，儒家所说的德治，着眼于社会稳定，而不是着眼于社会的发展，具有过度的非功利主义倾向，无意也无法为社会生产力发展提供精神动力。儒家在处理义利关系的时候，往往强调义而忽视利，宣称"正其义不谋其利，明其道不计其功"。这样的义利观已不能适应现时代社会发展的要求，有必要实行现代转换。在社会主义市场经济的条件下，国家需要稳定，更需要发展，发展才是硬道理。提高综合国力应当是"以德治国"的题中应有之义。我们提倡"以德治国"，应当突破儒家思想的局限，处理好义与利的辩证关系，不能再把义与利对立起来。当然，这里所说的"利"是指人民群众的根本利益，而不是个人的私利。不过，也应当看到，尽管儒家比较重视道德价值，不甚看重功利价值，但并不意味着儒学在市场经济的大潮中毫无用武之地。市场经济也是诚信经济，儒家的诚信观念经过现代转换以后，可以为市场经济的发展提供精神动力，有助于经济秩序的合理化。在市场经济的冲击下，人们往往会感受到意义的失落、价值失衡的困惑；极端的功利主义诉求会造成人们道德水准的滑坡。对此，儒学将发挥制衡作用，有助于精神文明的建设。

第四，儒家所说的德治仅以人性善为前提，其理论基础比较薄弱。人性中固然有善的一面，倘若否认这一点将导致非道德主义；然而把人性完全归结为善，理论上也难以站得住脚。从人性善出发，儒家对理想人格只提出道德方面的要求，而没有提出能力、才干等方面的要求。例如，王阳明以金子比喻做人，认为金子的珍贵体现在成色上，而不是份量上；人的价值体现在道德品格上，而不是才干上。儒家这样诠释理想人格，无疑是片面的而不是全面的。我们今天所说的"以德治国"，显然不能再局限于人性善的理念，而应当以全人类的解放、人的全面发展为理论依据。现代所要求的理想人格，应当是德才兼备的人才。他既具有高尚的人品，也具有报效祖国、服务社会的本领。

第五，儒家所说的"德治"，把伦理与法治紧紧地结合在一起，限制了法制独立发展的空间，以至于影响法制的健全。由于儒家常常把伦理准则同法律条文混在一起，结果既影响了伦理准则的感召力，又影响了法律条文的明晰性。这大概是中国社会长期以来法制不够健全的文化原因之一。我们实施"以德治国"，绝不能沿袭儒家的老路，必须划清伦理准则与法律条文之间的界限，大力加强民主法制建设，贯彻"以德治国"与"依法治国"辩证统一的原则。在当今社会的政治生活中，"以德治国"与"依法治国"并不矛盾，完全可以相互补充，相互兼容，并行不悖。法治有制度化的优势，但只能使人消极地不为恶，却不能激励人积极地为善。德治弥补了法治的不足。德治虽然不能像法治那样制度化，却有法治所不具备的感召力，能在健全人格、稳定社会、发展经济等方面发挥巨大作用。如果离开德治片面地强调法治，将导致极端的惩罚主义；如果离开法治片面地强调德治，将流为不切实际的空洞说教。"以德治国"与"依法治国"有如车之两轮、鸟之两翼，二者相互配合，共同促成人类的精神文明和物质文明的发展。

（原载于《学习与探索》2003 年第 3 期）

自由理念与儒学的冲突与会通

　　"自由主义"作为一种政治哲学理论，产生于西方近代启蒙时期，是资本主义市场经济的理论表现。自由主义同资本主义市场经济相适应，主张以个人为社会和法律的基础，强调社会和法律的存在应当以推进个人的发展、保障个人的权利为目标；主张在法律面前人人平等，反对偏袒特权阶层。自由主义以"自由"作为主要政治价值，认为社会是个人的集合体，把个体性原则放在首位，反对借用社会的名义压制个体的自由。自由主义认为，个人与政府是一种契约关系，要求政府保护个人的权利与自由，用法律限制政府对权利的利用。在契约下，由于公民参与制定法律，基于个人利益的考量，因而会采取对自己最有利的行动，自觉自愿地遵守法律。自由主义主张政治平民化，主张实行共和制或君主立宪制，主张实行开放而公平的选举制度，反对君主专制制度，使所有的公民享有同等的权利担任政务。"自由主义"的基本人权主张为生命的权利、自由的权利、财产的权利。

　　自由作为一种现代的政治理念，无疑具有普遍意义。但是源于西方近代的自由主义政治模式并不具有普遍意义。发展中国家可以借鉴西方的"自由"理念，形成符合本国国情的自由理念，但不能照搬西方的政治模式。中国社会发展跨入近代的门槛以后，现代化事业开始起步，自由主义思潮因之获得了生存的土壤和条件。近代中国的自由主义思潮不是西方"自由主义"的简单引入，而是中国社会变革的产物。在中国自由主义思潮的发展过程中，如何处理自由理念与儒学之间的关系，是一个十分重要的理论问题。本文通过对严复、孙中山、胡适、熊十力四位思想家自由观的评述，对自由理念与儒学的既冲突又会通的复杂关系做一些初步的探讨。

一、严复与自由理念冲击波

最早受西方启发，在中国倡导自由理念的思想家当属严复。他在《论世变之亟》中写道："夫自由一言，真中国历古圣贤之所深畏，而从未尝立以为教者也。彼西人之言曰：唯天生民，各具赋畀，得自由者，乃为全受，故人各得自由，国各得自由……而其刑禁章条，要皆为此设耳。"① 曾经留学英国的严复，对西方近代流行的自由理念有深切的感受，接受了"天赋人权"的自由主义理论，并把这种理论介绍到中国来。他觉得，在政治理念方面，中国与西方相比，有一个十分明显的差异，那就是在中国固有思想中缺少自由的理念。历代圣贤对自由讳莫如深，视为畏途，民众更无从表达自由的诉求。这是中国政治理念和政治制度方面均落后于西方、综合国力不如西方的根本原因之所在。西方人基于自由理念，实行民主政治，人人参与政治生活，调动了每个社会成员的积极性，国力变得越来越强大；而中国缺乏自由理念，实行君主专制制度，社会成员的积极性受到压制，大多数人政治意识淡漠、国家意识淡漠，国力愈益衰微，自然无法与西方列强抗衡。在严复看来，中国要改变落后状况，大力倡导和培育自由理念，乃是"世变之亟"、当务之急。

严复采用中西对比的方法，论证自由理念的正当性。他说："中国最重三纲，而西人首明平等；中国亲亲，而西人尚贤；中国以孝治天下，而西人以公治天下；中国尊主，而西人隆民。"② 三纲、亲亲、孝治、尊主，都是正统儒家一贯的主张，严复对此不表示认同，表明他已经超出儒家思想的藩篱；他对平等、尚贤、公治、隆民等西方近代的政治理念则大加赞赏，表达了实现社会制度的转型的愿望。在他的理论视野里，西方的政治理念与儒家正统理念形成鲜明的对照。他要求更新政治理念，突破儒家正统观念的束缚，这在中国思想界掀起了强有力的冲击波；同时也开启了扬西抑中的

---

① 王栻主编：《严复集》第 1 册，中华书局 1986 年版，第 2—3 页。
② 王栻主编：《严复集》第 1 册，中华书局 1986 年版，第 3 页。

风气。

为了化解中国社会与西方社会在政治理念方面的差距，培育自由理念，严复对于中国社会中占主导地位的君主专制主义理念不能不抱着批判的态度。也许是出于策略上的考虑，做事审慎的严复没有把批判的矛头直接指向儒家尊奉的圣贤，而是指向了唐代儒者韩愈。他写了一篇题为《辟韩》的文章，批判韩愈宣扬的君主专制主义理念。韩愈在《原道》中写道："君者，出令者也；臣者，行君之令而致之民者也；民者，出粟米麻丝……则失其所以为臣；民不出粟米麻丝……以事其上，则诛。"针对韩愈"以君为本位"的观点，严复提出"以民为本位"的观点，并且依据契约论解释君主制出现的原因。他指出，民众忙于"耕织工贾"的事情，无暇处理民众间出现的纠纷，无暇抵御外族的侵犯，于是推举出"君""臣"来保护自己的利益。"君也、臣也、刑也、兵也，皆缘卫民之事而后有也"，"惟其不得已，故不足以为道之原。"[1]"君""臣"原本是为民而设立的，君主制绝非如韩愈说的那样，并不是不可更改的天经地义。从契约论的观点看，国家真正的主人是民众而不是君主。"是故西洋之言治者曰：国者斯民之公产也，王侯将相者，通国之公仆隶也。"[2]可是，韩愈竟然把本然的君主与民众的关系弄颠倒了，将君主说成了"出令者"。严复指出，那些以"出令者"自居的君主，实则是窃国大盗，"转相窃之于民而已"，他忘记了自己原本是民众的"公仆隶"！在严复手里，自由理念成为一件反对封建专制主义的利器。

依据自由理念反对封建专制主义，在这一点上，严复同西方启蒙时期的自由主义者是完全一致的。不过，他并没有像西方的自由主义者那样强调个体性原则。西方的自由主义者是在没有外来侵略的情况下，开展反对封建专制主义的思想斗争，以个体为思想启蒙的主体，可以暂时忽略群体性原则；而中国则是在遭受列强蹂躏、民族危机深重的情况下开展反对封建专制主义的思想斗争，既要以个体为启蒙的主体，又要以整个民族群体为启蒙的主体，因此必须顾及群体性原则。正是由于这个原因，严复十分重视群体性

---

① 王栻主编：《严复集》第 1 册，中华书局 1986 年版，第 34 页。
② 王栻主编：《严复集》第 1 册，中华书局 1986 年版，第 35 页。

原则。他翻译《天演论》，"于自强保种之事，反复三致意焉。"① 他介绍斯宾塞的"群学"，并且同荀子的思想相联系，对群体性原则表示认同。他引证荀子的话说："荀卿有言：'人之所以异于禽兽者，以其能群也。'"② 严复没有像西方自由主义者那样片面凸显个体性原则，而是力图把个体性原则同群体性原则统一起来。这是严复自由观的一大特色。出于对群体性原则的重视，严复注意到开发儒学思想资源的必要性，并且做了一些初步的探索。在个体性原则上，他对儒学是拒斥的；而在群体性原则上，则对儒学表现出某种程度的认同。严复甚至认为儒学中亦不乏言论自由的资源，他说："至朱晦翁谓虽孔子之言，亦须明白讨个是非，则尤为卓荦俊伟之言。谁谓吾学界，无言论自繇乎？"③ 我们应当看到严复自由理念的复杂性，不能把严复简单地等同于西方的自由主义者。

严复把自由理念与民主政治紧紧联系在一起，提出"自由为体，民主为用"这一独创性的论断，并且运用中国传统哲学中的体用范畴表达他对自由与民主之间关系的看法。洋务派的思想代表大力倡导"中学为体，西学为用"之说，严复很不以为然，并加以反驳。他依据的理由就是"体用一源"，反对把体用割裂开来。他分析说，一个动物有什么样的"体"，就有什么样的"用"。例如，"有牛之体则有负重之用，有马之体则有致远之用。未闻以牛为体以马为用者也。"④ 推而论之，一个国家的"政教学术"也是如此。"中学有中学之体用，西学有西学之体用"，所谓"中学为体，西学为用"之说，有如把马的四肢加在牛的身体上一样，既说不通，也行不通。严复的主张是"自由为体，民主为用"，意即在观念层面上以自由理念为主导，在制度层面上实行民主政治。严复同张之洞相比，固然克服了体用割裂的倾向，不过，他把某种理念视为"体"，于学理上也存在着说不通的问题。近代以来学者们喜谈体用，可是都没有意识到，真正的"体"其实是现实存在着的人。只有现实存在的人才是创造历史、创造文化的主体，一切以往的文化和观念，

---

① 王栻主编：《严复集》第 5 册，中华书局 1986 年版，第 1321 页。
② 王栻主编：《严复集》第 1 册，中华书局 1986 年版，第 134 页。
③ 王栻主编：《严复集》第 1 册，中华书局 1986 年版，第 6 页。
④ 王栻主编：《严复集》第 3 册，中华书局 1986 年版，第 558—559 页。

一切外来的文化和观念，对于现实存在的人来说，都是"用"。由此观之，"中体西用"说、"西体中用"说都不能成立，严复的"自由为体，民主为用"之说也不能成立。

在严复的"自由为体，民主为用"的论断中，还隐含着另一层意思。"体用"包含有主从的意思，"自由为体"意味着自由理念处于主导的位置，"民主为用"意味着民主制度处于从属的位置。严复把培育自由理念摆在首位，表示高度重视，而把如何实行民主制度放在次要的位置。在他看来，如何"开民智，新民德，鼓民力"，如何使大家都接受自由理念，才是社会改造的关键所在，至于如何改变当时的政治体制，则不必操之过急。据说，孙中山曾同严复交谈过，两个人没有谈得拢。孙中山无奈地对严复说：你是思想家，我是实行家。在戊戌变法期间，严复只是变法维新在道义上的支持者，并未实际参与变法活动。戊戌变法运动失败后，谭嗣同等六君子惨遭杀戮，康有为、梁启超等人被迫亡命海外，严复却比较顺利地躲过了这一劫。

二、孙中山与自由理念的中国化

中国民主主义革命的先行者孙中山不仅是一位深邃的思想家，而且是一位身体力行的革命实践家。他关于自由理念的论述，理论深度已经超过了严复。在严复那里，自由理念还仅仅是一种想法；而到孙中山这里，已经努力把想法逐渐落实为实际的做法，比严复更重视可操作性。在严复那里，主要侧重于对自由理念做倡导和介绍，在理论上并没有什么突破，基本上停留在"照着讲"的层面；而到孙中山这里，则侧重于对自由理念做中国化的理解和创造性的诠释，其不再局限于西方自由主义理论的范围，而是有了自己的独到之处，进入到"接着讲""讲自己"的层面。在严复那里，比较强调正统儒学与自由理念的冲突；而到孙中山这里，则努力化解儒学思想与自由理念之间的冲突，试图从传统思想中挖掘有助于培育自由理念的资源，以便消除国人对自由理念的陌生感，从而使之更容易为人们所接受。

孙中山承认，中国人的自由理念不是从固有的文化传统中产生出来的，而是从西方学来的。他说："中国人的民权思想都是由欧美传进来的。所以我们近来实行革命，改良政治，都是仿效欧美。"① 不过，仿效并不等于照搬照抄。引入来自西方的自由理念还远远不够，要把它转化为中国人自己的理念，还必须进行独立思考。孙中山注意到，在西方发达国家里，自由主义理论同政治实践结合的程度并不尽如人意，存在着诸多弊端。所以，"欧美的民权政治根本上还没有办法，所以我们提倡民权，便不可以完全仿效欧美。"②

孙中山比严复更重视群体性原则。他认为，在中国培育自由理念必须解决两个问题，一是清除专制主义；二是克服散漫主义。在辛亥革命前，他侧重于第一个问题；辛亥革命后，他侧重于第二个问题。前一个问题属于"破坏"的层面，目的在于清除妨碍自由理念的思想障碍，推翻君主的统治；后一个问题属于"建设"的层面，目的在于树立正确的自由理念，建设新型的共和国。在孙中山看来，中国并不缺少广义的自由。尽管专制主义占主导地位，可是控制力毕竟有限。在"天高皇帝远"的地方，人们实际上享有比较多的自由。不过，这是一种无组织的自由，犹如一盘散沙，并不能凝聚成改造社会的积极力量。他主张把传统的"子民"改造成新型的"国民"，以之作为共和国的社会基础。他说："大凡有团体有组织的众人，就叫做民"，"权就是力量，就是威势。那些力量大到同国家一样，就叫做权。"③"今以人民管理政事，便叫做民权。"④"在共和政体之下，就是用人民来做皇帝。"⑤"国民"与"子民"的区别在于：前者有独立的人格，后者是依附的奴仆；前者是有团体、有组织的社会成员，后者是无组织的一盘散沙；前者是国家政权的主体，后者是君主的附庸。

为了把"子民"改造为"国民"，孙中山对儒家的大同观念加以改造，试图以此作为国民的文化共识。孙中山指出，人类社会发展的大目标应当是"天下为公"的大同社会。他说："将来世界上总有和平之望，总有大同

① 《孙中山全集》第9卷，中华书局1979年版，第253页。
② 《孙中山全集》第9卷，中华书局1979年版，第314页。
③ 《孙中山全集》第9卷，中华书局1979年版，第254页。
④ 《孙中山全集》第9卷，中华书局1979年版，第255页。
⑤ 《孙中山全集》第9卷，中华书局1979年版，第352页。

之一日，此吾人无穷之希望，最伟大之思想。"① 应当承认，孙中山的社会理想确实带有一些社会主义色彩，尽管没有达到科学的社会主义的程度。他对社会主义、大同世界与三民主义之间的界限并不是很清楚，经常把它们混淆起来。我们不必过分考究孙中山设想的"天下为公"的社会发展目标能否实现，这并不是问题的关键之所在。关键在于，孙中山倡导"天下为公"的新观念，是要解决"一盘散沙"的现实问题，把全体国民凝聚为整体，造就由全体国民组成的共和国。

孙中山不再像严复那样把儒学与自由理念对立起来，认为在儒学思想库中不乏可资利用的资源。例如，"两千多年前的孔子、孟子便主张民权。孔子说：'大道之行也，天下为公'。便是主张民权的大同世界。又'言必称尧舜'，就是因为尧舜不是家天下。尧舜的政治，名义上虽然是用君权，实际上是行民权，所以孔子总是宗仰他们。孟子说：'民为贵，社稷次之，君为轻。'又说：'天视自我民视，天听自我民听。'又说：'闻诛一夫纣矣，未闻弑君也。'他那个时代，已经知道君主不必一定要的，已经知道君主一定是不能长久的，所以便判定那些为民造福的就称为'圣君'，那些暴虐无道的就称为'独夫'，大家应该去反抗他。由此可见，中国人对于民权的见解，两千多年以前已经早想到了。"只"不过那个时候还以为不能做到"。② 我们不必追究孙中山的诠释是否符合儒学的原意，实际上原意是不可能再现的。任何以往的思想材料，对现实的人来说，只不过是一种资料而已。孙中山并非在对儒学作学究式的考据，而是在做全新的发挥，赋予其新的理论价值。他从儒家的民本思想切入，将之提升到了民主政治的高度，设计出符合中国国情的民主政治体制。他的构想是："人民要怎样管理政府，就是实行选举权、罢免权、创制权和复决权；政府要怎样替人民做工夫，就是实行行政权、立法权、司法权、考试权和监察权。有了这九个权，彼此平衡，民权问题才算是真解决，政治才算是有轨道。"③ 令人惋惜的是，在中国政治尚未走上正轨的时候，孙中山就辞世了。

---

① 《孙中山全集》第 3 卷，中华书局 1979 年版，第 25 页。
② 《孙中山全集》第 6 卷，中华书局 1979 年版，第 262 页。
③ 《孙中山全集》第 9 卷，中华书局 1979 年版，第 352 页。

在孙中山那里，自由有着多重的含义。在正面的意义上，他有时是指国家的独立自主，即民族国家的自由，以团体为自由的主体；有时是指个人思想的解放，指个人意志自由的觉醒，指个人的思想自由、言论自由，以个体为主体。在负面的意义上，自由乃是指无组织的散漫状态。总的来看，在孙中山的自由观中，团体自由被放在首要的位置，放在个人自由之上。他说："我们为什么要国家自由呢？因为中国受列强的压迫，失去了国家的地位，不只是半殖民地，实在已成了次殖民地。——所以，现在的国家是很不自由的。要把我们国家的自由恢复起来，就要集合自由成一个很坚固的团体。"① 他认为，只有实现了国家的自由，才能谈得上真正的个人自由。换句话说，国家自由是个人自由得以实现的前提。如果个人的自由太多，国家成为一盘散沙，这样的自由有害无益。因此，自由"万不可再用到个人上去，要用到国家上去，个人不可太过自由，国家要的是完全的自由。"② 他指出，在国民革命的非常时期，在涉及民族存亡的紧要关头，必须勇于牺牲个人的小自由，换取革命党乃至全民族的大自由。他对革命党人的要求是："大家要希望革命成功，便先要牺牲个人的自由、个人的平等，把个人的自由、平等都贡献到革命党内来。"③ 他强调，学生和军人尤其应当具有牺牲自由的勇气，"当学生的能够牺牲自由，就可以天天用功，在学问上做工夫，学问成了，知识发达，能力丰富，便可以替国家做事。当军人能够牺牲自由，就能够服从命令，忠心报国，使国家有自由。"他主张对自由的范围加以限制："政治里头，自由太过，便成了无政府，束缚太多，便成了专制。自由和专制，双方平衡，不要各走极端。军人官吏不能借口自由去破坏纪律。"④ 孙中山对自由与纪律的关系做了辩证的诠释，试图把自由限制在一个合理的范围之内。

孙中山作为革命党人的领袖，强调团体的自由无疑是必要的，但也流露出对个人的自由不够重视的倾向。孙中山曾在中国国民党宣言中和国民党

---

① 《孙中山全集》第 9 卷，中华书局 1979 年版，第 282 页。
② 《孙中山全集》第 9 卷，中华书局 1979 年版，第 282 页。
③ 孙中山：《民权与国族》，上海远东出版社 1994 年版，第 297 页。
④ 《孙中山选集》下，人民出版社 1981 年版，第 577 页。

一大上明确宣布：人民应享有言论、信仰、集会、结社等自由，但在其关于自由的具体论述中却对个人自由几乎没有涉及。孙中山有时还有意无意地将个人的自由与团体的自由对立起来，他说："在普通社会中有平等自由，在政治团体中便不能有平等自由。政治团体中有平等自由，便打破了政治的力量，分散了政治团体。"[①] 这种说法显然具有片面性。诚然，团体自由是个人自由的前提和保障，但并不能因此而忽视个人自由。个人自由作为对团体自由的补充，与团体自由并不是对立的关系，而是相辅相成的辩证关系。人们结成团体的最终目的仍旧是为了保障个人的利益，不能因为团体的自由而抹杀个人的自由。在政治团体中，应该有个人的平等自由，对这种平等自由加以适当的限制是必要的，但不可以否认。在孙中山的自由观里，个体性原则和群体性原则的紧张，并未得到有效的化解。

三、胡适的批儒意向

严复和孙中山都接受自由主义的影响，大力倡导自由理念，但是，都没有像西方的自由主义者那样把个体性原则放在首位。严格地说，他们只能称为有自由主义倾向的思想家，或者说是广义的自由主义者。同他们相比，胡适方可称得上狭义的自由主义者。在如何看待个人与社会的关系的问题上，胡适明确地把个体性原则摆在了首要位置。

胡适表示认同"健全的个人主义的人生观"，主张社会以个体的自由为前提，拒斥抽象的群体性原则。1918 年 6 月，《新青年》刊发了一期"易卜生专号"，发表了胡适与罗家伦合译的易卜生的剧本《玩偶之家》，讲述了女主人公娜拉离家出走、寻求自由的故事。胡适非常赞赏娜拉的选择，他在《介绍我自己的思想》中写道："娜拉抛弃了家庭丈夫儿女，飘然而去，只因为她觉悟了她自己也是一个人，只因为她感觉到她'无论如何，务必努力做一个人。'这便是易卜生主义。"在这期专号上，还发表了陶孟和翻译的易卜生的剧本《人民公敌》，讲述了斯铎曼医生特立独行、敢说实话的故事。胡

① 《孙中山文选》，上海远东出版社 1994 年版，第 295 页。

适对斯铎曼的人格大加赞赏，他说："斯铎曼医生为了说老实话，为了揭穿本地社会的黑幕，虽被全社会的人喊做'人民公敌'。但他不肯避'人民公敌'的恶名，他还要说老实话。他大胆地宣言：'世界上最强有力的人就是那最孤立的人！'这也是健全的个人主义的真精神。"①

胡适对易卜生的个人主义自由观加以概括，写出长文《易卜生主义》，表达他对自由理念的理解。他说："易卜生的戏剧中，有一条极其显而易见的学说，是说社会与个人互相损害：社会最爱专制，往往用强力摧折个人的个性，压制个人自由独立的精神；等到个人的个性都消灭了，等到自由独立的精神都完了，社会自身也没有生气了，也不会进步了。"②"社会国家没有自由独立的人格，如同酒里少了酒曲，面包里少了酵母，人身上少了脑筋：那种社会国家绝没有改良进步的希望。"③ 胡适强调个性自由对于社会发展的重要意义，这一点是正确的；但他不适当地把个人与社会对立起来，甚至认为社会最大的罪恶莫过于摧折个人的个性，不使他自由发展。由于胡适把个人与社会对立起来，因而使所谓的个人变得十分抽象。事实上，个人是无法脱离社会单独存在的；那种脱离了社会的个人，只不过是自由主义者的理论虚构而已，并没有现实性可言。娜拉可以离家出走，但她无法走出社会。

在胡适的心目中，理想的社会不但不可以压制个性的发展，反而应当为个性发展提供条件。"发展个人的个性，须要有两个条件。第一，须使个人有自由意志，第二，须使个人担干系，负责任。"④ 从他提出的这两个条件看，胡适也看到了个人与社会的一致性，承认个性的发展离不开社会的保障。他把社会比作"大我"，把个体比作"小我"，强调二者不可分离："我这个现在的'小我'，对于那永远不朽的'大我'的无穷过去，也须负重大的责任；对于那永远不朽的'大我'的无穷未来，也须负重大的责任。我须要时时想着，我应该如何努力利用现在的'小我'，方才可以不辜负了那

---

① 《胡适论学近著》，山东人民出版社 1998 年版，第 499 页。
② 《胡适文存》第 1 集，合肥黄山书社 1996 年版，第 460 页。
③ 《胡适文存》第 1 集，合肥黄山书社 1996 年版，第 467 页。
④ 《胡适文存》第 1 集，合肥黄山书社 1996 年版，第 466 页。

个'大我'的无穷过去，方才可以不贻害那'大我'的无穷未来？"① 尽管在这里胡适对群体性原则表示出一定程度的认同，但仍坚持个体先于群体的观点，并未从根本上扭转把个体与群体对立起来的倾向。

从个人主义的自由理念出发，胡适对儒学持批判态度，认为儒学限制个性的发展，已经失去了时代价值。他说："古代的社会哲学和政治哲学只为要妄想凭空改造个人，故主张正心、诚意、独善其身的办法。这种办法其实是没有办法，因为没有下手的地方。近代的人生哲学渐渐变了。渐渐打破了这种迷梦，渐渐觉悟：改造社会的下手方法在于改良那些造成社会的种种势力——制度、习惯、思想、教育等等。那些势力改良了，人也改良了。"② 基于这种看法，胡适把儒学视为"吃人的礼教"，予以全盘否定。在五四时期，有人主张把孔子儒学同被封建专制主义利用的官方儒学区别开来，胡适表示反对。他宣称："这个道理最明显：何以那种种吃人的礼教制度都不挂别的招牌，偏爱挂孔老先生的招牌呢？正因为二千年吃人的礼教法制都挂着孔丘的招牌，故这块孔丘的招牌——无论是老店，是冒牌——不能不拿下来，捶碎、烧去！"③

胡适的个人主义自由观有两个偏激之处。第一，他把个体性原则放在首位，轻视群体性原则，形成个体与社会的尖锐对立。第二，为了突出时代性，极力贬抑传统文化的价值，形成传统与时代的尖锐对立。他片面夸大儒学中同专制主义相关的方面，却看不到儒学维系群体性原则的方面。我们当然要否定专制主义，但不能因此而否定儒学。儒学作为中国传统文化的主干，作为中华民族的文化共识，为中国社会的组织提供了思想基础。无论中国社会发展到什么程度，既然是"社会"都需要以群体性原则来维系。从这个意义上说，儒学仍然具有时代价值。产生于西方启蒙时期的自由主义，以个人为本位，以自由为核心价值，反对专制主义，对于推动西方社会转型发挥了重要作用。然而，"橘生淮南则为橘，生于淮北则为枳"，胡适把这种理论原原本本地搬到20世纪的中国，却起不到同样的作用。中国社会的转型

① 《胡适文存》第1集，黄山书社1996年版，第508页。
② 《胡适文存》第1集，黄山书社1996年版，第544页。
③ 《胡适文存》第1集，黄山书社1996年版，第584页。

一方面需要解决主体自觉的问题，另一方面还要解决业已破产的社会如何重建的问题，情况比西方社会转型复杂得多。胡适片面强调个体性原则，轻视群体性原则，可能有助于传统社会的解构，却无助于新型社会的建构。诚然，如胡适所言，自由平等的国家不是一群奴才建造得起来的；可是，他没有看到，这样的国家同样也不是一群散漫的个体建造得起来的。胡适的自由理念缺乏凝聚力和号召力，不能为中国社会重建提供理论支撑，故而对社会影响十分有限。它可以成为知识精英的谈资，却无法组织起改造社会的现实力量。胡适是一位有影响力的宣传家，却不是一位有原创力的思想家。

四、熊十力的会通意向

针对西化派的批儒意向，现代新儒学思潮兴起。现代新儒家反对菲薄固有文化传统，对儒学表示同情和敬意。他们作为新式知识分子，接受自由主义思潮的影响，对于官方儒学推崇的专制主义也持批判的态度。不过，他们反对西化派不加分析地把儒学等同于"吃人的礼教"，认为在儒学中也存在着同自由理念相容的资源。熊十力努力开发这种资源，使之与时代精神相会通，形成了现代新儒家的自由理念。

熊十力承认，为了推动中国社会的转型，有必要在西方的政治理论中寻找值得我们学习和借鉴的思想资源。例如，"西洋社会与政治等方面，许多重大改革，而中国几无之"。在中国，"数千年来君主政治，时或遇着极昏暗，天下自然生变，到变乱起时，也只任互相杀伐。期间有能者出来，才得安定，仍然作君主。此便是顺事自然，不加人力改造。若是肯用人力改造局面时，他受了君主政治许多昏暗之祸，自然会想到民治制度，用来大改造一番。西洋人便是这样，中国人却不如此。"[1] 在社会改造、制度设计方面，西方人走在了我们的前面。"西洋改造之雄，与夫著书立说，谈群理究治术之士，皆以其活泼泼的全部精神，上下古今，与历史万事万物，而推其得失之由，究夫万变之则。其发明真理，持以喻人，初若奇说怪论，久而知其无以

① 《熊十力全集》第 4 卷，湖北教育出版社 2001 年版，第 254—255 页。

易也。如君臣问题、贫富问题、男女问题，乃至种种皆是也。"相比之下，"宋儒反身工夫甚密，其于察世变，皆极肤也。"在熊十力看来，儒学侧重于价值世界的安顿和人格素质的提升，而不侧重于探求社会改造的途径；尤其是宋明理学，其长项是内圣学，而不是外王学，因而不足为中国社会的转型提供理论支持。与儒学相比，西方的政治理论侧重于社会改造，其长处在于外王学。学习和研究西方的外王学，可以弥补儒学的不足，丰富儒学的内涵，推进儒学的发展，体现儒学"内圣外王并重"的宗旨。

熊十力认为，时至今日不能再讲一种学问，而应当讲两种学问。守旧派只讲中学，拒斥西学固然不可取；西化派只讲西学，拒斥中学，同样不可取。他指出，中国文化与西方文化可以相互补充，相得益彰。"今谓中西人生态度，须及时予以调和，始得免于缺憾。中土圣哲反己之学，足以尽性至命。斯道如日经天，何容轻仪！至于物理世界，则格物之学，西人所发皇者，正吾人今日所当挹取，又何可忽乎？今日文化上最大的问题即在中西之辨。能观异以会其通，庶几内外交养，而人道亨、治道具矣。吾人于西学，当虚怀容纳，以详其得失；于先哲之典，尤须布之遐取使得息其臆测，睹其本然。融会之业，此为首基。"① 尽管他仍旧把儒家的内圣学摆在"首基"的位置，未能跳出"中学为体，西学为用"的老路，但毕竟表现出很大的开放性。按照熊十力的构想，儒家内圣学有助于人格素质的提升，有助于培育积极的自由理念，可以使人积极地为善，这对于社会转型仍然有推动作用，可以从人格方面保证民主制度得以良好地运行；西方的外王学有助于民主制度的实施，有助于培育消极的自由理念，使人消极地不为恶。只有把二者结合起来，才能培育出中国社会转型所需要的自由理念。

熊十力还试图把独立、自由、平等等理念充实到儒学的价值体系之中。关于独立，他的界定是："乃无所依赖之谓也。"展开地说，"此云独立，即是尽己之谓忠，以实之谓信。唯尽己，唯以实，故无所依赖，而昂然独立耳。"② 他仍旧认同儒家"忠""信"观念，但强调人格独立才是落实这些观

---

① 熊十力：《十力语要》第 3 卷，中华书局 1996 年版，第 73 页。
② 熊十力：《十力语要》第 3 卷，中华书局 1996 年版，第 27 页。

念的前提。他已经摒弃了人身依附的旧观念。关于自由，熊十力认为也是可以同儒家思想相沟通。"古代儒家政治理想，本为极高尚之自由主义，以个人之尊严为基础，而互相协和，以成群体。期于天下之人人，各得自主而亦互相比辅也。春秋太平之旨在此。"① 又说："自由者，非猖狂纵欲，以非理、非法破坏一切纲纪，可谓自由也。最精之义则莫若吾夫子所谓'我欲仁，斯仁至矣'。"② 从积极意义上说，自由理念同儒学中自我完善的意思是一致的；从消极意义上说，自由理念同儒学讲究群体和谐的意思并无冲突。关于平等，他说："平等者，非谓无尊卑上下也。然则平等之义安在耶？曰：以法治言之，在法律上一切平等。国家不得以非法侵犯其人民之思想、言论等自由，而况其他乎？以性分言之，人类天性本无差别。故佛说：'一切众生皆得成佛'，孔子曰：'当仁不让于师'，孟子曰：'人皆可以为尧舜'，此皆平等义也。"③ 他一方面接受了"在法律面前人人平等"的新观念，另一方面却把平等同尊卑观念扯在一起，并把实现平等的希望寄托在"人类天性本无差别"上，表述上有些混乱。即便如此，他对民主政治的真诚企盼，还是不容置疑的。

自由理念是伴随着社会转型而出现的新理念。但是，必须看到，这一理念并不是凭空出现的，而是人类文明发展的产物。在西方启蒙主义和自由主义的话语中，时代与传统的联系被割断了，个体性原则与群体性原则被对立起来了，这并不符合西方社会转型的实际。在西方近代社会，最有影响力的口号是自由、平等、博爱，其中自由和平等体现个体性原则，而博爱则体现群体性原则。自由和平等是新观念，而博爱则是传统观念，它来自西方基督教文化传统。事实证明，社会转型之后，个体性原则和群体性原则都是不能缺少的。中国社会的转型，当然需要培育自由理念，但应当避开把传统与时代对立起来、把个体性原则和群体性原则对立起来的误区。在西方，维系群体性的思想资源主要来自基督教文化；而在中国，维系群体性的思想资源主要来自儒学。因此在中国培育自由理念，必须正确地评估儒学的时代价

---

① 熊十力：《十力语要》第1卷，中华书局1996年版，第75页。
② 熊十力：《十力语要》第3卷，中华书局1996年版，第27页。
③ 熊十力：《十力语要》第3卷，中华书局1996年版，第27—28页。

值，使之同时代精神相融合。在中国近代思想史上，严复有把自由理念同儒学对立起来的倾向，但他没有把个体性原则同群体性原则对立起来，对儒学也有某种程度的同情；胡适则把自由理念同儒学对立起来、把个体性原则同群体性原则对立起来，思想比较偏激；孙中山和熊十力试图把自由理念与儒学融会贯通，体现出较强的思想原创力。由于中国近代社会变化急促，他们来不及深入思考自由理念与儒学之间的关系问题。对于我们来说，这个问题仍旧是需要认真研究的重要课题。我们应当总结前人的经验和教训，把这项研究引向深入。

（原载于《社会科学战线》2008 年第 4 期）

儒学的价值究竟在哪里

——儒学的前天、昨天与今天

儒学在中国已有数千年的文化存在，这是一个不争的事实。可是，儒学的价值究竟在哪里？却是一个因时而异、常讲常新、纷无定论的活话题。由于每一时代的人，所处的语境不一样，评价的尺度自然也就不一样。我们今天探讨儒学的价值，不必拘于前人的见解，但不能不对前人的见解有所了解。弄清楚儒学在前天和昨天的境遇，对于我们今天正确认识儒学的价值，无疑是有帮助的。

一

所谓"前天"，是指中国古代社会。那时儒学很风光，被加以神圣化。借用鲁迅的话说，帝王们用种种白粉，把孔子打扮起来，抬到了吓人的高度。神圣化是那个时代评判儒学的基本维度。

儒学的神圣化过程，发端于汉代。汉高祖刘邦原本对儒学没有什么好感，曾经往儒冠中撒尿，羞辱儒生。可是他当上皇帝以后，秦博士叔孙通帮助他制礼作乐，使他体验到天子之尊的滋味，遂开始改变对儒学的看法。他朦胧地意识到，儒学对于维护自己的尊严、严格等级名分是有用的，对于巩固自己的统治地位是有用的，于是开始采纳扶持儒学的政策。在他死的前一年，曾用太牢祭祀孔子，由此开启了统治者尊孔的风气。孔子由一个不得志的士大夫，被抬到"素王"的高位。司马迁撰写《史记》，没有把孔子写入"列传"，而是放在"世家"当中，给予诸侯级别的待遇。

董仲舒利用"举贤良文学"的机会，向汉武帝提出建议："诸不在六艺之科、孔子之术者，皆绝其道，勿使并进。邪辟之说灭息，然后统纪可一，而法度可明，民知所从矣。"（《汉书·董仲舒传》）这个建议迎合了朝廷维系"大一统"的需要，遂被武帝采纳，开始实行"罢黜百家，独尊儒术"的文化政策。儒学由于受到皇权的支持，逐渐成为一种主导性话语，一直延续千余年。汉以后朝代屡屡更迭，可是儒学的至尊地位却没有受到颠覆。即便是少数民族入主中原，儒学依然保持至尊的荣耀。乾隆的女儿大了，想找个门当户对的人家。找来找去，他觉得唯有孔家可以与皇家匹敌，遂选择与衍圣公联姻。历代君王对孔子的追捧，层层加码，直至被奉为"大成至圣先师"。在古代中国，读书人读的主要是儒家经典，科举考试要从儒家经典中出题，没有哪一家的影响力可以超过儒家。那时，骂佛祖，骂老聃都没有关系，唯独不能骂孔子。如果有人骂孔子，将受到法律的惩罚，罪名是"非法无圣"；将受到舆论的谴责，被视为"士林败类"。

对于儒学来说，被神圣化未必就是福音。由此带来的一个严重后果，就是儒学被误解为只是一种帝王文化，而遮蔽了它作为民族文化的一面。儒学是一种复杂的民族文化现象，不能把它等同于帝王文化。对于古代儒学，至少应该从三个角度来把握。第一，有作为学理的儒学。儒学是一种行之有效的社会组织原理，体现人类性或合群体性，具有普遍价值。在先秦时期，孔子通过反思"礼坏乐崩"现象，建立以"仁"为核心的儒学，讲的是做人的道理、处理人际关系的准则，建立了组织社会必不可少的道德规范。孔子创立的儒学，只是百家中的一家，并不是官方哲学。后儒讲论儒学，也不都是站在官方的立场上，有许多人是当做学理来研究的。第二，有工具化的儒学。汉武帝采纳"罢黜百家，独尊儒术"的政策以后，儒学从一家之言上升为官方哲学。值得注意的是，即便儒学在意识形态领域获得主导地位以后，也并不是只有一种声音，而是有多种声音。第三，有作为生活信念的儒学。先秦以后，的确有些儒者站在官方的立场上讲论儒学，推动工具化的儒学，但并不是所有的儒者都是这样做的。有相当一部分儒者并不是站在官方的立场上讲论工具化的儒学，而是站在民众的立场上讲论作为生活信念的儒学。陈献章、王艮及其从学弟子，大都是抱着这种态度。在王艮的弟子中有许多人就是普通的劳动者。他们讲论儒学，不抱有任何功利目的，就是为了寻找精神上的"安命立身"之地。儒学在中国已经有几千年的历史，已经深入到人民群众的精神世界和生活世界中，成为中国人树立道德理念、处理人际关系、凝聚民族群体的理论依据。作为生活信念的儒学，有别于贵族化、制度化、政治化的儒学，可以称之为民间儒学或草根儒学。这样的儒学，具有十分广泛的社会基础。

<h2 style="text-align:center">二</h2>

所谓"昨天"，是指从五四新文化运动到十一届三中全会召开这段历史区间。那时儒学遭到了劫难，被妖魔化。随着封建帝制的覆灭，儒学失掉了神圣的光环，成了口诛笔伐的对象，妖魔化成了评判儒学的基本维度。

五四以后出现了两次批儒浪潮。第一次是五四时期，由吴虞、胡适、陈独秀、李大钊等新文化运动倡导者掀起。不过，他们批儒的影响力，远没有像后来编写的教科书说的那么大。它的影响所及，极其有限，而且没有持续多长时间。胡适在20世纪30年代写过一篇文章叫《说儒》，对儒学的态度有很大的变化。新文化运动倡导者的批判矛头，其实仅指向工具化的儒学，并非全盘否定儒学。李大钊说："故余之掊击孔子，非掊击孔子之本身，乃掊击孔子为历代君主所雕塑之偶像的权威也；非掊击孔子，乃掊击专制政治之灵魂也。"[1] 在这里，他把"孔子之本身"同"孔子之偶像"区分开来，明确表示只掊击后者，而不是前者。在"左"的话语占主导地位的时候，五四时期的批儒浪潮被人们夸大了，称之为"打倒孔家店"运动。其实"打倒孔家店"并不是当时流行的口号，乃是后人编出来的。在五四时期，"打倒孔家店"并没有成为口号，近似的说法是"打孔家店"。胡适曾在为吴虞的书作序时，称赞吴虞是"只手打孔家店的老英雄"。他只说过这么一次，并且没有用"打倒"二字。

第二次批儒浪潮就是"文化大革命"期间。这次浪潮的规模之大是史

---

① 《李大钊选集》，人民出版社1959年版，第80页。

无前例的，几乎把全体人民都卷入其中。这次浪潮的荒诞程度也是史无前例的，居然把古代儒学创始人同当代阴谋家捆绑在一起批判，使人莫名其妙。这样的批判浪潮完全搞乱了人们的思想，自然不可能有什么积极的效果。人们仿佛做了一场噩梦，醒来有一种被愚弄的感觉。

前天把儒学神圣化，昨天把儒学妖魔化，虽然是两个相反的维度，却有一个共同的前提：儒学等于帝王文化。这个前提是站不住脚的。上文说到，对于儒学，可以从学理、工具、信念三个角度来把握，那么，儒学的存在空间就不能只是一个，而是三个：君主政体、家庭、心灵深处。作为统治工具的儒学是同君主政体相伴生的，随着君主政体的废除，显然已经寿终正寝了；可是，作为学理的儒学和作为生活信念的儒学，并不是君主政体的伴生物，绝不会因君主政体解体而失去存在的价值。君主政体废除了，可是家庭并没有因之而废除，人们心灵深处的集体记忆并没有因之而消除。不可否认，儒学的确有作为帝王文化的一面，但更要看到它作为民族文化的一面。作为帝王文化的儒学已经失去了价值，可是作为民族文化的儒学仍有积极价值，仍有发展空间。人们之所以对儒学的现代价值心存疑虑，恐怕同跳不出"儒学就是帝王文化"的误区有关。

三

所谓"今天"，是指从十一届三中全会以后，社会主义现代化事业发展迈入新的历史时期。在今天，人们对儒学的认识既超越了前天的神圣化维度，也超越了昨天的妖魔化维度，开辟了理性化的新维度。

在新的历史时期，率先从理性的维度诠释儒学的学者，当属张岱年教授。1980年，张先生在《孔子哲学解析》一文中，把孔子的思想概括为十点：1. 述古而非复古；2. 尊君而不主独裁；3. 信天而怀疑鬼神；4. 言命而超脱生死；5. 举仁智而统礼乐；6. 道中庸而疾必固；7. 悬生知而重见闻；8. 宣正名而不苟言；9. 重德教而轻刑罚；10. 整旧典而开新风。他在多次学术会议上讲，时至今日，尊孔的时代已经过去了，批孔的时代也已经过去了，现在进入了研究孔子的新时代。他所说的"研究"，就是从理性化的维度出发，以同情的态度诠释儒学，走出神圣化和妖魔化的误区。张岱年写了《关于孔子哲学的批判继承》《孔子与中国文化》《评"五四"时期对于传统文化的评论》《孔子的评价问题》《儒学奥义论》等多篇文章，阐述他关于儒学的新见解。

从理性化的维度看儒学，会发现它是一份培育中华民族精神、建设中华民族共有精神家园、建设体现社会主义核心价值观的和谐社会的思想资源。儒家提出"以人为本"的理念，把重人思想与奋斗精神、经世态度紧密结合在一起，提倡自强不息、开拓进取的精神。这种理念培育了中华民族积极进取、坚韧不屈的人格品质，激发了民族成员努力开拓、勇于创造的旺盛斗志。依靠这种民族精神的支撑，中华民族创造出灿烂的文明、优秀的文化，始终保持着强盛的生命力、创造力。儒家提出"以和为贵"的理念，不仅有利于形成良好的社会环境，使每个民族群体中的成员自觉地加强道德修养，保持与外部世界的和谐统一，而且影响着每个成员在实际生活中的行为方式，使人们认识到在维系社会群体和谐中自己应承担的责任与义务，因而能做到各司其职、各负其责，形成一种亲和力，从而提升全民族的综合实力。儒家提出"以礼为序"的理念，确立仁、义、礼、智、信等道德规范，为中华民族广大成员所认同，影响久远，对于中华民族的形成和发展具有重要意义。儒家提出"经世致用"的理念，强调在现实世界中提升道德品格，达到理想境界；主张在人生实践中自强自立、奋发有为，成就理想的人格。并由此培育出中华民族注重人生价值、敢于担当、负重致远、刚毅进取、自强不息、谦恭有礼、不为人先、吃苦耐劳、勤俭持家、求真务实、厚德载物、忠恕之道、利群爱国、乐观向上等一系列优秀民族精神。儒学以积极的处世态度，入世的精神以及讲求奉献的价值取向，教育并鼓舞着一代代华夏子孙发奋进取，在现实人生中成就了无数功业，为中华民族的生存与发展提供了强大的精神动力。

越是民族的，便也越就是世界的。在今天，儒学作为民族文化，已经走出了中国，走向了世界，找到了更为广阔的发展空间。据不完全统计，目前世界各国创办的孔子学院，已经接近400所。1997年联合国召集各国学者共同制订"普遍伦理计划"，与会者一致同意把孔子的名言"己所不欲，勿施于人"写进《世界伦理宣言》。据澳大利亚《堪培拉时报》报道，前些年一些诺贝尔奖获得者在巴黎聚会，瑞典天体物理学家阿尔文（1908—1995）在发言中说："人类要想生存下去，就要到 25 个世纪以前，去汲取孔子的智慧。"阿尔文的这种说法，未必能成为所有人的共识，但却足以作为儒学有广泛国际影响力的例证。在经济全球化、文化多元化的当今时代，世界的精神文明领域不可能再是西方文化独奏的舞台，人们对儒学同样充满了期待。作为民族文化的儒学，未必能够规定世界精神文明的走向，但对世界精神文明可以形成强有力的影响，则是毫无疑义的。在世界精神文明的百花园中，儒学将会是一枝绚丽的奇葩。

（原载于《人民论坛》2009 年第 10 期）

时代呼唤平民化的儒学

儒学是一个沉重的话题。它有两千年的积淀，有过"独尊"的辉煌，也曾长期陷入受批判的困境。当中国历史即将迈入 21 世纪的时候，儒学是否能够走出困境，迎来新的发展机遇呢？我认为存在着这种可能性。

要使儒学走出困境，首先必须改变那种全盘否定传统文化的偏激心态，对儒学有一个全面的、正确的评判。所谓"全面"，就是既要看到儒学中确有封建主义的糟粕，又有体现民族价值取向的精华。换句话说，既要看到儒学存在着贵族化的倾向，也要看到儒学存在着平民化的倾向。长期以来，由于人们过分地强调儒学的贵族化倾向，从而忽视了它的平民化倾向。其实，儒学从它产生的那一天开始，就表现出明显的平民化品格。孔子首开私人讲学的风气，改变了"学在官府"的局面。他实行"有教无类"的原则，招收的弟子当中有"一箪食，一瓢饮"的颜回，有曾"在缧绁之中"的公冶长，有想学种田种菜的樊迟，他们大都是平民出身。孔子对民众的疾苦是相当关心的，他反对统治者横征暴敛，曾发出"苛政猛于虎"的感慨，表示他对国事民瘼的关切之情。有一次孔子家中马厩失火，他回到家中问的第一句话是"伤人乎？"而不问马匹损失的情况。《论语》中提出的"仁者爱人""四海之内皆兄弟也""己欲立而立人，己欲达而达人""己所不欲，勿施于人"等论断，都表明儒家把与人为善视为处理人际关系的基本准则。

继孔子之后，孟子把儒学的平民化品格提升到民本主义的高度。在他看来，民众是政权的根基，"民为贵，社稷次之，君为轻，得乎丘民而为天子。"（《孟子·尽心下》）因此，有道明君必须善待民众，实行仁政。"以不忍人之心行不忍人之政，治天下可运之掌上。"（《孟子·公孙丑上》）按照孟子的仁政学说，民众的生活是应该有保障的，这叫做"有恒产者有恒心"。他构想出这样一幅自给自足、安居乐业的织耕图："五亩之宅，树之以桑，五十可以衣帛矣。鸡豚狗彘之畜，无失其时，七十可以食肉矣。百亩之田，无夺其时，数口之家可以无饥矣。谨庠序之教，申之以孝悌之义，颁白者不负载于道路矣。"（《孟子·梁惠王上》）孟子认为，人与人之间应当和睦相处，"老吾老，以及人之老；幼吾幼，以及人之幼。"（《孟子·梁惠王上》）他还倡导君主与民同忧同乐，赞扬"解民之倒悬"的明君，痛恨"暴君污吏"和"独夫民贼"。他在总结历史经验教训时说："桀纣之失天下，失其民也。失其民者，失其心也。得天下有道；得其民，斯得天下矣；得其民有道；得其心，斯得民矣。"（《孟子·离娄上》）尽管孟子的仁政学说带有浓厚的理想主义色彩，很难落到实处，但其中所包含的"贵民""安民""教民""保民""乐民"的思想是值得称道的。

汉代以后，儒学取得"独尊"的地位，固然明显地表现出贵族化的品格，但其平民化品格仍旧得以延续和发展。向汉武帝提出"罢黜百家，独尊儒术"建议的董仲舒，一方面充当"为帝王师"的角色，另一方面也扮演着"为民众想"的角色。他提出"限民名田"的主张，要求抑制土地兼并，在一定程度上反映了广大农民的愿望。平民化的儒学主要通过民间的途径得以弘扬。村社制定的乡约民规，家族祠堂的祭祀活动，长辈的耳提面命，家庭中的耳濡目染，人情往来的相互熏陶，洒扫应对的培养训练，乡贤的示范导向，村塾的启蒙课本，都是弘扬平民化儒学的重要渠道。通过这些渠道使平民化儒学深入人心，从而塑造了中华民族特有的民族性格。在民间也涌现出一批儒学思想家。例如，明代的王艮自学成才，著有《王心斋先生遗集》。他学成之后，宣讲"百姓日用即道"之说，强调良知是人人都有的天性。在他的学生当中有许多农民、樵夫、陶匠、盐丁，因而他对广大民众的影响之大，远远超过了那些科班出身的儒者。

在封建社会里，统治者大力扶植的儒学其实是贵族化或工具化的儒学，而对平民化的儒学则漠不关心。五四时期进步思想家提出"打倒孔家店"的口号，是针对贵族化的儒学而发的，并非指向平民化的儒学。李大钊说："历代君主，莫不尊之祀之，奉为先师，尊为至圣，而云孔子云者，遂非个人之名称，而为君主政治之偶像矣。"①（《李大钊文集》上，第264页）陈独秀也说："孔学优点，仆未尝不服膺。""若夫温良恭俭让信义廉耻诸德，乃为世界实践道德家所同遵，未可自矜持异，独标一宗也。"② 他们对于贵族化儒学和平民化儒学都是区别对待的。随着社会历史的发展，贵族化的儒学无疑应当受到批判，但平民化的儒学不应代其受过。经过数千年的世代相传，平民化的儒学已经融入中国人的民族性格之中。它制约着中国人的价值取向，规定着中国人的行为准则，所起的作用是中国哲学史上任何一家都不能替代的。

平民化的儒学体现中国人的民族性，不过这种民族性同时代性并不矛盾。经过批判地继承，平民化的儒学完全可以实现现代转换，适应现代人的精神需要，对于中国现代社会的发展起到积极的作用。我认为它的积极作用至少有以下几点。

第一，它具有凝聚作用。平民化儒学在中国的影响面之大，历史之悠久，没有哪一家学说比得上。它已渗入中国人精神生活的方方面面，形成全民族的共同信念。从目不识丁的文盲到学富五车的学者，恐怕或多或少都会受到平民化儒学的影响。那些多年寓居海外的华人，无论生活在怎样的文化背景中，一般都会对平民化儒学表示文化认同。改革开放的中国与世界的联系越来越紧密，华人的脚步遍布世界各地。在这种情况下，特别需要发挥平民化儒学联络民族意识、民族感情的纽带作用，使全世界的炎黄子孙凝聚成一个最大的社会群体，使中华民族自豪地挺立在世界民族之林。从这个意义上看，弘扬平民化儒学对于我们的改革开放事业、对于我们的经济发展有极其重要的作用。

第二，它具有激励作用。平民化儒学倡导的一些具体的道德规范随着历史的推移已经过时了，但它的仁爱精神没有过时，它的与人为善的价值导向没有过时，它的引人奋发向上的进取精神没有过时，它倡导的"天下兴亡，匹夫有责"的责任感和使命感没有过时。这些对于当代中国人仍然可以

---

① 《李大钊文集》上册，人民出版社1984年版，第264页。
② 《陈独秀著作选》第1卷，上海人民出版社1993年版，第228—229页。

起到激励作用。

第三，它具有制衡作用。平民化儒学不大看重功利价值，特别重视道德价值，表面上看起来似乎与市场经济不相容，其实不然。在市场经济的冲击下，现代人将会更深地感受到价值迷失的苦楚，极端的功利主义导向势必造成人们文化素质和道德水准的滑坡。对于这些现代化进程中的负面效应，平民化儒学可以起到制衡作用，帮助现代人建立起美好的精神家园和意义世界。

（原载于《文史哲》1999 年第 5 期）

传统儒学

孔 学 钩 玄

中国哲学的基本问题是天人关系问题。道家抓住"天"这个环节，为中国哲学发展打开了一扇门；孔子抓住"人"这个环节，打开了另一扇门。孔子把哲学思考的重心由"天"转到"人"，实现了对于道家话题的转换。孔子哲学主要是一种人道学，强调人道有为。在孔子的眼里，人不仅仅是自然存在，更重要的是一种文化的存在；人不仅仅是一种个体的存在，更重要的是一种群体的存在、社会的存在。孔子以仁爱为纽带，力求把中国人联络成一个和谐的社会群体，为中华民族的形成提供了哲学理念。本文提出一种关于孔子哲学的理解，就教于方家同仁。

一、从天道转向人道

老子对中国哲学的贡献，主要在天道学方面。他提出的"道"的观念是对宇宙总体的哲学抽象；他所勾勒的有机的、动态的、辩证发展的宇宙图景，表达了我们的先哲对于宇宙总体的共识，对于中国哲学发展的影响极其深远。在天道观方面，孔子是接着老子讲的，基本上接受了动态的、有机的宇宙观。他也接受了"道"的观念，并且把"道"同"人"紧紧联系在一起，着重阐述"人道"这一新的理念，实现了中国哲学发展从天道到人道的转折。

孔子虽然没有像老子那样看重天道问题，但也触及了这个问题。在他看来，世界万物自然而然地存在着、运行着，"天何言哉？四时行焉，百物生焉，天何言哉？"（《论语·阳货》）他把天描绘为四时交替、万物衍生的自然过程，并没有给它涂上神秘的色彩。天不说话，意味着天没有神性可言，只是自然存在而已。孔子同老子一样，不承认有主宰世界的神学意义上的天，而是用理性的眼光看待宇宙万物。不过，在孔子看来，径直承认世界万物作为既成事实存在，就够了，没有必要深究它的本源。孔子比老子更为紧密地把人与天联系在一起，追寻能够使天和人融为一个整体的本体。孔子认为，这个本体就是"道"。孔子把道摆在最重要的位置，看得比自然生命还重要，他说："朝闻道，夕死可矣。"（《论语·阳货》）道作为天人合一的本体，当然是世界万物存在的终极依据，不过孔子在这方面没有做更多的论述，他特别重视"道"对于人的意义，并且从"道"的角度提升人的责任感和使命感。他认为道本体是人生价值的终极依据，是道德价值的源头。道本体在人生中的贯彻就是"德"，因此，"德"也是一个重要的本体论范畴。"德"作为价值意义的本体，根源于天道，故而孔子说："天生德于予。""德"的本体意涵就是"仁"，在孔子哲学体系中，"仁"也是一个重要的本体论范畴。孔子说："仁远乎哉？我欲仁，斯仁至矣。"（《论语·述而》）"仁"通过"礼"得以落实，故说："一日克己复礼，天下归仁焉。为仁由己，而由人乎哉？"（《论语·颜渊》）这样，孔子就通过本体论思考，形成了"道—德—仁—礼"的思想框架。

道家从宇宙存在入手，提出"道"的本体论，以"道"贯通天人，从"道"的客体意义讲到主体意义，但侧重于客体的意义和存在的意义，侧重点放在了天道方面；孔子从人生实践入手，提出"道"的本体论，以"道"贯通天人，侧重于主体的意义和价值的意义，侧重点放在了人道方面。孔子所说的人道，是对中国人的社会群体性所作的哲学抽象。人道就是为人之道，就是人作为社会成员应该遵守的道德准则；弘扬人道就是为社会群体着想，为社会群体负责，为社会群体奉献。自觉地遵循人道的人，有社会责任心的人，就是志士仁人。在孔子的哲学思考中，比较侧重本体的主体意义，强调人对于道的主体性。他说："人能弘道，非道弘人。"老子把人从"天"的主宰中解放出来，使人有了主动性；孔子进而把人由被动地遵循道，发展成为主动地弘扬道，加深了对于人的能动性的认识。老子的理论贡献在天道学方面，孔子的理论贡献则在人道学方面，他们都是中国哲学的奠基人。

　　孔子的学说体系以人道为重点，对于天道谈得不多，乃至他的弟子子贡感叹："夫子之文章，可得而闻也，夫子之言性与天道，不可得而闻也。"（《论语·公冶长》）孔子的哲学基本上是人生哲学，侧重于回答人道是什么，人应当如何履行人道等问题，对于人道的人性论根据以及人道与天道的关系等问题，涉及不多。涉及不多并不等于没有涉及，他时而也谈论过天命、鬼神等问题，既不沿用传统的说法，也不明确地予以否定，所以他的弟子才感到"不可得而闻"。

　　对于天命观念，孔子没有明确地予以否定。他在不得志或情绪懊丧时，时常发出这样的感慨："道之将行也欤，命也；道之将废也欤，命也。"（《论语·宪问》）据他的弟子说，他有"死生有命，富贵在天"（《论语·季氏》）的论断。由此来看，孔子对于"命"的观念有所保留，但他并没有把天看成有意志的人格神，并且不再把"命"与"天"联系在一起。孔子所说的"命"，并没有神秘性，不过是指人无法认识、无法抗拒、无可奈何的必然性而已。对于死生，人是无法抗拒的，人总是要死的；对于富贵，人也是左右不了的，一个人无论如何努力，未必一定能得到富贵。孔子承认有无法抗拒的必然性，但没有把这种必然性归结为神的力量，因而他并不是宿命论者。他的人生观不是消极的、被动的，而是积极的、主动的。

　　对于鬼神观念，孔子则抱着敬而远之、存而不论的态度，也有所保留。老子明确地否定神的至上性和神圣性，把神看成"道"的附庸。孔子没有像老子那样明确，态度比较微妙。当弟子向他问起鬼神方面的问题时，他含糊其词地回答："未能事人，焉能事鬼？"（《论语·先进》）他"敬鬼神而远之"（《论语·雍也》），"不语怪、力、乱、神。"（《论语·述而》）孔子之所以对鬼神观念有所保留，恐怕同他"慎终追远"的祭祀意识有关。平时可以不必迷信鬼神之说，不必当回事，但在祭祀的特定场合，不妨暂时想象鬼神的存在，"祭如在，祭神如神在。"（《论语·雍也》）有了这种想象，态度才能虔诚，并不意味着鬼神真的存在。敬奉祖先神灵，并不是说他们还存在着并且控制着我们的生活，目的在于祭祀者为自己寻找到一种归根意识，一种家族意识，乃至一种民族意识。这是一种培养民族凝聚力、提高认同感的办法，并不是把自己的命运交给神灵掌控。在孔子看来，现实的此岸世界比虚幻的彼岸世界重要得多，还是现实一点为好。他的这种态度似乎不好定位为无神论，不过的确表现出相当鲜明的理性精神。孔子只在文化的意义上保留鬼神观念，不在神学的意义上接受鬼神观念。这就从人道学的角度在传统的天命鬼神观念上打开了一个缺口，对后世无神论思想的发展产生了积极的作用。

二、从"无知之行"到"有知之行"

在中国哲学史上，孔子对老子的第一点推进，在于把话题由天道转向人道，确立了中国哲学以人生哲学为主导的风格；第二点推进则是由"无知之行"转向"有知之行"，首先涉足知识论领域。

在老子的天道学中，"道"作为宇宙总体的哲学抽象，不能成为人认识的对象。从道的立场上看，人不能成为认识"道"的主体。道家哲学只谈关于"道"的宇宙观，不谈关于"道"的知识论。在老子看来，在知识论方面，"为学日益"；而在宇宙观方面，"为道日损"。按照庄子的说法，人"以我观物"形成的知识，都是背离大道的"物论"，并不具有真理性。按照老子的说法，人可以成为"道"的体验者、体现者，却不能成为"道"的认识者。人可以在行为实践中体现"道"，却不能认识"道"；即便是体现"道"的行为，也是"无知之行"。对于人来说，"道"永远是自在之物。孔子把哲学思考的重心由天道转到了人道，与此相关，也改变了知识论态度。人道作为社会群体性的哲学抽象，与人息息相关，是为我之物，不是自在之物，当然可以称为人认识的对象。在重视"行"这一点上，孔子与老子是一致的，不过孔子所说的"行"，不再是"无知之行"，而是"有知之行"，是自觉的"行"。人既是人道的认识者，又是人道的实践者。孔子拓展了中国哲学的论域，开启了关于知行关系的研究。

在中国哲学中，所谓"知"是指知识或认识，如果不仔细研究，仅从字面上看同西方哲学中的"knowledge"意思差不多，其实不然。二者之间的主要区别在于：中国哲学中的"知识"是广义的；西方哲学中的"知识"一般来说是狭义的。在西方哲学史上，认识论着重讨论关于事实的知识是从哪里来的问题，因而特别强调主观和客观的分析；而中国哲学中的广义认识论除了讨论关于事实的知识之外，还讨论关于道德价值的知识问题。用中国哲学的术语说，关于事实的知识叫做"闻见之知"，而关于道德价值的知识叫做"天德良知"。中国古代哲学家通常把讨论的重点放在后者，而不是前者，与西方哲学家的思路不大一样。关于道德价值的知识同实践理性密切相关，所以中国古代哲学家们特别注重"行"，特别注重人生实践。

在中国传统哲学中，"行"同我们现在说的"实践"意思相近。"行"字是由"彳"（音 chi）和"亍"（音 chu）两个字组成的合体字，意思就是"走在路上"，从中可以引申出践履、行动、探索、活动等诸多含义。这些含义也正是"实践"这一概念的题中应有之义。"行"内含着目的性，对于目的的清楚了解和准确定位，就是中国传统哲学中"知"的实质含义。中国古代哲学家往往把知与行相提并论，强调知一定要落实到行上，否则就算不得真知。

儒家创始人孔子就明确地提出知行密切相关的原则，认为行是学习知识的目的，主张学以致用。他说："诵诗三百，授之以政，不达；使于四方，不能专对；虽多，亦奚以为？"（《论语·子路》）按照孔子的看法，只会死记硬背《诗经》上的诗句，却没有从政的本事，也不能充任专对应酬的外交使者，这种没有什么用处的书呆子，算不上有知识。在孔子学说中，知和行通常都是广义，但有时也在狭义上使用"知"这个范畴。他说："生而知之者，上也；学而知之者，次也；困而学之，又其次也；困而不学，民（同氓）斯为下矣。"（《论语·季氏》）这里的"知"是指关于道德价值的知识。孔子认为关于道德价值的知识是圣人创造的，以圣人为源头，因而只能承认圣人"生而知之"。用现在的观点看，孔子的说法似乎有先验主义之嫌，但我们不能用现在的观点苛求孔子。在古代，大多数民族都认为关于道德价值的知识来自神启或天启，孔子认为来自圣人，显然比神启说更为合理一些，体现出较强的人文主义精神。圣人作为理想人格，实际上只不过是一种理论上的预设而已。孔子只承认圣人"生而知之"，绝不承认普通人"生而知之"，因而这种提法并不妨碍普通人贯彻知行密切相关的原则。对于普通人来说，任何知识都是通过后天学习得来的，都是在生活实践中积累起来的。孔子主张"学而时习之"（《论语·学而》）、"敏而好学，不耻下问"（《论语·公冶长》）、

"每事问"（《论语·八佾》）、"发愤忘食，乐以忘忧"（《论语·述而》）、"听其言观其行"（《论语·公冶长》）、"君子耻其言过其行"（《论语·宪问》）、"知之为知之，不知为不知，是知也"（《论语·为政》）、"三人行，必有我师焉；择其善者而从之，其不善者而改之"（《论语·述而》）。孔子的这些名言警句对于中国人培养好学务实精神发挥了巨大作用，经常被人们引用。

自从孔子开启了知行关系这个话题之后，这个话题便成了此后中国哲学讨论的主要问题之一。这是一个真正的哲学问题，一个常讲常新的问题，一个因时代不同可以有不同讲法的问题。孔子结合他所处的时代，提出了一种讲法，尽管不是关于知行关系的终极定论，毕竟引起了人们对这一问题的重视，因而对中国哲学发展有重大的、长远的影响。毛泽东在写《实践论》时，仍要加上副标题《论认识和实践——知和行的关系》，从马克思主义哲学的视角研讨知行关系这一中国哲学的固有问题。

三、礼学与仁学

孔子人道学的具体内容是礼学和仁学。礼学和仁学都是围绕着人的社会群体性而展开的。礼是外在的维系社会秩序的制度规范，仁是内在的道德价值的自我意识。这是孔子对所处时代进行深刻反思之后，取得的重要的理论思维成果。

孔子生活在春秋末年，生活在中国奴隶制社会向封建制社会过渡的社会大变革时代。随着旧的等级制度的瓦解，已形成"礼坏乐崩"的局面，这标志着礼乐制度的权威性和神圣性业已破坏，礼乐文化的底蕴开始暴露出来，从而为"反省和理解"礼乐文化提供了客观条件。孔子出身贵族，对礼乐非常熟悉，又有独立的人格和自由的身份并且善于独立思考，从而具备了对礼乐文化进行反思和理解的主观条件。孔子正是在对礼乐文化进行反思和理解的过程中，把礼乐中仍然有生命力的原则发掘出来，建构了儒家学说体系。春秋时代是中国社会制度的转轨时期，也是中国文化的转轨时期。孔子正是文化转轨过程中的一个承上启下的关键人物。礼是孔子人道学的出发点。他思考的问题是：天下如何安宁稳定？如何组织起来？如何从无道变成有道？他从社会制度规范的重建即礼的重建谈起，希望为当下的乱局找出一条出路。为什么天下无道？就是因为礼已经失效了。对于社会群体来说，礼是不可或缺的制度设施。一个社会有了"礼"，有了规矩，才有秩序可言，才有和谐可言，才能结成群体。群体生活就是有规矩的生活，故而孔子很重视礼的重建。他认为礼是社会得以安定的必要保障；唯有实行礼治，才能建立起"天下有道"的社会秩序。他说："天下有道，则礼乐征伐自天子出；天下无道，则礼乐征伐自诸侯出。"（《论语·季氏》）在他看来，春秋时代社会之所以动荡不已，其根本原因就是"礼坏乐崩"，因此要使社会由乱变治，就必须恢复礼治。他明确表示："郁郁乎文哉，吾从周"。（《论语·八佾》）"从周"也就是复兴周朝的礼治；而要复兴周礼首要一条就是正名。孔子在卫国时，子路问他："卫君待子而为政，子将奚先？"他直截了当地回答："必也正名乎！"所谓正名，也就是"君君，臣臣，父父，子子"，即每个社会成员都按照自己的等级名分尽义务，做君主的要像君主的样子，做臣子的要像臣的样子，做父亲的要像父亲的样子，做儿子的要像儿子的样子。否则，"名不正则言不顺，言不顺则事不成，事不成则礼乐不兴，礼乐不兴则刑罚不中，刑罚不中则民无所措手足。"（《论语·子路》）这就是说，礼是人们的行为规范，是社会群体赖以维系的准则，每个社会成员都应当"约之以礼"，维护它的权威，恪守它的约束。复礼、从周、正名等主张反映出孔子的思想有浓厚的传统色彩。如果仅从这个角度看待孔子，儒学似乎并不足观（在"左"的思潮风行的年代，人们往往正是这样看待孔子的）。应当注意的是，重礼思想仅仅是孔子儒学的出发点，不是儒学的全部内容。

面对"呼啦啦将倾"的礼治大厦，孔子并无意将它修补起来。他对礼治进行反思和理解，力图把其中仍具有生命力的、普遍适用的原则抽象出来，以备建设新体制之用。孔子对于传统的态度具有两面性：他一方面维护传统，另一方面又超越传统，他并不是抱残守缺、因循守旧的冥顽之辈。这种态度集中体现在他从新的视角看待礼治，对周礼作了损益。在他的眼里，礼并不仅仅是礼仪条文的总汇，并不是一套死板僵化的规定。"礼云礼云，玉帛云乎哉？"（《论语·阳货》）当然不是。那么，什么是礼的深刻内涵呢？孔子认为礼的深刻内涵就是普遍的人文精神，就是人之所以为人的本则。用一个字来概括就是"仁"。他把仁理解为礼的实质，把复礼看成是行仁的手段。他的结论是："克己复礼为仁，一日克己复礼，天下归仁焉。"(《论语·子路》) 这样，孔子便从"礼"这一传统观念的反思中引申出、提炼出"仁"这一崭新的观念。

在《论语》中，"仁"字出现了 109 次之多，可见"仁"在孔子思想体系中占有极其重要的地位。关于"仁"是什么，是孔门师生经常讨论的问题。"樊迟问仁，子曰：爱人"。(《论语·颜渊》) 在孔子关于仁的种种说法中，这一条最简洁，也最深刻。所谓爱人，也就是主张把他人当作自己的同类来看待，这是一种原始的人道主义思想。爱人也就是注重人所共有的、最一般的、最普遍的原则，以这种原则沟通人我关系，结成社会群体，谋求人类的共同发展。孔子在一定程度上突破了狭隘的宗法血缘观念，发现了人的类存在。他承认每个人都具有独立的人格，强调道德意识是人普遍具有的特质，因此主张用仁爱原则协调人际关系，实行所谓"忠恕之道"。所谓忠恕之道，从消极的意义上来说，就是应当"己所不欲，勿施于人"；从积极的意义上来说，就是应该"己欲立而立人，己欲达而达人。"(《论语·雍也》) 这样一来，孔子便从仁的观念中引申出一套做人的学问。他把仁视为人的本质规定，主张把自然人（"己"）提升到"真正的人"（即与"己"相对的人），在躬行仁道的道德实践中，实现人的价值，成就理想人格。他心目中的理想人格就是"真正的人"——圣贤、君子。孔子强调，人的价值的实现，人的自我提升，完全是一种自觉自愿的理性选择，"我欲仁，斯仁至矣。"(《论语·述而》)。人在修己求仁时表现出一种主动性，而无须外在的约束与强制。从这种仁的观念出发来反观"礼"，"礼"只不过是行仁的手段，"约之以礼"本身不是目的，其目的在于进入"为仁由己"的最高境界。孔子并不否认修己时必须用来自外面的礼对人加以约束，但更强调修己者应主动地接受这种约束，从而实现自律与他律的统一。如果说礼是孔子学说体系的出发点的话，那么，仁才是其思想体系的核心和实质。从这个意义上说，孔子开创的儒学亦可称为"仁学"。孔子把"仁"视为一种普遍的道德精神，一种人之所以为人的原则。孔子人道学的出发点是"礼"，而落脚点则是"仁"。礼的有效性与合理性必须由仁来担保。

孔子提出仁德观念，在中国哲学史上是一项重大发现，对于搭建中华民族的精神世界具有重大的意义。从哲学人类学的意义上看，任何社会组织必须有一套全体社会成员达成基本共识的主流价值观念和伦理规范，这是每个民族形成所必不可少的文化共识。这种文化共识可以采用宗教的形式来表达，也可以采用非宗教的形式来表达。大多数民族采用宗教的形式，如伏尔泰说，一个民族即便没有神，也要造出一个神来。中华民族则采用非宗教的形式，这就是孔子提出的仁德观念以及以此为核心形成的儒学。儒学是世界上少有的以非宗教的、内在超越的方式安顿精神世界的成功模式（有别于基督教、佛教、伊斯兰教）。儒学有效地组织社会、安顿人生，已形成中国人的文化基因，具有强盛的生命力。它是中华民族凝聚力的核心，有力地提升了全体民族成员的文化认同感，犹如一条无形的纽带把大家联系在一起。倘若没有这样一种共识，中华民族就不可能成为世界上最大的民族。在孔子的人道学中，"仁"是人生的最高价值，比人的生命还重要；为了体现仁德，哪怕献出生命也在所不辞。这就叫作"杀身成仁""死守善道"。仁德观念培育出无数的志士仁人，无数的民族英雄，他们是中华民族当之无愧的脊梁。

四、中庸之道

在孔子学说中，礼使人被动地不为恶，仁使人主动地为善，从这里引出一个两者如何配合的问题。仁和礼的最佳配合状态就是中庸。在孔子人道学中，礼、仁、中庸是三个紧密联系的观念，但中庸的哲学意涵更为复杂一些。中庸既是理想的道德境界，又是辩证的思想方法。

仁与礼相互关联，相辅相成。一方面，仁受礼的制约，行仁不能超出礼规定的范围。孔子不赞成没有差等的仁爱，因为这将模糊上下尊卑的等级名分界限，这一点后来成为儒家与墨家的主要分歧之一。另一方面，仁又规定着礼，只有体现仁所规定的礼才是合理的。有些陈规陋习虽有仪礼方面的根据，如杀殉、专横、暴政等，在孔子看来仍是非礼之举。孔子把仁与礼相统一的最佳状态称为"中庸"，他曾发出感慨："中庸之为德也，其至矣乎！民鲜久矣。"（《论语·雍也》）中庸作为理想的道德境界，作为仁与礼相统一的最佳状态，普通人是很难做到的，故而称之为"至德"。孔子指出，礼是衡量中庸与否的具体尺度，"礼乎礼，夫礼所以制中也"。（《礼记·仲尼燕居》）这样，孔子便把"礼""仁""中庸"三个范畴联结为一个完整的理论体系，确立了儒家人道学的基本框架。孔子的后学撰写《中庸》，进一步发展中庸的人格理论，把中庸诠释为中和之道、君子之道、至诚之道。

中国古代哲学的辩证思维比较发达。在先秦时期，中国就形成了道家、兵家、儒家三种类型的辩证法思想。道家辩证法的特色是"贵柔"，兵家辩证法的特色是"尚刚"，而儒家辩证法的特色则是"执中"，主张刚柔并济。儒家辩证法"执中"的基调是由孔子定下来的，源于孔子提出的中庸之道。中庸作为辩证的思维艺术，掌握起来也相当不容易。从思想方法的角度说，"中"有中正、中和、适度等意思，"庸"是"用"的意思，合起来说，"中庸"即是"用中"，即在思维过程中始终贯彻"允执厥中"（《论语·尧曰》）的原则。中庸作为一种辩证的思维艺术，掌握起来很不容易，表述出来也很不容易。中国古代哲学家讲辩证法以阴阳为基本范畴。道家的讲法立足于"阴"，兵家的讲法立足于"阳"，都是从正面表述的。儒家讲"中"，无法从正面讲，只能从反面来讲。

孔子找到的第一种表达中庸的方式是"叩其两端"。一端是"过"，另一端是"不及"。搞清楚"两端"，"中"的意涵也就清楚了。"中"与"过"或"偏"相对而言，要把握"中"，必须排除"过"和"不及"两种片面性。孔子在评论他的两个弟子时说："师也过，商也不及"，结论是"过犹不及。"（《论语·先进》）无论是"过"，还是"不及"，都偏离了中道。这也就是说，只有把握好分寸，排除极端，维系矛盾双方的和谐、统一、平衡，才算达到了中庸。孔子在教学的时候，常常采用这种中庸的方法。他说："吾有知乎？无知也。有鄙夫问于我，空空如也。我叩其两端而竭焉。"（《论语·子罕》）孔子虽然没有从正面告诉求学者什么是正确的，但从负面告诉他什么是"过"，什么是"不及"，告诉他怎样排除两种片面性、极端性，求学者自然可以从中领悟到正确的道理。宋玉在艺术实践中成功地运用了孔子"叩其两端"的表达方式。他在《登徒子好色赋》中写道"东家之子，增之一分则太长，减之一分则太短，着粉则太白，施朱则太赤。"作者没有从正面描写

"东家之子"，只是把长短两端、白赤两端排除掉，一个绝色美人的形象就呼之欲出了。

孔子找到的第二种表达中庸的方式是"而不"句式。例如，他对《诗经·关雎》的评价是："乐而不淫，哀而不伤。"（《论语·八佾》）《关雎》一诗恰到好处地表达出快乐的情感，而不放荡；表达出忧郁的情感，而不悲伤。中庸的思想方法要求恰到好处地掌握分寸，用现代哲学术语来说，就是要把握好"度"，不要走极端，不要过份。孔子在生活实践中，十分注意贯彻中庸的原则，不做过头的事。正如孟子对他的评价："仲尼不为已甚者。"（《孟子·离娄下》）孔子也钓鱼，也射鸟，但他"钓而不纲，弋不射宿"（《论语·述而》），从来不使用大网捕鱼，从不射杀巢中栖息的鸟。在他看来，采用赶尽杀绝的做法，实在过分，有悖于中庸之道。《论语》这样描述孔子的性格："子温而厉，威而不猛，恭而安。"（《论语·述而》）孔子温和而又严肃，威严而不凶狠，恭敬而又自然。"威"符合中庸之道，大家都可以接受；"猛"就过分了，大家肯定难以容忍。

孔子的后学撰写《易传》，采用解释《易经》卦象、卦辞、爻辞的办法，进一步发展中庸的思想方法，提出"唯变所适""刚柔相济""氤氲交感"等观点，系统地论述儒家"执中"的辩证法理论，使之更加完善。

五、大同之世

孔子的人道学实现了从天道到人道、从"无知之知"到"有知之知"的转折，提出了礼学、仁学、中庸三个要点，还勾勒出一幅理想社会的蓝图，这就是大同之世。同老子一样，孔子是当时社会现状的批判者，认为他所处的社会是一个"天下无道"的乱世。那么，什么是"天下有道"的治世呢？要回答这个问题，孔子必须拿出一幅理想社会的蓝图。所以，关于大同之世的论述，应当是孔子人道学的最后一个理论环节。倘若没有这个环节，孔子的人道学在理论上是不完整的。礼学、仁学、中庸讲的是理想人格问题，大同之世讲的是理想社会问题。我们无法在《论语》中找到孔子直接讲大同之世的材料，但在《礼记·礼运》中却记载着孔子在这方面的言论，并且明确地写着"孔子曰"。笔者认为，尽管目前尚无法确定《礼记·礼运》的作者和写作时间，但不影响我们把它当成研究孔子人道学的思想材料。关于大同之世，《礼记·礼运》的记载是：

> 大道之行也与三代之英，丘未之逮也，而有志焉。大道之行也，天下为公。选贤与能，讲信修睦。故人不独亲其亲，不独子其子，使老有所养，壮有所用，幼有所长，矜寡孤独废疾者，皆有所养。男有分，女有归。货，恶弃于地也，不必藏于己；力，恶其不出于身也，不必为己。是故，谋闭而不兴，盗窃乱贼而不作，故外户而不闭。是为大同。

有的论者认为这里是对中国古代原始共产主义社会的历史回忆，有的论者认为这里是在虚构空想社会主义的乌托邦，恐怕都是误解。其实，这里讲的是道德意义上或价值意义上的社会理想，是孔子对仁学的展开论述，并非描述某种具体的社会制度。如果说是"乌托邦"的话，那末，讲的是道德意义上的乌托邦，并非制度意义上的乌托邦。大同说的主旨在于倡导合群的价值观念，并非在设计制度模式，因此，是围绕着仁的价值理想展开论述的。第一句话讲的不是所有制问题，强调的是群体意识至上，而不是个体意识至上；第二句话讲的是社会群体的价值导向问题；第三句话讲的是社会群体对所有社会成员应该抱有的态度；第四句话强调的是社会成员对于社会群体应有的奉献精神；第五句话是对理想社会图景的描述：人人都具有高尚人格，精神文明高度发达，关心他人、关心社会群体蔚然成风，人际关系高度和谐，完全消灭争斗、盗窃等丑恶的社会现象。至于物质文明发展到何种程度，并未论及。

孔子既是一个理想主义者，也是一个现实主义者。他认为，大同之世作为远大的理想社会，不可能一下子实现，但可以首先建立一个小康之世。以小康之世为基础，便可以进一步达到大同之世。在大同之世，对社会成员的要求是主动地为善，这是仁学在社会理想层面的展开；在小康之世，对社会成员的要求是被动地不为恶，这是礼学在社会理想层面的展开。关于小康

之世,《礼记·礼运》的记载是:

> 今大道既隐,天下为家,各亲其亲,各子其子,货力为己,大人世及以为礼,城郭沟池以为固,礼仪以为纪,以正君臣,以笃父子,以睦兄弟,以和夫妇,以设制度,以立田里,以贤勇知,以功为己。故谋用是作而兵由此起。禹、汤、文、武、成王、周公,由此其选也。此六君子者,未有不谨于礼者也。以著其义,以考其信,著有过,刑仁讲让,示民有常。如有不由此者,在执者去,众以为殃。是为小康。

"小康"这个词初见于《诗经·大雅·民劳》:"民亦劳止,汔可小康。"孔子构想的小康之世,其特点是:第一,没有充分体现大道,家庭意识占主导地位;第二,由于以家庭意识为主导,社会成员为己,要靠礼仪制度协调人们之间的利益关系,规范人们的行为,要靠君主治理国家、惩恶扬善,要靠军队保卫国家;第三,由于礼仪制度合理和君主勤政为民,可以形成以国家为单位、以家庭为细胞的相对和谐的社会。在倡导合群这一点上,大同与小康是一致的,区别在于大同以"大道"维系群体,小康以礼仪制度维系群体。孔子构想的理想社会突出群体的价值,要求个体服从群体,对于中华民族的形成和发展具有极大的影响力。在一定程度上可以说,孔子的群体价值观为中华民族的凝聚力提供了理论支撑。

(原载于《哲学家 2008》,人民出版社 2009 年版)

孟学与安身立命之道

孟子既是儒家思想坚定的捍卫者，也是儒家思想的发展者。在孔子那里，先秦儒学大概还只是初步的想法，并没有充分地展开；而到孟子那里，则变成了比较系统的说法，并讲出更充分的道理来。《论语》中各章的篇幅比较短，好像是语录汇编；《孟子》各篇的篇幅比较长，已经有文章的模样了。《孟子》的字数，也比《论语》多一些。孔子举其要，孟子述其详，故而后世学者才把二人并称，有"孔孟之道"的提法。孟子主要在内圣学的维度上，发展了儒家思想，可以说是第一位关切安身立命之道的儒家先师。人性善、天道诚、求放心，这三点构成孟子关于安身立命之道的基本架构。

一、人性善

在政治哲学方面，孟子提出了仁政构图。他必须解决的问题在于：仁政在理论上是否具有可行性？孟子的回答是肯定的，理由就是人性善。孟子哲学围绕着仁政构图展开，第一个环节是仁政说，第二个环节则是人性善。性善论是孟子对孔子仁学的进一步发展。在孔子那里，"仁"主要是指关于道德价值的自我意识，强调"我欲仁，斯仁至矣"，强调"为仁由己"，倡导"为己之学"；在孟子这里，"善"则是一种社会的评价尺度。孔子讲的是道德观念的内在性，孟子讲的是道德评价的社会性，强调人与人之间具有可沟通性。孟子所说的"善"，实则是对于人的社会群体性做出的哲学抽象。其实，在孔子思想中，已具性善论的雏形。孔子所说"性相近也，习相远也"（《论语·阳货》）中的"近"，就有人性善的意思，不过尚不明确；孟子提出性善论，把儒家的人性论讲清楚了。

孟子的仁政主张以性善论为理论依据。他在论证仁政的可行性时说："先王有不忍人之心，斯有不忍人之政矣。以不忍人之心行不忍人之政，治天下可运于掌上。"（《孟子·公孙丑下》）"不忍人之心"也就是善心、良心。按照孟子的看法，君王的人性是善的，故而可以选择仁政，施行仁政；百姓的人性是善的，故而可以接受仁政，接受教化，可以主动地为善。在人性善的基础上，君王与百姓相互沟通，共同促成仁政的实施。善心或良心不仅先王有，而且每个人都有，这就自然而然引出关于普遍的人性是什么的探讨。孟子认为，人性本善，人生来就具有向善的能力，孟子称之为"良能"；生来就具有道德意识，孟子称之为"良知"。"人之所不学而能者，其良能也；所不学而知者，其良知也。"（《孟子·告子上》）良知良能是万善之源，由此而形成恻隐之心、羞恶之心、恭敬之心、是非之心等四端，由四端而形成四个基本的道德观念即仁、义、礼、智。孟子断言："仁、义、礼、智非由外铄我也，我固有之。"（《孟子·告子上》）

孟子认为，人性善正是人与动物的本质区别。"人之所以异于禽兽者几希，庶民去之，君子存之。"（《孟子·离娄下》）孟子在这里强调的是"人之所以异于禽兽者"，而不是"人异于禽兽者"。"人异于禽兽者"属于现象上的差异，这是很容易发现的；而"人之所以异于禽兽者"属于本质上的差异，这就不容易发现了，故说"几希"。孟子认为，人与禽兽的根本区别，就在于人有求善的意识，而禽兽没有这种意识。人性善是指人所共有的类本性，是相对于兽性而言的；只要是人，必有人性，必有善性。人向善处走，犹如水往低处流。

不过，人性善只是一种理论上的可能性，并不意味着每个人在事实上都是善的。由于每个人保留善性的程度不一样，遂形成"存之"和"去之"的差异，从而形成了君子与庶人之别，形成人格上的差异。孟子指出，这种情形并不能推翻人性善的结论。他辩解说，山性按道理应该是郁郁葱葱的，可是牛山变得光秃秃的，这岂是山性所致？原本郁郁葱葱的牛山，树木被人砍光，青草被牛羊吃光，才成了光秃秃的样子。同样的道理，人性本来是善的，可是小人由于受到物欲戕害，才背离了善。基于此，孟子强调心性修养的必要性，主张对庶民进行礼义教化，使他们逐渐恢复已失掉的善性。性善论不是关于人性的事实判断，而是关于人性的价值判断，只是说人可以是善的，应该是善的。正是因为人性善，所以人才是可以教化的，每个人都有成为圣人的可能，孟子的说法是"人皆可以为尧舜"。

孟子把人的道德意识视为人的本质，这是人类对自身认识走向深化的理论表现。性善论的深刻之处在于，它强调人性首先应当是人的社会属性，而不是人的自然属性。孟子不赞成告子的"食色，性也"的自然人性论，认为这种理论没有把人与动物区别开来，忽略了人的社会性。孟子的性善论肯定人生价值，鼓励人们追求完满的人生境界，带有强烈的理想主义色彩，确立了儒家所特有的价值取向。孟子提出性善论，使儒家人道学理论更加完备。孔子提出仁的思想，把"仁"视为人的本质，确立了儒家的基本原则。但是，孔子只是表明人应当以"仁"为价值取向。他的观点带有很强的规范性，至于人为什么应当履行仁道以及人何以可能履行仁道，并没有充分地说明。孟子提出性善论，从理论上说明履行仁道有内在依据，说明履行仁道有可能性，说明自我完善有内动力，使儒家的人道学得以深化和系统化。人性善为建构和谐社会提供理论依据。按照这种理论，承认自己具有内在的善性，为个人树立道德理念提供了自信心，鼓励每个人努力向善；承认他人具有善性，把他人当成善人看，可以养成尊重他人的健康心态，可以本着与人为善的原则为人处世。对于和谐社会的建构来说，性善论是一种有促进作用的学说。倘若人人皆遵循与人为善的原则，那么，社会自然不就和谐了吗？如果"人对人都像狼一样"，社会怎么会有和谐可言？人性善为内在超越的路向提供了理论依据。性善论不是就现实的人性而言，而是对理想的人性而言。对于现实的人性来说，人性善是一种超越自我的内在根据。这是一种肯定人生价值的内在超越，一种哲学意义上的超越，有别于任何否定人生价值的、宗教式的外在超越。

二、天道诚

孟子提出人性善的论断之后，必须回答的理论问题是：何以说人性善？

这就涉及道德价值的终极依据问题。孔子把道德价值的源头追溯到"生而知之"的圣人就止步了，可是，孟子却不能止步。孟子承认，圣人作为仁德的楷模，对众人发挥着教化的作用，是众人的精神导师。孟子说："圣人百世之师也，伯夷、柳下惠是也。故闻伯夷之风者，顽者廉，懦夫有志；闻柳下惠之风者，薄夫敦，鄙夫宽。奋乎百世之上，百世之下，闻者莫不兴起也。非圣人而能若是乎，而况于亲炙之者乎?"（《孟子·尽心下》）与众人相比，圣人可以说"出乎其类，拔乎其萃"（《孟子·公孙丑上》）。在这里，孟子把圣人与众人视为同类。既然圣人也是人，当然不能视为道德价值的源头，必须超出"人"的范围，做进一步的追溯。于是，孟子便追溯到了天。他提出"天道诚"的观念，试图从形上高度证明人性善。孟子提出性善论，为内在超越找到了内在根据；提出天道诚，确立了内在超越的形上指向。

在中国哲学中，"天"是含义复杂的范畴。"天"的最初含义是指主宰之天，即前哲学时代传统天命观中的天。这时，天就是主宰一切的天神，是人顶礼膜拜的最高权威。"天者，颠也。"天至高无上，人在天的面前是被动的存在，无自由可言。老子以哲学思辨的方式否定了主宰之天，于是"天"有了第二种含义：自然之天。老子把"道"视为宇宙万有的本体，天不再具有至上性。人在天的面前不再是被动的存在，而是"道法自然"的存在。人不必把天当成崇拜的对象，把"道"当成终极依据就可以了。在人生实践中，人可以获得对于自然之天的自由。孟子赋予"天"第三种含义，即义理之天。孟子把义理之天视为道德价值的终极依据。义理之天有别于主宰之天，它只是道德价值的担保者，并不是人的一切行为的支配者。它是理性的，不是神性的。义理之天对于人没有强制性，人在义理之天面前是自由的；人可以把握义理之天，进入天人合一的精神境界。义理之天也有别于自然之天。它不是纯粹的客观世界，而是意义的世界、精神的世界、价值的世界，是人可以选择的安身立命之地。

对于孟子的性善论来说，义理之天是不可或缺的理论预设。人性善的根据不能到主宰之天中寻找。对于被动的人来说，由于没有选择的自由，因而也不必为自己的行为后果负责任，所以，也就根本谈不上善。人性善的根据也不能到自然之天中去寻找。因为自然之天在价值层面是中立的，既无所谓善，也无所谓恶。对于自然之天，可以做事实判断，却难以做价值判断。因此，只能到义理之天中去寻找人性善的根据，把义理之天作为人性善的终极依据。孟子认为，人所具有的仁、义、忠、信等善良的品格，都来自义理之天，"仁义忠信，乐善不倦，此天爵也。"（《孟子·告子上》）"仁，天之尊爵也。"（《孟子·公孙丑上》）义理之天具有仁义等善性，人性善其实来自天性善。在"性善"这一点上，天人合一。他指出，只要诚心诚意地尽量扩充人生来就有的善心，就可以了解到人的本性；了解到人的纯善的本性，也就是了解到天的本性。这就叫做"尽其心者，知其性也；知其性也，则知天矣。"（《孟子·尽心上》）从义理之天的角度看，人扮演了双重的角色。一方面，人是义理之天的体现者，拥有"天爵"的身份；另一方面，人是社会中的成员，拥有"人爵"的身份。他说：

> 有天爵者，有人爵者。仁义忠信，乐善不倦，此天爵也；公卿大夫，此人爵共也。故之人修其天爵，而人爵从之，今之人修其天爵，以要人爵；既得人爵，而弃其天爵，则惑之甚者也，终亦必亡而已矣。（《孟子·告子上》）

由于人拥有"天爵"的身份，故而从义理之天获得善的本性。这种善的本性，构成人的内在本质。它不是外界加给人的东西。对于现实的人来说，这是自我完善、自我提升、最终达到天人合一境界的内在根据。按照孟子的说法，所谓圣人，也就是自觉地"修其天爵"的人。例如，"舜之居深山之中，与木石居，与鹿豕游，其所以异于深山之野人者，几希。及其闻一善言，见一善行，若决江河，沛然莫之能御也。"（《孟子·尽心上》）舜作为一个圣人，他与"野人"的区别，仅在于达到了对于"天爵"的自觉，而不是他受到了什么特殊的教育。正是由于他自觉地"修其天爵"，即便隐居深山，没有得到受教育的机会，而一旦接触到善言善行，他心中的善念便会一下子激发出来，犹如江河决口那样迅速扩展，充分地展示出他的圣人本色。孟子指出，舜能做到的这一点，普通人也能做到。

孟子指出，人生价值不能定位在"人爵"上，而应当定位在"天爵"

上。一个人在社会上的角色，由各种条件所规定，并不是自己可以随意选择的。谋事在人，成事在天，经过努力仍达不到目的，只好听天由命。至于一个人能否成就高尚的人格，则完全取决于自己的努力。"天爵"与"人爵"之间没有必然的联系，富贵者未必道德高尚，贫贱者未必道德低下。"富贵不能淫，贫贱不能移，威武不能屈，此之谓大丈夫。"（《孟子·滕文公下》）孟子评价人格的标准，不是社会地位的高低，而是道德自觉的程度。在他看来，小人物同样可以做大丈夫。这种大丈夫，就是充分体现天爵的天民，就是道德价值的实现者。孟子鼓励每个人效法义理之天，像天那样诚实。"是故诚者，天之道也。思诚者，人之道也。"（《孟子·离娄上》）"思诚"就是以"天"作为终极的价值目标，扮演好天民的角色，力求进入天人合一的精神境界。所谓天人合一，也就是天人合诚、天人合善，不抱任何功利目的，并没有进入天堂或极乐世界的念头。这是一种哲学意义上的内在超越，有别于宗教意义上的外在超越。

三、求放心

孟子设定的终极价值目标是进入天人合一的精神境界，那么，怎样达到这一目标呢？孟子不可能选择外求的认识路线，只能选择内求的心性修养路线。他指出，现实的人之所以流于不善，并非人的本心所致，而是人不肯下工夫寻回业已失掉的本心。他慨叹：连自己家的鸡犬丢失了，都知道找回来；可是自己的本心丢失了，却不知道找回来，真是一种悲哀！他对这种人的忠告是："学问之道无他，求其放心而已矣。"（《孟子·告子上》）"求放心"的过程，就是心性修养的过程，后儒称之为做工夫。修养论或工夫论是孟子安身立命之道的最后一个理论环节。在孟子哲学中，心性修养的要点有三：

一是尚志。孟子认为，做人首先应当树立成为志士仁人的志向，并且坚定地朝着这个方向努力，无论遇到何种情况都不能动摇。他对"尚志"的解释是："仁义而已矣。杀一无罪，非仁也；非其有而取之，非义也。居恶在？仁是也。路恶在？义是也。居仁由义，大人之事备矣。"（《孟子·尽心上》）"尚志"不是一蹴而就的事情，要持之以恒地磨炼，不能"一日暴之，十日寒之"。"尚志"要达到"不动心"的程度，孟子称自己在四十岁时，方做到不动心。

二是养心。孟子说："养心莫善于寡欲。"（《孟子·尽心下》）从正面讲，养心就是树立为社会群体着想的观念，时刻想着自己是社会群体中的一员，应当为社会群体尽职尽责；从反面讲，养心就是除自己个人的物质欲望，把社会责任放在首位。只有减少物质欲望对道德本性的侵害，才能逐步地"求其放心"，达到人格上的自我完善，把自己由自然人提升到"真正的人"的高度。

三是养气。孟子自称"善养吾浩然之气"，他的体会是："其为气也，至大至刚，以直养而无害，则塞於天地之间。其为气也，配道与义，无是，馁也。"（《孟子·公孙丑上》）在这里，孟子把"气"紧紧同"直""道""义"联系在一起，因此，所谓养气，也就是培育道德理念。他强调，养气是一个循序渐进的积累过程，不能拔苗助长。

孟子提出的"求放心"的修养论或工夫论，系统地论述了儒家的精神安顿方式。孟子的"求放心"同庄子的"逍遥游"一样，都可以帮助人排除由欲望造成的烦恼，减轻精神压力，排除不良情绪、净化心灵。庄子的"逍遥游"着眼于个体，注重个体的自由；孟子的"求放心"着眼于群体，强调个体对于群体的责任。他以"义理之天"为人的安身立命之地，把"上下与天地同流""万物皆备于我"当作道德修养的最高境界。他认为，一旦进入这种境界，那便是人生的最大快乐，便是终极价值的实现。"反身而诚，乐莫大焉。"（《孟子·公孙丑上》）孟子这种天人合一的思想，奠定了儒家"道德形上学"的基础，为后儒所重视并加以发展。由于孟子创立了心性修养理论，使"以儒学代宗教"在中国人的精神生活中成为可能。宋明理学家正是通过开发孟子留下的思想资源，创立儒学新形态，改变了佛道二教在精神生活中占主导地位的情形，使儒学掌控主流话语。由此来看，称孟子为亚圣，可谓实至名归。

（原载于《邯郸学院学报》2009 年第 2 期）

论荀子礼学的规范诉求

如果说孟子继承并发展了孔子的仁学思想，那么，荀子则是继承并发展了孔子的礼学思想。仁学是儒家关于个体（圣人）的精神空间的理想设计，礼学则是儒家关于群体精神空间的规范设计，孟子侧重于前者，也涉及后者；荀子侧重于后者，也涉及前者。荀子对孔子礼学的继承和发展，不仅明确规定了礼的各种社会、政治功能，使礼的社会操作性变得更为切实可行，而且还深化了礼的内涵，把礼看作是个人修身的根本和维护社会等级以及治国的根本，看做人类道德规范及治理社会的最高原则。这就使儒家的礼学达到了一个空前的高度。

一、礼学的理论趣旨

礼作为一种社会性的外在规范，涉及从个体的修身、行为规范到诸种社会关系的交往、社会制度及国家政治的各个方面。这是从孔子礼学以来就大致确定了的。荀子身处战国末世，目睹现实社会的险恶混乱，深感儒家的仁学如果仅仅停留在空洞说教的层面，无法治理现实社会生活中的混乱。于是，他超越孟子，直接从孔子手中接过礼学的旗帜，把正视现实的时代精神注入礼学，高倡"隆礼"之学。他主张以礼规整治世风人心，树立礼的权威，明确礼的社会诸种名分规定，确立礼在社会政治生活中的核心地位。他说："人无礼则不生，事无礼则不成，国家无礼则不宁。"（《荀子·修身》）在荀子那里，礼被看成从个人修身到治国诸环节的根本大法。

首先，礼是个人修身立世的根本。"人无礼则不生"的说法，确乎使礼具有了能够承受生命之重的重大意义，而且是生命个体得以存在和如何存在的第一要义。人虽然是天下最珍贵的生命存在，是"万物之灵"，但在儒家传统意义上，圆颅方趾的人并不是他们心中"真正的人"。"真正的人"应当是合乎"人之所以为人"的标准的人，也就是恪守德礼的人；失德无礼的人则被视为凡庸的野人、小人，甚至是衣冠禽兽。因此，在荀子看来，人兽区别的标志就在于人的行为是否合乎礼义的规范，"为之，人也；舍之，禽兽也。"（《荀子·劝学》）人兽之辨关系到人究竟是人还是禽兽的根本性问题，是一个儒家的传统话题。荀子站在儒家的立场上，以礼规定人的行为，认为人只有学习礼、实践礼，才算是个"真正的人"。他把合乎礼义规范视为人的本质规定性，而没有像孟子那样把"四端"等道德意识视为人的本质规定性。

　　其次，礼还是维系社会秩序、治理国家的准则。荀子是先秦最重视人作为社会群体而存在的思想家。对于人的这种特质，他分析说：论力量，人没有牛的力气大；论速度，人没有马跑得快，然而人却可以驾驭牛马。为什么会如此呢？原因就在于"人能群"，即形成社会组织。人正是因为有了社会组织，才有了超越一般动物的力量："多力则强，强则胜物。"（《荀子·王制》）荀子指出，人类正是凭借社会组织，才在宇宙中占据特殊的位置。"水火有气而无生，草木有生而无知，禽兽有知而无义；人有气有生有知有义，故最为天下贵也。"（《荀子·王制》）在这里，荀子把礼义提到了人类本体论的高度。基于这种认识，荀子特别强调礼义在治理国家中的作用。他说："国无礼则不正。礼之所以正国也，譬之犹衡之于轻重也，犹绳墨之于曲直也，犹规矩之于方圆也。既错之而人莫能诬也。"（《荀子·王霸》）礼是规范社会成员的行为准则，只有遵循礼的规范，社会才有正常的秩序，国家才会得到治理，同用秤称量重量、木匠用绳墨判别曲直以及用圆规和方尺画出圆形和方形的道理是一样的。荀子主要是从社会组织功能的角度看待礼的，强调礼的规范作用和约束作用，不再像孔子那样把礼与仁紧紧联系在一起，把礼看成仁的表现形式。这是荀子对孔子礼学的重大改造。由于荀子已经切断了仁礼之间的联系，不再把仁作为礼的根据，就不能不另辟蹊径。他放弃了孟子性善论的思路，沿着"人之性恶"的思路，去寻找推行礼义的理由。

二、礼学的基本规定

荀子认为，把隆礼看成是对个人的修身要求，使人成为君子，这仅仅是礼学的开始。人只有走入社会，生活于社会，才是一个社会性的人。由此，荀子礼学的内容就进一步扩充到社会各个领域及社会各阶层。

1. 各种礼节仪式

《大略》篇所说的"亲迎之礼""聘礼"，《君子》篇所说的"客礼"，《礼论》篇所说的"丧礼"，以及《荀子》一书论述的各种人际交往礼节等，均属于社会人际交往中应有的一些必要的礼节仪式。这些礼节仪式是周礼中吉、凶、军、宾、嘉五礼的外在具体表现形式。在传统宗法社会，各种礼仪形式，维护着宗法制度及社会等级，体现着宗法礼制的内在精神。也存在着制度化及操作程式化的特点。这些礼仪，很大程度上已构成现实生活的一部分。其中有一些也是相沿已久的生活风俗习惯。因此，荀子说："礼以顺人心为本，故亡于《礼经》而顺人心者，皆礼也。"（《荀子·大略》）

2. 各种社会名分规定

荀子认为，人类社会之所以能够组成并按一定秩序运作，关键在于人类社会有礼制规定，具体说，就是有各种社会名分规定。他说："群无分则乱。"（《荀子·王制》）人类如果没有名分，就一定会陷入混乱，而"分"的标准和依据就是礼。进而言之，"分"是荀子礼学的本质属性，是礼的主要社会功能。因此荀子说："人道莫不有辨，辨莫大于分，分莫大于礼。"（《荀子·非相》）又说："礼别异。"（《荀子·乐论》）"别"也就是分清各种社会等级名分的界限。"分"的实质在于，"贫富贵贱"的等级规定，使每一个人行为规范化，通过断长续短，使行为合乎礼的要求。荀子说："礼者，断长续短，损有余，益不足，达爱敬之文，而滋成行义之美者也。"（《荀子·礼论》）他认为礼的作用就是使社会中的差别得到平衡，即"维齐非齐"（《荀子·王制》），这也是荀子所谓的人伦秩序。唯其不齐，才成为人伦。在荀子看来，明分制礼的权力应掌握在圣人、君主手中，"无分者，人之大害也；有分者，天下之本利也，而人君者，所以管分之枢要也。"（《荀子·富国》）

"宇中万物，生人之属，待圣人然后分也。"(《荀子·礼论》)"知者为之分也。"(《荀子·富国》)圣王、先王制礼的意义即在明分。

3. 各种人伦道德的规定与统摄

荀子不仅把礼看作是一切行为的最高原则，而且把礼看作是人道的极致，是道德的最高准则。他说："礼者，法之大分，类之纲纪也，故学至乎礼而止矣，夫是之谓道德之极。"(《荀子·劝学》)"绳者，直之至；衡者，平之至；规矩者，方圆之至；礼者，人道之极也。"(《荀子·礼论》)在这里，荀子把礼放在了人道和道德宝塔的尖顶上，它不仅成了人道和道德的一般原则，而且包含并统率了其他德目和原则。忠、孝、慈、惠等，要受礼的制约，以礼的原则为准绳，就连仁、义也被荀子统摄到礼中。

在荀子看来，礼不仅是天下的大本，而且礼还"与天地同理，与万世同久"(《荀子·王制》)，礼实际上被他看成是天道精神和人道精神的具体体现。荀子如此看重礼对个人及社会各领域的重要性，是为了把礼引入政治庙堂，而追求王道政治。在他看来，礼是治国理世和进而成就王天下大业的根本。礼的具体表现形式就是国家政治制度及社会制度。这些制度之礼首先是明确统治集团内部诸等级之间的名分、权限、义务；其次是明确统治与被统治之间的名分。

荀子对儒家礼治思想的另一个重大贡献是重新解释礼法关系，使之不再流于空疏，而获得可操作的现实品格。荀子认为礼与法不是互不相容的对立关系，而是相辅相成的互补关系。"礼者，法之大分也，类之纲纪也。"(《荀子·劝学》)按照荀子的解释，礼不仅仅是道德规范，其本身也具有强制性的约束作用。从这个意义上说，礼也就是广义的法。经过这样的解释，礼与法不再相互对立（如孟子理解的那种对立），而有了相通性。荀子指出，礼与法都是维系社会群体不可缺少的手段，提出"隆礼尊贤而王，重法爱民而霸"的政治学原理。他不同意孟子尊王贱霸的观点，主张王霸杂用，礼法双行。"粹而王，驳而霸，无一焉而亡。"(《荀子·强国》)荀子作为儒家大师，当然不会将礼法并列起来等量齐观，他的王霸杂用主张其实是以王道为主、以霸道为辅。他的这一主张实际上为封建社会统治者采纳。汉宣帝直言不讳地说："汉家自有制度，本以霸王道杂用之。"(《汉书·元帝纪》)儒家的礼学思想经过荀子的阐发，终于从理想层面落实到现实层面，对中国古代社会的政治生活产生重大的影响。

三、关于礼的性恶证明

荀子认为，之所以必须采纳王霸并用、礼法双行的政策，其理由在于："古者圣人以人之性恶，以为偏险而不正，悖乱而不治，故为之立君上之势以临之，明礼义以化之，起法正以治之，重刑罚以禁之，使天下皆出于治，合于善也。"（《荀子·性恶》）荀子所说的"性"是指作为个体的人所具有的一般的生物属性，即感官的欲望要求。他认为，如果不对此加以限制，任其自然发展，便会表现为贪欲："目好色，耳好声，心好利，骨体肤理好愉佚。"（《荀子·性恶》）基于此，他得出"人之性恶"的结论。正因为"人之性恶"，所以才需要设置礼义、推行教化，对个体的人性加以限制和改造。按照荀子的思路，礼义规范的根据在于组织社会的需要，不在于个体的欲望需求。在这里，他看到社会群体与现实个体之间的矛盾，看到"大我"与"小我"之间的矛盾，强调个体服从群体的义务或"小我"服从"大我"的义务。如果说孟子以性善论说明了人履行仁道的可能性的话，那么，可以说荀子以"人之性恶"说明了以礼义规范人的行为的必要性。

荀子针对孟子的性善论提出"人之性恶"说。由于他们对"性"的界定不同，孟子以先验的善的道德理性为"性"，为人区别于动物的类本质，恶是善的本性放遗丧失的结果。荀子承认人性有"本始材朴"的一面，并不否认"人之所以为人者"，即人的本质仍然是"可善"的，不过"可善"要人在后天的习行中得以实现，这叫做"其善者伪也"，即通过人的自觉努力塑造出来的。孟子、荀子人性论的差异主要不在"善"的根源问题上，而在实现"善"的途径上。当荀子把"善"的道德观念看成是后天在社会中形成的，他就说出了一个伟大的真理；但荀子又把恶的道德观念与后天习行分割开来，归为生而具之，这又陷入了一种片面性。

荀子"人之性恶"的结论，是这样得出来的。

首先，性恶论的逻辑起点是"人生而有欲"。他所说的"欲"包括"饥而欲饱，寒而欲暖，劳而欲休"的欲望，"目好色，耳好声，口好味，心好利，骨体肤理好愉佚"等感觉嗜好以及"好恶喜怒哀乐"的情欲等。荀子认为人如果顺着个体的"好利"之欲，就会发生"争夺"而忘"辞让"之德；顺着个体的嫉妒（疾恶）心理，则会发生"残贼"而忘"忠信"之义；顺着个体的"耳目""声色"之欲，则会发生"淫乱"而忘"礼义文理"。（《荀子·性恶》）总之，个体人生所具有的情欲，乃是一切不道德的行为的根源，故说"人之性恶"。其思维逻辑就是：情欲→争夺→乱理→故人之性恶。在这里，荀子把作为个体的人所具有的自然属性视为"恶"，突出了善恶判断中个体与群体之间的矛盾。

其次，荀子又由人都"欲为善"反证"人之性恶"。他说："凡人之欲为善者，为性恶也。夫薄愿厚，恶愿美，狭愿广，贫愿富，贱愿贵，苟无之中者，必求于外。"（《荀子·性恶》）在荀子看来，人"欲为善"，这说明理想的人性即作为社会成员的人性是趋向善的。既然作为社会成员的人性趋向善，正说明现实生活中个体的人性有恶的趋向，有必要用理想的人性加以校正，把自然的个体的人改造为合格的社会成员。

再次，荀子驳斥了孟子所谓人性本"善"。他指出，就个体的人性而言，不可能自然而然地合乎理想的人性，所以称之为"恶"。他说："今人之性，生而离其朴，离其资，必失而丧之。用此观之，然则性恶明矣。"（《荀子·性恶》）如果说人生来本性就是善的，那么善就不可能离开本始的材质。而今认为善可以离开材质而丧失，足以证明"人之性恶"。

"人之性恶"说的第二个论点，就是"人之性恶，其善者伪也。""伪"即人为，主要指通过学习和教化校正"人之性恶"。他认为，个体的人虽然具有恶的趋向，但可以在后天的习行中，通过圣人的教化而加以改变。荀子把人出生之材质称为"朴"，即原质。原质需要加工才能有用，犹如"拘木必将待檃栝丞矫然后直；钝金必将待砻厉然后利"一样，人需要经过圣人制定的礼义法度的矫饰才能为善。他说："今人之性恶，必将待师法然后正，得礼义然后治。……古者圣王以人之性恶，以为偏险而不正，悖乱而不治，是以为之起礼义、制法度，以矫饰人之情性而正之，以扰化人之情性而导之也。"（《荀子·性恶》）这就是所谓"圣人化性起伪"的论断。这个论断肯定道德行为是后天人为的结果，而否定有先验的善的道德，表现出经验论的倾向。

以上是荀子"人之性恶"说的一些主要论点。荀子的人性论中有许多深刻的洞见、合理的因素，但也有明显的理论缺陷。

其一，荀子在论证"人之性恶"时，曾分析了物质利益与人的欲望之间的矛盾对道德的影响，说明荀子洞察到社会经济关系对人的道德观念的制约作用。黑格尔在颂扬基督教"原罪"说时说："人们认为，当他们说人本性善的这句话时，他们就说出了一种很伟大的思想；但他们忘记了，当他们说人本性是恶的这句话时，是说出了一种更伟大得多的思想。"恩格斯曾对这句话做了评论，说："在黑格尔那里，恶是历史发展的动力的表现形式。""自从阶级对立产生以来，正是人的恶劣的情欲——贪欲和权势欲成了历史发展的杠杆。"① 并批评费尔巴哈"没有想到要研究道德上的恶所起的历史作用。"荀子看到了社会上由于财富、权力等的争夺而出现的种种丑恶，并向人们公开揭露了在种种伪善掩盖下的这种丑恶，力图在理论上加以说明。这本来可以通向"恶也是后天形成的"这一合理思想，但是，荀子却仅仅把善的道德观念归于后天的环境影响的结果，而把恶归为"不事而自然"的"性"，显然陷入另一种片面性。

其二，荀子关于"人之性恶，其善者伪也"的命题，虽然对"恶"认识有先验论之嫌，但却把"善"看成是主体在自身活动的社会关系中逐步产生和形成的，这比孟子的性善论正确和深刻一些。如果说孟子发展了人的能动方面，那么，荀子则是把"善"与"伪"联系起来，在一定程度上可以说把"善"理解为人的实践。由此出发，荀子还可以在人类的生活中找寻社会历史现象（礼义法度等）的根据。令人遗憾的是，荀子并没有沿着这一思路走下去，而是把礼义法度的制定、道德的教化归为圣人。这使其理论本身陷入了矛盾的境地：一方面，荀子断定"凡人之性，尧舜与桀跖，其性一也。"（《荀子·性恶》）"材性知能，君子、小人一也。"（《荀子·荣辱》）圣人与凡人有着相同的材性智能，受到同样的环境影响，有着均等的"注错习俗"的

① 《马克思恩格斯选集》第4卷，人民出版社2012年版，第244页。

机会，无论圣人还是凡人，其性皆有恶的一面。另一方面，"善"又是在后天习行中，由于"师法之化""化性起伪"的结果，而"化性起伪"，靠的是圣人，靠圣人确立的礼义法度。荀子和18世纪的法国唯物主义者一样，只看到人是教育和环境的产物，而看不到环境也是由人来改造的；只看到人需要圣人来教育才能为善，看不到圣人也需要先受教育。之所以陷入这样的矛盾，还在于他把人性看成是先验的和抽象的，这种抽象人性只能是他头脑中的虚构，与孟子殊途同归。

荀子主张把"性"与"伪"区别开来。他说："不可学、不可事而在人者谓之性；可学而能、可事而成之在人者谓之伪，是性、伪之分也。"（《荀子·性恶》）性是先天的素质，伪是后天学习的结果。他所说的"伪"，是指运用礼义法度对人性加以改造。荀子一方面说明性伪有分，另一方面又肯定性伪的相容性，承认性有向善的可能性。他指出："性者，本始材朴也；伪者，文理隆盛也。无性则伪之无所加；无伪则性不能自美。"（《荀子·礼论》）他认为化性起伪是通向理想人格的途径，强调后天学习修养的必要性。他主张做人应当不断地陶冶，改造人性、弃恶从善，从而使自己成为有道德修养、品格高尚的人。荀子从性恶的角度对孟子的性善论进行了系统批判。他认为，性善论的错误即在于混淆了"性伪之分"，把"反于性而悖于情"的善行当成了人的本性。他认为，一切道德礼义善行，正与现实的人性相对立："夫子之让乎父，弟之让乎兄；子之代乎父，弟之代乎兄，此二行者，皆反于性而悖于情也；然而孝子之道，礼义之文理也。故顺情性则不辞让矣，辞让则悖于情性矣。"（《荀子·性恶》）善恶的标准在于是否符合礼义。荀子的"人之性恶"说有力地论证了儒家重教化的思想，实则为儒家外王学不可缺少的理论前提。但是，由于他把人性完全看成消极的因素，取消了礼义在人性中的内在根据，无法把外王学同内圣学衔接起来，有违于儒家一向注重心性自觉的理性主义传统，故为后儒所不取。

四、"人之性恶"说与性善论互补

孟子和荀子人性论从思想渊源上说，都与孔子的仁学体系有一定关系，但又从不同的侧面做了发展。二者既有许多共同点，又有诸多差异。

第一，都接触到情欲与理性的关系问题，都把情欲和理性对立起来。孟子认为情欲是恶的，是丧失先验的"善"带来的结果。要克服情欲之恶，就必须向内用功，反身内求以保持、存养天赋的善性；荀子认为恶是个体的人所具有的自然属性，与生俱来，必须靠后天的礼义法度对此加以控制和克服才能达到善的境地。他们都反对纵欲，而强调对"善"的追求，只是在"善"的根源上发生了分歧。

第二，孟、荀都从不同侧面看到道德和后天习行与环境影响有关。孟子认为，道德方面的恶是在后天习行中形成的；而荀子则认为道德方面的善是在后天习行中形成的。实际上，人性中本无抽象的善恶，善恶皆在社会生活中形成的具体的价值判断中。他们各执一偏，都说出了一部分真理，也都陷入一种片面性。如果说孟子发展了孔子"性相近"的一面，那么荀子则发展了孔子"习相远"的一面。

第三，孟、荀都认为人人皆可以成为圣人。孟子说"人皆可以为尧舜"，荀子讲"涂之人可以为禹"。但是，孟子所说的理想人格的培养要经过"存心养性""求放心"的内省工夫。而荀子则以为人生来的材质（"本始材朴"）需要后天进行"加工"而重新塑造。也就是说，孟子是要人发现自己、保持自己、培育自己生而具有的"善端"；荀子则是要人们在生活中接受礼义规范的约束，重新塑造自己，把自己造就成为社会成员。

第四，就社会作用说，孟、荀的人性论都以要人们服从伦理规范为归宿。孟子强调把伦理规范内化为人的心性自觉；荀子则强调伦理规范和礼法制度的约束作用，他的理论实际上为王霸并用、礼法兼施提供了理论的依据。在中国古代社会的发展过程中，"人性之恶"说受到后世正统儒学家的非议颇多，不承认荀子为"醇儒"。不过，也有些儒者仍认为荀子之说"大尊小疵，有益圣教"。从思想史的意义上看，可以说性善论和"人之性恶"

说实际上是并行不悖的，是相互补充的。性善论强调自我完善的内在根据，凸显自律原则，倘若如果没有他律约束，容易流于空疏；"人之性恶"说强调规范约束的必要性，凸显他律原则，倘若脱离内在自觉，容易导致强制而难以推行。孟子的性善论与荀子的"人之性恶"说相互补充，共同奠立了儒家伦理哲学的基础；荀子的礼法学说与孟子的仁政学说相互补充，共同奠立了儒家政治哲学的基础。

（原载于《江西社会科学》2006 年第 1 期）

许衡与元代的文化认同

在元朝以前，全国统一的、稳定的政权都是汉族建立的，这种历史情况助长了汉族唯我独尊的思想倾向，不利于中华民族整体的巩固和发展。在南宋时期，辽、西夏、金等少数民族已经在北方的广大区域建立区域性政权，金的统治区域甚至达淮河以北。同这些以少数民族为主体的区域性政权相比，无论在政治上，还是在军事上，南宋小朝廷都没有优势，其优势仅在于文化方面。蒙古族扫平所有区域性政权，统一中国全境，既矫正了大汉族主义的思想倾向，使汉族能够以更平等的态度来对待少数民族，也增强了少数民族对于中华民族的认同。元朝建立后，中华民族多元一体的格局基本上形成了，中华民族的凝聚力进一步增强了，少数民族的向心力更加自觉了，文化认同感更加强烈了。元朝的建立不但没有中断中国文化传统，反而构成中国文化传统不可或缺的重要环节，构成中华民族精神形成和发展过程中不可或缺的重要环节。

中国传统文化的内容是极其丰富的，而其基本架构则是以儒学为主导、儒释道互补的文化体系。汉族是中华民族的主体，因此，中国传统文化以汉族为传承之主体。蒙古族接受汉文化的影响由来已久，但其文化程度毕竟不高。元朝建立后，由于汉、蒙两个民族的共同努力，蒙古族的文化程度迅速提高，加速了中华民族一体化的进程，提升了对中华民族精神的认同程度。在这一进程中，许衡功不可没。

一

许衡（公元 1209—1281 年），字平仲，金河内（今河南沁阳）人，学者称鲁斋先生。《元史》有传。《宋元学案》立有《鲁斋学案》。其著作有《许文正公遗书》（以下简称《遗书》）、《许鲁斋集》。

许衡早年就对北方"落第老儒"所授的"句读训解"表示不满。姚枢弃官隐居苏门（今河南辉县）后，许衡师从姚枢，才从姚枢那里学得理学义旨。许衡在金朝灭亡的前一年，为蒙古"游骑所得"，应试中选，占籍为儒。后被忽必烈擢为京兆提学、国学祭酒、左丞，位列台辅，身显廊庙。他关于"夷夏之辨"的思想比较淡薄，能与元朝合作。他的出仕，正是忽必烈用兵南宋之时。他于此时向忽必烈疏陈《时务五事》，中心是行"汉法"、重儒学，同郝经疏陈的《立政议》，互为表里，并与刘秉忠、张文谦一起，为元朝定官制、立朝仪；又与王恂、郭守敬一同修订历法，以儒学六艺教习蒙古弟子。

许衡在元朝为理学"承流宣化"，被明代儒者誉为"朱子之后一人"。他大力弘扬理学，维护道统，使之在元朝不坠。在元朝，许衡继赵复之后，促成朱熹的《四书集注》在元朝延祐年间得以定为科场程式，并逐渐使之成为占主导地位的思想。在他去世以后，儒生们对他歌颂备至，元廷封他为魏国公，谥文正，从祀孔庙。许衡与刘因、吴澄是元代三大理学家，而许衡在理学方面的影响力，当在刘因、吴澄之上。

二

许衡理学思想的特色在于把握心、性、天、理、物等理学基本范畴之间的整体联系。在他看来，理学的主要内容是天道心性，而心性又是理学的中心。许衡说："凡物之生，必得此理而后有形，无理则无形。"（《许鲁斋集·语录下》）这里所谓物即万物，包括人在内，因此人也是先天赋有此理。理在人身上的体现，便称之为心、性。有人问他："心也、性也、天也，一理也何如？先生（许衡）曰：便是一以贯之。"（《许鲁斋集·语录下》）他又说："天即理也，有则一时有，本无先后。"（《许鲁斋集·语录下》）按照他的回答，心、性、理三者是一回事。许衡虽然复述朱熹的思想，可是他在这里回答得却很笼统，无论是站在朱学的立场上，还是站在陆学的立场上，似乎都可以接受。这并不是他在理学上粗疏不细，不能"大辨体其至密"，而是表现出依违于朱、陆之间的思想倾向。在关于如何识见天理的心性修养方法上，他同样也游离于朱熹"穷理以明心"和陆九渊"明心以穷理"二者之间。

在谈到人性的时候，他首先承认人先天秉赋有天理，而理湛然纯善，乃是"人皆有之"的本然之性（《许鲁斋集·语录下》）。但是，许衡又指出，人一旦形成为具体存在物，因受到气的清浊不同的影响，先天赋有的天理或明德，便受到不同程度的障蔽。许衡对"气"的看法是："阴阳也，盖能变之物，其清者可变而为浊，浊者可变而为清；美者可变而为恶，恶者可变而为美。"（《许鲁斋集·论生来所禀》卷三）因此，人在出世之后，所谓人性，已非先天的本然之性，而是气质之性，故表现为智愚美恶，"便有千万般等第"（《许鲁斋集·论生来所禀》卷三）。有人因其气质清美，能得天之明德而"全不昧"，成为大圣人；有人因其气质全浊全恶，使天之明德"全昧"，成为大愚或大不肖，甚至成为虽具人形实与禽兽无异的大恶人。在大圣人、大恶人的两种极端之间，大部分人的气质只是美恶、清浊程度不同而已。许衡所重视的，就是那些处于中间的大部分的普通人。对这些气质驳杂不齐的芸芸众生，他根据朱熹变化气质的办法，主张去其昏蔽，复其明德，识见天理。他认为这就是圣人为学为教的目的之所在。

三

许衡所提出的修养方法就是变化气质，其内容不外乎持敬、谨慎、审察之类。当一个人独处之时，其心不与外物接触，自然不存在物欲昏蔽，这叫作未发之时；当临事应物，心与外物接触，这叫作已发之时。在这两者之间，还有个将发而未发的瞬间。这几种情况都是根据心的动静来说的。在心体未发之时，其修养方法是持敬。持敬即"身心收敛，气不粗暴"，如恐"鬼神临之，不敢少忽"(《遗书》卷三《大学要略》)，"心里常存敬畏"，"戒慎而不敢忽"，"恐惧而不敢慢"(《许鲁斋集·中庸直解》)，要惶惶然地警惕不善之念，警惕人欲的萌发，以"存天理之本然。"具体地说，这个敬就是敬身，而"敬身之目，其则有四：心术、威仪、衣服、饮食"。有此四目，则"父子、君臣、夫妇、长幼、朋友之间，无施不可"(《许鲁斋遗书》卷三)。人能依此涵养，其心能如"明镜止水，物来不乱，物去不留"，达到"主一"、自定常存，无私欲昏蔽。心在无事时能修养到这等工夫，即具"圣人之心"，"与天地之心相似"；一旦应事接物也不至于混乱。许衡讲心体未发时的持敬，实际上是要求人的内在思虑与外在的威仪相符，并以此提升道德修养的程度。在这里，他讲的是心体"未发"也就是未处理实际事务时的修养方法。

至于在心之已发而未发的一瞬间，即心与外物将接而未接的时候，此时也可以说是人欲将萌而还没有完全形成的时候，其心体之动尚在幽暗之中，尚在几微潜滋之时。在这个时候，每个人的心理状态，别人虽然不知，但他自己是知道的，这叫"独知"。对于已在潜滋的一瞬间，其办法是"谨慎"。许衡很重视这一步"谨慎"的工夫，据他说，心与外物刚刚接触之时，正是"一念方动之时也。一念方动，非善即恶"(《许鲁斋集·语录上》)，即一个人的善恶好坏，常常始于一念之差。这实际上也是针对那些与道德伦理相违背的所谓"人欲"，采取防微杜渐的办法，将"人欲"禁绝于萌发之际。如果把心与外物刚刚接触、人欲将萌的这一瞬间，放在心体已发、人欲已萌的阶段来说，它就是这个阶段的开始。而对于心之已发的这个阶段，其办法是"审察"，即审察其行为的意念，是否合乎道德伦理的标准。

对意念的审察，不是靠外来的灌输，而是靠自省、自悟、自觉，使自己的行为符合道德规范。所谓自觉，是指恢复心体本有的良知。然而，这是要通过格物才能显现出来的。格物致知也叫穷理。穷理，在他看来，就是叫人明白命和义，亦即明白永恒不变的天命和应当遵循的道德伦常。许衡认为，心中之理通明，在应事接物的实际行为中，就能"不牵于爱，不蔽于憎，不因于喜，不激于怒，虚心端意，熟思而审处之。虽有不中者，盖鲜矣"(《时务五事》《元文类》卷十三）。这样，就可以心诚意正，至诚恻怛，其所发之情，皆得其宜，而临事所施，也无不中节，即无不合乎道德伦理的标准。能如此，天理可以彰著，人欲可以遏制，洗涤己私而达于大公、进于仁爱。这就是他所说的"克己则公，公则仁，仁则爱。"(《宋元学案·鲁斋学案》）关于"仁"，他解为不争、容恕、气平，无一私意，故仁为无私而公，即可达到天地万物与吾一体的境界。

由持敬、谨慎到省察，以至与天地同体，许衡以为人的气质变化到这一步，也就内外一体，心静主一，遇物而不为物累，人欲净洁，"与圣人一般"(《许鲁斋集·中庸直解》）。许衡依据朱学，讲出这样一套理学的自我修养方法。持敬、谨慎、审察，都是从这一思想出发的，与朱熹不完全一致。

许衡在修身方法上强调本心自悟，在知行问题上强调自识本心，由此来看已略具后来阳明学的雏形。学术界有些人认为，王学直承陆学，事实上未必如此。王学与陆学并不完全一样。王学直求本心，固然是陆学的思想，但王学与也讲朱学的理欲之辨和理气对待之类。王学这种糅合朱、陆的倾向，其实早在元代许衡，也包括吴澄的理学中已见其端倪。王阳明的《朱子晚年定论》，以曲附陆学的办法，也早在元代许衡、吴澄的理学中已开其门径。所以，从理学史上看，许衡、吴澄的元代理学，构成宋、明之间的过渡环节。不明了元代的理学，明代的王学何以出现，是不能说得清楚的。

四

许衡作为元代的理学家，不免思考南宋灭亡的原因。他认为，南宋灭亡同"深求隐僻之理"的理学风气不无关系。入元之后，他虽为显儒名宦，但其时正值元朝初建，还是比较正视社会现实的。这就使他的理学要讲求修、齐、治、平，不可能再像宋儒那样，仅仅"徒事于言语文字之间"。

同南宋理学家相比，许衡比较重视"践履力行""行于斯世"。他所说的"斯世"是指蒙古族刚刚建立的元朝。由于蒙古族起于漠北，无论就其社会经济、政治制度，或就其思想文化来说，与中原相比都是落后的。许衡以及当时一大批汉族知识分子，觉得有责任帮助元朝统治者接受中国传统文化，促进汉、蒙文化融合和交流。许衡当时主持元初国学，以儒家六艺为内容，教授蒙古弟子，即所谓"乐育英才，而教胄子"。后来元朝政府的达官要员，不少就是出自许衡的门下，他们"致位卿相，为一代名臣"，"数十年间，彬彬然号称名卿士大夫者，皆出其门下矣"（《遗书·神道碑》卷末）。这一批经过中原文化熏陶的蒙古官员，对于推动汉蒙文化的融合、交流，起到了积极的作用。许衡本人也为元帝召用，升任左丞，参与机要，为元朝"经画典制，赞理枢机"（《元文类》共二十四）他向忽必烈条陈《时务五事》，以"汉法"为元朝"立国规模"，力劝元帝要"治心慎独"，以"得民心"为要，兴学校、重农桑（详见《元史》本传）。尽管当时的蒙古汗庭对"汉法"和中原文化还有个消化的过程，而且还有阿合马这样的一些蒙古权贵从中作梗，但是汉、蒙文化的融合与交流毕竟是大势所趋。

许衡主张推行汉化，行道于"斯世"，并不是一帆风顺的，也遇到一些蒙古权贵的阻力。为了排除阻力，他在《时务五事》的上书言事中，向忽必烈陈述汉化的必要性，力劝忽必烈坚持汉化政策。他说："国朝（元）土宇旷远，诸民相杂，俗既不同，论难遽定。考之前代，北方奄有中夏，必行汉法，可以长久，故后魏、辽、金历年最多，其他不能实用汉法，皆乱亡相继。史册具载，昭昭可见也。……，以是论之，国家当行汉法无疑也，……陛下笃信而坚守之，……则天下之心，庶几可得，而致治之功，庶几可成也。"（《元文类》卷十三）所谓"行汉法"，即"改用中国之法"，也就是推行封建法度，融入中国传统文化的主流。

据记载，许衡这一席话说动了朝廷。忽必烈任用大批汉族儒士为大夫，以"汉法"定官制、立朝仪，尊信儒学，并几经周折，终于把阻挠汉化的阿合马这样的一批蒙古权贵压下去了。在促进各民族之间思想文化的交流、融合方面，以及对于保存从当时来说比较先进的汉民族在社会经济、文化方面的影响力，许衡是有贡献的。这是在评价许衡思想时必须予以充分肯定的。

五

在许衡等理学家的影响下，元朝的开国皇帝忽必烈登基后就大力推进汉化政策。他"祖述变通"，实行汉制。他接受许衡的建议，深信"前代北方之有中夏者，必行汉法乃可长久"。公元1270年（至元七年），忽必烈宣布改蒙古国为"大元"。他在诏书中申明：本朝与中华政统相衔接，具有正统之地位。他在诏书中说："诞膺景命，奄四海以宅尊；必有美名，绍百王而纪统。肇从隆古，匪独我家。且唐之为言荡也，尧以之而著称，虞之为言乐也，舜因之而作号。驯至禹兴而汤造，互名夏大以殷中。世降以还，事殊非古。虽乘时而有国，不以义而制称。为秦为汉者，著从初起之地名；曰隋曰唐者，因即所封之爵邑。是皆徇百姓见闻之狃习，要一时经制之权宜，概以至公，不无少贬。我太祖圣武皇帝，握乾符而起朔土，以神武而膺帝图，四震天声，大恢土宇，舆图之广，历古所无，……可建国号曰大元，盖取《易经》'乾元'之义。"（《元史·世祖本纪》本纪第七）

此虽是说名号，实质上表明要将他建立的蒙古族王朝与唐尧、虞舜、夏禹、殷商以至秦、汉、隋、唐相并列，从而争得正统地位，甚至还自以为比从前的王朝更伟大。取"乾元"之义为朝代名称，则表示对中华文化传统的认同和承继。在建元中统的诏书中亦说："建元表岁，示人君万世之传；纪时书王，见天下一家之义。法《春秋》之正始，体大《易》之乾元，炳焕皇猷，权舆治道。"（《元史·世祖本纪》本纪第四）元朝突出对于《春秋》之政统、《周易》之大道的承继关系，表明本朝在中国历史上占有正统的地位。

汉、唐千余年，以汉族为主体的中华民族基本形成，以后，从辽、西夏、金开始，到元朝，少数民族则完全融入中华民族大家庭之中，成为中华民族的组成部分。对于元朝的正统地位，得到全中华民族的公认。可以说，在古代中国社会前期，中华民族的发展以汉族为主导，后期在文化上汉族仍为主导，而在政治上和军事上，常常出现少数民族占主导地位的情形。元朝建立后，在中华民族内部，既确立了汉族的主体地位，同时也确立了少数民族与汉族一体的、平等的关系。

（原载于《邯郸学院学报》2006年第2期）

论清代儒学的再整理

宋明理学家有比较强的哲学意识，但历史文化意识比较淡薄，他们注意发扬儒学的理性主义精神，却忽略了儒学的历史主义精神。宋明理学的局限正好构成清初儒学的生长点。清初儒学是对宋明理学的批判。明朝灭亡之后，一些有识之士痛定思痛，深刻反省江山易主的历史教训。他们认为宋明理学家空谈心性、脱离实际所造成的理论偏差，是明灭亡的原因之一。为了避开宋明理学的误区，他们怀着"国家兴亡，匹夫有责"的使命感，对儒学作出再整理，以求在清朝入主中原的情况下保存儒家文化的慧命，弘扬儒学的历史主义精神，唤起中华民族的民族意识。他们在对儒学进行再整理的时候，走的不是宋明理学的路子。宋明理学是从义理的角度切入的，他们则是从文化传统的角度切入的，同汉代古文经学有些相似。他们不相信宋明理学家"六经注我"的狂言，十分重视儒家经典的研究，喜欢做扎扎实实、朴实无华的学问，一反宋明理学家的学风，故而后人称他们的儒学为朴学。他们擅长考据，促使考据学在清代有了长足的发展，故而又称他们的儒学思想为考据之学。清初的儒学家承接着汉代古文经学讲究名物训诂的传统，有时也打出恢复汉代古文经学的旗号，所以又称他们的儒学思想为"新汉学"。清初的儒学家认真清理宋明理学造成的迷雾，力图从儒家经典中重新挖掘儒学的意蕴，为保存这份文化遗产作出了很大的贡献。

一

首先着手对儒学进行再整理的儒学家是顾炎武。顾炎武（1613—1682

年）字宁人，初名绛，曾化名蒋山佣。江苏昆山人，学者称亭林先生。清兵入关后，他和家乡父老兄弟一起毁家纾难，组织义军抗清。江南沦陷以后，他一直奔走各地，联络义士，积蓄力量。他曾十谒明孝陵。他奔走四方，宣传反清主张，准备起事以图复明。晚年深入西北，隐居华阴、富平一带，专心致力于学术研究。他多次拒绝清廷的征召，甚至不惜以死相抗。他在给朋友的信中明言志向："七十老翁何所求，正欠一死，若必相逼，则以身殉之矣。"（《与叶轫庵书》）颇有孔子"邦无道则隐"的气概。

针对宋明理学"明心见性之空言"，顾炎武提出"经学即理学"的口号。他引古筹今，主张经世致用，提倡朴实学风。他厌恶空谈义理，要求把儒学当作"国家治乱之原，生民之生计"来看待，不能仅仅把它看成个人的"安身立命"之地。他认为理学家偏离了儒学的正宗，因为在孔孟时代并没有单纯的理学，孔孟的理学本来就寓于经学之中。汉代的儒者一直延续这种传统，治群经，讲究名物训诂，始终不脱离经世致用的宗旨；到宋代以后，由于受佛教的影响，理学家才开始附会经典，空谈义理，自以为有心得。此风一开，便愈发不可收拾，至明代末甚至到了"束书不观，游谈无根"的地步，完全把儒家的经典抛在了一边。他痛斥王学末流"置四海之穷困不言，而终日讲危微精一之说"（《与友人论学书》），丢掉了儒学的真精神。在明末的理学家那里，儒学已沦为空疏的虚学，这种情形再也不能延续下去了。

针对宋明理学的弊端，顾炎武提出两条挽救儒学的措施，一条是正本清源，另一条是由器求道。他说："经学自有源流，自汉而六朝，而唐，而宋，必一一考究，而后反于近儒之所著，然后可以知其异同离合之旨。如论字必本于《说文》，未有据隶楷而论古文者。"（《亭林文集》卷三）为了弄清源流，他先从音韵训诂入手，研究古音训学多年，写出《音学五书》，奠立了古音韵学的基础。针对宋明理学的道器对立论，他提出道器统一论。他说："形而上者谓之道，形而下者谓之器。非器则无所寓，说在乎孔子之学师襄也。"（《日知录》）在他看来，道器是不可分的，不能离开器空谈道。要真正做到有器得道，除了研读经书以外，还得深入实际，同客观事物相接触。他毕生身体力行，实践着自己的主张，读万卷书，走万里路，考察山川地理、风土人情，取得丰硕的研究成果。他撰写的《日知录》，"凡经义、史学、官制、吏治、财赋、典礼、舆地、艺文之属，一一疏通其源，考证其谬误"，开启了清初儒学的新风气。

阎若璩是继顾炎武而起的另一位清初儒学大师。阎若璩（1636—1074年）字百诗，号潜邱，祖籍山西太原，自五世祖迁居江苏淮安。他沉潜经史二十余年，撰写出《古文尚书疏证》这一考据学的力作。他在明代学者梅鷟的《尚书考异》的基础上，引经据典，条分缕析，以大量确凿的证据证明东晋梅赜所献的《古文尚书》以及《孔安国尚书传》皆为伪书，不能作为立论的依据。阎若璩的这一说法，经惠栋等人的补证，成为学术界公认的铁案。阎若璩等人的这一考据学成果，对于宋明理学来说，无异于釜底抽薪。许多宋明理学家都把《古文尚书·大禹谟》中"人心惟危，道心惟微，惟精惟一，允执厥中"作为立论的重要依据，认为这十六个字概括了儒学的基本思想，说这就是尧、舜、禹一脉相传的儒家道统，称为"十六字心传"。有些理学家还把"道心"和"人心"当作理学的基本范畴，就道心与人心的关系问题大发议论。现在，无可争辩的事实说明：所谓"道统"，所谓"心传"，一概出自赝品，竟然于史无据！这怎么能不引起人们对宋明理学学术价值的怀疑！不过，阎若璩并没有像顾炎武那样严厉地批评宋明理学，还说过"天不生宋儒，仲尼如长夜"之类的话。这表明清初儒学同宋明理学仍保持着千丝万缕的联系。

二

到乾隆、嘉庆年间，清代的考据学发展到了鼎盛时期，涌现出著名的乾嘉学派。据《清经解》一书记载，当时从事考据的学者有157家之多，成书2720余卷，足见其规模之宏大。乾嘉学派的兴起同清政府实行的文化高压政策有关。文字狱使学者不可能畅所欲言，不得不远离现实，躲进故纸堆里讨生活。"避席畏闻文字狱，著书都为稻粱谋。"龚自珍的这两句诗是对当时学者苦楚境遇的真实写照。在这种情况下，儒学家们已无法保持顾炎武身上那种经世致用、积极向上的精神风貌，研究学术变成了"为学术而学术"的消遣。清廷发现，这样的考据学不但对自己的统治无害，反倒可以起到笼络士林的作用。于是，清廷调整文化政策，投入大量的财力和人力，实施所谓"盛世修典"工程，编纂四库全书，对考据学加以扶持。乾隆、嘉庆年间开设四库全书馆，延聘专家学者数百人整理古籍。乾嘉学派以四库全书馆为大本营，迅速发展起来。

乾嘉学派包括吴派和皖派两支。吴派以惠栋为首。惠栋（1697—1758年）字定宇，号松崖，学者称小红豆先生。他继承父业，秉承家学，潜心经术，研读经典数十年，著作甚丰。主要有《周易述》《古文尚书考》《春秋补注》《九经古义》等。惠栋治学谨慎，遵循古训，恪守家法，唯汉古文经是信，学风有些拘执。他在理论上的贡献虽然不值得称道，但他却是撑起考据学大旗的领袖人物，在学界的影响很大。学术界许多人都很推崇他。他在考据学发展史上占有举足轻重的地位。除了惠栋之外，吴派的重要人物还有孙星衍、王鸣盛、洪亮吉等人。吴派的学术风格是博而尊闻，述而不作，看重经典文献，不重义理诠释。他们在典籍整理、文献考定方面卓有成就，而在思想界的影响却不大，没有作出重大的理论建树。梁启超对吴派的评价是："在清代学术界，功罪参半。笃守家法，今所谓'汉学'者壁垒森固，旗帜鲜明，此其功也。胶固盲从，褊狭，好排斥异己，以致启蒙时代之怀疑精神，几夭阏焉，此其罪也。"①梁启超的这个评语切中肯綮，比较公正、恰当、准确地揭示出吴派的学术特征。

皖派不像吴派那样偏执。他们尊汉学而不迷信，学贵自得，每每有创见，比较注重思想理论的阐发。皖派的领袖人物是戴震。戴震（1723—1777年）字慎修，又字东原。安徽休宁人。因其是安徽人，故所创学派被世人称为皖派。戴震的学问虽然很大，可是在科场上却屡遭败绩，没有摸到进入仕途的门径。乾隆年间修四库全书，遇到了许多学术上的难题，亟待解决。经人推荐，戴震被特召为四库馆纂修官。他博闻强记，尤精小学，治学严谨，一丝不苟，不但精通文字学、音韵学、训诂学，而且涉足天文、数学、水利、地理等自然科学领域，在四库全书编纂过程中发挥了很大的作用。他在考据学方面的著作主要有《原善》《原象》《孟子字义疏证》等，其

---

① 梁启超：《清代学术概论》，东方出版社 1996 年版，第 30—31 页。

中《孟子字义疏证》为其代表作，最能体现他的学术风格。他采取考据的方法，揭露宋明理学的谬误，重新厘定儒学的基本范畴，建立自己的思想体系。在他的身上，再现了顾炎武那种讲究经世致用、拒斥虚浮的学术精神，成为清代儒学营垒中当之无愧的一座重镇。

在理气关系上，针对程朱的"理在事先"等观点，戴震提出"道器一体""气化即道""理在事中"说。他认为，阴阳五行之气构成世界的物质基础，气的运转流行过程就叫做"道"。"道犹行也，气化流行，生生不息，是故谓之道。"（《孟子字义疏证》卷中）从动态的角度看，世界是"道"的运行过程；从静的角度看，世界是"器"，即各种具体存在物的总和；从语源学的角度看，"道"与"行"同义。这样，他便从哲学和文化学两个方面雄辩地论证了道与器的不可分的统一性，对宋明理学的"道在器先"说作出回应。程朱理学把"道"划入形而上的范围，把"器"划入形而下的范围。戴震不同意这样处理二者的关系，对道器关系做了新的诠释。他对《易传》中"形而上者谓之道，形而下者谓之器"一语的解释是："形而上犹曰形以前，形而下犹曰形以后"（《孟子字义疏证》卷中），"形"是二者统一的基础。倘若没有"形"，既谈不上"形而上"，也谈不上"形而下"。正是因为有了"形"，才把道和器联系在一起，所以说"道"就存在于"形"或"器"之中，不可能脱离"形"或"器"单独存在。至于理，也不过是气化流行过程中的条理而已，并不是被宋儒吹胀的精神实体。他对理的本初含义做了这样的考订："理者，察之而几微必区以别之名也，是故谓之分理。"（《孟子字义疏证》卷上）戴震只承认有具体的"条理"，不承认有抽象的"天理"。他批评宋儒"不徒曰天地人物事为之理，而其语曰理无所不在，视之如有物焉。"（《孟子字义疏证》卷中）这样处理道器关系，势必把理描绘成脱离任何载体的游魂，描绘成"如有物焉"的怪影；势必割裂道器关系、理气关系，将人引入迷茫之中，"使学者皓首穷经，求其物不得。"（《孟子字义疏证》卷中）戴震以细致的理论分析和熟练的考据技术批判了宋儒的天理本体论思想，把道、器、理、气等范畴统一起来，形成注重实际的世界观，论证了经世致用的必要性。他以朴素的实学推翻了宋儒虚学的权威。

在理欲关系上，针对宋明理学"存天理，灭人欲"之论，戴震提出

"理存乎欲"的新观点，提出"体民之情，遂民之欲"的主张。他说："理也者，情之不爽失也。未有情不得而理得也。""今以情之不爽失为理，是理存乎欲者也。"（《孟子字义疏证》卷上）理作为使感情欲望得以满足的标准和尺度来说，必然同欲形成统一的关系，而不可能是截然对立的关系。他痛斥理欲对立论的不合理之处，认为此论冷漠严酷，不近人情，甚至到了"以理杀人"的地步。他批评说，宋儒已将理学变成尊者、贵者、长者手中的"忍而残杀之具"。"尊者以理责卑，长者以理责幼，贵者以理责贱，虽失谓之顺。卑者、幼者、贱者，以理争之，虽得谓之逆。"他由此得出的结论是："所谓理者，同于酷吏之所谓法。酷吏以法杀人，后儒以理杀人。"（《孟子字义疏证》卷中）戴震把宋明理学维护专制主义制度、禁锢人心的消极作用揭露得淋漓尽致。在他看来，宋明理学造成了人性的扭曲、社会关系的变形和价值的失衡，已到了非改造不可的地步，再也不能讲什么"存天理，灭人欲"之类的说教了。戴震从"理存乎欲"的观点出发，主张"遂己之欲，广而能遂人之欲；达己之情，广而能达人之情。"（《孟子字义疏证》卷上）通过对宋明理学"存理灭欲"说的批判，他重申了儒家关心国事民瘼的民本主义思想。

除了戴震之外，皖派的重要人物还有王念孙、王引之、段玉裁、孙诒让等人。他们在思想理论方面的造诣虽然比不上戴震，但也能发扬通人情、致实用、断制谨严的学风。王念孙精研古音，擅长训诂，所撰《广雅疏证》占有材料广泛，博采众家之长，论断实事求是，具有很高的学术价值。王引之所撰《经义述闻》和段玉裁所撰《说文解字注》，在经学研究和小学研究方面，也堪称上乘之作。孙诒让的《契文举例》把考据研究的范围从典籍文献拓展到地下出土的文物，首开甲骨文研究的先河。尽管在他们身上存在着考证过于细密、过于烦琐的缺点，但他们取得的学术成就还是应当肯定的。

三

清代儒学是中国古代社会儒学发展的最后一个理论形态。它的出现标志着儒学在中国古代社会已经走完全部发展历程。从先秦到清代，儒学先后形成四种理论形态。第一种理论形态是先秦时期的古典儒学。孔子创立儒家学派，孟子和荀子进一步展开儒家的思想体系。这些儒学的奠基人提出儒学的思想框架，确立基本的理论原则，使儒学初具规模。第二种理论形态是从西汉到唐代的经学。董仲舒、刘歆、郑玄、孔颖达等经学大师，借助阴阳五行的思维框架和准神学的形式，论证儒家的基本原则，形成政治、伦理、宗教三位一体的儒学思想体系，使儒家从一家之言上升到意识形态主体的高度，获得前所未有的思想权威性。第三种理论形态是宋明理学。周敦颐、邵雍、程颢、程颐、张载、朱熹、陆九渊、王阳明等理学家出入佛老，借鉴佛、道两家的理论思维成果，采取哲学的形式论证儒家的基本原则，形成以三教合流为特征的儒学思想体系，使儒学获得较强的理论性。第四个理论形态就是清代的朴学。顾炎武、阎若璩、惠栋、戴震等考据大师，举起"新汉学"的旗帜，力矫宋明理学束书不观、空谈心性之弊，重新诠释儒家经典，重振儒家经世致用的学风。

综观清代的儒学，有两个特点值得注意。第一，它表现出较强的批判意识。清代的儒学家们大都对宋明理学采取批判的态度。在他们对宋明理学的批判中，也包含着对封建主义政治制度的批判。我们从戴震反对"以理杀人"的呐喊声中，不是隐隐约约地可以听到市民阶层要求个性解放的呼唤吗？第二，它表现出较强的学术独立意识。在中国封建社会时期，儒学作为意识形态的重要组成部分，早已失掉独立的学术品格。清代儒学家试图改变这种情况。他们那种"为学术而学术"的治学态度，不正是对那种"为做官而学术"的庸俗风气的抗争吗？他们要求学术独立，要求儒学非意识形态化，已经触摸到近代思想启蒙的门槛了。清代儒学家从内容到形式都对传统的儒学做了再整理、再加工，取得了令人钦佩的学术成就。但是，他们所处的时代毕竟接近了尾声，所以，无论他们如何努力，也无法使儒学再现往日的辉煌了。

（原载于《文史哲》2005 年第 5 期）

儒释道关系

论儒学与宗教的异同

关于儒家文化是否可以称为儒教的问题已经讨论二十多年了，至今仍旧没有定论。2006年8月，上海师范大学、中国社会科学院世界宗教研究所、国际儒学联合会在北京联合召开"儒学、儒教、宗教学"学术研讨会，再次提起这个话题。笔者有幸参加了这次会议，在与同仁交流、探讨的过程中，深受启发，形成一种关于儒学与宗教异同的浅见，写出来就教于方家。

一

宗教作为一种最广泛的精神现象，同文化、哲学一样，很难给出一个大家都可以接受的定义。据有人统计，关于何为宗教，已有上百种说法，可谓是"仁者见仁，智者见智"。既然无法定义，人们只好采取"自定义"的方式参与讨论。可是，自定义毕竟是不可通约的，因此大家在讨论过程中自然难以达成共识。这恐怕是关于儒家文化是否可以称为儒教，讨论了二十多年，仍旧没有定论的问题症结之所在。

认为儒家文化不是宗教的儒学论者，也承认儒学与宗教有相似之处。比如，儒学有超越的取向，有信仰的成分，甚至还存在着诸如祭祖、祀天之类的崇拜活动。认为儒家文化是宗教的儒教论者，并不能否认儒教的确有别于佛教、伊斯兰教、基督教等世界宗教，也着意强调儒教是宗教中的"另类"。双方各有各的道理，很难说服对方。尽管双方的结论不同，其实也有相通之处。其一，双方都把儒家文化作为共同的研究对象，都承认儒家文化是既成的事实，只是对其称谓有所不同而已。通俗地讲，大家面对的是同一个"孩子",分歧在于给"孩子"起个什么名字更为合适。你可以把儒家文化称为"儒教",我也可以把儒家文化称为"儒学",双方可以讨论,但不必争论。由于找不到一个"何谓宗教"的定义作为前提,即便争论,也不可能得出结论。所以,我主张把儒学抑或儒教的争论搁置起来,存而不论,大家共同深入研究儒家文化的内容,至于这个"孩子"叫"儒学"还是叫"儒教",并不特别重要。其二,论辩双方都把论题聚焦在儒学与宗教的异同上。弄清楚这个问题,恐怕更有意义。笔者想对这一问题发表一点个人的浅见。

二

儒学与宗教的差异是显而易见的。按照通常的看法,宗教一般都设置彼岸世界,对世界做二重化的解释。天堂、净土、神仙界为理想的、圆满的彼岸世界,现实的人间社会为苦难的、有罪的此岸世界。总的来看,宗教的价值取向是出世主义的,以脱离此岸进入彼岸为终极的价值目标。实现从此岸到彼岸的超越,信徒自己的修行固然重要,但归根到底还得靠来自彼岸的至上神的拯救。所以此种超越是一种外在的超越,因为成就价值理想的根据来自外在的彼岸世界,并不在此岸世界之中,不在人性之中。儒学并没有设置彼岸世界,也没有对世界做二重化的解释。按照儒家的看法,世界只有一个,就是我们生活于其中的现实世界。儒学的价值取向不是出世主义的,而是入世主义的。对于现实世界中的人来说,也存在着如何自我超越的问题,但这种超越并不是脱离现实世界,不需要仰慕彼岸世界,在人生实践中成就理想人格,即所谓"超凡入圣"。圣人乃是"人之至也",有别于宗教所说的天使、佛或神仙。圣人依旧是人,只不过"出乎其类,拔乎其萃"而已。与主张外在超越的宗教不同,儒学选择了内在超越的路向。所谓"内在",是指肯定人生的价值,肯定在人性中存在着自我完善的内在根据,因而不必否定人生的价值,不必寄希望于外力的拯救与超拔;所谓"超越",是指设定理想的价值目标,以此作为衡量自我完善的尺度,以此作为意义追求或形上追求的方向。在儒学中,超越性与内在性是联系在一起的,并不与彼岸世界相联系,因而没有神性的意味。按照儒家的看法,超越的依据并不是神学意义上的彼岸世界，而是哲学意义上的本体，用中国哲学的术语来说，就是道或理。道或理既是宇宙万物的究极本体，也是人生的最高准则。道或理不在宇宙万物之外，也不在人类生活实践之外，这就叫做"体用一源，显微无间"。

儒学内在超越的路向是由孔子确立的，他所说的"仁"就是对内在性原则的肯定。孔子强调，人生价值的实现，人的自我提升，完全是一种主体的理性自觉，"我欲仁，斯仁至矣"（《论语·述而》），他把这条原则称之为"为仁由己"，要求人在修己求仁时表现出主动性，而无须外力的约束与强制。他大力倡导"为己之学"，批评"为人之学"，他说："古之学者为己，今之学者为人。"（《论语·宪问》）"为己之学"出于自我完善的内在要求，故而孔子大力提倡；"为人之学"受外在功利目标诱惑，故而孔子表示反对。荀子对孔子这句话的解释是："古之学者为己，今之学者为人。君子之学也，以美其身；小人之学也，以为禽犊。"（《荀子·劝学》）荀子的解释是符合孔子的意思的。孔子提出儒家的内在性原则，也提出儒家的超越性原则。儒家的超越性原则集中体现在孔子的"道"的观念之中。孔子对"道"十分重视，曾表示"朝闻道，夕死可矣。"（《论语·里仁》）对于人来说，"道"是超越的终极目标，人为了求道可以舍弃一切，乃至于生命。但在孔子看来，"道"并不与人相外在，也不具有拯救人的力量，只是人追求自我完善的目标而已，所以他才说："人能弘道，非道弘人。"（《论语·卫灵公》）孔子既提出了内在性原则，也提出了超越性原则。后世儒家沿着内在超越的路向，做了进一步的阐释和发扬，形成了儒学的传统。

在 16 世纪，西方传教士利马窦到中国之后，经过多年的潜心研究，他也发现儒学内在超越的路向与西方天主教外在超越的路向不一样。他说："吾窃贵邦儒者，病在此倡言明德之修，而不知人意易疲，不能自勉而修；又不知瞻仰天主，以祈慈父之佑，成德者所以鲜见。"（《天主实义》）利马窦站在西方天主教的立场上对儒学内在超越的路向提出批评，认为仅仅靠人自身的道德修养很难达到超越的境界，主张树立对上帝的信仰，借助至高无上的外在力量的推动，进入完满的超越境界。按照利马窦的看法，儒学显然不在宗教的范围之中，这也许是关于儒家文化是学理而不是宗教的最早的论断。我们接受这种看法，并不在于它是由利玛窦提出来的，而在于它确实揭示了儒学与宗教的不同之处。

按照通常的看法，宗教一般都表现为对神灵的崇拜。在这一点上，儒学与宗教有明显的区别。儒家一向把人道作为理论研究的中心，不太关心神灵是否存在的问题。子路向孔子请教鬼神问题，孔子回答说："未能事人，焉能事鬼?"子路又向孔子请教关于死的问题，孔子的答复是："未知生，焉知死?"（《论语·先进》）对于鬼神以及死后的情形，孔子讳莫如深，"敬鬼神而远之"，不愿意谈论怪、力、乱、神之类的话题。孔子并不反对举行祭祀活动，不过在他看来，参加祭祀活动应当抱着"祭神如神在"的态度，不要以为真的有神灵存在。孔子有时也会发出"天丧予"之类的感慨，不过他心目中的天并不是人格神，而是无法预测的必然性。孟子则明确地赋予"天"以义理的含义，提出"诚者，天之道；诚之者，人之道"的论断。汉儒所说的天的确有人格神的含义，他们把天看成是人的曾祖父，可是汉代经学衰微之后，人格神意义上的天的观念并没有延续下去。宋明理学重申了天的义理含义，强调"宇宙之间，一理而已。"（《朱子文集》卷十七）。总的看来，儒家所说的天并不是人格神。宗教通常都构想诸神谱系，在儒学显然找不到这样的谱系。

按照通常的看法，宗教一般都有比较严格的宗教组织和宗教仪轨。在这方面，儒学显然与宗教不同。由于儒家没有自己独立的组织机构，在政治上需要借助朝廷表达自己的理念，在民间需要借助家庭或宗族表达自己的理念。为了利用儒学维护自己的统治，皇帝建立了各种文庙，但文庙并不在儒家学者的掌控之中，而是在朝廷的掌控之中。什么人进文庙享祀，什么人被赶出文庙，完全是朝廷说了算，儒家学者无权干预。所以，文庙并不是儒家的组织机构，有别于宗教的道场。官办或民办的书院，只是讲学的场所，也不是有系统的宗教组织。至于朝廷举办的祭天一类活动，乃是一种政府行为，都是由官员来操办和主持的，并不需要儒者出面，跟神职人员出面组织的宗教祭祀活动性质不同。所以，以此证明儒学就是宗教，理由是不充分的。

从以上儒学与宗教的差异看，我觉得儒家文化总体上不具备宗教的特征。因此，称其为"儒教"还是比较困难的。为了凸显儒家文化的个性特征，称其为"儒学"似乎比较合适。

三

儒家文化是否可以称为儒教之所以成为一个问题，恐怕同如何看待儒学与宗教在功能上的相似性有关。我认为儒学不是宗教，但承认儒学在功能上与宗教确有相似之处。

首先，二者都提供了一种组织社会群体的文化共识。从哲学人类学的意义上看，任何社会组织都必须有一套全体社会成员达成基本共识的主流价值观念，这是每个民族形成所必不可少的文化共识。对于大多数民族和国家来说，这种文化共识是在某种宗教信仰的基础上形成的。法国启蒙思想家、无神论者伏尔泰曾说过一句精辟的话：一个民族即便没有神，也要造出一个神来。这句话揭示了宗教的社会学意涵。从这个角度看，佛教、伊斯兰教、基督教三大世界性宗教之所以流传甚广，影响极大，就是因为其中都包含着一种社会组织原理。三大宗教都可以说是一种宗教社会学。以基督教为例，"人人为自己，上帝为大家"的说法，表述了一种处理人我关系的准则。在这里，"上帝"实则是社会群体的象征，上帝观念作为文化共识，把每个社会成员联系在一起，组成一个民族、一个国家或社会共同体。基督教要求每个社会成员都以"爱上帝"的心态维系社会群体，处理人际关系，从而增强了民族的或国家的凝聚力。组织社会群体的文化共识，可以以宗教的形式出现，也可以以非宗教的形式出现。如果伏尔泰来过中国的话，也许会修改他的论断。中华民族的文化共识不是借助宗教的形式表现出来的，而是通过儒学表现出来的。儒家"仁者爱人""和而不同""止于至善"等说法，为中华民族提供了社会组织原理。中国人依据这种原理处理人际关系，处理个体与民族群体的关系，形成强大的民族凝聚力。依据儒学提供的文化共识，中华民族形成了世界上最大的民族。儒学和宗教都体现出合群体性原则，都具有维系文化共识、凝聚民族群体和社会群体的功能。

其次，二者都维系一种伦理规范系统。从伦理学的角度看，世界三大宗教的戒律，都具有普遍的适用性，实际上都是一种社会的伦理规范系统。以佛教为例，不杀生、不偷盗、不邪淫、不妄语、不饮酒等五戒，不杀生、不偷盗、不邪淫、不妄语、不两舌、不恶口、不绮语、不贪欲、不嗔恚、不邪见等十善，不仅仅是对佛教徒提出的要求，对于其他社会成员的行为也起到规范作用。维系伦理规范也是儒学的基本宗旨。司马谈在《论六家之要指》中写道："夫儒者以六艺为法。……若夫列君臣父子之礼，序夫妇长幼之别，虽百家弗能易也。"（《史记·太史公自序》）儒学注重人伦教化，倡导仁义之教，主张以"礼"协调人际关系，借以维系社会的安宁与群体的稳定。儒家提出的仁、义、礼、智、信等伦理规范，在中国人的道德实践中所起的作用是人所共知的，无须多言。宗教以至上神的权威担保伦理规范的有效性，儒学以人性善担保伦理规范的有效性，虽然各自的依据不同，但维系伦理规范的功能是相近的。

再次，二者都提供了一种精神安顿方式。宗教的表现形式是神学，实质上却是一种人学，是人的一种精神安顿方式。正如恩格斯所说："一切宗教，不是别的，正是在人们日常生活中支配着人们的那种外界力量在人们头脑中的幻想的反映，在这反映中，人间的力量，采取了非人间力量的形式。"① 人们通过宗教信仰净化心灵，得到一种安慰，缓解精神上的痛苦。儒学虽然不是宗教，但也可以起到类似的作用。儒家以"弘道"为终极的价值目标，为了达到这个目标，即使牺牲了性命也在所不辞。"杀身成仁""舍生取义"是儒家一向倡导的价值理念。对于儒者来说，"道"或"理"就是安身立命之地，"弘道""穷理"就是做人的最高准则。人在"弘道""穷理"的追求中，"穷理尽性以至于命"，心灵得到净化，精神得到安顿，一切艰难困苦都不在话下。"富贵不能淫，贫贱不能移，威武不能屈。此之谓大丈夫。"（《孟子·滕文公下》）一个人进入了"大丈夫"的精神境界，才会心安理得，问心无愧。宗教以信仰的方式安顿精神，儒学以境界提升的方式安顿精神，各自的途径虽然不同，但功能却是相近的。

我承认儒学与宗教在功能上具有相似性，但不赞成把这种相似性称为

---

① 《马克思恩格斯选集》第3卷，人民出版社1972年版，第354页。

"宗教性"。"宗教"已是一个说不清楚的概念，由宗教衍生出来的"宗教性"，显然也是一个说不清楚的概念，还是不用为好。我也不赞成夸大儒学与宗教之间的功能相似性，把儒学就说成是儒教。

四

由于儒学具有类似宗教的功能，并且在历史上长期占主导地位，使宗教现象在大多数中国人精神世界中的存在空间受到明显的限制。由于儒学不是宗教，因而也没有宗教通常具有的排他性。儒学对宗教信仰抱着宽容的态度，并不干预宗教活动。在中国历史上，佛教和道教有很大的影响力，有时甚至可以同儒学抗衡。但总的来看，宗教在大多数中国人的精神世界中不占据主导地位。大多数中国人的价值理念是以儒学为指导的，而不是以宗教为指导的。在大多数中国人的精神世界中，儒学好比是精神粮食店，为人们提供须臾不可离的精神必需品；佛、道二教好比是药店，人们只有在患上"精神疾病"的情况下才会去光顾。所谓"无事不登三宝殿"，说的就是这个意思。儒学在大多数中国人精神世界中的位置是宗教无法相比的。在古代中国，非议儒学是不允许的。"非法无圣"被看成是"儒林败类"，将受到舆论的严厉谴责，甚至受到官府的惩罚。至于非议宗教，则不算什么罪过。在南北朝时期，范缜主张无神论，在皇宫中与皇帝以及诸大臣辩论，皇帝并没有因此而降罪于他。"宗教裁判"之类的事情在西方可能发生，在中国却不可能发生。

儒学是复杂的文化现象，不能把儒学简单等同于封建主义意识形态。已经成为中国传统文化主干的儒学至少应该从三个角度来把握。第一，有作为学理的儒学。儒学是一种行之有效的社会组织原理，体现人类性或合群体性，具有普遍意义。虽然历代儒学家关于儒学的阐述，对于我们认识儒学社会组织原理有帮助，但仍需要适应现代社会发展的要求不断作出新的阐发。从这个意义上说，儒学是一门常讲常新的学问，可以实现现代转化。第二，有工具化的儒学。毋庸讳言，儒学在古代中国社会曾经被官方当成思想统治的工具，有禁锢思想的负面效应。随着社会的发展，这种贵族化、制度化、政治化的儒学，已经失去了存在的合理性。需要注意的是，我们不能在批判工具化的儒学的时候，抹杀儒学的普遍价值。第三，有作为生活信念的儒学。儒学在中国已经有几千年的历史，已经深入到人民群众的精神世界和生活世界中，成为中国人树立道德理念、处理人际关系、凝聚民族群体的理论依据。作为生活信念的儒学，有别于贵族化、制度化、政治化的儒学，可以称之为民间儒学或草根儒学。这样的儒学有广泛的社会基础，因而有实行现代转化的充分根据。今日的中国是昨日的中国的继续，任何不尊重历史的虚无主义观点都是站不住脚的。西方发达国家实现现代化以后，没有抛弃有广泛社会基础的基督教，而是促使其实行现代转化；同样，中国建设现代化，也不可能抛弃有广泛社会基础的儒学，也应当促使其实行现代转化。

（原载于《教学与研究》2007 年第 2 期）

儒道价值观比较研究

在中国传统哲学中，儒道两家在价值观方面的实际影响最大。儒道两家有许多分歧，但也有一些共识。在价值观方面，儒道相互补充，共同引导着中国人的总体价值取向。相对而言，儒家的实际影响比道家更大一些。

一、求道即求真

"道"是儒道两家共同的本体论观念，两家都把道视为意义世界的终极依据。从这样的本体论出发，两家都把道看作价值的本源，把求道当作最高的价值目标。道是真实的本体，求道也就是求真。

道家所说的道，一般是指天道，表示一种理想的、超验的精神境界，比较强调道的"自在"意义。道家创始人老子首先把"道"与"真"联系在一起，他说："道之为物，惟恍惟惚。惚兮恍兮，其中有象；恍兮惚兮，其中有物。窈兮冥兮，其中有精，其精甚真，其中有信"（《老子》第二十一章），真是道的本质规定，是对道的摩状，是对道所做的价值判断，表明道是判断真实性的准则和尺度。把握了道，也就是把握了真实的意义世界，对道的追求，就是对真的追求，对意义价值的追求。

老子所说的道之真，既指事实意义上的真，也指价值意义上的真。庄子所说的道之真则主要是指价值意义上的真。他说："如求得其情与不得，无益损乎其真。"（《庄子·齐物论》）道之真并不以人是否求得为转移，然而，对于求道者来说，道之真是无可怀疑的。庄子把得道之知叫做"真知"，把得道之人叫做"真人"。"夫知有所待而后当，其所待者特未定也，庸讵知吾所谓天而非人乎？所谓人之非天乎？且有真人而后有真知。"（《庄子·齐物论》）所谓真人就是进入天人合一、与道为一的境界的人。真人与俗人的区别在于，唯有真人的人生才是"精诚之至"的人生，没有半点虚伪。"真者精诚之至也，不精不诚，不能动人。故强哭者，虽悲不哀；强怒者，虽严不威；强亲者，虽笑不和。真悲，无声而哀，真怒，未发而威；真亲，未笑而和。真在内，神动于外，是所以贵真也。"（《庄子·大宗师》）贵真就是崇尚道之真，追求道之真，归依道之真。真人去掉一切人生的假面具，没有半点矫揉造作，他敢哭、敢怒、敢笑、敢爱、敢悲，真正是性情中之人。

魏晋玄学针对"举孝廉，不知礼"的社会伪善风气，重申道家"贵真"的价值观念。王弼在注释《老子》的时候，特别强调道作为价值源头的真实性，强调"朴，真也。"他主张"守其真也"，"无知守真，顺自然也。"（《老子道德经注》第六十五章）汉代经学家宣扬纲常名教，强调纲常名教来自天意，没有把纲常名教建立在道之真的基础之上。王弼认为这种论证方式偏离了价值本体，无助于人们养成自觉的道德意识。如果仅借助天意的权威进行强制性的道德说教，非但不会收到应有的效果，反而会助长伪善的风气。他指出，名教只是规范人们行为的手段，不具有终极价值。如果就事论事地只讲名教，而不讲支撑名教的价值依据，名教很难起到规范人们行为的作用，甚至适得其反。他分析说："崇仁义，愈致斯伪"，"巧愈思精，伪愈多变，攻之弥甚，避之弥勤。"（《老子微旨略例》）只就名教讲名教，没有价值本体做担保，人们就会图谋虚名、弄虚作假、争名夺利，甚至设法逃避名教的约束与制裁。这样讲名教，结果必然是引起人们的反感和厌恶，从而导致名教的失范。他认为，要想挽救名教的危机，必须追溯名教赖以存在的价值本体，那就是道之真，他把道之真称作"自然"，提出名教出于自然的新理论。他说："道不违自然，乃得其性"，"顺自然而行，不造不设"，"因物自然，不设不施"（《老子注》第三十七章）名教只有建立在人们自然的"真性情"之上，才会发挥作用。总之，自然（道之真）是本，而名教是末。名教本于自然、出于自然。只有符合道之真，名教的作用才能真正显示出来。王弼依据道家"贵真"的价值观，成功地把汉儒的规范伦理学转化为价值伦理学，把儒道两家熔为一炉。

　　道家特别重视人类内在品格精神，特别关切终极价值。他们的价值观带有强烈的理想主义色彩。在他们的心目中，道是真实的，也是美好的、理想的境界。从道之真的观点反观当时的社会现实，他们发现现实社会中存在着大量不公平、不合理甚至丑恶的现象，比如，一方面是"财货有余"，另一方面则是"田甚芜"，形成极大的反差。在他们的价值观中，包含着现实批判主义的因素。他们对道之真的向往，也是对公平、正义的向往。他们把道作为衡量社会合理性的最高标准。由于对现实社会抱着批判主义的态度，一般来说，道家对政治没有热情，对功名不感兴趣，甚至远离朝廷，鄙视权贵，宁愿选择闲云野鹤般的生活方式。

　　在道家贵真的价值取向中，理想与现实是对立的。因此，他们求道之真的途径不是现实的、经验的，而是理想的、超验的。在道家的学说中，道不是通常意义上的认识对象，而是领悟的对象，因此求道的途径与求知识的途径不能一样。老子明确地把"为学"与"为道"区别开来："为学者日益，为道者日损，损之又损，以至于无为。无为而无不为。"（《老子》第四十八章）。为学是求关于事实的知识，当然要采取经验积累的办法；而为道是求关于价值本体的知识，不能采取经验积累的办法，而应当采取排除的方法，即排除有违于价值原则的错误观念，树立道家所认可的价值观，这是其一；其二是通过精神境界提升的途径，达到"无为而无不为"的境地。所谓"无为"，就是排除种种不符合"道"的私心杂念；所谓"无不为"，就是与道为一，获得对于道的精神自由，运用道的原则为人处世。老子看到价值的认识与事实的认识之间的区别，这是正确的，也是深刻的；但他把二者对立起来，很容易导致虚无主义和神秘主义的倾向。道家后来之所以演变出道教，这是重要原因之一。

　　儒家所说的道，一般是指人道，表示一种理想的、入世的人格，比较强调道"自为"的意义。儒家创始人孔子最早把道定位为人生的终极价值目标，强调生命的意义就在于求道，"朝闻道，夕死可矣。"（《论语·阳货》）他认为，人追求道不应当是被动的，而应当是主动的。"人能弘道，非道弘人。"道对于人来说，不是静观的对象，而是人生实践的指导原则。道在人生实践中的具体体现就是"仁"，因此在儒家那里，求道与求仁是一致的。

至于求道的途径，儒家的看法与道家有很大的区别。孔子没有像老子那样，把道视为超验的价值本体，而是强调道的内在性、经验性、现实性，强调人与道同在。因此，在孔子看来，求道并不是张望超验的本体界，而是在人生经验中、在生活实践中体会价值本体的真实性。"为仁由己，而由人乎?"（《论语·颜渊》）人追求道不是被动的，而是主动的；不是无为的，而是有为的；不是超验的，而是经验的；不是玄想的，而是现实的。从这里可以看出，尽管儒道两家都以道为价值目标，但他们的学术趣旨并不一样。

孔子的后学思孟学派一方面继承孔子在人生实践中求道的价值取向，另一方面则从"道德形上学"的角度论证价值本体的至上性、终极性。他们把"道"与"诚"联系在一起，把孔子的人道观念提升到天道的高度。在儒家思想体系中，"诚"和"真"是同义语，求"诚"也就是求"真"。《中庸》说："诚者，天之道也；诚之者，人之道也。诚者，不勉而中，不思而得，从容中道，圣人也；诚之者，择善而固执之者也，博学之，审问之，慎思之，明辨之，笃行之。"孟子也有类似的说法。他们把终极价值的实现分为两个层面：理想层面和现实层面。在理想层面的圣人，进入与道合而为一的最高境界，取得了精神上的绝对自由。对于圣人来说，道已不再构成价值目标，因为他自己已经成为道的化身。在现实层面的凡人，虽未达到与道为一的最高境界，但应当确立求道的价值取向，并且自觉地朝着这个方向努力。凡人采取博学、审问、慎思、明辨、笃行等手段，在人生实践中逐步达到与道为一的境地。他们把道家讲究境界提升的主张同孔子注重人生实践的主张结合在一起，提出"尊德性而道问学，致广大而尽精微，极高明而道中庸"的修道途径。

宋明理学家最终完成了儒家本体论的建构，他们依据本体论对思孟学派的修道途径作了进一步的阐发和论证。程朱理学把天理看成"诚"的本体论基础，程颐说："诚者，实理也。"（《河南程氏粹言》卷一）朱熹说："诚者，真实无妄之谓，天理之本然。"（《四书集注·中庸章句》）那么，怎样才能实现"诚"这一价值目标呢? 程朱学派主张从提升境界和实践修行两方面着手。所谓提升境界，就是体认天理的实有，以天理为根基建立人的意义世界。能够确立天理的价值取向，并且自觉地朝这个方向努力，就是达到了

"贤人"的境界；而完全与天理合而为一，取得了对于天理的自由，"革尽人欲，复尽天理"，就是达到了"圣人"的境界。这是"极高明"的精神境界。由于程朱强调本体的本根性，因而他们把"道问学""格物穷理"当作提升境界的主要方法。朱熹说："格物穷理，有一物便有一理，穷得到后，遇事触物，皆撞著这道理：事君便遇君，事亲便遇孝，居处便恭，执事便敬，与人便忠，……无往而不见这个道理。"（《朱子语类》卷十五）坚持不懈地采用这种积累的方法，最终"脱然有悟处"，"一旦豁然贯通"，就会达到"极高明"的境界。所谓实践修行，就是把天理贯彻到人生实践之中，转化为高尚品格。在现实生活中，贤人和圣人并不做与凡人不同的事，并不像出家人那样索隐行怪，用儒家的术语说，就是"道中庸"。贤人与凡人的区别在于，贤人自觉地遵循天理，有明确的价值目标，努力体现天理的价值；圣人与凡人的区别在于，圣人自由地把握天理，与天理合而为一，充分体现天理的价值。陆王心学修道求诚的途径与程朱理学大致相同，但他们提升境界的方法与程朱不一样。由于陆王强调本体的内在性，强调"心即理"，因而他们不赞成"道问学""格物致知"的方法，而主张"尊德性""发明本心"的方法。陆王派批评程朱派"支离"，程朱派反过来批评陆王派"空疏"，这种儒家内部的分歧并不影响他们共同的价值取向。

二、求善与求美

求真是对终极价值的关切，然而真善美是相互联系在一起的，求真必然涉及求善和求美。在中国传统哲学中，善是对道德价值的关切，美是对艺术价值的关切。所谓"善"，是指主体需求同社会存在的必然性相符合并且得到满足；所谓"美"，是指主体需求同自然存在的必然性相符合并且得到满足。社会存在是人化了的存在，"善"表示人类社会自身的和谐，同人们之间的利害关系密切相关；自然存在是客观的存在，"美"表示人与自然客体之间的和谐，同人们之间的利害关系没有关系。儒家基于"求诚"的价值取向，求善、求美，但以求善为重点，注重理想与现实的结合；道家基于"求真"的价值取向，求善、求美，注重理想对现实的超越。

孔子明确地把善和美定位为价值追求的目标，提出"尽善尽美"的命题。据《论语·八佾》记载，孔子在评论乐曲时，对《韶》的评价是"尽美矣，又尽善也"；对《武》的评价是"尽美矣，未尽善也"。在他看来，美与善既有区别，又有联系。他很重视乐曲的美感效果，陶醉于《韶》乐，竟达到"三月不知肉味"的程度，并且发出"不图乐之至于斯也"的感慨。然而，他更重视美与善的统一，并且强调善高于美。在对艺术作品做审美评价时，他主张先善而后美，以美比德，以美陶冶道德情操。例如，他对《诗经》的评价是："诗三百，一言以蔽之，思无邪。"他非常看重《诗经》的道德教化功能，强调《诗》可以发挥兴、观、群、怨的作用。"兴"是指陶冶人的情志，"观"是帮助人了解风俗民情和政治得失，"群"是沟通人们之间的情感，促进社会的和谐，"怨"是表达民间的疾苦以及对时政的批评。他认为，人们之所以欣赏自然美，乃是因为自然物的形象表现出与人的美德类似的特征。例如，"智者乐水"，"仁者乐山"，"岁寒，然后知松柏之后凋也"。(《论语·子罕》)孔子有时区分形式美和内容美，把前者叫做"文"，把后者叫做"质"，主张把二者完美地统一起来，形成中和之美，既不能偏于"文"，也不能偏于"质"。他说："质胜文则野，文胜质则史。文质彬彬然后为君子。"(《论语·雍也》)孔子有时也把美当做善的同义语，认为美就是美德，就是完美的人格即君子。君子"里仁为美"，具体地说，就是具有五种美德："君子惠而不费，劳而不怨，欲而不贪，泰而不骄，威而不猛。"(《论语·尧曰》)。总之，在孔子的价值观中，美从属于善，善主导着美。他提出尽善尽美、文质彬彬、中和之美、里仁为美等观点，构成儒家价值理想的基本特色，对于中国人的民族性格、民族心理产生极大的影响。

孟子沿着孔子尽善尽美、善主导美的思路，进一步把美纳入善的范围之中，不再像孔子那样区分善与美。关于善，孟子的界定是："可欲之谓善。"关于美，他的界定是："充实之谓美。"(《孟子·尽心下》)这里的"可欲"，是"值得追求"的意思，并非满足物质欲望。"充实"是"价值实现"的意思，因此，在孟子看来，美善一体，善就是美，美就是善，离开善，无所谓美。善是美的内容，美是善的表现形式；善是美的本质，美是善的扩充和升华。孟子不再离开求善单独谈论求美，将求美寓于求善之中。他所求之美，不是形式美，而是与善融合在一起的人性美、道德美、心灵美、行为美。他设定这样的价值目标，其本体论依据就是人性善，就是天道之"诚"。因此达到这一价值目标的途径不是外求，而是内求："反身而诚，乐莫大焉。"心性修养达到"诚"的境地，成就"富贵不能淫，贫贱不能移，威武不能屈"的高尚人格，既完成了善的价值追求，也完成了美的价值追求。在这里，孟子大力倡导的是人格之善、人格之美。

儒家从"道之诚"出发求善、求美，道家则从"道之真"出发求善、求美。老子从"道不可说"的本体论出发，不承认形式美的有用性。他指出，同"道之真"的理想境界相比，世俗世界中的形式美是不真实的。"信言不美，美言不信。"如果过分地追求形式美，将背离"道之真"，扰乱人们的心智。例如，"五色令人目盲，五音令人耳聋，驰骋畋猎令人心发狂，难得之货令人行妨。"（《老子》第十二章）色彩斑斓的艺术形象，动听悦耳的音乐演出，畋猎一类的娱乐活动，金银玉帛之类的装饰之物，都是俗不可耐、徒具形式的东西，无助于人们培养真正的美感。老子从"道不可说"的本体论出发，也不承认道德规范的有效性。离开"道之真"的理想标准，单纯倡导世俗的道德规范，很容易导致伪善，所以说："大道废，有仁义。……六亲不和，有孝慈。国家昏乱，有忠臣。"（《老子》第十八章）"礼者，忠信不足而乱之首。"（《老子》第三十八章）仁义、孝慈、忠臣、礼等一类儒家津津乐道的道德规范，乃是针对世间种种不道德现象而发的，仅靠道德规范的说教，并不能帮助人们树立正确的价值理念。老子认为，世俗世界中的所谓美、所谓善，只具有相对的意义，总是同不美、不善相对而言的。"天下皆知美之为美，斯恶矣；皆知善之为善，斯不善矣。"他要求超越相对，进入绝对，领略真正的美和真正的善。真正的美是与道为一的淳朴之美、内秀之美，真正的善是与道为一的淳朴之善、内秀之善。以道为基础，真善美统一起来，这就叫作"复归于朴""返朴归真"。"道常无为而无不为。侯王若能守之，万物将自化，化而欲作，吾将镇之以无名之朴。"（《老子》第三十七章）老子所倡导的淳朴之善、内秀之善，主张为人朴实无华、真情相待、无为洒脱，成为传统伦理思想中抨击伪善之风的利器，为玄学家们大力发扬。魏晋玄学推崇《道德经》《庄子》《易经》，"三玄"之中，《道德经》为首。老子所倡导的淳朴之美、内秀之美，崇尚自然，反对雕琢，讲究意境，不重形象，对古典美学有极大的影响。道家的价值追求属于理想主义型的，对世俗社会抱着批判的态度，很难对大众文化产生广泛的影响，但却是精英文化的理论基础。精英们不能把道家的价值理想落实到现实社会的层面，却可以体现在他们的作品中。道家价值观在美学领域中的影响力要比在伦理学领域大得多。

三、成圣与合群

追求真善美，归根到底还是做什么样的人、建立什么样的社会的问题。儒道两家根据各自的价值观，设计了各自向往的理想人格和理想社会。理想人格是个体价值目标的实现，在中国传统哲学中叫做圣人；理想社会是群体价值目标的实现，儒家设计的是小康社会和大同社会，道家设计的是"小国寡民"和"至德之世"。

孔子把圣人看作最高的人格，看作值得众人效仿的楷模。在他的心目中，称得上圣人的只有古代的几位名人，即尧、舜、禹、周文王、周武王、周公旦等，在现实社会中很难寻见。他感慨地说："圣人，吾不得见；得见君子者，斯可矣。"他自己并不以圣人自居，谦虚地说："若圣与仁，则吾岂敢？抑为之不厌，诲人不倦，则可谓云尔矣。"（《论语·述而》）他表示自己还是圣人的学习者，"好古敏而求之"，尚未成为圣人。孟子开始把孔子当作"出类拔萃"的圣人，他对孔子大加赞誉："圣人之于民，亦类也。出于其类，拔乎其萃。自生民以来，未有盛于孔子也。"（《孟子·公孙丑上》）荀子也非常崇拜孔子，在《解蔽》篇中称赞孔子"仁且不蔽。"儒家从以下几个方面塑造圣人的形象。

首先，圣人是仁德的化身。孔子已把"圣"与"仁"并称，程颐则明言："圣人，仁之至。"周敦颐把"圣"与"诚"相联系，强调"诚者，圣人之本。""圣，诚而已矣。"在圣人身上，充分体现真善美的价值，堪称完人。他尽善，尽美，尽诚，亲亲，仁民，爱物，集中了人类所有的优秀品格。

其次，圣人是凡人的楷模。尽管圣人是理想的完美人格，但圣人仍旧是人，而不是神。圣人与众人同类，是众人学习的榜样。圣人作为仁德的楷模，对众人发挥着教化的作用，是众人的精神导师。孟子说："圣人百世之师也，伯夷、柳下惠是也。故闻伯夷之风者，顽者廉，懦夫有志；闻柳下惠之风者，薄夫敦，鄙夫宽。奋乎百世之上，百世之下，闻者莫不兴起也。非圣人而能若是乎，而况于亲炙之者乎？"（《孟子·尽心下》）圣人不做与众不同的事，他只是随心所欲地履行中庸之道、君子之道。圣人与众人遵循着共同的道。《中庸》说："君子之道，费而隐。夫妇之愚，可以与知焉，及其至也，虽圣人亦有所不知焉。夫妇之不肖，可以行焉，及其至也，虽圣人亦有所不能焉。……君子之道，造端乎夫妇；及其至也，察乎天地。"这表明，圣人与众人具有共同的本质，相互之间不存在着不可逾越的界限。对于众人来说，圣人并非高不可攀，是可以学而知之的。孟子的说法是"人人皆可为尧舜"，荀子的说法是"途之人可以为禹舜"。普通人经过努力学习儒家经典，不断地慎独修身，恪守道德规范，提升精神境界，就可以成为圣人，这就叫作"超凡入圣"。

再次，在处理"出"和"处"的关系时，圣人奉行"邦有道则现，邦无道则隐"的原则。在中国古代社会，到朝廷中担任官职，叫作"出仕"，简称为"出"；不到朝廷担任官职，在家耕读，叫作"处"。儒家是主张出仕的，希望得到施展政治抱负的机会，对社会有所贡献，对民众有所贡献。子贡请教孔子："有美玉于斯，韫椟而藏诸？求善贾而沽诸？"孔子的答复是："沽之哉！沽之哉！吾待贾者也"（《论语·子罕》）儒家不反对出仕，但不以此为目的，并不是无条件的。是否出仕，要看能否实行君子之道。如果朝廷奉行君子之道，当然可以出仕；反之，就应该拒绝出仕。但圣人无论是出仕，还是处家，都不放弃行道的责任，不推卸对社会的责任。用孟子的话说，叫作"穷则独善其身，达则兼济天下"；叫作"虽大行不加焉，虽穷居不损焉，分定故也。"（《孟子·尽心下》）。

最后，在处理德才关系时，圣人把德摆在首位。圣人之所以为圣人，主要体现在"德"上，而不是体现在"才"上。孔子主张实行德治，他说："为政以德，譬如北辰居其所而众星共之。"（《论语·为政》）他特别关注执政者的德行，至于执政者是否具有行政才干，却没有论及。王子垫问孟子：

"士何事?"孟子回答:"尚志。"又问:"何谓尚志?"孟子的解释是:"仁义而已矣。杀一无罪非仁也,非其有而取之非义也。居恶在? 仁是也;路恶在? 义是也。居仁由义,大人之事备矣。"(《孟子·尽心上》)他强调的也是道德素质,而不是能力素养。王阳明把人的德性比作金子的成色,把才能比作金子的分量。他认为金子的价值主要体现在成色上,而不是体现在分量上,同样的道理,圣人的可贵之处主要体现在德性上,而不是体现在才能上。儒家的这种说法,并不是排斥才干,只是强调德比才更重要、更根本。

圣人也是老子敬慕的理想人格,他对圣人的描述是:"是以圣人处无为之事,行不言之教,万物并作焉而不为始。"(《老子》第二章)"圣人为腹不为目。"(《老子》第十二章)庄子把老子敬慕的圣人引申发挥,又提出至人、神人两个观念,其实不过是从不同角度对圣人的描述而已,进一步凸显道家理想人格的特色。道家塑造的圣人形象与儒家有很大的不同,具有以下几个特点。

首先,圣人是"与道为一"的逍遥之人。圣人神游"无何有之乡",心寄"无物之初",乃是道的化身。方东美在比较儒道两家的圣人观时指出,儒家的圣人是"实际人",给人以历史感、现实感;道家的圣人是"太空人",给人以超越感,仿佛从高空远观地球。圣人与道合为一体,精神上无拘无束,自由自在,进入逍遥的境界。"若夫乘天地之正,而御六气之辩,以游无穷者,彼且恶乎待? 故曰:至人无己,神人无功,圣人无名。"(《庄子·逍遥游》)圣人没有对小我的执着,没有对事功的追求,没有对名利的仰慕,甚至把生死都看得很开,"不知悦生,不知恶死"。这是一种达观的人格、潇洒的人格、超脱的人格。

其次,圣人是超凡脱俗的散淡之人。儒家的圣人与众人同类,因而主张"超凡入圣";道家的圣人是逍遥之人,与众不同,因而主张"超凡脱俗",即摆脱世俗观念的束缚。如贺麟所说,道家不像儒家那样主张"到朝廷去做官",而是主张"到山林去修行"。他们向往散淡的人生,不愿受繁文缛节的限制。据《史记》记载,楚威王听说庄子很有才干,便派使者到庄子家中,送去许多钱财厚礼,聘请庄子到楚国做相。庄子对使者说:千金的确是重利,相的确是尊位。可是,好像是祭祀用的牛,平时养得很好,最终还是被杀掉做供品。到那时，它再想做一只自由自在的小猪，也不可能了。你快走吧，不要玷污了我！我不想当官，我宁愿像一条鱼，在污泥浊水中自得其乐。道家不愿意参与政治，却常常站在"在野"的立场讥评政治，有意无意地扮演"帝王师"的角色。

再次，圣人是"由技进道"的高超之人。道家所说的道，既有抽象本体的含义，也有具体规律的含义。因此得道的圣人，同时也可能是掌握具体规律、在规律面前取得自由的高超之人。庄子用"庖丁解牛"的寓言，肯定了由"技"进于"道"的可能性。与此相关，道家对"才"的态度与儒家也不相同。儒家不排斥才，也不正面谈论才。庄子则主张处于"才"与"不才"之间。

由上述可见，儒道两家的圣人观有很大的区别。实际上，正是由于这种区别，才构成儒道互补关系，共同影响着中国人的民族性格。如冯友兰所说："儒家墨家教人能负责，道家能使人外物。能负责则人严肃，能外物则使人超脱。超脱而严肃，使人虽有'满不在乎'的态度，而却并不是对于任何事物都'满不在乎'。严肃而超脱，使人在尽道德的责任时，对于有些事，可以'满不在乎'。有儒家墨家的严肃，又有道家的超脱，才真正是从中国的国风中培养出来的人，才真正是'中国人'。"[①]

从各自的圣人观出发，儒道两家设计了各自心目中的理想社会。儒家设计的理想社会是大同之世和小康之世。

关于大同之世，《礼记·礼运》写道：

> 大道之行，天下为公，选贤与能，讲信修睦。故人不独亲其亲，不独子其子，使老有所终，壮有所用，幼有所长，矜、寡、孤、独、废疾者皆有所养，男有分，女有归。货恶其弃于地也，不必藏于己；力恶其不出于身也，不必为己。是故谋闭而不兴，盗窃乱贼而不作，故外户而不闭，是为大同。

---

① 冯友兰：《三松堂全集》第 4 卷，河南人民出版社 1986 年版，第 363 页。

有的论者认为这里是对中国古代原始共产主义社会的历史回忆，有的论者认为这里是在虚构空想社会主义的乌托邦，恐怕都是误解。其实，这里讲的是道德意义上或价值意义上的社会理想，并非某种社会制度。如果说是"乌托邦"的话，那末，讲的也是道德意义上的乌托邦，并非制度意义上的乌托邦。大同说的主旨在于倡导合群的价值观念，并非在设计制度模式，因此，是围绕着价值理想展开论述的。第一句话讲的不是所有制问题，强调的是群体意识至上，而不是个体意识至上；第二句话讲的是社会群体的价值导向问题；第三句话讲的是社会群体对所有社会成员应该抱有的态度；第四句话强调的是社会成员对于社会群体应有的奉献精神；第五句话讲的是对理想社会图景的描述：人人都具有高尚人格，精神文明高度发达，关心他人、关心社会群体蔚然成风，人际关系高度和谐，完全消灭争斗、盗窃等丑恶的社会现象。至于物质文明发展到何种程度，并未论及。

儒家把大同定位为社会群体的终极价值目标，并且认为实现这一目标需要有个过程。要实现大同，必须经由"小康"阶段。关于"小康"，《礼运》写道：

> 今大道既隐，天下为家。各亲其亲，各子其子，货力为己。大人世及以为礼，城郭沟池以为固。礼义以为纪，以正君臣，以笃父子，以睦兄弟，以和夫妇，以设制度，以立田里，以贤勇知，以功为己，故谋用是作，而兵由此起。禹汤文武成王周公，由此其选也。此六君子者，未有不谨于礼者也。以著其义，以考其信，著有过，刑仁讲让，示民有常。如有不由此者，在埶者去，众以为殃。是谓小康。

小康这个词初见于《诗经·大雅·民劳》："民亦劳止，汔可小康。"《礼运》构想的小康之世，其特点是：第一，没有体现大道，家庭意识占主导地位；第二，由于以家庭意识为主导，社会成员为己，所以要靠礼仪制度协调人们之间的利益关系，规范人们的行为，要靠君主治理国家、惩恶扬善，要靠军队保卫国家；第三，由于礼仪制度合理和君主勤政为民，可以形成以国家为单位的、以家庭为细胞的相对和谐的社会。在倡导合群这一点上，大同与小康是一致的，区别在于大同以"大道"维系群体，小康以礼仪制度维系群体。儒家构想的理想社会突出群体的价值，要求个体服从群体，对于中华民族的形成和发展具有极大的影响力。在一定程度上可以说，儒家的群体价值观为中华民族的凝聚力提供了理论支撑。

老子设计的理想社会是"小国寡民"，他作了这样的描述：

> 小国寡民。使有什伯之器而不用，使民重死而不远徙。虽有舟舆，无所乘之。虽有甲兵，无所陈之。使民复结绳而用之。甘其食，美其服，安其居，乐其俗。邻国相望，鸡犬之声相闻，民至老死不相往来。（《老子》第八十章）

庄子比老子更为极端，认为"小国寡民"还不够理想，他设计的理想社会是"至德之世"：

> 夫至德之世，同于禽兽居，族与万物并，恶乎知君子小人哉！
> 夫赫胥氏时，民居不知所为，行不知所之，含哺而熙，鼓腹而游，民能以此矣。（《庄子·马蹄》）

有的论者批评道家搞复古倒退，要把人类拉到远古的蒙昧状态，恐怕是一种误解。他们仅从字面上解释老庄，没有触及道家这样说的真意。道家之所以构想这样的理想社会，其实是对当时社会中大量存在的不平等现象的抗议，是对伴随着社会进步而来的退步的批判。在他们描述的社会里，人民的生存得到很好的保障，"甘其食，美其服，乐其俗"，"含哺而熙，鼓腹而游"；人与自然和睦相处，与动物和睦相处，与他人和睦相处；没有交往也没有冲突，没有君子小人之分，大家和平相处，从来也没有战争的发生，无疑是道家式的小康社会。道家不像儒家那样积极倡导群体观念，但他们明确地表示反对危害社会群体。如果人人都不危害社会群体，社会群体自然而然就安宁了。庄子认为儒家到处进行仁义说教，努力维系社会群体，未必能达到良好的效果。两条鱼在即将干涸的车道沟里"相濡以沫"，不如谁也不管谁

"相忘于江湖"。从表面上看，道家似乎并不积极地维系社会群体，其实，他们运用"无为而无不为"的逻辑，以独特的方式表达了维系社会群体的美好意愿。在维系社会群体这一点上，儒道两家可以说殊途同归。

（原载于《社会科学战线》2004 年第 1 期）

儒道互补与中华民族精神的培育

在中华民族精神的传统中，儒学一直处于核心的位置。千百年来，经过儒家传统思想长期培育而形成的民族凝聚力和民族向心力，在中国的历史发展过程中起到不可估量的推动作用。不过，也应看到，儒学对于民族精神的影响力也是有局限性的。儒学借助权势大行其道的同时，道家（包括道教）一直伴随着儒学的发展而发展，两家相互诘难而又相互补充，共同培育着中华民族精神。

儒家和道家是先秦时期诸子百家中并立的两大学说。儒家思想的主要特点是重人生，其人生哲学是讲道德、重进取的现实主义人生观。"儒家思想以'人'为本，侧重于从'人'的角度来观照人生、社会和自然，重视人的生命意义与价值，宣扬以道德为人生的最高价值。"[1] 孔子重视人，认为不论贫富贵贱，人格都是平等的，"三军可夺帅，匹夫不可夺志也。"（《论语·子罕》）个体人格是神圣不可侵犯的。儒家的核心思想是"仁"。在儒家的典籍中，"仁者，人也"（《中庸》）、"仁者，爱人"（《论语·颜渊》）的论述最详，强调"入则孝，出则悌，谨而信，泛爱众而亲仁"（《论语·学而》）是做人的准则。儒家的其他德目如义、礼、智、信、温、良、恭、俭、让、宽、信、敏、惠等，都是"仁"的内在要求，都是做人的基本规范，都是儒家为人处世的道德标准，都是儒家培养理想人格的价值尺度。儒家所称誉的"圣贤""志士仁人"，就是指恪守道德规范的楷模。基于重道德的人生观，儒家往往把人格价值、道德价值置于人的生命价值之上。孟子说："富贵不

---

① 方立天：《中华文化的三大传统》，载《光明日报》2004 年 1 月 13 日。

能淫，贫贱不能移，威武不能屈，此之谓大丈夫。"（《孟子·滕文公》）大丈夫在任何屈辱之下，都要竭力维护人格尊严，在生命价值与道德价值发生冲突的时候，宁可"杀身成仁"（《论语·卫灵公》），"舍生取义"（《孟子·告子》），也不苟且偷生。为践履儒家的道德规范，就是失去生命也在所不惜。人生能苦能乐，先人之苦而苦，后人之乐而乐。孟子说："为民上而不与民同乐者，亦非也。乐民之乐者，民亦乐其乐；忧民之忧者，民亦忧其忧。乐以天下，忧以天下，然而不王者，未之有也。"（《孟子·梁惠王下》）范仲淹在《岳阳楼记》中写道："先天下之忧而忧，后天下之乐而乐。"这些表达儒家道德理念的名言佳句，千百年来为人们世代传颂。

儒家人生哲学求进取、讲现实的特点体现为儒家刚毅进取、自强不息的奋斗精神，成为中华民族精神的基本色调。"天行健，君子以自强不息。"（《易传·乾·象》）"地势坤，君子以厚德载物。"（《易传·坤·象》）理想的人格应该像天一样运行强健、自强不息，像大地一样以深厚的德泽化育万物。《易传》所追求的这种人格，几千年来始终成为中华民族追求的理想境界，并经过历代哲人的发扬光大，已经化为中华民族的精神品质，构成民族精神的基石。儒家的进取精神和现实精神是联系在一起的，追求的是现实的道德的永恒价值和现实生活中的理想人格。孔子这样向弟子表述自己的志向："其为人也，发愤忘食，乐以忘忧，不知老之将至云尔。"（《论语·述而》）孔子鄙视不求进取的人生态度，批评这样的人说："饱食终日，无所用心，难矣哉。"（《论语·阳货》）倘若无所事事，只知道饱食终日，白白浪费大好时光，实在是枉为人生一世。人的生命是短暂的，时光有如流水般一去不复返。"子在川上曰：'逝者如斯夫，不舍昼夜'。"（《论语·子罕》）孔子告诫我们：要珍惜时光，要在有限的生命中积极进取，充分体现自己的人生价值。曾子说："士不可以不弘毅，任重而道远。仁以为己任，不亦重乎？死而后已，不亦远乎？"（《论语·泰伯》）现实人生"任重而道远"，要积极进取、自强不息。儒家的处世原则是"以和为贵"的"中庸"之道。孔子说："中庸之谓德也，其至矣乎，民鲜久矣！"（《中庸》）宋儒程颐解释为："不偏之谓中，不易之谓庸。中者，天下之正道，庸者，天下之定理。"朱熹的解释更是简洁："中者，不偏不倚，无过不及之名。庸，平常也。"冯友兰先生则用"极高明而道中庸"一句话概括了中庸之道的实质。"中庸"之道是儒家人生哲学中的核心理论,"不偏不倚""以和为贵"正是"中庸"之道的"极高明"处。"中庸"之道并非不讲原则地一味做老好人,而是"极高明"的处世哲学,是营造和谐的人际关系,创造和谐的人文环境,避免和克服片面性与极端主义的基本原则。而由"仁"引申出"忠恕之道",则是儒家提倡的做人基本原则,"己所不欲,勿施于人"(《论语·颜渊》)成为儒家提倡的道德规范的底线。

儒家重道德、求进取、讲现实的精神,强调在现实世界中养成刚毅进取、自强不息的品格,达到理想境界。这一思想特质以其巨大的作用和影响力而成为中华文化的主导,由此形成中华民族注重人生修养、贫贱不移、刚毅进取、自强不息、谦恭有礼、不为人先、吃苦耐劳、勤俭持家、求真务实、厚德载物、忠恕之道、利群爱国、乐观主义、经世致用等一系列世代相传的民族精神。儒学以积极的处世态度、入世的精神特质以及讲求奉献的价值取向,教育并鼓舞着一代代华夏子孙发奋进取,在现实人生中创立了无数功业。但儒家过于重视道德价值,而在一定程度上忽视了人的生命价值;过于强调现实的进取精神,一定程度上忽略了人在精神方面的超越需求。因为对于一个完整的人生而言,既有现实的入世事业,又有出世的超越需求;对于整个社会而言,在现实事业中能够成就功业者毕竟是少数,而大多数人不得不面临一次又一次的失意和困惑;即使是现实人生中的功成名就者,在漫长的一生中,不如意之事常十之八九。出世的超越需求需要满足,失意者也需要精神的关怀和抚慰,不如意之时也需要宣泄和精神的慰藉。生命与死亡也是人类摆脱不了的两大难题,是人类不得不面对的残酷现实,死亡的恐惧是人类挥之不去的梦魇,也是人类自古至今一直寻求答案而不可得的困惑。在生死问题上,人们同样需要得到精神的慰藉和安顿。而儒家学说在面对以上这类问题时显得力不从心,没有提出有说服力的理论。儒学的精神慰藉往往适合于少数成功者,往往是苦尽甘来时才能体会到事后的安慰。儒家思想中的这些不足之处,给其他学说的存在与发展提供了机会和空间。从某种意义上说,道家补充和纠正儒家学说的不足之处。

作为先秦时期的另一重要学派,"道家则以'自然'为本位,侧重于从

'自然'出发来观照人生、社会和宇宙，强调自然是人生的根本，主张顺应自然、回归自然。"① 道家创始人老子认为，"道"是宇宙万物的根源，万物都从道化生出来，禀赋了"道"而具备了"德"（自然本性）。"人法地，地法天，天法道，道法自然"（《老子》第二十五章），作为宇宙根本的道，遵循着自然无为的原则。在道家看来，万物无一例外地都根源于"道"，由此它们也就没有价值上的优劣，在本质上是平等的。庄子提出"物无贵贱"的论断，认为站在"道"的高度观照万物，万物并无贵贱高下之别，主张平等地看待一切、包容一切。由此引申出道家平等、博大、宽容的精神。"以道观之"，也就是以"自然"的角度来审视一切。顺其自然，因势利导，成为道家处世哲学的重要内容。至于道家容易引起争议的"不争""不言""无为"等主张，并非是消极悲观的出世态度，而是强调不乱争、不胡言、不妄为，告诫人们因循自然规律做事情，从而取得"无为而无不为"的效果。这体现出谦让不争同时又坚忍不拔的精神。这种精神体现在人生修养上，就是道家提出的"知足常乐""少私寡欲"。老子说："重积德则无不克，无不克则莫知其极。"（《老子》第五十九章）"祸莫大于不知足，咎莫大于欲得。故知足不足，常足矣。"（《老子》第四十六章）"知足不辱，知止不殆，可以长久。"（《老子》第四十四章）这是道家站在重自然的立场上对人生的反思，体现了道家重视生命、淡泊名利的精神。

道家人生哲学主要表现为重视精神境界，提倡个体的精神自由。按照庄子的说法，做人应当追求自由、放达的理想境界。要达到这样的人生境界，就要尽量做到莫与人争，少私寡欲，洁身自好，返璞归真。用老子的话说，就是慈、俭、不争。"吾有三宝，持而保之：一曰慈，二曰俭，三曰不敢为天下先。慈，故能勇；俭，故能广；不必为天下先，故能成器长。"（《老子》第六十七章）作为普通人，要尽量做到处事谦下，善于保护自己；作为位居高位的执政者，则要尽量做到无为而治，不与民争利。"圣人欲上民，必以言下之；欲先民，必以身后之。故圣人处上而民不重，居前而民不害，是以天下皆乐推不厌也。以其不争，故天下莫能与之争。"（《老子》第

---

① 方立天：《中华文化的三大传统》，载《光明日报》2004 年 1 月 13 日。

六十六章》）庄子更是洞达人生哲理，提倡"逍遥游"，也就是人的精神要尽可能地自由自在，不受外界名物引诱，待人处事要保持适度，做到"为善者无近于名，为恶者无近于刑。"（《庄子·养生主》）做人应当顺其自然、报道执度，只有这样才"可以保身，可以全生，可以养亲，可以尽年。"（《庄子·养生主》）这就是道家倡导的洁身自好、不为物役、追求精神自由的人生哲学。

道家还提倡尊道贵德、生道合一，主张"天人合一"说。庄子说："天地与我并生，而万物与我为一。"（《庄子·齐物论》）天地万物和我们同生于"道"，站在"道"的高度，天地万物和我们都是相通的，人与天地万物是合一的。"无为而尊者，天道也；有为而累者，人道也。"（《庄子·在宥》）人应该效法天道的自然无为。道家的人生哲学与儒家的人生哲学相比较，在思想表现形式上似乎不如儒家那样现实、积极，但是在精神追求上显得自然、自由、洒脱。道家以"自然"观照人，肯定人的生命价值，反对人为地损害生命，重视人的生命权，反对战争等滥杀无辜的行为，体现了一种与儒家迥异的生命观。道家认为，一个人在精神上超然于外物，心灵超脱形体的局限将获得充分的自由，于静定中体悟自己的自然本性，与"道"契合为一，进入"万物一府，死生同状"（《庄子·天地》）的境界。在这种境界中的人，道家称之为"圣人""真人""神人"。道家提倡的养生之道，后来被道教吸收，进一步形成了道教长生论和神仙论。道教继承了老庄保命全生养生之道，以"生道合一"作为自己的理论和实践基础，以养生为修道，特别强调"重生""贵生"，并形成了一套行之有效的实践方法。道教主张在人的生命体验中实现内在超越，体现了道教功行两全、崇尚实践、注重验证的精神。

尽管儒家提倡自强不息、积极进取、贫贱不移的精神是无可厚非的，但趋利避害、喜生恶死毕竟也是人的自然本性。对于现实社会中的芸芸众生而言，最关注的往往是如何在整个生命过程中尽量避免挫折与坎坷，尽量做到身体安康、精神自由。减少疾病，延长生命，颐养天年，乃是人类发自本能的愿望。道家以及后来在此基础上发展成的道教，为上述人生的需求提供了理论指导。道家重视人作为个体生命的存在价值，肯定人在自然界和社会上本身的存在价值，尊重人的自然本性，关注人生的肉体与精神的各种感

受，重视现实中人的精神超越，并提供旨在延长生命过程的养生之道，将自
然规律和个人命运握于掌中，悟透生死，还虚合道，最大限度地开发人的
生命潜能。老子提倡淡然闲适的生活方式，主张"甘其食，美其服，安其
居，乐其俗。"（《老子》第八十章）庄子提出"至人无己，神人无功，圣人
无名"（《庄子·逍遥游》），主张"保身""全生""养亲""尽年"，更是对追
求出人头地、高居人上的功名利禄之心的否定，体现出对个人精神生活的肯
定。道家、道教学说可以成为失意者的避难所。现实有它残酷无情的一面，
在追求功名利禄的过程中遭遇挫折、失败的人们，在走投无路的时候，往往
从道家、道教那里找到他们所渴求的精神安慰。"因有道家学说的存在，使
得人们有了退却的理由和余地。就整个社会群体而言，强可为儒，弱可为
道；智可为儒，愚可为道（事实上可能往往相反，亦未可知）。而就某一具
体个人而论，进可为儒，退可为道；攻可为儒，守可为道；成可为儒，败可
为道；表可为儒，里可为道。因道家学说之存在，使人们比起从出生到亡故
便一直无从选择地被捆绑于儒学名利的战车而拼杀致死的境遇，其幸运诚
不可以道里计。"① 关于道家、道教学说的思想精要，胡孚琛也作了很好的概
括："道学之道，以无为本，以因为用，以反为奇，以化为术，无成势，无
常形，立俗施事，来物成务，拨乱反正，救亡图存，神妙莫测，其精华可以
究天人物理，其尘垢秕糠可以陶铸尧舜。老子以道垂统而教天下，人能得其
一隅则可以治国，可以用兵；可以成事，可以立功；可以明心见性，可以乐
生益寿；可以叱咤风云，可以退藏于密；可以无往而不胜，可以随遇而能安；
可以用一字而走遍天下行之万世者，其唯道乎。"② 在本体论上，道家强调一
个"生"字，认为宇宙万物生于有，有生于无；在世界观上，道家强调一个
"化"字，认为任何事物都处在变化之中，强弱、祸福等都是会向自己的对
立面相互转化的；在事物的转化过程中贵在一个"因"字，主张因循自然、
因势利导。道家以"中"字为纲要，在处世之道上巧用一个"中"字；在协
调人与人、人与自然、人与社会等关系上注重一个"和"字；在个人修养上

---

① 邸永君：《儒释道相互关系之思考》，载《中国社会科学院研究生院学报》2004 年第 6 期。
② 胡孚琛等：《道学通论——道家·道教·仙学》，社会科学文献出版社 1999 年版，第 8 页。

强调一个"忍"字上，而养生之道的要诀在一个"逆"字。道家以"无为"为体，以"无不为"为用，以柔克刚，以弱胜强，以退为进，以不争为争，以逆向思维的方式补充和纠正了儒家学说中的不足，以追求人与自然的和谐为宗旨，以回归自然为目标，以追求人的内在超越为价值取向。道家重自然特色和儒家重现实特色互相补充、互相配合，共同奠定了中华文化的基础，共同培育了中华民族精神。

（原载于《河北学刊》2006 年第 4 期）

儒释道互补与心态和合

对于和合文化，可以从多角度来解读。有人从中读出一种文化战略，有人从中读出一种社会理想，都讲出了一番道理。我别出心裁，想把和合文化解读为一种健全的心态。在我看来，"和合"一词中的"合"，应该是指人的多种精神诉求的集合。道理很简单，只有在具备两个以上要素的情况下，才能谈得上"合"；倘若只是单一要素，根本就谈不上"合"了。多种要素凑在一起，有可能发生冲突，也未必就一定发生冲突。即便发生冲突，也未尝不可以化解。成功地化解冲突，便进入了"和"的状态。所谓"和"，应该是指多样性的统一，是指冲突的化解。显而易见，这种意义上的"和"，有别于"同"，故而孔子力主"和而不同"。要想把人的多方面的精神需求统一起来、协调起来，进入"和"的心态，绝非易事，仅靠一种学说，显然也是不可能做到的，必须综合运用多种学说。在传统文化资源中，对于和合心态的养成，儒释道三家都是不可或缺的元素。三教分别满足中国人精神生活中某方面的需要，帮助人们养成和合的心态。

儒家的精神趣旨，可以概括成三个字，那就是"拿得起"；用两个字来概括，那就是"有为"；用一个字来概括，那就是"张"。儒家主张立德、立功、立言，主张干事，主张积极有为。孔子、孟子为什么周游列国？还就是找事干！他们忧国忧民，古道热肠，心怀天下，都是待不住的圣贤。孔子是个待不住的人，暇不暖席，褥子垫儿还没有坐热乎，他又走了。他积极地找事干，"知其不可而为之"（《论语·宪问》），用现在的话来说，就是"拿得起"。

儒家好比是粮食店，是精神的加油站，激励人前进。任何人都离不开粮食店，可谓须臾不可离。"人是铁，饭是钢，一顿不吃，饿得慌。"人没有饭吃，活不成；没有精神食粮，同样也活不成。

道家的精神趣旨是"想得开"。用两个字来说，叫作"无为"；用一个字来说，叫作"弛"。道家的趣旨与儒家似乎相反，实际上互为补充。学会紧张，是一门学问；学会放松，同样也是一门学问：对于人来说，都是不可缺少的。人白天干事，这是"张"；而晚上睡觉，需要"弛"，否则会失眠的。人不能总是"张"，也不能总是"弛"：需要张弛有度，相互配合，各得其所。古人非常明白这个道理，主张把两方面统一起来，践行"文武之道"。《礼记·杂记下》写道："张而不弛，文武弗能也；弛而不张，文武弗为也。一张一弛，文武之道也。"我们在诸葛孔明身上，可以看到儒道互补成功的范例。他的人生信念是"淡泊以明志，宁静以致远。""宁静""淡泊"体现出道家的趣旨，"致远""明志"则体现儒家的趣旨。

当你身陷逆境的时候，道家还会告诉你：不要陷入到精神痛苦之中不能自拔，要想得开，要看得远，要明白"祸兮福之所伏，福兮祸之所倚"的道理，要掌握安时处顺的生存技巧，因而具有劝慰的功能。

道家好比是药店，当人遇到了精神困惑的时候，光吃粮食是不行的，还需要吃药。买药就得上药店。

佛教精神趣旨是"放得下"。用一个字来说，那就是"空"。"放得下"是禅宗讲的一个故事。有一个富家子弟带了一大笔钱，为了成佛，遍访名师，终于遇到了一个高僧。这个高僧是一位禅师，他告诉那个小青年："你不是想成佛吗？我告诉你有一个地方，你到那里就能成佛！"小青年迫不及待地问："在哪儿？"禅师说："你没看那里有一个粗木杆子吗？你爬到那杆子顶上，你就成佛了。"小青年信以为真，把钱袋子放在地上，赶紧就往上爬。等他爬上杆子的顶端，回头一看，那个老禅师把他的钱袋子背起来走远了。老禅师问那小青年："成佛了吗？"小青年一下子领悟到：把什么都放得下（包括成佛的念头），那就是成佛了！所以，"放得下"三个字，可以用来表示佛教的精神趣旨。用佛教的术语说，"放得下"就是看破红尘，去除我执和法执，把精神追求的目标定位在彼岸的极乐世界。

佛教并不是反对男婚女嫁，只是不认同世俗的爱情观。按照佛教的说法，两个人结为夫妻，乃是因缘所致。"因缘和合，幻相方生"，关情何事？放下恼人的情吧，不要再为情所苦了！

佛教是一个精品店，它要化解人生中的烦恼，达到精神上的解脱，主张在对永恒的极乐世界的向往中，使心灵得以净化。

拿得起，想得开，放得下，人的方方面面的精神需求，都可以在中国哲学中得到解决。假如有一位未婚的男青年，碰到一位自己心仪的姑娘。这时，儒家会鼓励他：小伙子，赶紧往前冲，大胆地追求她。"关关雎鸠，在河之洲，窈窕淑女，君子好逑"。男青年认认真真地追求姑娘，有可能成功，于是乎引出一段缠缠绵绵的爱情故事；但也有可能失败，没有求到。遇上后一种情形，男青年精神上肯定十分痛苦，"求之不得，寤寐思服"，"悠哉悠哉，辗转反侧"，睡不着觉，欲罢不能。怎么摆脱困境呢？这时，道家会这样安慰他：小伙子，想开一些吧，失恋了就失恋了吧，没什么不得了的，天涯何处无芳草，从头再来嘛！至于佛教，也许会这样开示男青年：施主，看清楚了，美女果真美吗？"色即是空，空即是色"，你干嘛把那美女当真呢？按照佛教的说法，美女根本谈不上美，美女的美，不过是假象而已。对美女当作"白骨观"。你看她长得"皓齿樱唇"，那并不是诸法实相。青春是短暂的，也就是那么几年。再过几百年，你去看那个美女，难道她还美吗？不也就是白骨一堆嘛！在佛教看来，光"想得开"还不够，还要"放得下"，也就是别把美女当真，别往心里放。

儒道两家是中国固有的学问，主要是讲人生哲学。儒家告诉人如何堂堂正正地度过一生，道家告诉人如何轻轻松松地度过一生，至于人死后怎样，两家都不怎么在意。佛教是从印度引入的学问，主要是讲人死哲学。佛教为人设计了"终极关怀"之所，标示出超越的精神取向，告诉人如何干干净净地辞别尘世。人死哲学与人生哲学似乎相反，唯其如此，才构成互补关系：倘若悟不透死，焉能悟透生？综合运用儒释道三家学问，连生死大关都能勘破，还不算是心态和合吗？儒道互补，讲出"张弛和合学"；儒释道互补，进一步讲出"生死和合学"：三教共同培育出和合心态。张载在《西铭》中说："存，吾顺事；没，吾宁也。"这可以说是对和合心态的写照。他所说的"事"，就是干事，涵摄儒家"拿得起"的趣旨；他所说的"顺"，是指化逆为顺，涵摄道家"想得开"的趣旨；他所说的"宁"就是无所求、无愧疚，涵摄佛教"放得下"的趣旨。

（原载于《光明日报》2010 年 12 月 1 日）

论国学的含义与构成

何谓国学？通常的说法是：国学是对中国学术的称谓。这种说法固然不能算错，然而太过笼统，并不能使人对国学的含义有所了解。国学不是一个严格的概念，我们无法给它下一个准确的定义，但可以说出它大体上的含义，解析它基本的构成。

一

关于国学的含义，我觉得可以从以下四个角度来把握。

第一，时代性角度。国学是中国近代出现的新语汇，在中国古代没有"国学"的提法。1840 年西方列强入侵中国以前，中国人并没有主权意义上的"国家"观念，只有比较笼统的"天下"意识，因而不会有"国学"的称谓。在中国古代社会，"国"并不是指主权国家，而是指基层政权。从"治国、平天下"的说法中反映出，"国"指的是诸侯国，那是"天下"的组成部分，是从属于"天下"的。在中国古代，人们并不把中国的学术称为"国学"，而是称为"天下学"。例如，庄子在《天下》篇中慨叹："道术将为天下裂。"1840 年以后，中西学术发生碰撞，中国学者用西学作为参照系，对中西学术加以比较，才逐渐形成"国学"的理念。在近代早期，学者把中国学术叫作"中学"，把西方学术叫做"西学"，流行着"中学为体，西学为用"的说法。这时，学者用平列的眼光看待中西学术的差异，认为各自有各自的优长，并不贬抑哪一方。中日甲午战争以后，民族危机进一步加深，维新派学者不再用平列的眼光看待中西学术差异，转而用批判的眼光看待中国学术。他们把中国学术称为"旧学"，把西方学术称为"新学"，对前者加以贬抑，对后者大加褒扬。戊戌变法失败以后，维新派的影响力减弱，革命派的影响力增强。随着对西方学术的深入了解，革命派学者改变了扬西抑中的心态，明确地对中国学术表示同情。革命派营垒中的国粹派学者，受到日本学者"国粹"观念的启发，提出"国学"的理念。"中学""旧学""国学"三种说法的外延是一致的，但意义不同。在"国学"的提法中，透露出学术自信心和民族自豪感。所谓国学，不仅仅是事实陈述，更重要的是价值评判。在国学的倡导者看来，"国学"同"君学"有原则区别，讲国学决不等于为专制主义辩护，而是发扬中国学术优良传统，培育中华民族精神。他们之所以倡导国学，目的在于适应时代的精神需求。我们今天讲国学，也应当选择这样的学术立场。

第二，民族性角度。"国学"中的"国"，并非是对主权国家或特定区域的称谓，而是对中华民族的称谓。国学以中华民族为主体。只要有炎黄子孙生活的地方，无论是在内地，还是在港、澳、台，抑或在海外任何国度，都会出现国学的受众，都会认同国学。由此来看，国学可以说是中华民族特有的精神生活方式。人与动物之间的根本区别在于，人不仅仅是一种生理存在，而且是一种精神存在。人需要找到一种精神生活方式，安顿自己的精神世界。世界上大多数民族在宗教中找到精神生活方式，故而佛教、基督教、伊斯兰教发展成为三大世界性的宗教。中华民族或许是个例外。我们找到的不是一种宗教性的精神生活方式，而是一种非宗教性的精神生活方式，这就是中国特有的国学。

所谓国学就是一门关于中华民族精神世界的学问，它能够指导我们搭建精神家园，找到安身立命之地。国学作为中华民族的精神基因，有指导人生、安顿价值的意义。国学作为一种非宗教性的精神生活方式，同基督教、佛教、伊斯兰教三大宗教有明显的区别。前者选择内在超越的路向，而后者选择外在超越的路向。中国现代学者对这一点看得很清楚。蔡元培主张"以美育代宗教"，冯友兰主张"以哲学代宗教"，其实都是重申内在超越的路向，在现代表达了以国学代宗教的诉求。中华民族是世界上最大的民族，人口占世界的五分之一。从这一点来说，国学堪称人类主要的精神生活方式之一。

第三，整体性角度。国学乃是对中国以往精神历程不断地总体回溯、整合总结。对于中华民族的精神发展历程，中国学者作了两次总体性回溯，一次在汉代初年，一次在近代。在汉代初年，学者对前此中国人的精神历程做出两种概括。一种是司马谈提出的六家说，即阴阳、儒、法、墨、道、名；另一种是班固提出的十家说，在六家之外又加上纵横家、杂家、农家、小说家。十家之中，小说家不足观，被班固排除了，实际上他只认可九家，被后世称之为"九流"。无论是"六家"说，还是"九流"说，讲的都是汉代以前的情形。在汉代以后，许多家或者慢慢地失去了在中国思想舞台上的发展空间、悄悄淡出思想界；或者作为一种思想资源融入别的学派思想体系之中。依旧活跃的只剩下两家，即儒家和道家。公元1世纪，佛教传入中国，逐渐融入中国文化当中，遂形成儒释道三教并立的格局。在近代，学者对中国人以往的精神历程再次作总体性回溯时，不可能沿用"六家"或"九流"的提法，因为那只是汉代以前的格局；只有"三教"才可称得上他们心目中的"国学"。换句话说，儒释道三教就是国学的基本构成。国学的第一个构成要素是儒学。国学的第二个构成要素是由道家和道教共同组成的道学。国学的第三个构成要素是中国化的佛学。三教之中，儒学为主干，另外两教为两翼。

第四，层次性角度。国学有两个层面，它既是文化遗存，又是精神遗存。作为文化遗存，可以称为"国故学"；作为精神遗存，可以称为"国魂学"。国学是对"国故学"与"国魂学"的总称。"国故学"的提法出自胡适，他所说的国故包括历史留下的一切文化遗存，其中既有"国粹"，也有"国渣"。按照他的看法，对于国故应作如实的陈述，不必作同情的了解。"国魂学"的提法实际上出自辛亥年间革命派营垒中国粹派。他们所说的"国粹"，指的就是"国魂"，指的就是中华民族优秀的精神传统。黄节指出，国魂"发现于国体，输入于国界，蕴藏于公民之原质，是一种独立之思想者，国粹也。"① 许守微也说："国粹者，一国精神之所寄也。其为学，

① 黄维熙：《国粹保存主义》，《政艺通报》1902年第22期。

本之历史，因乎政俗，齐乎人心所同，而实为立国之根本源泉也。"① 他们强调，对于国魂必须做同情的了解，不能仅仅做事实陈述。

国故学的课题是考察国学的文化载体，主要采取历史学的方法。国学的文化载体可以分为两类。一类是有形的物质载体，其中包括书籍文本（如《四库全书》中的经、史、子、集）、建筑、绘画、书法作品等。另一类是无形的非物质载体，其中包括语言、戏曲、传说、习俗、心理结构等。国故学属于专家的学问，属于技术层面的研究。

国魂学的课题是考察国学的精神构成，探索古代中国人精神世界的构成要素及其如何实现现代转化，主要采取解释学的方法。国魂学属于大众文化的范围。在国魂学的意义上，研习国学的过程，就是精神修养、陶冶性情、心灵净化的过程，就是同古代中国人进行视界交融，进而建构自己的精神世界。对于大多数研习者来说，国学既是一种说法，也是一种做法。由此来看，国魂学理所当然成为推广的重点。

二

儒释道三家虽然同为国学的精神构成，但毕竟各有各自的理论特色，各有各自的精神趣旨。最早注意到三教各自的理论特色和精神趣旨的学者，当属 13 世纪初蒙古族建国初年的名相耶律楚材。他的概括是：以儒治国，以道治身，以佛治心。他认为儒家的优势在政治哲学方面，治理国家，应当以儒学为指导。这种看法的确符合中国历史事实。治理国家、平定天下、登基称帝，无论是哪个皇帝，都得采用儒家的学说，以此作为政权的理论支柱。刘邦原本不喜欢儒家学说，可是当皇帝以后还是离不开儒家。少数民族的君王不认几个字，"只识弯弓射大雕"，掌握了全国政权当上了皇帝以后，也采纳"以儒治国"的政策。元太祖忽必烈是这样做的，清圣祖玄烨也是这样做的。至于道家和道教，优势在养生哲学方面。道家和道教讲究长生久视，调理人的肉体养生方式，注重心理健康，对延年益寿有帮助。道家和

---

① 许守微：《论国粹无阻于欧化》，《国粹学报》1905 年第 7 期。

道教主张清心寡欲，对于保养身体比较有用处。大概练气功强身健体以及大量的中草药，都是道教所发明的。而佛教的优势则在精神哲学方面。佛教以在彼岸安顿精神世界为主旨，指向超越的极乐世界。把道家和道教的特色概括为"治身"，把佛教的特色概括为"治心"，都比较贴切，至于把儒学的特色概括为"治国"，虽有一定的道理和史实依据，却不尽然。耶律楚材在13世纪初回观中国人的心路历程，所得出的三个结论，符合此前的情形，未必符合后来的情形。在耶律楚材所处的时代，被称为新儒学的宋代理学虽已问世，但尚未成为流行话语，故而他知之不多。"以儒治国"的说法适用于旧儒学，却不适用于以宋代理学为代表的新儒学。宋代理学家已经用儒家的方式找到安身立命之道，不仅可以用儒学治国，还可以用儒学治身和治心。他们并不把话题限制在政治哲学的范围内，已经从政治哲学拓展到人生哲学、精神哲学。我们从19世纪末回观中国人的心路历程，不必拘泥于耶律楚材的三个结论，应当对三教各自的理论特色和精神趣旨作出新的概括。

我觉得，儒家的理论特色和精神趣旨，可以概括成三个字，那就是"拿得起"；用两个字来概括，那就是"有为"；用一个字来概括，那就是"张"。儒家主张干事，主张积极有为。孔子、孟子为什么周游列国？还就是找事干！他们忧国忧民，古道热肠，心怀天下，都是待不住的圣贤。孔子是个待不住的人，暇不暖席，褥子垫儿还没有坐热乎，他又走了。他积极地找事干，"知其不可而为之"（《论语·宪问》），用现在的话来说，就是"拿得起"。儒家主张立德、立功、立言，主张以天下为己任。古代中国画家笔下的梅、松、兰、竹，颜真卿的书法，岳母刺字的故事，范仲淹"先天下之忧而忧，后天下之乐而乐"的名句，顾炎武"天下兴亡，匹夫有责"的壮语，都是对儒家精神的彰显。杜甫之所以被誉为"诗圣"，是因为杜诗中洋溢着儒家精神。他那"安得广厦千万间，大庇天下寒士俱欢颜"的诗句，激励人们树立担当意识、责任意识。儒家鼓励人们"到朝廷里去做官"，不过做官不是为了发财，而是为了行道：解民于倒悬。

在中国人的精神世界中，儒学构成激励系统。儒家好比是粮食店，是精神的加油站，激励人前进。任何人都离不开粮食店，可谓须臾不可离。"人是铁，饭是钢，一顿不吃，饿得慌。"人没有饭吃，活不成；没有精神食粮，同样也活不成。

道家和道教的理论特色和精神趣旨是"想得开"。用两个字来说，叫作"无为"；用一个字来说，叫做"弛"。当你身陷逆境的时候，道家会告诉你：不要陷入到精神痛苦之中不能自拔，要想得开一些，要看得远一些，要明白"祸兮福之所伏，福兮祸之所倚"的道理，要掌握安时处顺的生存技巧，因而具有劝慰的功能。道家的受众通常把菊花视为道家精神的象征物，如陶渊明"采菊东篱下，悠然见南山。"王羲之的书法师法自然，别具一格，可以说是道家精神的写照。李白之所以被誉为"诗仙"，是因为李诗中洋溢着道家精神。"花间一壶酒，独酌无相亲。举杯邀明月，对影成三人。月既不解饮，影徒随我身。暂伴月将影，行乐须及春。我歌月徘徊，我舞影零乱。醒时同交欢，醉后各分散。永结无情游，相期邈云汉。"原本是一个人喝闷酒的情形，竟被他写得生意盎然、充满情趣。道家和道教鼓励人们"到山林里去修行"，在与自然的融合中体味精神上的逍遥。

在中国人的精神世界中，道家和道教构成安慰系统。道家和道教好比是药店，当人遇到了精神困惑的时候，光吃粮食是不行的，还需要吃药。买药就得上药店。这家药店售出的药，只有一味，可以叫作"宽心丸"："知其不可奈何而安之若命。"（《庄子·人间世》）

中国化佛教的理论特色和精神趣旨是"放得下"。用两个字来说，叫做"解脱"，用一个字来说，那就是"空"。"放得下"是禅宗讲的一个故事。据说有一个富家子弟，带了一大笔钱，为了成佛遍访名师，终于遇到了一个高僧。这个高僧是一位禅师，他告诉那个小青年："你不想成佛吗？我告诉你有一个地方，你到那里就能成佛！"小青年迫不及待地问："在哪儿？"禅师说："你没看那里有一个粗木杆子吗？你爬到那杆子顶上，你就成佛了。"小青年信以为真，把钱袋子放在地上，赶紧就往上爬。等他爬上杆子的顶端，回头一看，那个老禅师把他的钱袋子背起来走远了。老禅师问那小青年："成佛了吗？"小青年一下子领悟到：把什么都放得下（包括成佛的念头），那就是成佛了！所以，"放得下"三个字，可以用来表示佛教的精神趣旨。用佛教的术语说，"放得下"就是看破红尘，去除我执和法执。

佛教并不是反对男婚女嫁，只是不认同世俗的爱情观。按照佛教的说法，两个人结为夫妻，乃是因缘所致。"因缘和合，幻相方生"，与"情"何干？放下那个令人烦恼的"情"吧，世人不要再为"情"所苦了！有缘人终究成眷属，有情人未必能成为眷属。

佛教把精神追求的目标定位在彼岸的极乐世界。怀素的草书，"赤条条来去无牵挂"的诗句，都是佛教精神的写照。"空山不见人，但闻人语响。返景入深林，复照青苔上。"在王维的诗句中，也洋溢着佛教精神。佛教的信徒通常把荷花当作佛教精神的象征物，借用莲花，表征高尚圣洁的精神境界，表征超越的佛国净土。中国化的佛教不像印度佛教那样凸显出世，而是主张以佛法转世、以佛法淑世，鼓励信众"到民众中去弘法"。

在中国人的精神世界中，佛教构成寄托系统。佛教好比是一个精品店，它能化解人生中的烦恼，引导人们在对永恒的极乐世界的向往中，使心灵得以净化，达到精神上的解脱。

拿得起，想得开，放得下，人的方方面面的精神需求，都可以在国学中得到解决。假如有一位未婚的男青年，碰到一位自己心仪的姑娘。这时，儒家会鼓励他：小伙子，赶紧往前冲，大胆地追求她。"关关雎鸠，在河之洲，窈窕淑女，君子好逑"。男青年认认真真地追求姑娘，有可能成功，于是乎引出一段缠缠绵绵的爱情故事；但也有可能失败，没有求到。遇上后一种情形，男青年精神上肯定十分痛苦，"求之不得，寤寐思服"，"悠哉悠哉，辗转反侧"，睡不着觉，欲罢不能。怎么摆脱困境呢？这时，道家会这样安慰他：小伙子，想开一些吧，失恋了就失恋了吧，没什么不得了的，天涯何处无芳草，从头再来嘛！至于佛教，也许会这样开示男青年：施主，看清楚了，美女果真美吗？"色即是空，空即是色"，你干嘛把那美女当真呢？按照佛教的说法，美女根本谈不上美，美女的美，不过是假象而已。对美女当作"白骨观"。你看她长得"皓齿樱唇"，那并不是诸法实相。青春是短暂的，也就是那么几年。再过几百年，你去看那个美女，难道她还美吗？不也就是白骨一堆嘛！在佛教看来，光"想得开"还不够，还要"放得下"，也就是别把美女当真，别在心里面放不下。

三

以上我们谈到儒释道三家各自的理论特色、各自的精神趣旨，认为三者之间存在着差异。不过，我认为这种差异并不妨碍三家达成共识。儒释道三家有异也有同，相互补充，共同培育中国人的精神世界。

三家的第一点共识是都注重理想人格的养成。儒释道都重视人生与道德的关系，强调心性修养的必要性，都重视个人的心性修养，希望由此入手培育理想的、健全的人格，实现人生的终极价值。三家从各自的精神趣旨出发，都设计出各自心目中的理想人格形象。儒家注重群体性原则，视心系天下的正人君子为理想人格。道家注重个体性原则，赞美寄意山林、闲云野鹤般的得道真人。中国化的佛教不欣赏独善其身的罗汉，特别崇拜慈悲为怀的菩萨，尤其服膺以普度众生为己任的观世音。尽管各自设计的理想人格形象不同，但都主张做一个道德高尚的人，做一个有益于社会的人。儒家用"礼"来约束人的行为举止，用"诚意""正心""慎独"来规范人的内心世界。道家则以虚寂守静来开发人的自然本性，主张排除杂念的干扰，求得心灵的宁静。佛教则要求人们在心中"念"才起之时，就立即遏制住，不让它生起，从而保持内心的清净。

三家以不同的方式表现了对人的价值关切。儒家以积极的入世精神，提倡在现实世界中成就最高的道德境界，实现人生的价值。道家则重视人作为个体的存在价值，主张因顺自然，最终复归自然，在人与宇宙相通，人与道的合一中发掘人生命的价值。佛家则关心人的生老病死，关心愿望与现实之间永远无法消除的反差所带来的痛苦，在克制欲望、追求涅槃境界的过程中体现今生的价值。

三家的第二点共识是都向往真善美的精神境界。儒释道从不同的角度提供精神动力，帮助人们树立价值观念，引导人们追求人生的最高境界，也就是追求真、善、美的境界。儒家关心天下兴亡，不计个人得失，知其不可而为之，以直面现实、经世致用为人生最高的追求，并把这种追求归结为"天下为公"的"大同之道"。道家不刻意人为，追求自然、完美，主张通过

"体道"回归自然境界，无私无欲，延年益寿，把与自然同体、与自然为一视为人生的最高价值。佛教倡导无私无欲，超脱自在，主张通过行善事引导人们追求"真如"佛性，以进入"西方净土"为终极价值目标。儒释道三家以各自的方式追求真、善、美，促使中华传统文化形成鲜明的民族特色。尽管各家对真、善、美的理解各不相同，但是这种精神追求却是相通的。相对而言，在真善美当中，儒家比较重视善，道家比较重视美，佛教比较重视真。

三家的第三点共识是都主张建设安定和谐的社会。三家都从各自的角度对和谐社会的建设表示关切，勾勒出理想的社会蓝图，并且试图用各自的理念协调人际关系、化解冲突矛盾，促使和谐社会早日建成。儒家设想的和谐社会是"小康之世"和"大同之世"。小康之世是和谐社会的初级阶段，需要靠礼仪制度维系社会的和谐，使人被动地不为恶；大同之世是和谐社会的高级阶段，每个人都能主动地为善，靠道义就可以维系社会的和谐。道家设想的和谐社会是"小国寡民"和"至德之世"。道家把人与人互不干预、相互尊重、相安无事看作是社会和谐的前提。佛教尽管标榜出世主义，并非对建设和谐社会漠不关心。法藏所说的"理事无碍、事事无碍"，描述的乃是佛教式的和谐社会模式。

四

由于儒释道三家之间有共识，故而都可以整合到国学这个大系统之中。三家的整合分为两个层面，一是儒道两家的小整合，二是儒释道三家的大整合。

儒道两家的小整合，体现在人生哲学方面。在人生哲学领域中，儒道家的趣旨似乎相反，唯其如此，才可以互为补充，相辅相成。儒家教导人们学会紧张，这是一门学问；道家教导人们学会放松，同样也是一门学问；对于人来说，都是不可缺少的。人白天干事，这是"张"；而晚上睡觉，需要"弛"，否则会失眠的。人不能总是"张"，也不能总是"弛"；需要张弛有度，相互配合，各得其所。先哲非常明白这个道理，主张把两方面统一起来，践行"文武之道"。《礼记·杂记下》写道："张而不弛，文武弗能也；弛而不张，文武弗为也。一张一弛，文武之道也。"20 世纪 70 年代，在中国共产党召开的七千人大会上，毛泽东对"文武之道"表示赞赏。

我们在诸葛孔明身上，可以看到整合儒道的成功范例。他的人生信念是"淡泊以明志，宁静以致远。""宁静""淡泊"体现出道家的趣旨，"致远""明志"则体现儒家的趣旨。

对儒道之间的互补关系，现代中国哲学家冯友兰作出现代的诠释。他说："儒家墨家教人能负责，道家能使人外物。能负责则人严肃，能外物则使人超脱。超脱而严肃，使人虽有'满不在乎'的态度，而却并不是对于任何事物都'满不在乎'。严肃而超脱，使人于尽道德的责任时，对于有些事，可以'满不在乎'。既有儒家墨家的严肃，又有道家的超脱，才真正是从中国的国风中培养出来的人，才真正是'中国人'。"[1] 按照冯友兰的看法，在中国人的精神世界中，不能没有儒家，也不能没有道家。

儒释道三家大整合，已经拓展到整个精神生活领域。儒道两家是中国固有的学问，主要是讲人生哲学。儒家告诉人如何堂堂正正地度过一生，道家告诉人如何轻轻松松地度过一生，至于人死后怎样，两家都不怎么在意。佛教是从印度引入的学问，主要是讲人死哲学。佛教为人设计了"终极关怀"之所，标示出超越的精神取向，告诉人如何干干净净地辞别尘世。人死哲学与人生哲学似乎相反，唯其如此，才构成互补关系：倘若悟不透死，焉能悟透生？综合运用儒释道三家学问，连生死大关都能勘破，岂不正是心态健全吗？儒道小整合，讲出"张弛辩证法学"或"庄谐辩证法"；儒释道大整合，进一步讲出"生死辩证法"。张载在《西铭》中说："存，吾顺事；没，吾宁也。"这可以说是对国学视阈中健全心态的写照。他所说的"事"，就是干事，涵摄儒家"拿得起"的趣旨；他所说的"顺"，是指化逆为顺，涵摄道家"想得开"的趣旨；他所说的"宁"就是无所求、无愧疚，涵摄佛教"放得下"的趣旨。他主张"为天地立心，为生民立命，为往圣继绝学，为万世开太平"（《张载集·张子语录》），比较成功地把儒释道三教整合在一

---

① 冯友兰：《三松堂全集》第 4 卷，河南人民出版社 1986 年版，第 363 页。

起了。

在国学系统中，儒释道三家对于中国人搭建有民族特色的精神世界，皆为不可或缺的要素。一般就个性而论，强者往往尊崇儒，智者往往笃信道，慧者往往推崇佛。在人生的不同阶段，对儒释道三者的侧重点会有所不同。当一个人年轻气盛，血气方刚之时，一般都会推崇儒家自强不息、积极进取、百折不挠的入世精神；一旦仕途或事业不顺利的时候，或者遭遇一系列的挫败、情绪低落的时候，往往会转向道家，从道家那里寻找出路，放弃对功名利禄的汲汲追求，开始关注自身，从修身养性中体悟生命的价值，排遣失意带来的痛苦和烦恼；在前途黯淡，陷入低谷，万念俱灰的时候，也可能皈依佛教，通过焚香吃斋、参禅打坐的方式，求得心灵的宁静，体味万事皆空的境界，寻找到精神安慰。就一个社会而言，当其蒸蒸日上之时，往往视儒家学说为典范；当其陷入困境之时，往往也会从道家或佛教那里寻求解救问题的智慧。在中华民族精神的形成和培育过程中，儒家的仁、礼、忠恕、中庸等思想，形成了中华民族温和谦恭、彬彬有礼、刚毅进取、自强不息、吃苦耐劳、勤俭持家、乐观向上的优良品质，造就了许多富贵不淫、贫贱不移、威武不屈的仁人志士。道家的自然无为、雌柔不争、功成名遂而身退等思想，赋予了中华民族潇洒飘逸、高风亮节、绝尘而超俗的风骨，造就了许多清新典雅、仙风道骨的"采菊之士""竹林饮者"。佛教"慈悲平等""自觉觉他""去恶从善"等思想，也深深地影响了中华民族的性格，培养了中华民族善良、宽容、奉献、无畏的性格内涵。在培育中华民族精神方面，儒道佛三家殊途而同归。经过约两千年的互动，三家相互融合，相得益彰，各以其自身的文化特质发挥着各自的优势，相互补充，相互依存，成为培育中华民族精神不可缺少的文化资源。纵观整个中国历史，就会发现道家和佛家的学说在中华民族精神的培育和形成过程中所起的作用绝不亚于儒家。儒家固然是国学的主干，道、佛两家在好多方面填补了儒学留下的广阔的精神空间，其作用也是不可低估的。

（原载于《浙江社会科学》2011 年第 2 期）

儒学转向

论孙学与儒学之关联

这次两岸学术研讨会，由中国孔子基金会、中国人民大学孔子研究院、孙中山基金会联合主办，由广州城市职业学院国学院承办，主题是"从孔夫子到孙中山——中华文化的传承与弘扬"。会议选择这样一个主题，可以说找到了一个研究孙中山学说的新视角。以往人们研究孙中山，通常侧重于从受西学影响的视角切入，把他说成向西方寻找真理的先进的中国人，而忽略了中学对他的影响。这次研讨会纠正了这种偏向。孙中山"幼读儒书，十二岁毕经业"①，从小受儒家思想的熏陶，这不能不在他思想上留下深深的烙印。孙中山既是伟大的革命家，又是有原创力的思想家。他有丰富的实践经验，也有深厚的学养，对中外各家学说都很熟悉。孙中山思想不可能出现在中华文化大道之外，因为它本身就是中华文化的重要组成部分。确切地说，他既向西方寻找真理，也向固有的思想资源寻找真理。这次会议的主题，已经肯定孙学与儒学之间存在着关联，至于如何认识这种关联，尚有待于"研讨"。我觉得，如果不对儒学加以区分，笼统而论，很难说清楚孙学与儒学之间的关联。我在《现代新儒学的走向》一书中，把儒学区分为三种：一是工具化的儒学，二是作为学理的儒学，三是作为信念的儒学。基于这种区分，我认为孙学与儒学之间的关联，可以概括为以下三句话：一是对着讲，二是接着讲，三是讲新意。

---

① 朱正编：《革命尚未成功——孙中山自述》，湖南出版社1991年版，第2页。

一、对着讲：清除工具化儒学的影响

所谓工具化儒学，是指古代社会中被帝王当成思想统治工具的儒学。汉武帝采纳"罢黜百家，独尊儒术"的政策以后，儒学从一家之言上升为官方哲学。毋庸讳言，这种儒学有禁锢思想的负面效应。由孔子创立的儒家思想经过数千年的历史演变，已蒙上一层封建主义尘垢。历代封建统治者为了维持其权势，将儒学改铸为他们手中的思想工具。官方化了的儒学严重地束缚着人们的思想，阻碍着中国社会的发展。到近代，这种工具化、贵族化、制度化、政治化的儒学，已经失去了存在的合理性。孙中山作为民主主义革命的先行者，肩负着清除工具化儒学的思想影响、推动思想解放的历史使命。他不是埋首书斋的学究，而是投身于民主革命实践的革命领袖。他从革命家的立场出发看待儒家传统文化，自然不会受到传统的束缚。他尊重传统，但绝不迷信传统，对于儒家传统中的糟粕始终保持着清醒的批判精神。

在中国近现代史上，先进的中国人越来越清醒地意识到，要改变中国的面貌，首先必须去掉思想上的枷锁，来一场思想解放运动。这种思想解放运动最初以自发的形式进行。自戊戌维新运动开始，进步的思想家从西方引进新思想、新知识、新观念，以西学反对旧学，向工具化儒学发起攻击。辛亥革命以后，窃取中华民国总统之职的袁世凯再次举起祭天祀孔的旗帜，鼓噪复辟帝制。袁氏的倒行逆施激起思想界的极大愤慨，从 1915 年开始到1919 年进入高潮。五四新文化运动标志着思想解放运动由自发阶段走向自觉阶段。新文化运动的主将们呼喊着"打倒孔家店"的口号，要求彻底清算工具化儒学的影响，造成空前未有的思想震荡。

孙中山出于革命家的敏锐，充分肯定新文化运动的价值。他在《关于五四运动》一文中写道："自北京大学学生发生五四运动以来，一般爱国青年，无不以革新思想为将来革新事业之预备。于是蓬蓬勃勃，发抒言论。国内各界舆论，一致同倡。""此种新文化运动，在我国今日，诚思想界空前之变动。""倘能继长增高，其将来收效之伟大且久远者，可无疑也。吾党欲收革命之成功，必有赖于思想之变化，兵法'攻心'，语曰'革心'，皆此之故。故此种新文化运动，实为最有价值之事。"① 从这篇文章反映出，孙中山相当重视思想文化战线上的斗争，正确地把五四新文化运动看成中国革命事业的重要组成部分。很显然，在新旧两种思潮的激烈冲突中，孙中山不是站在旧思潮一边，而是旗帜鲜明地站在新思潮的一边。这充分显示出他伟大的革命家的气度和气魄。

早期儒家虽然有浓重的忠君意识，但并不主张绝对地顺从君主。孔子主张"君使臣以礼，臣事君以忠。"（《论语·八佾》）孟子甚至认为反抗暴君亦未尝不可。"君之视臣如手足，则臣视君如腹心；君之视臣如犬马，则臣视君如国人；君之视臣如土芥，则臣视君如寇仇。"（《孟子·离娄下》）自汉儒董仲舒提出三纲五常论，才把君臣关系说成片面的服从关系。唐代的韩愈说："是故君者，出令者也；臣者，行君之令而致之民者也；民者，出粟米麻丝，做器皿，通货财以事其上者也。君不出令，则失其所以为君；臣不行君之令而致之民，则失其所以为臣；民不出粟米麻丝，做器皿，通货财以事其上，则诛。"（《韩昌黎集·原道》）他的诛民说对权力和义务作了分离：君主拥有不受限制的权力，臣民只有顺从的义务。这种君臣关系论成为维护封建制度的正统意识，"君叫臣死，臣不得不死"被视为不可更改的天经地义。

孙中山对封建主义的正统意识极为反感，他认为这正是中国社会愈益腐败的祸根，以至于弄得民族衰败，列强入侵，使中国陷入积贫积弱的境地。他明确地指出，中国革命当以封建专制主义为对象，三民主义就是针对专制主义而提出来的。民族主义主张用暴力推翻清王朝，反对民族压迫，实现民族解放；民权主义就是"倾覆君主政体"，建立民主立宪政体；民生主义就是防止少数资本家垄断国计民生，主张平均地权。三民主义都是围绕着反对封建专制主义这一根本宗旨而展开的。孙中山指出："总之，我们革命的目的，是为中国谋幸福，因为不愿少数富人专制，故要社会革命；不愿君主一人专制，故要政治革命；不愿少数满洲人专制，故要民族革命。"②

是向封建专制主义进行坚决的斗争，还是向它妥协？这正是以孙中山

---

① 《孙中山选集》，人民出版社 1981 年版，第 482 页。
② 《孙中山选集》，人民出版社 1981 年版，第 79 页。

为首的革命派同以康有为为首的保皇派之间的根本分歧。孙中山认为，保皇党"为虎作伥，其反对革命，反对共和，比之清廷为尤甚"。①为此，他提出"打击保皇毒焰""扫除保皇邪说"的战斗任务，号召革命派同保皇派进行针锋相对的斗争。他明确地提出："革命、保皇二事，决分两途，如黑白之不能混淆，如东西不能易位。"②孙中山决心同封建专制主义一刀两断，丝毫不能容忍保皇派向封建专制主义妥协、退让的行径。他清醒地认识到，改良主义之路在中国行不通，要改造中国社会，除了革命之外别无选择。

孙中山认为，人类社会处于一个不断发展的过程之中，国民是人类社会进化发展的产物。他把人类社会的进化过程分为四个时代："人同兽争"，为洪荒时代；"人同天争"，为神权时代；"人同人争"，为君权时代；"人同君主相争"，为民权时代。在当今的民权时代，社会成员就不再是对君主俯首帖耳的子民，而应当成为具有独立人格的国民。孙中山的"国民"说吸收了西方近代以来人学思想的合理成分，并没有照搬西方的人学理论，带有鲜明的中国特色。对于"国民"中的"民"，孙中山承认每个社会成员的主体性，承认每个人都具有平等的社会成员的身份，承认每个人都有发展的权利。他的"国民"说屏除了人身依附的旧观念，体现出近代的色彩。但是，"国民"与西方的"市民"又有区别。"国民"不是浮士德、鲁滨逊式的个体，而是社会群体中的一员，肩负着维护社会群体发展的责任和义务。在孙中山看来，"国民"不是一盘散沙式的个体的集合，而应当是团结和谐的整体。

孙中山对封建专制主义思想的批判，起到了极大的政治动员作用。他帮助广大群众从旧思想的束缚中解放出来，焕发出极大的革命热情，踊跃地投身于民主革命的洪流。在孙中山的领导下，辛亥革命首义告捷，终于以暴力手段推翻清王朝，结束了统治中国两千多年的封建帝制。辛亥革命促进民主精神高涨，使共和国观念深入人心。袁氏称帝、张勋复辟迅速失败，同国人的观念变化有直接的关系。孙中山所领导的反对封建专制主义的思想斗争

---

① 《孙中山选集》，人民出版社1981年版，第172页。
② 《孙中山选集》，人民出版社1981年版，第52—53页。

和政治斗争，使国人获得极大的思想解放和观念更新，这是他立下的一个伟大的、不可磨灭的历史功绩。

二、接着讲：挖掘儒家学理的精华

工具化儒学并不是儒学的全部内容。除了作为工具的儒学之外，还有作为学理的儒学。从学理的维度看，儒学是一种行之有效的社会组织原理，体现人类性或合群体性，因而具有普遍价值。在先秦时期，孔子通过反思"礼坏乐崩"的历史现象，建立以"仁"为核心的儒学，讲的是做人的道理、处理人际关系的准则以及道德规范的确立。孔子创立的儒学，只是百家中的一家，并不是官方哲学。后儒讲论儒学，并不都是站在官方的立场上说话的，有许多人都是当作学理来研究的。虽然历代儒学家关于儒学的阐述，对于我们认识儒学社会组织原理有帮助，但仍需要适应现代社会发展的要求不断作出新的阐发。从这个意义上说，儒学是一门常讲常新的学问。对于工具化儒学，孙中山是对着讲的；而对于儒家所阐发的学理，则是接着讲的。孙中山既不同于西化派，也不同于国粹派，他能够以一种健全的心态对待固有文化。他大胆地否定儒家思想体系中应该淘汰的糟粕，也充分肯定其中值得发扬光大的精华。对于孙中山来说，儒家学理是重要的思想资源。他接着儒家学理讲，并不照着儒家学理讲。他发现了六个接点，讲出了有时代特色、符合中国国情的新思想。

第一，他继承儒家的民本思想，将其提升到民权主义的高度。民本思想是儒家的基本思想之一。早在先秦时期，孟子就提出"以民为本"的主张。他认为民、政权、君主之间的关系，应该是"民为贵，社稷次之，君为轻，是故得乎丘民而为天子。"（《孟子·尽心上》）意思是说，在这三者之中，民最重要，民心的向背乃是政权之所系。即使在极力维护君权的董仲舒那里，仍然保留着民本思想，他曾向汉武帝提出"限民名田"的建议。孙中山极其重视儒家的民本思想，多次引用"民为贵""民为邦本，本固邦宁""天视自我民视，天听自我民听"等儒家经典中的名句。他认为，"国家之本，在于人民"，主张"唤起民众"，实行"平民革命"。他从民本思想出发，进而提出民权主义政纲。1912 年，他主持制定《中华民国临时约法》时，亲自在其中加上"中华民国之主权属于国民全体"的字样。他强调，"民国"与"帝国"是两种截然不同的政体：前者是"公天下"，后者是"家天下"。在民国中，人民是主人，官吏是人民的公仆。官吏必须"为民尽职，以答人民之供奉"。① 官吏"选之在民，罢之亦在民。"② 对于不称职的官吏，人民有权罢免他。孙中山在他创立的五权宪法中特意加上监察权和考试权，就是借以体现人民对官吏的考察和监督。孙中山的民权主义出于民本思想又高于民本思想，成功地实现了传统观念与现代民主政治的接榫。

第二，他继承儒家"天下为公"的大同思想，将其提升到民生主义的高度。儒家认为大同之世是人类历史上曾经有过的最美好的社会制度。《礼记·礼运》篇对大同之世作了这样的描述："大道之行也，天下为公，选贤与能，讲信修睦。故人不独亲其亲，不独子其子。使老有所终，壮有所用，幼有所长，矜、寡、孤、独、废、疾者皆有所养，男有分，女有归。货恶其弃于地也，不必藏于己；力恶其不出于身也，不必为己。是故谋闭而不兴，盗窃乱贼而不作，故外户而不闭。是谓大同。"孙中山很欣赏儒家勾勒的这幅理想社会的蓝图，把这段话逐字逐句抄录下来，写成条幅。孙中山的民生主义吸收了儒家的大同思想。他在解释民生主义的内涵时说："民生主义，即贫富均等，不能以富者压制贫者是也。"③ 又说："民生主义，则抵抗少数资本家，使人民共享生产上之自由。"④ 他认为民生主义远胜过西方的资本主义，因为它试图克服资本主义的弊端，为人类指出一条通往理想社会的光明大道。为实现民生主义，孙中山提出平均地价、节制资本、耕者有其田等政策，都着眼全社会成员的整体利益。儒家所讲的大同之世，只是一种道德诉求，而孙中山则把大同之世同经济发展水平联系在一起。儒家把大同之世放在人类历史的以往，而孙中山将其置于未来，使之成为一面鼓舞人们进行改革与革命的旗帜。他终生都在探索一条通往大同的道路。

① 《孙中山选集》，人民出版社 1981 年版，第 101 页。
② 《孙中山选集》，人民出版社 1981 年版，第 498 页。
③ 孙中山：《总理全集》第 2 集，胡汉民编，上海民智书局 1930 年版，第 241—242 页。
④ 《孙中山选集》，人民出版社 1981 年版，第 106 页。

第三，他继承儒家的爱国主义思想，将其融入民族主义之中。儒家历来讲究爱国主义。孟子将爱国主义思想凝结在仁学之中，强调仁、德关系到国家的兴废存亡。"天子不仁，不保四海；诸侯不仁，不保社稷；卿大夫不仁，不保宗庙；士庶人不仁，不保四体。"（《孟子·离娄上》）孟子把国家的兴亡同每个人的身家性命紧紧地联系在一起。在儒家爱国主义思想的哺育下，历史上涌现出岳飞、文天祥等一批民族英雄，为世人所景仰。明清之际的大儒顾炎武把儒家爱国主义思想凝练为一句名言"国家兴亡，匹夫有责"。它激励着无数的仁人志士为祖国的命运奔走呼号，即便是贡献出自己的生命也在所不惜。他们是中华民族的脊梁。

孙中山就是这样一位仁人志士。他深深地爱着自己的祖国，爱着自己的民族。他在其民族主义中，注入饱满的爱国主义热情。他强调，"什么是民族主义？按中国历史上社会习惯诸情形讲，我可以用一句简单的话说，民族主义就是国族主义"①。由此可见，他所说的民族主义，实质上就是爱国主义。在辛亥革命之前，孙中山曾以民族主义作为反抗清王朝的思想武器，但反清绝不是民族主义的全部内容。总的来看，孙中山倡导民族主义，旨在反对列强入侵。他举起民族主义大旗，动员全体国民负起挽救民族危亡的责任，"将振兴中国之责任，置之于自身之肩上。"②他创立的民族主义，既源于儒学，又超越了儒学，把传统的民族意识与现代的国家观念有机地结合在一起。他明确地把民族观念同忠君观念区别开来，主张为中华民族尽大忠、尽大孝。他用民族主义激发国人的爱国热情，鼓舞斗志，取得了积极的效果。他本人就是一面爱国主义旗帜。就连无政府主义者刘师培也不能不为之折服，他曾表示"我拜岳武穆，我拜洪秀全，我拜文文山，我拜孙逸仙。"③

第四，他发扬儒家乐观向上的精神，练就愈挫愈奋的革命意志。儒家哲学充满着乐观主义精神，教导人们积极向上，不断进取，锲而不舍；教导人们无论在任何艰难困苦的情况下，都不要灰心丧气，都不要自暴自弃，因为总会有"否极泰来"的那一天。《易传》主张做人当效法运行不止的天道，

① 《孙中山选集》，人民出版社1981年版，第671页。
② 《孙中山全集》第一卷，中华书局1981年版，第283页。
③ 刘师培：《西江游》，《中国白话报》1903年第8期。

永远保持着昂扬的斗志和不屈不挠的进取精神。"天行健，君子以自强不息"成为许多仁人志士的座右铭。儒家的这种观念对孙中山有良好的影响，成为他汲取必胜信念的思想源泉之一。他在革命斗争中虽经十起十败，屡遭挫折，仍然斗志弥坚，从不动摇。他明确表示"吾志所向，一往无前，愈挫愈奋，再接再厉，用能鼓动风潮，造成时势。"这种必胜的信念至死不渝。他在遗嘱中仍告诫革命党人："现在尚未成功，凡我同志，务须依照余所著《建国方略》、《建国大纲》、《三民主义》及《第一次全国代表大会宣言》继续努力，以求贯彻。"① 他把儒家乐观主义精神同追求革命结合起来，化为强大的精神力量。

第五，他发扬儒家革故鼎新的精神，寻找中国向前发展的道路。《易经·革卦·彖辞》说："天地革而四时成，汤武革命，顺乎天而应乎人，革之时大矣哉！"孙中山视此为中国改革、革命思想的发端。他认为，中国唯有继续发扬这种革故鼎新的精神才能走出困境。他认为中国应当寻找一条适应本国国情的改革富强之路，绝不能机械地照搬照抄外国现成的经验和发展模式。正是在这种思想指导下，他创造出三民主义、五权宪法。这些学说都表现出鲜明的中国风格和中国气派。他不愧为中国 19 世纪末 20 世纪初最伟大的革命家和思想家之一。

第六，他发扬儒家以德辅政的伦理精神，试图确立新国民的道德规范。自从孔子提出"为政以德"的主张之后，政治思想与伦理思想紧密结合便成为儒家的思想特色之一。依据政治与伦理相统一的原则，《大学》提出明明德、亲民、止于至善等三纲领，以及格物、致知、诚意、正心、修身、齐家、治国、平天下等八条目。"三纲领""八条目"对中国人的政治生活和道德生活产生极大的影响。

孙中山十分重视儒家以德辅政的伦理精神，视之为中国特有的"政治哲学"。在他看来，儒家创立的这种政治哲学相当完整、系统并且很有实用价值。他感慨地说："中国有一段最有系统的政治哲学，……就是《大学》中所说的'格物、致知、诚意、正心、修身、齐家、治国、平天下'那一段

---

① 《孙中山选集》，人民出版社 1981 年版，第 994 页。

话。把一个人从内发扬到外，由一个人的内部做起，推到平天下止。像这样精微开展的理论，无论外国什么政治家都没有看到，都没有说出，这就是我们政治哲学知识中独有的宝贝，是应该要保存的。"① 孙中山认为，革命党人应当从《大学》中获得启发，把民国的政治建设同伦理建设有机地结合起来，使二者同时并进，相辅为用，相得益彰。他坚信，只有造就出新的国民，新的国家才会得以稳固。

新国民应当恪守哪些道德规范？孙中山强调，新国民的道德规范不是从天上掉下来的，只能参考固有的道德规范，细心拣择、取精用宏，确立推广。他主张以批判的态度继承儒家留下的道德遗产，"如果是好的，当然要保存，不好的才可以放弃。"② 传统的道德规范有哪些是值得继承和发扬的呢？孙中山举出忠孝、仁爱、信义、和平等八德。他指出，即便是这八德，也应加以改造，赋予新的内涵，作出新的阐释。比如，在民国时代，讲"忠"不再有忠君的意思，而是指"要忠于国，要忠于民，要为四万万人去效忠。"③ 孙中山认为，利用、恢复、改造传统的道德规范，也就是弘扬民族精神，具有极其重要的现实意义。"所以中国从前的忠、孝、仁、爱、信义、和平的道德，更是驾乎外国人。这种特别的好道德，便是我们的民族的精神。我们以后对于这种精神不但要保存，并且要发扬光大，然后我们民族的地位才可以恢复。"④ 从他的这些言论中反映出，他心目中的新国民，也就是新式的儒者人格。

孙中山对儒家学理的挖掘、提炼、继承和弘扬是多方面的，并不只上述六点。我们仅从上述六点便足以得出结论：儒家学理是孙中山思想的一个重要来源。他努力汲取其中的精华，将其汇入时代精神的洪流，使之焕发出新的光辉。在如何使儒家学理实现现代转型问题上，孙中山作出了不可磨灭的理论贡献。

---

① 《孙中山全集》第八卷，中华书局 1986 年版，第 684 页。
② 《孙中山选集》，人民出版社 1981 年版，第 680 页。
③ 《孙中山选集》，人民出版社 1981 年版，第 681 页。
④ 《孙中山选集》，人民出版社 1981 年版，第 684 页。

三、讲新意：开启现代新儒家思潮

由于借鉴了佛道二教的理论思维成果，宋明理学家把儒学讲成了一种精神生活中的信念，讲成了一种安身立命之道。大多数理学家并不是站在官方的立场上讲论工具化的儒学，而是站在民众的立场上讲论作为精神生活信念的儒学。陈献章、王阳明、王艮及其从学弟子，大都是抱着这种态度。在王艮的弟子中，有许多人就是普通的劳动者。他们讲论儒学，不抱有任何功利目的，就是为了寻找精神上的慰藉。在中国古代社会后期，作为信念的儒学已经深入到人民群众的精神世界和生活世界中，成为大多数中国人树立道德理念、处理人际关系、凝聚民族群体的理论依据。这样的儒学，有别于工具化、贵族化、制度化、政治化的儒学，具有广泛的社会基础，有实行现代转型的可能性。令人遗憾的是，孙中山对于作为信念的儒学，尚未予以充分的注意。他虽然是一位有原创力的思想家，但毕竟不是专业的哲学家，由于肩负着领导民主主义革命的重任，他无暇投身于推动儒学信念转换的理论研究。这一理论工作落到了现代新儒家的身上。现代新儒家思潮中的"新"，应当从孙中山说起。

早期的现代新儒家大都同孙中山有思想上的联系。梁漱溟曾经是京津同盟会的成员，是孙中山的追随者。熊十力曾经参加武昌起义，也是孙中山的追随者。贺麟虽然没有成为孙中山的追随者，却是孙中山的崇拜者。他在留学国外期间，把孙中山像挂在自己的床头，时常领略孙中山的风采。在他的心目中，孙中山就是现代新式儒者的楷模。"他在创立主义、实行革命的原则中，亦以合理性、合人情、合时代为准，处处皆代表典型中国人的精神，符合儒家的规范。"[1]

尽管孙中山未致力于推动儒学信念转换的工作，但他对儒家思想的反思与批判，对儒家学理精华的认同与弘扬，从正、反两个方面影响着现代新儒家思潮的形成和发展。他对现代新儒家的启迪，至少有以下几点。

---

[1] 贺麟：《文化与人生》，商务印书馆1988年版，第15页。

第一，孙中山对工具化儒学的批判，对现代新儒家思潮的形成与发展起着导向作用。

现代新儒家思潮是五四新文化运动后期出现的文化现象。这一思潮的倡导者大都是辛亥革命的参加者或同情者，都直接或间接接受孙中山反封建思想的影响。现代新儒家反对西化派全盘否定儒家思想价值的虚无主义态度，但这绝不意味着他们就是什么"封建卫道士"。一般来说，他们都能正视传统儒家思想的缺陷，注意清除羼入其中的封建主义糟粕。现代新儒家之所谓"新"，就包含着对传统儒家思想加以改造、扬弃的诉求。就拿现代新儒家的开山者梁漱溟说，他虽然屡屡表示认同于儒家，与西化派针锋相对，但他并不维护、遮掩传统儒家的缺陷。例如，他曾直言不讳地批评宋儒"不甚得孔家之旨"，"取途穷理于外"。他重新阐释孔子之学，认为孔子之学与宋儒之学有原则上的区别。"在孔子只有所谓人生无所谓性理，性理乃宋人之言孔子所不甚谈者"；"自宋以来，种种偏激之思想，因执之教条，辗转相传而益厉，所加于社会人生的无理压迫，盖已多矣"。① 孙中山对封建专制主义的批判态度一直影响到港台的新儒家学者。他们极力反对把中国传统文化说成"死人"，但并不讳言中国传统文化乃是"病人"，有待于救治。他们提出的"返本开新""由内圣开出新外王"等主张，实质上是要求用科学和民主意识纠正正统儒学的封建专制主义偏颇。现代新儒家思潮正是因为承接孙中山反封建思想的导向，才会赢得众多的同情，才会引起学界的注意。从现代新儒家思潮同孙中山反封建思想的联系上看，显然不能把它视为旧学的分支，而应当看作新思潮的一翼。

第二，孙中山对大同之世的向往，启迪着现代新儒家设计人类社会的未来图景，建构新的外王学。

孙中山对"天下为公"的大同之世的向往，对现代新儒家思潮发生着积极的影响。这种影响在熊十力身上表现得最明显。他在《原儒》一书中，对大同社会的情形做了大胆的设想，认定"天下为公"便是孔子外王学的最高原则。按照熊十力的设想，在大同之世，人人自尊自立，享有高度的民主

---

① 梁漱溟：《东西文化及其哲学》，商务印书馆 1987 年影印版，第 150 页。

权力。虽设有天子，然"天子之职与俸，与民主共和国之首长正无异。"大同社会已废除私有制，一切事业皆属国有，社会财富平均分配。人们组成各种经济联合体，互相协作，共同发展工业生产，创造出巨大的社会财富。大同社会由于废除了私有制，人们已消除私有观念，道德水准极大地提高。"天下一家之制度下，人人可以表现其道德智慧。所以者何？天下之人人，皆化私为公，戒涣散而务合群，则智慧超脱于小己利害之外，而与日月合其明。"他真诚地相信，天下为公的大同社会将是人类社会发展的必然归宿。"盖社会发展，由蒙昧而进，终乃突跃而至于全人类大同太平。人类以格物之功而能开物、备物，变化裁成乎万物。利用安身，驯至与天地合德，与日月合明之盛而人道尊严极矣。"①熊十力勾勒的天下为公的社会蓝图显然带有浓重的理想主义色彩，其可行性如何大有问题。但应当肯定的是，其中确实包含着民主思想的精意，生动地表现出他对私有制的厌恶、对剥削者和压迫者的憎恨，透露出他关心人民疾苦的古道热肠。这种理论倾向与孙中山在思想上是息息相通的。

第三，孙中山对儒家传统道德范畴的认同，启迪着现代新儒家构想现代儒者人格形象，建构新的内圣学。

孙中山对儒家传统道德规范的认同态度，对于现代新儒家来说，是一笔最丰厚的精神财富。他们沿着孙中山开辟的思路，进而构想现代儒者人格形象，以期建立新的内圣学。贺麟主张，在当今时代仍须由儒者出来做社会的柱石。关于现代儒者的内涵，他做了这样的界定："最概括简单地说，凡有学问技能而又具有道德修养的人，即是儒者。我们说，在工业化的社会里，须有多数的儒商儒工以做柱石，就是希望今后新社会中的工人商人，皆成为品学兼优之人，参加工商业的建设，使商人和工人的道德水准和知识水平皆大大提高，庶可进而造成现代化、工业化的新文明社会。"②他认为现代儒者应当具备三种品格：一是合时代，吸纳现代意识；二是合人情，调协理欲关系；三是合理性，确立道德形上学之根基。一些港台新儒家屡屡标榜

---

① 熊十力：《原儒》，山东友谊书社 1989 年版，第 633 页。
② 贺麟：《文化与人生》，商务印书馆 1988 年版，第 11—12 页。

"道德自我之挺立""道德形上之体认"，实际上也是从哲理层面为现代儒者做论证。现代新儒家关于新国民的构想在基本思路上同孙中山是一致的：都立足于发掘儒家道德学说中的精华，借以弘扬民族精神，实现传统与现代的沟通。现代新儒家之所以能在建立新式内圣学方面取得一些进展，同孙中山的影响是分不开的。

综上所述，我们可以得出这样一个结论：现代新儒家思潮与孙中山思想确实存在着内在的紧密联系。在许多问题上，都是孙中山拟其纲，而现代新儒家述其详的。我无意把孙中山描绘成现代新儒家阵营中的成员，也不认为现代新儒家全面地继承和发展了孙中山的思想，只是指陈这样一个事实：孙中山的思想是现代新儒家思潮的思想来源之一。从这个意义上可以说，孙中山对现代新儒家思潮的兴起具有前导和前驱的作用。

（原载于《孔子研究》2010 年第 6 期）

从批孔到释孔的转折

发生在 20 世纪初的五四新文化运动距现在已经 80 多年了，但如何评价这场运动的意义与价值，仍旧是当今学术界感兴趣的热门话题之一。在众多研究五四新文化运动的论著中，都触及到当时的思想家关于孔学（或称儒学）的看法问题。有相当多的论者盛赞"打倒孔家店"的彻底反封建精神；也有不少人持相反的观点，指斥五四新文化运动造成了中国的"文化断层"；还有一些学者把五四精神界定为"激烈反传统主义的泛滥"。这些说法虽然都有一定的道理，但在我们看来，又都不够全面。实际上，"批孔"只是五四新文化运动中的一个方面，其另一个方面则是"释孔"。综观 80 多年来中国学人对于孔学的态度，大体上经历了从以批孔为主到以释孔为主的过程。

一

所谓"释孔"，就是以同情的态度看待儒学，肯定它在现时代的文化价值，并且根据现时代的精神需求对儒学作出新的诠释，使它成为现代文化的有机组成部分。与维新变法时期康有为和梁启超等人以传统文化理解、评判新文化的时代风潮不同，五四新文化运动时期的主流思潮是以新文化理解、评判传统文化，其目的是"再造文明"。因此，如何以新思想、新文化观察和分析传统文化，特别是孔家伦理，就成了当时思想文化界的主题之一。但是，"批孔"与"释孔"是始终相互联系着的两个方面：在那些激烈批判孔学的思想家的思想深处，存在着重新诠释孔学的倾向；而在大多数维护孔学的思想家的思想深处，也必须考虑新文化的价值与意义，存在着化解孔学消极因素的倾向。顽固坚持封建主义立场而一味"尊孔"者也确有其人，不过这些人已经没有资格列入有价值的思想家的行列。大量事实表明，批孔与释孔是五四新文化运动中的一个不容回避的话题。

在中国现代思想史上，任何一位有造诣的思想家都会把审视儒学作为自己思想的出发点，否则他就没有跻身于思想家行列的资格。他受到时代精神的感召，不能不承认传统的儒学的确存在着过了时的、陈腐的因素，对此必须认真地加以清理，因而他必须要做一番"批孔"的工作，为新思想的引入和发展扫除障碍。被人们视为现代新儒家开山的梁漱溟，面对一片"打倒孔家店"的喊声，第一个勇敢地站出来"为孔子说话"，对儒学表示同情。人们常常注意到梁漱溟对于孔学的同情的方面，却容易忽视他对孔学的批判的方面。其实，他并不主张把儒家思想原封不动地拿出来，而必须"批评地拿出来"，意即对其加以分析、有所改造。他并不讳言儒学的局限性，提出著名的"中国文化早熟"说。在《中国文化要义》中，梁漱溟对文化早熟做了这样的解释："西洋文化是从身体出发，慢慢发展到心的，中国却有些径直从心发出来，而影响了全局。前者是循序而进，后者便是早熟。"① 梁漱溟所说的"早熟"，带有"病态"的意思，是指中国文化没有经过完善的科学文化阶段、没有完全解决好人的生存问题就进入了关注人与人的关系的伦理文化阶段。据梁漱溟分析，以儒学为主体的中国文化存在着"五大病"：(1) 幼稚——中国文化实是一种成熟了的文化，然而形态间又时或显露幼稚；(2) 老衰——中国文化本来极富生趣，比任何社会有过之无不及，传到后来，生趣渐薄；(3) 不落实——西洋文化从身体出发，很合于现实，中国文化有些从心出发，便不免理想多于事实，有不落实之病；(4) 落于消极亦再没有前途；(5) 暧昧而不明爽。可见，梁漱溟与当时顽固的守旧派不同之处在于，他并不是一味地为传统文化护短。他对于传统文化里缺乏西式的民主与科学非常痛惜，明确主张中国应该学习西方的民主与科学。也就是在这一点上，梁漱溟自视他与陈独秀和胡适是"同路人"，认为他们都是在谋

---

① 梁漱溟：《中国文化要义》，香港路明出版社1949年版，第152页。

求中国文化的出路。由此我们可以看出，在梁漱溟的"释孔"理论中，也包含着"批孔"的成分。

与梁漱溟的文化保守主义立场不同，西化派的思想家在五四时期高高举着"打倒孔家店"的旗帜，在思想界发起声势浩大的批判儒学的思想运动。尽管如此，他们也不能不承认中国有着绵延数千年的悠久的文化传统，而作传统文化主体的儒学作为一笔丰厚的思想遗产，如何获得现代的思想意涵，也是一个必须解决的重大课题，因而他们必须由"批孔"转向"释孔"，探索新文化与传统文化沟通的渠道，为新思想的引入和发展开辟道路。胡适在五四时期发表了大量抨击孔学的言论，但是也发表了大量对儒学表示同情的言论。胡适抓住性善论这一中心来剖析孟子的思想体系，认为从中可以引申出的第一个有价值的论点就是凸显了个人的位置，把个人看得十分重要。他引述孟子的"大丈夫"之说以为证据："居天下之广居，立天下正位，行天下之大道。得志与民由之，不得志独行其道。富贵不能淫，贫贱不能移，威武不能屈，此之谓大丈夫。"（《孟子·藤文公》）胡适很欣赏孟子的这个观点，评论说："因为他把个人的人格看得如此之重要，因为他以为人性都是善的，所以他有一种平等主义。"① 从性善论可以引申出的第二个有价值的内容是孟子的教育哲学。正因为人性是善的，所以孟子强调教育不能是被动的、逼迫的，而只能是主动的；强调教育应该是本来善性的充分发挥；强调教育的目标辅助善性的自我实现。胡适对孟子的教育哲学评价也很高，认为孟子提出的三大要点"都与后世的教育学说大有关系"，"这是标准的教育法的原理。"② 从性善论可以引申出的第三个有价值的内容是孟子的政治哲学。既然大家在"人性善"这一点上是平等的，那么在处理君民关系时就应当以"善"为最高原则，所以孟子主张"民为贵，社稷次之，君为轻"，主张"君之视民如土芥，则民视君如寇仇。"胡适认为孟子的这种说法"带有民权的意味"。

由上述可见，五四新文化运动实际上是一个把中国文化与西方文化加

---

① 胡适：《中国哲学史大纲》卷上，东方出版社 2012 年版，第 297 页。

② 胡适：《中国哲学史大纲》卷上，东方出版社 2012 年版，第 300 页。

以会通、把古代文化与现代文化加以会通的思想文化运动，它内在地包含着"批孔"与"释孔"两个方面的内容。这种"批孔"与"释孔"相伴的现象，贯穿在 20 世纪中国思想发展史的全部过程之中。研究这一现象，总结各个思想家的理论思维成果和经验教训，对于我们在 21 世纪正确解决传统思想的现代转化问题，无疑具有重要的理论意义和实践意义。

二

"批孔"是中国现代哲学思潮的生长点。在五四新文化运动时期，新文化运动的倡导者们提出了"打倒孔家店"的口号，掀起全面清算封建主义思想的批判运动。这一运动固然有许多形式主义的缺点，但并没有严重到造成中国"文化断层"的程度。他们推翻旧式儒学在思想界的权威，起到了思想解放的作用；他们倡导白话文，找到了表达新思想新内容的新形式；他们高扬科学与民主，呼唤个性解放，拒斥封建专制主义，标志着中国人民的觉醒程度达到了新的水平。正是有了五四新文化运动，才从根本上动摇了封建主义旧思想的统治地位，从而为马克思主义与西方哲学的传入与发展创造了条件，为儒家思想的改革提供了前提。"批孔"要求的提出，表明五四时期进步的思想家开始以清醒的、批判的眼光审视以儒家为主体的传统文化的弊端，勇敢地探索中国哲学通往现代化的道路，揭开了中国哲学思想发展新的一页。五四新文化运动以后的 30 年中，马克思主义哲学和西方哲学潮水般涌入中国，在中西交融的过程中，中国马克思主义哲学、现代新儒家哲学、中国实证哲学三大思潮逐渐形成，构成现代中国哲学的新格局。

五四新文化运动开启了中国马克思主义哲学的发展方向。五四新文化运动的深入开展促进了人们的思想解放，唤起了追求真理的热情，从而为马克思主义在中国的传播提供了思想条件，宣传马克思主义成为五四新文化运动的主流。唯物史观引入中国以后，迅速地传播开来，受到进步知识分子的热烈欢迎。在传播唯物史观方面作出突出贡献的有李大钊、陈独秀、李达等人，其中贡献最大的当属李大钊。1919 年 2 月，李大钊帮助《晨报》改版，增设"自由论坛""名著介绍"等专栏，开辟宣传唯物史观的园地。同年 5

月，他又在《新青年》设立"马克思主义研究专号"配合五四运动宣传唯物史观。1919 年 9—11 月，李大钊在《新青年》第 6 卷第 5、6 号上连载长文《我的马克思主义观》，按照自己的理解第一次向中国学术界较为系统地绍述唯物史观。以后，他又陆续发表了《马克思的历史哲学》《唯物史观在现代史学上的价值》《马克思的经济学说》等宣传和介绍唯物史观以及社会革命论的文章。据不完全统计，仅 1919 年的后半年，全国各地倾向于马克思主义的报刊达 200 多种，出版的有关唯物史观的著作有数十种，形成了马克思主义哲学在中国传播史上的第一次高潮。

五四新文化运动开启了中国实证哲学的发展方向。在中国哲学史上没有实证哲学的传统，它是从西方传入中国的，并且传入的时间很晚，直到 19 世纪下半叶才对中国思想界产生一定的影响。严复虽接受英国实证论者赫胥黎、斯宾塞、穆勒等人的影响，但他关注的重点却是实证科学所体现的实证方法；王国维认同实证原则，却徘徊于"可信的实证论"与"可爱的形上学"之间；中国第一个实证论者还应当从胡适算起。他在美国亲炙于杜威，回国后撰写长文《实验主义》发表在《新青年》上，系统地介绍实用主义哲学，并且终生信奉实证哲学，至死不渝。胡适以实用主义为思想武器，向封建主义思想体系发起冲击，宣传科学思想和人权观念，成为五四时期思想界的骄子。胡适那时之所以爆得大名，恐怕主要得益于时代的精神需求。正如艾思奇所评论的那样："胡适的《中国哲学史大纲》之价值，可以说远不及他的'拿证据来'的实验主义精神之价值。实验主义在今日，谁都知道是一种错误的思想方法，它却能一变而成唯心论哲学。但在当时，作为与传统迷信抗争的武器，还不失为历史推进的前锋。胡适在当时之能成为得意人物，不是因为有什么系统的大贡献，也不是如某人所说，能给中国人以他们所需要的东西，只是为了实验主义的历史的意义和价值罢了。"① 这可以说是一种中肯之论。

五四新文化运动开启了现代新儒家哲学的发展方向。马克思主义哲学思潮和实证哲学思潮，都采取批判传统哲学中的消极因素的方式，为自己

---

① 《艾思奇文集》第 1 卷，人民出版社 1981 年版，第 62—63 页。

的发展开辟道路；现代新儒家与此不同，它采取维护传统哲学积极因素的方式，为自己的发展开辟道路。如果仅仅抓住这种不同，便把现代新儒家划入新文化运动反对派，显然是不合适的。诚然，现代新儒家对马克思主义哲学思潮、对实证哲学思潮都有所批评，但他们并不反对倡导科学和民主，并不反对白话文运动，并不否认传统哲学实行现代转换的必要性。从这个意义上说，他们也是新文化运动的一翼。现代新儒家的开山梁漱溟清醒地认识到，守旧派一味地株守旧学是无济于事的。他说："旧派只是新派的一种反动，他并没有倡导旧化。……他们自己思想的内容异常空乏，并不曾认识了旧化的根本精神所在，怎禁得起陈先生（指陈独秀）那明晰的头脑，锐利的笔锋？"[1] 在梁漱溟看来，儒家思想必须善于从西方哲学中寻找可资借鉴的思想材料和思想方法，才能走出困境。这一点也是所有现代新儒家的共识，他们之中的每个人都以自己的方式吸收、融会西方哲学，试图建立融通古今中外的新儒学思想体系。"援西方哲学入儒"可以说是现代新儒学与传统儒学相区别的基本特征。这一点说明：现代新儒学虽然采取文化保守主义立场，但他们同顽固不化的守旧派有原则区别。

到科学与人生观论战时期，中国现代哲学格局明朗化，形成马克思主义哲学思潮、现代新儒家思潮（或称文化保守主义）、实证哲学思潮（或称自由主义思潮）竞长争高的局面。1949 年以后，中国化的马克思主义哲学在大陆占有主导地位。现代新儒家哲学思潮和实证哲学思潮在大陆已不再独立存在，但仍保持着潜在的影响力；而在港台地区依然薪火不断。因此，从总体上看，直至今日中国仍旧保持着三大思潮并峙互动的格局。

三

"释孔"方式的不同构成了中国现代哲学思潮之间的差异。对于马克思主义哲学思潮、现代新儒学思潮、实证哲学思潮等三大派来说，尽管他们各自的学术立场不同、理论观点有异，但都面临着如何看待"孔学"即儒家思

---

[1]　梁漱溟：《东西文化及其哲学》，商务印书馆 1987 年影印版，第 205 页。

想的问题。如何立足于时代的要求从传统文化中汲取思想材料并使外来文化与固有文化相结合，是当时思想界的首要任务，所以，三大思潮都把重新解释孔家思想当成一项重要的理论任务来抓，都力图通过重新释孔而为各自的发展开辟道路。

中国马克思主义者在批判儒学的封建主义思想倾向时，也力图用马克思主义的观点弘扬儒学的文化价值。人们往往注意到早期马克思主义者陈独秀对儒学的批判的方面，而忽视了他对儒学的同情的方面。其实，他并不否认儒学具有历史的合理性。他指出："孔子生于古代宗教思想未衰时代，其立言或假古说以申己意。西汉儒者，更多取阴阳家言以诬孔子，其实孔子精华，乃在祖述儒家，组织有系统之伦理学说。宗教、玄学，皆非所长。其伦理学说，虽不可行之今世，而在宗法封建时代，诚属名产。"① 孔学在今天已失去其合理性，绝不意味着它在历史上不具有合理性。陈独秀在《孔子与中国》中写道："孔子的第二价值是建立君、父、夫三权一体的礼教。这一价值，在两千年后的今天固然一文不值，并且在历史上造过无穷的罪恶，然而在孔子立教的当时，也有它相当的价值。"② 在这里，他试图把孔子思想放到特定的历史环境中，对其作出冷静的、中肯的评价。著名的马克思主义史学家郭沫若在《十批判书》中明确地对儒学作出肯定性的评价，认为在孔子的思想中包含着"以人民为本位"的精华。他说："孔子的基本立场既是顺应着当时的社会变革的潮流的，因而他的思想和言论也就可以获得清算的标准。大体上他是站在代表人民利益的方面的，他很想积极地利用文化的力量来增进人民的幸福。"③ 孔子"以人民为本位"的思想集中体现在他倡导的"仁"的观念中。据郭沫若考证，"仁"是春秋时代的新名词，在春秋以前的古书里，在金文和甲骨文里，都找不到这个字。"仁"字虽未必是孔子创造出来的，但它特别为孔子所重视，并且构成他思想体系的核心，乃是不争的事实。郭沫若引证了《论语》中孔子关于仁的大量论断，得出的结论是："仁的含义是克己而为人的利他的行为。简单一句话，就是'仁者

① 《陈独秀文章选编》上，三联书店 1984 年版，第 211 页。
② 《陈独秀文章选编》下，三联书店 1984 年版，第 526 页。
③ 郭沫若：《十批判书》，东方出版社 1996 年版，第 87 页。

爱人'。"他的'仁道'实在是为大众的行为。"①郭沫若高度评价孔子的仁学，认为孔子发现了人，主张每一个人不仅要把自己当成人，也要把别人当成人。孔子的这种人道主义思想顺应着奴隶解放的潮流，具有进步的历史意义。除了仁学以外，他对孔子实事求是的学习态度、注重教化的礼乐思想、"不语怪力乱神"的怀疑精神等，都表示充分的肯定。

中国实证论者早期以"批孔"为主导，后来则转向以"释孔"为主导，不过始终没能从根本上扭转全盘西化的倾向。胡适在五四时期曾表示拥护"打倒孔家店"的口号，但他在20世纪30年代写作《说儒》时已经走出激情，试图以客观、平和的心态研究儒学，认为孔子把柔弱的儒改造为刚毅的儒，对于中国文化作出了重大贡献。晚年的胡适基本上已经放弃"打倒孔家店"的偏激态度，对儒学表现出更多的同情。他不再把中国传统文化同近代文明对立起来。1953年，胡适在日本接受东京一桥大学首席教授上原的采访时说："我个人的看法是近代的进步并无背离中国古代的思想。不仅如此，近代的进步与古代纯粹的中国传统的想法完全一致。"他所说的"纯粹的中国传统的想法"是指儒家"正德""利用""厚生"等，他认为其中包含着"涵养人性之善""增进人民的幸福与有用""使人民享受丰裕的生活"的意思，这同近代以来科学与技术进步的理想是一致的。他承认，中国传统文化仍具现代社会所需的精神价值，相信有可能实现中国传统文化与以科学和民主为基本内容的现代文化的对接②。在这里，胡适已不再抱着民族文化虚无主义的心态，这是应当肯定的；但他仍旧用西化的观点解释儒家思想，没有改变其"全盘西化"的一贯立场。

现代新儒家学者力图推进传统儒学的发展，但始终摆脱不了文化保守主义的情结。冯友兰自述，新理学是接着宋明理学讲的，而不是照着宋明理学讲的。岂止冯友兰，任何一个现代新儒家学者都是如此，他们都努力从西方哲学中寻找思想材料和思想方法，力图对儒学加以改造。在现代新儒家构筑的各种各样的理论体系中，不难找到柏格森主义、新实在主义、新黑格尔

---

① 郭沫若：《十批判书》，东方出版社1996年版，第88—89页。
② 参见《活着的亚洲文化》，《改造》（日本）月刊1953年3月号。

主义、康德主义的影子。他们继宋明理学之后，对儒学做了重大的改铸，使之获得了现代理论形态。如果把孔、孟、荀算作儒学的第一个发展阶段，汉代经学算作第二个发展阶段，宋明理学算作第三个发展阶段的话，狭义新儒家可以说跨入了儒学的第四个发展阶段。现代新儒家取得了值得肯定的理论思维成果，也存在着显而易见的思想局限，常常自觉不自觉地流露出本位文化优越论的情绪。

由上述可见，三大思潮都致力于建立各自的儒学观，试图解决传统文化与现代文化的关系问题。但传统文化与现代文化的关系十分复杂，就发展中国家而言，可以说是一个具有世界意义的难题。自五四新文化运动以来，中国的思想家们一直没有停止对这一问题的思考，至今仍然没有终结。1949年以后，马克思主义思潮在中国大陆已经成为主流意识形态，但在如何评价儒学方面曾一度走过弯路，留下了极为深刻的思维教训；实证主义思潮和现代新儒家思潮在港台地区占有相当大的市场，取得了一定的理论思维成果，但影响也十分有限，总结其思想教训应该是非常有意义的。更为重要的是，20世纪80年代以后，三大思潮之间的交流逐渐活跃，呈现出互动的局面。

"批孔"与"释孔"既有联系，又有区别。五四时期进步思想家对儒学中封建主义思想的批判是有积极意义的，任何时候都不能否认。从这个意义上说，"批孔"精神并没有过时，在今天仍需要继承和发扬。长期以来，人们常常过分强调五四时期进步思想家"批孔"的一面，而忽视了他们"释孔"的一面。其实，他们在"批孔"的同时，也做了一些"释孔"的工作。尽管不够深入，但仍有总结和研究的必要。事实证明，离开"释孔"而一味地"批孔"，非但没有任何积极的意义，而且违背思想文化的发展规律，必然流于粗俗的攻击和谩骂从而导致民族文化虚无主义。"文化大革命"时期的所谓"批孔"，就是一个典型的例证。"释孔"作为对儒学正面价值的阐扬，内在地包含着对其负面价值的清除。从这个意义上说，"释孔"也离不开"批孔"。"批孔"可以以文化运动的方式展开，而"释孔"却是一项细致、深入的理论研究工作，搞运动是无济于事的。从中国现代思想史的进程看，儒学研究的重点逐步从"批孔"转向"释孔"。"释孔"是一项比"批孔"困难得多的浩大工程，要想完成这项工程，还需要相当长的时间，还需要付出相当大的努力。

在新的世纪里，三大思潮互动的局面仍然会保持下去。随着中国的统一和"一国两制"的实施，三大思潮将会有直接平等对话的可能；如何适应新时代的需要而重新解释孔家思想，将会有更深层次的讨论。儒学作为中国传统文化的主体，其思想影响力永远不会消失，怎样取其精华、弃其糟粕，仍然是一个亟待解决的问题。我们相信，经过科学的、合理的解释以后，儒学将同市场经济兼容，同科学与民主兼容，同马克思主义兼容，从而获得积极的理论价值。

（原载于《文史哲》2001 年第 3 期）

从唯物史观看孔学

——陈独秀李大钊郭沫若论孔学

众所周知，近代接受唯物史观的中国马克思主义理论家一般都对孔学抱着批判的态度。他们做了大量的清理封建主义思想糟粕的工作，努力为新民主主义革命扫清思想障碍，为马克思主义在中国的传播扫清思想障碍。不过，他们并没有因此而全盘否定孔学的价值。在"释孔"方面，他们也付出了相当大的努力。过去在"左"的思潮影响下，研究者们往往片面地强调他们"批孔"的一面，而不大注意他们"释孔"的一面。本文试图全面展示陈独秀、李大钊、郭沫若等中国马克思主义理论家关于孔学的研究成果，看他们是如何运用唯物史观诠释孔学的。这对于我们澄清误解，科学地评估孔学的价值或许是有帮助的。

一、陈独秀：批判的视角

五四新文化运动的发起者陈独秀率先举起"批孔"的旗帜。针对尊孔派"立孔教为国教"的喧嚣，他连续发表《驳康有为致总统总理书》《宪法与孔教》《孔子之道与现代生活》等文章，表示坚决地反对。他认为，"立孔教为国教"之说，有悖于信仰自由、思想自由的原则，在现代中国是行不通的。"今效汉武帝之术，罢黜百家，独尊孔氏。则学术思想之专制，其湮塞人智，为祸惨烈，远在政界帝王之上。"[1]"窃以无论何种学派，均不能定

---

[1] 《陈独秀著作选》第 1 卷，上海人民出版社 1984 年版，第 225 页。

于一尊，以阻碍思想文化之自由发展。况儒术孔道，非无优点，而缺点则更多。尤与近世文明社会绝不相容者，其一贯伦理政治之纲常阶级说也。"① 在陈独秀看来，孔子之道已经无法满足现代中国社会的需要了，已经变成阻挡中国社会向前发展的思想障碍，必须予以清理。

陈独秀认为，孔子之道包含着封建专制主义的毒素，因而同民主观念格格不入，这是他坚决地选择批孔立场的最主要的理由。照他看来，纲常名教是孔子之道的最基本的内容，而纲常名教是维护专制主义、等级观念的思想工具。当时学术界有一种为孔子辩护的比较温和的观点，认为人们所诟病的纲常名教并非出于孔子之道，而是汉、宋时代的儒生提出来的。陈独秀不同意这种观点，他认为孔子、孟子、荀子、董仲舒、朱熹等人的思想基本上是一致的，纲常名教就是孔子的根本思想。陈独秀拒绝对儒家思想的历史发展过程作具体的分析，把孔子之道等同于纲常名教，并且一概予以否定。在今天看来，陈独秀的观点有失偏颇，但在当时却是石破天惊的警世之论。它不啻是向封建礼教发出攻击令的号角，表明新文化运动倡导者对封建礼教的深恶痛绝，表明他们高扬新文化、新思想的坚决态度。在《孔子之道与现代生活》一文中，陈独秀列举了孔子之道与现代生活相冲突的种种表现。例如，在现代社会中一般都存在着政党，每个人都有加入某一政党的自由，子不必同于父，妻不必同于夫，并且每一政党的成员必须服从该党的章程；可是，孔子之道却有"父死三年无改其道"之教，有妇女"三从四德"之教，这同政党政治显然是不相容的。在现代社会中，妇女已经不是丈夫的附属物，她们走出家庭，迈向社会，独立地参与各项政治活动，社会地位发生了很大的变化，并且有了婚姻自由。对于现代女性来说，"妇人者，伏于人者也""内言不出于阃""女不言外""夫死不嫁"等儒家礼教，已经变得毫无意义了。在当今文明社会里，男女社交已成为很平常的事。倘若按照儒家礼教，"男女不杂座"，"叔嫂不通问"，"女子出门，必拥蔽其面"，"男女不同席，不共食"，男女之间的社交活动当在禁止之列。在现代社会生活中，妇女已有独立生活的权利和能力，已成人的孩子不必事事听命于父亲，纲常伦理已

---

① 《陈独秀著作选》第 1 卷，上海人民出版社 1984 年版，第 258 页。

成过时的信条。总而言之，"孔子生长于封建时代，所提倡之道德，封建时代之道德也；所垂示之礼教，即生活状态，封建时代之礼教，封建时代之生活状态也；所主张之政治，封建时代之政治也。"① 在中国社会摆脱封建时代、跨入现时代的进程中，不再需要这套陈腐的观念了。

陈独秀还从经济方面分析孔子之道与现代社会生活相矛盾的原因，他说："现代生活，以经济为之命脉，而个人独立主义，乃为经济学生产之大则，其影响遂及于伦理学。故现代伦理学上之个人人格之独立，与经济学上之个人财产之独立，互相证明，其说遂至不可动摇；而社会风气，物质文明，因此大进。中土儒者，以纲常立教。父兄畜其子弟，子弟养其父兄。《坊记》曰：'父母在，不敢有其身，不敢私其财'此甚非个人独立之道也。"② 陈独秀把孔子之道划入封建社会的上层建筑，指出它已不再适应现代社会的经济基础，从而把对孔学的批判提到了历史唯物主义的理论高度。

值得注意的是，当陈独秀把孔子之道看成封建主义的意识形态时，他抱着激进的批判的态度；而当他把孔子之道看成思想史上的一种学说时，也能采取分析的态度。他多次提到，"孔学优点，仆未尝不服膺"，"记者非谓孔教一无是处"，"孔教亦非绝无可取之点。"那么，孔学有哪些值得肯定的合理因素呢？陈独秀虽然没有做详细的论述，但他至少涉及以下几点。

第一，他承认孔子论述了人类最一般的道德观念，"若夫温良恭俭让信义廉耻诸德，乃为世界实践道德家所同遵，未可自矜特异，独标一宗也。"③ 这就是说，孔学至少有维护人类最一般道德观念的功用，这是不能否认的。按照陈独秀的这种看法推下去，似乎可以得出这样的结论：不可以全盘否定孔学，否则将导致非道德论。可惜，他并没有明确地做这样的推论。

第二，他断言孔学不是宗教，但比宗教更切合人们的精神需要。这是陈独秀一贯的看法，他在晚年曾撰写《孔子与中国》一文，明确地肯定孔学的学术价值，表示欣赏孔子"敬鬼神而远之"的态度。陈独秀作为五四新文化运动的首倡者，把反对蒙昧主义当作一项重要任务。他对宗教抱着坚决的

---

① 《陈独秀文章选编》上，三联书店 1984 年版，第 155 页。
② 《陈独秀著作选》第 1 卷，上海人民出版社 1984 年版，第 232—233 页。
③ 《陈独秀著作选》第 1 卷，上海人民出版社 1984 年版，第 228—229 页。

拒斥态度，曾撰写《偶像破坏论》《有鬼论质疑》《基督教与中国人》等批判宗教的文章，提出过"以科学代宗教"的设想。正是从这种批判宗教的学术立场出发，他肯定在孔学中包含着与蒙昧主义相对立的理性主义因素。

第三，他承认孔学具有历史的合理性。"孔子生于古代宗教思想未衰时代，其立言或假古说以申己意。西汉儒者，更多取阴阳家言以诬孔子，其实孔子精华，乃在祖述儒家，组织有系统之伦理学说。宗教、玄学，皆非所长。其伦理学说，虽不可行之今世，而在宗法封建时代，诚属名产。"[①] 孔学在今天已失去其合理性，绝不意味着在历史上不具有合理性。陈独秀在《孔子与中国》中写道："孔子的第二价值是建立君、父、夫三权一体的礼教。这一价值，在两千年后的今天固然一文不值，并且在历史上造过无穷的罪恶，然而在孔子立教的当时，也有它相当的价值。"[②] 在这里，他试图把孔子思想放到特定的历史环境中，对其作出冷静的、中肯的评价。

二、李大钊：理论的探讨

李大钊在接受唯物史观之前，曾用进化论观点看待孔子的学说。他认为宇宙乃是"无始无终自然的存在"，宇宙间一切现象都处在发生发展变化的过程之中，不存在着一成不变的东西。自然现象是如此，道德现象也是如此。"道德者，宇宙现象之一也，故其发生进化亦必应其自然进化之社会。而其自然变迁，断非神秘主宰之惠与物，亦非古昔圣哲之遗留品。"[③] 依据进化论观点，他不承认孔子学说具有一成不变的永恒价值。他说："古今之社会不同，古今之道德自异。而道德之进化发展，亦大半由于自然淘汰，几分由于人为淘汰。孔子之道，施于今日之社会为不适于生存，任自然之淘汰，其势力迟早必归于消灭。吾人为谋新生活之便利，新道德之进展，企于自然进化之程，少加以人为之力，冀其迅速蜕演，虽冒毁圣非法之名，亦所不恤

---

① 《陈独秀文章选编》上，三联书店 1984 年版，第 211 页。
② 《陈独秀文章选编》上，三联书店 1984 年版，第 526 页。
③ 《李大钊选集》，人民出版社 1959 年版，第 97 页。

矣。"① 基于进化论的观点，李大钊对儒学抱着批判的态度。他反对抱残守缺的守旧心态，热情地呼唤新思想、新道德，主张以"青春之中华"取代"白首之中华"。

李大钊之所以采取批孔的态度，同当时北京政府的倒行逆施有密切关系。一些御用文人在北京政府的指使下，要求在宪法草案中写入"国民教育以孔子之道为修身大本"的条文，对此李大钊表示坚决地反对。他指出："孔子者，数千年前之残骸枯骨也。宪法者，现代国民之血气精神也。""孔子者，历代帝王专制之护符也。宪法者，现代国民之证券也。专制不能容于自由，即孔子不当存于宪法。"倘若把孔子之道写入宪法，"则其宪法将为陈腐死人之宪法，非我辈生人之宪法也；荒陵古墓中之宪法，非光天化日中之宪法也；护持偶像权威之宪法，非保障生民利益之宪法也"②。从李大钊的这些话里反映出，他对孔子之道的批评并非出于学术研究的目的，而是出于政治斗争的需要。他站在维护民主制度、维护人权、维护宪法的角度对孔学进行批判，比较关注孔学所包含的封建主义、专制主义的思想糟粕，比较关注孔学的时代性，而对孔学的民族性关注不够，来不及提炼孔学中包含的精华。

李大钊在接受唯物史观之后，成为中国现代学术史上第一位运用唯物史观观察中国社会的思想家，也成为第一位运用唯物史观研究儒家学说的思想家。依据历史唯物主义关于经济基础与上层建筑关系的原理，他指出，传统中国社会是一个以农业为经济基础的社会。在这种社会中，大家庭为其显著特征；与此相应，"孔孟伦理"成为主导的上层建筑。时代发展到今天，中国社会的经济基础已发生了显著的变化，上层建筑也必然随之变化，所以，孔孟伦理已不再适应中国社会的需要了。他说："我们可以晓得孔子主义（就是中国人所谓的纲常名教）并不是永久不变的真理。孔子或其他古人，只是一代哲人，绝不是'万世师表'。他的学说之所以能在中国流行了两千余年，全是因为中国的农业经济没有大的变动，他的学说适宜于那样经

---

① 《李大钊选集》，人民出版社1959年版，第80页。
② 《李大钊选集》，人民出版社1959年版，第77页。

济状况的缘故。现在经济上生了变动，他的学说就根本动摇了，因为它不能适应中国现代的生活，现代的社会。"① 基于对唯物史观的理解，李大钊为批孔找到了相当坚实的理论根据，找到了批驳尊孔论调的锐利思想武器，这是应当肯定的。但是刚刚接受唯物史观的李大钊显然没有来得及深入地领会意识形态相对独立的原理，对于如何继承儒家文化遗产的问题没有予以充分的重视。

总的来看，李大钊是坚定地站在批孔的立场上的，但他也接触到如何重新诠释孔子思想的问题。这主要表现在他试图把历史上作为思想家的孔子同被统治阶级偶像化、工具化的孔子区别开来。他的批判的矛头指向贵族化的儒学，并没有指向平民化的儒学。李大钊说："历代君主，莫不尊之祀之，奉为先师，尊为至圣，而孔子云者，遂非个人之名称，而为君主政治之偶像矣。使孔子生于今日，或且倡民权自由之大义，亦未可知。而无如其人已为残骸枯骨，其学说之精神，已不适于今日之时代精神也！故余掊击孔子，非掊击孔子之本身，乃掊击孔子为历代君主所雕塑之偶像的权威也；非掊击孔子，乃掊击专制政治之灵魂也。"② 他已注意到了如何评价孔子这一问题的复杂性，但因当时政治斗争的紧迫，他无暇进行仔细、深入地研究。

尽管李大钊采取了批孔的学术立场，但在他的思想上仍旧可以看出儒家学说的影响。儒学从它产生的那一天开始，就表现出明显的平民化品格。孔子首开私人讲学的风气，改变了"学在官府"的局面。他实行"有教无类"的原则，招收的弟子当中有"一箪食，一瓢饮"的颜回，有曾"在缧绁之中"的公冶长，有想学种田种菜的樊迟，他们大概都是平民出身。孔子对民众的疾苦是相当关心的，他反对统治者横征暴敛，曾发出"苛政猛于虎"的感慨，表示他对国事民瘼的关切之情。有一次孔子家中马厩失火，他回到家中问的第一句话是"伤人了？"而不问马匹损失的情况。《论语》中提出的"仁者爱人""四海之内皆兄弟也""己欲立而立人，己欲达而达人""己所不欲，勿施于人"等论断，都表明儒家把与人为善视为处理人际关系的基本准

---

① 《李大钊选集》，人民出版社 1959 年版，第 301—302 页。
② 《李大钊选集》，人民出版社 1959 年版，第 80 页。

则。儒学的这种平民化品格，在李大钊所理解的唯物史观里，得到继承和提高。李大钊指出，应当充分"认识民众势力的伟大"。一切反动势力"不遇民众的势力则已，遇则必降伏拜倒于前；不犯则已，犯必遭其轸灭"。历史发展的动力"只能在人民本身的性质中去寻，决不在他们以外的什么势力。"他主张启发和教育人民群众，特别是让无产阶级认识自身的力量，提高革命觉悟，发挥革命的主动性，"赶快联合起来，应我们生活上的需要创造一种世界的平民的新历史。"① 在李大钊所理解的唯物史观里，特别突出平民在历史中的主体地位，这同孔学的影响是分不开的。

三、郭沫若：同情的了解

李大钊是中国最早接受唯物史观的思想家，也是最早运用唯物史观研究中国历史的思想家。但因他过早地为中国革命献身，未能深入下去。后继者郭沫若沿着李大钊开辟的这个研究方向，更为深入、更为具体地研究中国历史，取得了更大的成绩。郭沫若早在学生时代就已接受了马克思主义哲学观点，他在《十批判书》后记中说："在日本的学生时代的十年期间，我取得了医学士学位，虽然我并没有行医，也没有继续研究医学，我却懂得了近代的科学研究方法。在科学方法之外，我也接受了近代的文学、哲学和社会科学。尤其辩证唯物论给了我精神上的启蒙，我从学习着使用这个钥匙，才认真把认识和学问上的无关参破了。我才明白了做人和做学问的意义。"②1928 年，他因局势所迫，不得不旅居日本。从这一年开始，他以唯物史观为指导，使用甲骨文和金文提供的材料，认真地研究中国古代社会。1930年他出版论文集《中国古代社会研究》，依据翔实的史料和透辟的分析，证明中国古代社会的发展完全符合马克思、恩格斯揭示的历史发展规律。此后，他又出版了《甲骨文研究》《殷周青铜器铭文研究》《两周金文辞大系图录考释》《卜辞通纂》等著作，进一步深化和丰富了他的研究成果。抗日战

---

① 《李大钊选集》，人民出版社 1959 年版，第 338—340 页。
② 郭沫若：《十批判书》，东方出版社 1996 年版，第 489 页。

争时期，郭沫若回国参加抗日救亡运动，出任重庆政府政治部第三厅厅长，后来改任文化工作委员会主任。在这段时间，他克服战争时期的重重困难，仍然坚持研究古代中国社会和先秦的学术思想。尽管受到重庆政府的种种限制，但仍取得了丰硕的成果。1945年他出版了《青铜时代》和《十批判书》两部有分量的学术著作。在前一本书中，他在充分占有第一手资料的基础上，得出中国在殷商、西周以至春秋时期处于奴隶制社会的结论；在后一本书中，他评述了儒家、墨家、道家、法家、名家、杂家等先秦时期的主要学派，并且以孔学为研究重点。

自五四新文化运动提出"打倒孔家店"的口号以来，学术界中进步的思想家一般都对儒学作出否定性的评价，而对儒家以外的学派作出肯定性的评价。郭沫若扭转了这种风气，第一个站出来用同情的眼光看待儒学，大胆地对儒学作出肯定性的评价。他在《十批判书》的后记中申明，自己之所以对儒家作出肯定性的评价，并非有意袒护儒家，而是通过客观、公正、深入、科学地研究大量的史料之后得出的结论。他写道："'儒家'那样一个名词，便是非科学的东西。秦、汉以后的儒者与秦、汉以前的已经是大不相同，而秦、汉以前的儒者也各有派别。不加分析而笼统地反对或赞扬，那就是所谓主观主义或公式主义。因为你的脑筋里面先存了一个既成的观念，而你加以反对或赞成，你所如何的只是那个观念而已。假如要说我有点袒护孔子，我倒可以承认。我所见到的孔子是由奴隶社会变为封建社会的那个上行阶段中的前驱者，我是在这样的意义上'袒护'他。我的看法和两千多年来的看法多少不同。假使我错了，应该举出新的证据来推翻我的前提。拘守着旧式的观念来排挤我的新观念，问题是得不到解决的。但我也实在鼓起了很大的勇气。"[1]

依据唯物史观，郭沫若主张把孔子放到特定的历史环境中加以考察。在他看来，孔子所处的春秋时代，乃是古代中国社会由奴隶制社会到封建制社会转折的大变革时期。在这一历史时期，"士"这样一个特定的社会阶层十分活跃。在各种各样的士当中，尤以读书的学士影响最大，于是大家竞争

---

[1] 郭沫若：《十批判书》，东方出版社1996年版，第502页。

着来学做士，遂成为一种社会风气。"孔子和墨子那两大读书帮口，便是在这样的风气中形成的。既有多数的人要靠着读书帮口，自然有孔、墨这样的大师，靠着读书来铺张自己的场面了。孔子有弟子七十二，墨子有弟子百八十人，这些数目大概都是可靠的。孔子是宋人的私生子而生于鲁，自称'少也贱'，后来做到鲁国的大夫；墨子是鲁国贱人，后来也做到宋国的大夫。"① 孔、墨两家竞长争高，相互辩难，成为当时的"显学"。那么，应当怎样评价孔、墨两家呢？郭沫若认为，凡是促进社会改革的思想家，都是应当予以肯定的；反之，则应当予以否定。用这个标准衡量，郭沫若肯定了儒家，而否定了墨家。在《孔墨的批判》中，他认为墨子是同情公室而反对私门的人，所提出的种种主张，实则在替统治者谋划，所以并不值得称道。与墨子形成鲜明对照，"我们要说孔子的立场是顺乎时代的潮流，同情人民解放的"，② 他不赞成学术界比较流行的墨非孔说，独出心裁地提出孔非墨说。

郭沫若认为，在孔子的思想中包含着"以人民为本位"的精华。他说："孔子的基本立场是顺应着当时的社会变革的潮流的，因而他的思想和言论也就可以获得清算的标准。大体上他是站在代表人民利益的方面的，他很想积极地利用文化的力量来增进人民的幸福。"③ 孔子"以人民为本位"的思想集中体现在他倡导的"仁"的观念。据郭沫若考证，"仁"是春秋时代的新名词，在春秋以前的古书里，在金文和甲骨文里，都找不到这个字。"仁"字虽未必是孔子创造出来的，但它特别为孔子所重视，并且构成他思想体系的核心，乃是不争的事实。郭沫若引证了《论语》中孔子关于仁的大量论断，得出的结论是："仁的含义是克己而为人的利他的行为。简单一句话，就是'仁者爱人'。""他的'仁道'实在是为大众的行为。"④ 郭沫若高度评价孔子的仁学，认为孔子发现了人，主张每一个人不仅要把自己当成人，也要把别人当成人。孔子的这种人道主义思想顺应着奴隶解放的潮流，具有进步的历史意义。除了仁学以外，他对孔子实事求是的学习态度、注重教化的

① 郭沫若：《十批判书》，东方出版社 1996 年版，第 67 页。
② 郭沫若：《十批判书》，东方出版社 1996 年版，第 85 页。
③ 郭沫若：《十批判书》，东方出版社 1996 年版，第 87 页。
④ 郭沫若：《十批判书》，东方出版社 1996 年版，第 88—89 页。

礼乐思想、"不语怪力乱神"的怀疑精神等，都表示充分的肯定。

尽管郭沫若对孔子抱着同情的态度，但他并不讳言孔子的历史局限性。例如，孔子肯定人类中有"生而知之"的天才，在郭沫若看来这是错误的。他肯定孔学的正面价值，并不赞成"复兴孔学"，因而与所谓"新儒家"有原则区别。照他看来，时至今日还抱着"新儒家"的迷执，不啻是"恐龙的裔孙——蜥蜴之伦的残梦。"他郑重地声明："我所采取的是历史唯物主义的立场，在这个立场上我仿佛抬举了先秦儒家，因而也就有人读了我的书而大为儒家扶轮的，那可不是我的本意。"①

以上我们简略地介绍了陈独秀、李大钊、郭沫若等人运用唯物史观研究孔学的理论成果。把他们的研究成果综合起来看，可以形成这样的认识：第一，在20世纪50年代以前，中国马克思主义理论家根据当时政治斗争的需要，曾经把批孔当作一项重要的任务，但他们并未放弃重新诠释孔学的努力。他们批孔可以振聋发聩，他们释孔同样发人深省。第二，从发展趋势上看，他们对孔学态度逐渐从批判过渡到同情，从以清理思想糟粕为主过渡到以提留思想精华为主。应当说这种转折是正常的、合理的。批孔具有思想转折的性质，可以采取思想运动的方式进行，而释孔却是一项细致的研究工作，不可能一蹴而就，只采取思想运动的方式是不可能奏效的，只能运用冷静的头脑进行科学地探讨从而作出中肯的评估。释孔是一项远比批孔艰巨得多的任务，要完成这项任务需要几代人的努力。如果我们当时能沿着郭沫若开辟的方向往前走，也许会早些完成释孔的任务，可惜由于受"左"的思潮的干扰，我们竟走了几十年的弯路。这里的教训难道不应该认真反思吗？过去，人们总觉得批孔是合乎唯物史观的，而同情地释孔则是违背唯物史观的，现在应该纠正这种误解了！

（原载于《中华文化论坛》1999年第3期）

---

① 郭沫若：《十批判书》，东方出版社1996年版，第522页。

论现代新儒学思潮

自 20 世纪 80 年代开始，"现代新儒家"成为学术研究的热门课题，发表的文章数以千计，出版的专著也有几十部之多。梁漱溟、熊十力、冯友兰、贺麟、马一浮、方东美、张君劢、钱穆、牟宗三、唐君毅、徐复观、杜维明、刘述先、成中英、余英时等代表性人物，都有做专门的研究，可谓是硕果累累。笔者在学术界对现代新儒家进行充分研究的基础上，提出"现代新儒学思潮"的概念。"现代新儒学思潮"当然包括"现代新儒家"，但研究范围不仅仅限于"现代新儒家"，其外延比"现代新儒家"大得多。无论站在怎样的学术立场，无论抱着怎样的学术观点，只要是从现代的视角研究儒家思想、诠释儒家思想、发掘其时代价值的学问，都可以看成"现代新儒学思潮"的组成部分。何谓"现代新儒学思潮"？笔者的看法是：它是自五四新文化运动时期形成的中国现代学术思想的发展方向之一，以融汇中西学术思想为基本特征，以发展人类精神文明为根本宗旨。它一方面面向世界，吸纳、理解、转化包括马克思主义在内的西方各种学术思想，一方面基于时代的要求，反省、充实、推进传统的儒家思想，使儒家思想在现代获得新的表达方式，促进人类精神文明的发展，建设适应时代要求的精神家园。现代新儒学思潮发端于现代新儒家，但不限于现代新儒家。它作为中国现当代的主要社会思潮之一，其范围已超出少数的现代新儒家。许多学者并没有沿用现代新儒家的思维定式，而是以各自的方式研究、诠释儒学，他们的研究成果也属于现代新儒学思潮的范围。"现代新儒学思潮"是指社会思想动向，"现代新儒家"是指特定的学派，尽管二者的外延有部分重合的情况，但不是同一概念。现代新儒学思潮的发展并不是一帆风顺的，曾遇

到种种困难，但毕竟延续到今天，并且仍然保持着向多重向度进一步发展
的态势。"现代新儒家"已经成为历史；"现代新儒学思潮"正在参与创造
历史。

一、现代新儒学思潮的起因

梁漱溟是现代新儒家的开山，当然也就是现代新儒学思潮的开山。现
代新儒学思潮之所以发端于五四新文化运动时期，同当时已经形成具有独立
思考能力的新式知识分子队伍有密切的关系。自从鸦片战争以来，先进的中
国人抱着"向西方寻找真理"的心态，有意无意地把西学理想化，看成解决
一切问题的灵丹妙药。他们常常把中学与西学对立起来，把中学等同于旧
学，把西学等同于新学，对儒家思想缺少应有的同情。平心而论，他们尚未
形成独立的思考能力。到五四时期这种情况有了变化。在这一时期，新式知
识分子队伍无论在数量上还是在质量上都有很大的改观。从人数上看，一大
批留学日本的学人回国，从中国自己办的新式学校中也走出数量可观的毕业
生。从质量上看，有一批在欧美取得高学历的学人回到祖国。由于对西方文
化了解得比较深了，中国人发现西方文化并非尽善尽美，也存在诸多弊端。
特别是经历了第一次世界大战以后，人们对这种弊端看得更为清楚，逐步破
除了对西方文化的迷信，形成独立思考的能力，开始重新思考中国的出路问
题，重新看待中学与西学的关系、新学与旧学的关系，重新审视固有文化的
价值。于是，新式知识分子的群体中，涌现出一批现代新儒家学者。梁漱
溟、熊十力、马一浮、冯友兰、贺麟都出自这一群体。

在五四新文化运动时期，中国思想界关注的焦点已由传统社会形态的
"破坏"转向现代社会形态的"建设"。在辛亥革命以前，先进中国人关注的
焦点是传统社会形态的"破坏"，致力于推翻清王朝的斗争。辛亥革命以后，
中华民国成立废除统治中国数千年之久的封建帝制，"破坏"的目的应该说
基本达到，可是中国的社会状况非但没有改变，反而趋于恶化。打倒了一个
清廷小皇帝，冒出了数十个土皇帝，军阀争战，接连不断。"无量黄金无量
血，可怜购得假共和。"正如孙中山所说："去一满洲之专制，转生出无数强

盗之专制，其为毒之烈，较前尤甚，于是而民不聊生矣。"① 残酷的现实告诉人们：仅有"破坏"是远远不够的，还必须着眼于"建设"；"建设"是一项更为艰巨的任务。这里所说的"建设"是多方面的，其中既包括经济建设、制度建设，也包括社会建设和精神文明建设。经济建设和制度建设可以借鉴西方成功的经验，而西方的社会状况和精神文明状况并不能令人满意，中国人必须进行独立的探索。孙中山提出的"心理建设"理论，是在社会建设和精神文明建设方面所做的探索；陈独秀提出"伦理的觉悟为吾人最后觉悟之最后觉悟"的说法，是在这方面所做的探索；现代新儒家提出各种学说，也属于在这方面所做出的探索。

现代新儒学思潮是对五四时期批孔思潮的反弹。自鸦片战争以来，中国知识分子把挽救中国的希望寄托在西学引进上，并且把传统儒学视为引入西学的思想障碍，形成扬西抑中的倾向。这种倾向到五四时期演化为"打孔家店"的批孔思潮。在新文化运动中，激进派批判传统儒学所包含的封建主义思想因素无疑是正确的，问题在于他们把儒学完全归结为封建主义，全盘否定其正面价值，流露出民族文化虚无主义的情绪。有些人甚至提出一些过火的、不切实际的主张，如废除汉字、把线装书丢到茅厕中去等，这显然有损于民族自尊心和自信心的提升。正是针对激进派的民族文化虚无主义倾向，现代新儒学思潮开始兴起。从新式知识分子队伍中走出来的现代新儒家学者，认同科学与民主的价值，反对封建主义，接纳现代性，有别于守旧派。他们拒斥全盘西化论，摆脱激进情绪的困扰，以理性的眼光和同情的态度看待儒学的价值，努力推动儒学的现代转化，有别于激进派。在提升民族自尊心和自信心方面，他们是有贡献的。

现代新儒学思潮的出现，同世界性文化批判思潮也有密切的关系。自近代以来，中国哲学走向世界，世界哲学走入中国。我们考察现代新儒学思潮，既要看到它兴起的国内背景，也要看到它的国际背景。第一次世界大战爆发以后，西方资本主义社会的矛盾和危机更加表面化、尖锐化，暴露出西方资本主义现代文明的弱点，于是形成世界性的文化批判思潮。斯宾格勒在

① 《孙中山选集》，人民出版社1981年版，第104页。

《西方的没落》一书中，用"没落"一词形容当时西方人的思想状态。梁启超考察欧洲之后，做了这样的报道："全社会人心都陷入怀疑沉闷畏惧之中，好像失去了罗盘的海船遇着风、遇着雾，不知前途怎样是好。"① 现代文明的一大问题是工具理性与价值理性的失衡。在现代西方思想界，批评科学主义的声音越来越强，呈现出人本主义思潮抬头的趋势。这为以价值理性为中心的儒学获得发展提供了契机。现代新儒家从非理性主义、人本主义思潮寻找现代转化的资源，试图创立儒学的新形态。

现代新儒学思潮兴起的根本原因，还在于儒学确实有实行现代转换的可能性，能够成为中国精神文明建设不可或缺的宝贵资源。

儒学作为中国文化的主干，既有时代性的一面，也有民族性的一面。因其有时代性，传统儒学作为农业社会的产物，不能不表现出历史的局限性，甚至被帝王用来作为维护统治的工具。五四时期新文化运动的倡导者们发起对传统儒学的批判，其实并不是对儒学的全盘否定，而是把矛头指向传统儒学的历史局限性。李大钊说："故余掊击孔子，非掊击孔子之本身，乃掊击孔子为历代君主所塑造之偶像的权威也；非掊击孔子，乃掊击专制政治之灵魂也。"② 在这里，他把"孔子之本身"同"孔子之偶像"区分开来，明确表示只掊击后者，而不是前者。五四时期对传统儒学历史局限性的批判有积极的意义，起到了思想解放的作用，则是不能否定的，那种视此为"文化断层"的论点是不能成立的。实际上，新文化运动的倡导者对传统儒学既有批判，也有同情的诠释（参见拙著《批孔与释孔：儒学的现代走向》）。令人遗憾的是，长期以来在"左"的话语占主导地位的情况下，人们夸大了五四时期"批孔"的一面，而忽视了"释孔"的一面。五四时期对传统儒学的历史局限性的批判，贡献在于凸显出儒学实行现代转换的必要性。正如贺麟所说，五四新文化运动破除了"儒家的僵化部分的躯壳形式末节和束缚个性的传统腐化部分"，"他们并没有打倒孔孟的真精神、真意思、真学术。反而因其洗刷扫除的工夫，使得孔孟程朱的真面目更是显露出来。"③

---

① 《梁启超选集》，上海人民出版社 1984 年版，第 723 页。
② 《李大钊选集》，人民出版社 1959 年版，第 80 页。
③ 贺麟：《当代中国哲学》，南京胜利出版公司 1947 年版，第 9 页。

　　由于儒学有时代性的一面，必须清除历史灰尘，适应新时代要求不断作出新的诠释，从而促使现代新儒学思潮的形成。由于儒学有民族性的一面，体现中华民族的文化共识，如何发掘儒学体现时代精神的正面价值，将是一个恒久的课题。从这个角度看，现代新儒学思潮的出现也是必然的。从哲学人类学的意义上看，任何社会组织必须有一套全体社会成员达成基本共识的主流价值观念和伦理规范，这是每个民族形成所必不可少的文化共识。这种文化共识可以采用宗教的形式来表达，也可以采用非宗教的形式来表达。大多数民族采用宗教的形式，如伏尔泰说，一个民族即便没有神，也要造出一个神来。中华民族则采用非宗教的形式，这就是儒学。儒学是世界上少有的以非宗教的、内在超越的方式安顿精神世界的成功模式（有别于基督教、佛教、伊斯兰教），有效地组织社会、安顿人生，已形成中国人的文化基因，并且具有强盛的生命力。儒学有深厚的历史积淀，有广泛的社会影响，并不会因新文化运动的冲击而终结。如何把握民族性与时代性相统一的原则，克服传统儒学的局限性，走出民族文化虚无主义的误区，摆脱"左"的偏见，重估儒学的价值，开发儒学资源，培育适应时代精神的中华民族精神，将是我们的一项重要的理论任务。

　　在启蒙主义的话语下，现代观念与传统观念之间的联系被割断了，过分强调现代对于传统的变革，而忽视现代对于传统的继承。这并不符合现代社会发展的实际。以西方发达国家为例，尽管各国都曾发生过批判基督教的启蒙主义运动，但基督教并没有因此而消失，而是实行现代转化，依然发挥着文化共识的作用，依然维系着现代西方社会的运转。在五四时期，中国受启蒙主义的影响，也出现全盘否定儒学的西化思潮。西方基督教受启蒙主义思潮的冲击，并没有消失，而是实行了现代的转化；同样，儒学受到西化思潮的冲击也不会消失，也会实行现代转化。现代新儒学思潮的出现，正是对西化思潮的反弹，体现中国文化发展的大趋势。

　　长期以来，在"左"的思潮主导下，儒学被视为封建主义意识形态，予以全盘的否定；儒学的历史局限性被夸大了，儒学的普适性被消解了。在传统与现代对立的思维模式下，儒学只是被驱逐的消极因素，"打孔家店"成为流行语。许多人把"打倒孔家店"说成五四时期的口号，实际上是个误传。在五四时期，并没有"打倒孔家店"的提法，近似的说法是"打孔家店"。胡适曾在为吴虞的书作序时，称赞吴虞是"只手打孔家店的老英雄"，并没有用"打倒"二字。"打倒孔家店"以至于"批林批孔"的口号，都是"左"的话语，反映出全盘否定儒学的偏见。

儒学是复杂的文化现象，不能把儒学简单等同于封建主义意识形态。已经成为中国传统文化主干的儒学至少应该从三个角度来把握。第一，有作为学理的儒学。儒学是一种行之有效的社会组织原理，体现人类性或合群体性，具有普遍价值。虽然历代儒学家关于儒学的阐述，对于我们认识儒学社会组织原理有帮助，但仍需要适应现代社会发展的要求不断作出新的阐发。从这个意义上说，儒学是一门常讲常新的学问，可以实现现代转化。第二，有工具化的儒学。毋庸讳言，儒学在古代中国社会曾经被官方当成思想统治的工具，有禁锢思想的负面效应。随着社会的发展，这种贵族化、制度化、政治化的儒学，已经失去了存在的合理性。需要注意的是，我们不能在批判工具化的儒学的时候，抹杀儒学的普遍价值。第三，有作为生活信念的儒学。儒学在中国已经有几千年的历史，已经深入到人民群众的精神世界和生活世界中，成为中国人树立道德理念、处理人际关系、凝聚民族群体的理论依据。作为生活信念的儒学，有别于贵族化、制度化、政治化的儒学，可以称之为民间儒学或草根儒学。这样的儒学有着广泛的社会基础，因而有实行现代转化的充分根据。今日的中国是昨日的中国的继续，任何不尊重历史的虚无主义观点都是站不住脚的。西方发达国家实现现代化以后，没有抛弃有广泛社会基础的基督教，而是促使其实行现代转化；同样，中国建设现代化，也不可能抛弃有广泛社会基础的儒学，也应当促使其实行现代转化。这正是现代新儒学思潮发生的内在原因。

二、现代新儒学思潮的发展历程

现代新儒学思潮的发展历程大体上可以概括为四个阶段，即五四时期的草创阶段，20世纪30—40年代的理论建构阶段，20世纪50年代以后内地的"批孔"和港台新儒家的活跃阶段，从20世纪70年代末正本清源阶段。

1. 五四时期的草创

考察现代新儒学思潮的发展历程，应当从考察五四后期涌现出来的现代新儒家着手。虽然他们并不能代表整个现代新儒学思潮，但毕竟是这一思想运动的发起者。

五四时期是中国思想史上比较活跃的时期，甚至可以同先秦时期媲美。如果用"百家争鸣"来形容先秦时期的思想活跃程度的话，也可以用"小百家争鸣"来形容五四时期的思想活跃程度。从五四时期开始，西方学术思潮大规模地涌入中国，各种各样的学说几乎都有人介绍，杜威、罗素等著名的哲学家也纷纷到中国讲学，中国到欧美的留学生选择同中国文化有关的题目做博士论文的题目（如胡适的博士论文的题目是《中国古代哲学方法之进化史》）。从此，西方学术走入中国，中国学术走入世界。当然，这种交流并不是平等的，西方学术处于强势，中国学术处于弱势。西化思潮在五四时期占主流地位。

辛亥革命以后，袁世凯篡夺中华民国大总统的位置，并且企图恢复君主制，预计在1916年元旦举行"登基大典"。袁世凯的倒行逆施引发全国性的反袁斗争，他的皇帝梦也没有做成。袁世凯死后，北洋军阀分裂为几个派系，并且形成军阀混战的局面。北洋军阀政府为了维护自己的统治，还打起了尊孔的旗号。1919年10月，北京政府总统徐世昌出面举行秋丁祀孔活动，北京政府还规定孔子生日为公休假日。徐世昌还组织四存学会，以昌明"周公孔子之学"自我标榜。当时还有人提议把尊孔写入宪法。当局的尊孔活动受到先进中国人的激烈批判。李大钊说："我们可以晓得孔子主义（就是中国人所谓纲常名教）并不是永久不变的真理。孔子或其他古人，只是一代哲人，决不是'万世师表'。他的学说所以能在中国行了二千余年，全是因为中国的农业经济没有很大的变动，他的学说适宜于那样经济状况的缘故。现在经济上发生了变动，他的学说就根本动摇，因为它不能适应中国现代的生活，现代的社会。就有几个尊孔的信徒天天到曲阜去巡礼，天天戴洪宪衣冠去祭孔，到处建筑些孔教堂，到处传布'子曰'的福音，也断断不能抵住经济变动的势力来维护他那'万世师表'、'至圣先师'的威灵了。"①陈独秀写了《驳康有为致总理书》《宪法与孔教》《孔子之道与现代生活》《袁世凯复活》《再论孔教问题》《旧思想与国体问题》《复辟与尊孔》等文章，认为孔子之道已经不能适应现代社会生活的需要，应当抛弃，反对北京政府搞尊孔活动。反对尊孔的思潮与扬西抑中的西化思潮会合在一起，形成在思想舆论界占主导地位的批孔潮流。

五四时期的批孔潮流的积极意义，在于推翻旧式儒学在思想界的权威，清算封建主义，粉碎统治者把儒学工具化的图谋，起到了倡导启蒙、解放思想的作用，标志着中国人民的觉醒达到了新的水平。由于推倒了旧式儒学的权威，为新思想的发展提供了条件，从而揭开了中国哲学思想发展新的一页，进入现代阶段。但是，这一潮流也有明显的缺陷。第一，由于当时形势所迫，批判者有意无意地把学术批判与政治批判混在一起，感情色彩很浓，甚至把对军阀政府的憎恨迁怒于儒学，难以保持学术批判的清醒和冷静，往往使用一些过激的语句，理论深度不够。第二，思想方法有片面性。批判者只看到儒学的局限性，而没有看到儒学的合理性，仿佛把洗澡水和小孩一起都丢掉。"那时的许多领导人物，还没有马克思主义的批判精神，他们使用的方法，一般地还是资产阶级的方法，即形式主义的方法。他们反对旧八股、旧教条，主张科学和民主，是很对的。但他们对于现状，对于历史，对于外国事物，没有历史唯物主义的批判精神，所谓坏就是绝对的坏，一切皆坏；所谓好就是绝对的好，一切皆好。这种形式主义地看问题的方法，就影响了后来这个运动的发展。"②批孔潮流存在的这些缺陷，成为现代新儒学思潮的诱因。

面对批孔潮流，第一个站出来"为儒家说话"的是梁漱溟。1917年，梁漱溟应北京大学校长蔡元培之聘，到北大哲学系任特约讲师，他声明："我此来除替释迦、孔子发挥外，更不作旁的事。"③由于受到批孔潮流的触动，原本信仰佛教的梁漱溟转向儒家。他在北大任教期间，写了《吾曹不出如苍生何》，自印成册，散发给友人。这时，他已放弃佛教的出世主义，归

---

① 《李大钊选集》，人民出版社1959年版，第301—302页。
② 《毛泽东选集》第三卷，人民出版社1991年版，第831—832页。
③ 梁漱溟：《东西文化极其哲学》，商务印书馆1987年影印版，"序言"。

依儒家的入世主义，表示以关注国事民瘼为己任。

那时北大是五四新文化运动的中心，新旧两派争论得很激烈。梁漱溟拒斥批孔潮流，对儒家表示同情与敬意，似乎倾向于旧派，但他并不是旧派中人。他与李大钊等新派人物有交往，也有共识。他从一个新的角度思考新旧两派争论的问题，致力于儒学的新发展。在他看来，以辜鸿铭为代表的旧派只是株守传统儒学，实在不是陈独秀等新派人物的对手。"旧派只是新派的一种反动，他并没有倡导旧化。……他们自己思想内容异常空乏，并不曾认识了旧化的根本精神所在，怎能禁得起陈先生那明晰的头脑，锐利的笔锋？"① 旧派之所以败下阵来，吃亏吃在"思想内容异常空乏"上，可见一味守旧是行不通的，并不能真正弘扬儒学。基于这种认识，梁漱溟努力从西方现代哲学中寻找可资利用的思想资源和思想方法，通过中西文化比较融通的办法，重新诠释儒学的优长，促使儒学复兴。这样一来，他就开辟了新的学术方向，即现代新儒学的方向，成为现代新儒家的开山，也成为现代新儒学思潮的开山。

1920 年秋，梁漱溟在北大讲演《东西文化及其哲学》，次年又应王鸿一的邀请到山东省教育厅讲演同一题目，引起较大的反响。1922 年，他的学生罗常培和陈政根据这两次讲演的记录稿以及梁漱溟在《少年中国》杂志上发表的《宗教问题》一文，整理成书，题为《东西文化及其哲学》，由商务印书馆出版。此书是梁漱溟的成名之作，标志着他的新儒学思想也已成型，也标志着现代新儒家思潮开始问世。1923 年，梁漱溟在北大哲学系讲授《孔学绎旨》，并打算写《人心与人生》一书，阐述儒家的"人类心理学"。由于种种原因，这本书迟迟未能脱稿。直到 1984 年，在他 91 岁时才写完此书，自费在学林出版社出版，了却了数十年的心愿。

在五四时期，拒斥批孔潮流、同情固有文化、反对盲目崇拜西方文化的学人，除了梁漱溟之外，还大有人在。他们对于现代新儒学思潮的兴起也起到了推波助澜的作用。首先应当提到的是梁启超。1920 年，梁启超到第一次世界大战后的欧洲考察，亲身感受到战后西方学术思想的变化。世界大

---

① 梁漱溟：《东西文化极其哲学》，商务印书馆 1987 年影印版，第 205 页。

战暴露出资本主义文明的危机，许多有识之士开始反思这种文明的弊端，甚至对这种文明的合理性表示怀疑，开始批判西方近代以来一直是主流话语的科学主义思潮。深有感触的梁启超回国以后写了一篇题为《欧游心影录》的长文，发表在上海《时事新报》上。他在文中写道："当时讴歌科学万能的人，满望着科学成功黄金世界便指日出现。如今功总算成了，一百年物质的进步，比前三千所得还加几倍。我们人类不惟没有得到幸福，倒反带来许多灾难，好像沙漠中迷路的旅人，远远望见个大黑影，拼命往前赶，以为可以靠它向导，哪知赶上几程，影子不见了，因此无限凄惶失望。影子是谁？就是这位'科学先生'。欧洲人做了一场科学万能的大梦，到如今却叫起科学破产来，这便是最近思潮变迁一个大关键了。"① 在高扬科学与民主的五四时代，梁启超介绍批判科学主义的观点，似乎有些不合时宜。为了避免误解，梁启超特地在文章中表示，他并不反对科学，只反对把科学当成崇拜对象的科学主义。梁启超也许是五四时期第一个表示反对科学主义的学人，他这种观点对于人们摆脱西方文化的负面影响，无疑是有意义的，帮助人们认识到，西方文化并非尽善尽美，不必全盘接受。这种新的西方文化观有助于人们走出盲目崇拜西方文化的误区。

梁启超介绍批判科学主义的观点，开启了重新审视西方文化的新风气。不过，他对西方文化的质疑，还仅限于科学主义思潮。《东方杂志》的主笔杜亚泉则把质疑的范围扩大到整个西方的物质文明，并且主张重新摆正东西方文化的关系。他说："西洋人于物质上虽获成功，得致富强之效，而精神上之烦闷殊甚。正如富翁，衣锦食肉，持筹握算，而愁眉百结，家室不安，身心交病。"西方物质文明的衰落，反衬出以儒家学说为代表的东方精神文明的优长，因此，应当重新评估东方精神文明的价值，它或许能帮助西方人摆脱困境，救治精神文明方面的危机。杜亚泉在这里找到了对于中国固有文化的自信心，他说："吾代表东洋社会之中国，当此世界潮流逆转之时，不可不有所自觉与自信。""我国先民于思想之统整一方面，最为精神所集中。周公之兼三王，孔子之集大成，孟子之拒邪说，致力于统整者。后世大儒，

---

① 《梁启超选集》，上海人民出版社 1984 年版，第 724 页。

亦大都绍述前闻，未闻独创异说；⋯⋯此先民精神之产物，为吾国文化之结晶体。"① 杜亚泉认为儒学是中国文化的主干，具有普遍价值。"吾国儒家，一方面抱治平的理想，自强不息，具进化的乐天观；一方面安贫乐道，不娶纷华，又具超越的乐天观。"② 他固然对儒学抱有同情和敬意，但并不主张一味守旧，而是主张"东西方文明调和"，探寻人类文明未来的发展方向。他说："救济之道，在统整吾固有之文明！其本有系统则明了之，其间有错者则修整之，一面尽力输入西洋学说，使其融入吾国固有文明之中。西洋之断片的文明，如满地散钱，以吾国固有文明为绳索，一以贯之。"③ 这种主张正是现代新儒家的共识。

除了《东方杂志》之外，《学衡》杂志也是推动现代新儒学思潮发展的重镇。学衡派的代表人物梅光迪提出，"中国最大之病根"，"实在不行孔子之教"。他主张："守数千年来圣哲崇尚之精神生活，而以道德为人类文明之指归耳。"④ 被人们赞誉为"向西方寻找真理"的严复，也改变了人们扬西抑中的态度，成为《学衡》的撰稿人。他在《严几道与熊纯如书札节钞》中写道："鄙人行年将近古稀，窃尝究观哲理，以为耐久无弊，尚是孔子之书。四子五经，固是最富矿藏，惟须改用新式机器，发掘淘炼而已。"⑤ "新式机器"显然是指西方哲学的思想方法，他希望用这种方法重新诠释儒家学说，也是在为现代新儒学思潮鼓与呼。

在五四新文化运动的后期，也就是 1923 年，中国思想界发生了影响颇大的"科学与人生观论战"，也称为"科学与玄学论战"。1923 年，张君劢在清华大学做《人生观》讲演，认为科学不能解决人生观问题。他的理由是："人生观之特点所在，曰主观的，曰直觉的，曰综合的，曰自由意志的，曰单一性的。惟其有此五点，故科学无论如何发达，而人生观问题之解决，决非科学所能为力，惟赖诸人类之自身而已。"他对"人生观"的界定

① 《杜亚泉文存》，上海教育出版社 2003 年版，第 366 页。
② 《杜亚泉文存》，上海教育出版社 2003 年版，第 128 页。
③ 《杜亚泉文存》，上海教育出版社 2003 年版，第 366 页。
④ 梅光迪：《敬告我国学术界》，《学衡》1923 年第 23 期。
⑤ 梅光迪：《严几道与熊纯如书札节钞》，《学衡》1922 年第 13 期。

是："我对我以外之物与人，常有所观察也，主张也，要求也，是之谓人生观。"① 从这里可以看出，他所说的"人生观"，并不是通常意义上的关于人生价值的看法，而是指哲学意义上的世界观。在哲学上，他举起人文主义的旗帜，反对科学主义的哲学观。张君劢的人文主义哲学观招致科学主义者丁文江的批评，于是引发"科学与人生观论战"或称"科学与玄学论战"。丁文江针对张君劢的人文主义的哲学观，张开科学主义旗帜，宣称"科学方法万能"，可以解决人生观问题。1923 年 12 月 20 日，中国共产党的理论刊物《新青年》发表陈独秀的《科学与人生观·序》和瞿秋白的《自由世界与必然世界》，对论战双方的唯心主义观点均加以批评，阐述唯物史观的立场，遂形成科学派、玄学派、唯物史观派三方鼎立的格局。在中国现代哲学的语境中，张君劢举起人文主义的旗帜，也就是举起现代新儒家的旗帜，表明了现代新儒家的学术立场。他对宋明理学家表示同情与敬意，盛赞他们"功不在禹下"。他自称为"20 世纪的新儒家"，在 1958 年唐君毅起草的《为中国文化敬告世界人士宣言》（学界称"现代新儒家宣言"）上，签上了自己的名字。通过科学与人生观的论战，现代新儒学思潮在中国现代哲学领域中占据了与科学派、唯物史观派抗衡的位置，代表了中国现代哲学发展的一个重要方向。

2. 20 世纪 30—40 年代的理论建构

到 20 世纪 30 年代，南京政府成立，东北军的张学良易帜，军阀混战暂时平息。1931 年，日本帝国主义侵占东北三省，民族危机加剧，抗日救国的民族主义情绪高涨，批孔思潮渐渐退去。在这种形势下，学术界对儒学的同情度大大提升，促使现代新儒学发展到了理论建构阶段。

在这一阶段，倡导儒学开始成为新的潮流。五四新文化运动的支持者、著名的教育家蔡元培写了《中华民族与中庸之道》《孔子之精神生活》等文章，把儒学同孙中山创立的三民主义联系在一起，提出："孙博士创立这种主义，成立中国国民党，实在是适合中华民族性，而与古代的儒家相当"。"我们不能说孔子的语言，到今日还是句句有价值，也不敢说孔子的行为，

---

① 张君劢：《人生观之战》，上海泰东书局 1923 年版，"序言"。

到今日还是样样可以做模范。但是抽象地提出他的精神生活的概略，以智、仁、勇为范围，无宗教的迷信而有音乐的陶冶，这是完全可以师法的。"① 他认为，儒家伦理实行现代转化之后，仍然可以指导中国人的精神生活。国学大师章太炎早年曾批评儒学"少振作""骄吝""迂阔"，这时也转变了态度，对儒学表示同情和敬意，他宣称："余以为救之之道，舍读经未由。"② 他们作为名人，出面倡导儒学，社会影响相当大。最早站出来"为孔子说话"的梁漱溟，在30年代以后致力于乡村建设运动。乡村建设运动的指导思想就是梁漱溟创立的新儒学。他写出《中国民族自救运动之最后觉悟》和《乡村建设理论》等书，试图把新儒学思想落实到社会改造的实践中。尽管乡村建设运动没有取得成功，但对于儒家思想影响的提升，还是有所促进的。

1935年，上海的王新命等十位教授发表了《中国本位的文化建设宣言》。这篇宣言最早刊登在同年1月10日出版的《文化建设月刊》第1卷第4期上，因而又称为"一十宣言"。这篇宣言被各报刊转载后，引起各方面的辩论，形成继五四之后思想界第二次关于中西文化关系的大讨论。在这次讨论中，西化派虽然对本位文化派加以反驳，但已无力控制舆论了。王新命等人的"本位文化建设"主张，并没有提出什么系统的文化理论，但表达了同情以儒学为主干的固有文化的思想倾向，反映出现代新儒学影响在增长，并且已经成为一种社会舆论。

经过十几年的理论准备和舆论准备，现代新儒学理论建构的条件已经成熟了。在理论建构上有建树的现代新儒家主要有熊十力、冯友兰、贺麟等人。

（1）熊十力的"新唯识论"。熊十力是新陆王型的现代新儒家。他是由佛教转向儒家的，故而把自己的理论体系称为"新唯识论"，表示已经走出佛教的唯识学，归宗儒家。他虽然没有明确表示承续陆王学脉，但实际上是接着陆王讲的。他提出的"体用不二"论，同陆九渊的"吾心即是宇宙，宇宙即是吾心"，同王阳明的"心外无理，心外无物"，思路是一致的。在他看

① 《蔡元培哲学论著》，河北人民出版社1985年版，第397、431页。
② 章太炎：《读经有利无弊》，见蔡尚思主编：《中国现代思想史资料简编》第3卷，浙江人民出版社1982年版，第650页。

来，"本心"就是宇宙万有的本体，宇宙万物则是这一本体的功用或表现。本心是唯一的真实存在，现实的宇宙万物不过是"乍现的迹象"而已。本心作为本体，具有"翕"和"辟"两种功用。本心借助"翕"的功用，物化为物质宇宙，又借助"辟"的作用，使物质宇宙向自己复归。"翕"和"辟"相辅相成，对立统一，构成宇宙的无限的运动发展过程。本心既是宇宙万有的本体，也是人生价值的本体。从价值本体的意义上说，本心就是儒家讲的"仁"。但是，现实社会生活中的人，由于受到"量智"思维的限制，常常把世界看成是物质的，让"习心"蒙蔽了本心，不能体认价值本体，遂形成善与恶的分化。因此，应当用"性智"思维取代"量智"思维，祛除"习心"，树立本心，培育"内圣"的道德价值理念。熊十力强调，"内圣"应当通过"外王"即经世致用体现出来，力矫宋明理学有内圣无外王的空疏之弊。总之，本心是"新唯识论"的最高范畴和核心范畴，而"内圣外王"则是终极的价值目标。

（2）冯友兰的"新理学"。冯友兰是新程朱型的现代新儒家。他奉程朱理学为正宗，融会新实在论的思想资源，运用逻辑分析的方法建构了"新理学"思想体系。他认为，在人们经验所及的"实际"（现象界）之外，潜存着超验的"真际"。"真际"在逻辑上先于"实际"，它是"实际"的范型、目的和根据。真际就是程朱理学中所说的"理世界"，也可以称为"大全""太极""天"或"哲学中的宇宙"（有别于"科学中的宇宙"）。"理"是构成宇宙万物的形式因，"气"是构成宇宙万物的质料因，"道体"是构成宇宙万物的动力因，而"大全"则是构成宇宙万物的目的因。"理世界"既是存在意义上的本体，也是价值意义上的本体。人通过"觉解"的途径与"理世界"发生关系，形成主观的精神状态，也就是人的精神境界。按照人对"理世界"的觉解程度，人生中的境界可以划分为自然、功利、道德、天地等四种类型，其中天地境界为最高境界。在此种境界中的人"经虚涉旷"，"自同于大全""极高明而道中庸"，主观精神与真际本体合而为一。天地境界就是中国传统哲学所说的天人合一的境界。从真际先于实际的本体论原则出发，经过"觉解"的途径，达到最高的天地境界，这就是新理学的基本框架。

（3）贺麟的"新心学"。贺麟是新陆王型的现代新儒家。他承续陆王学脉，借鉴新黑格尔主义的思想材料和思想方法，建立了"新心学"思想体系。贺麟认为，世界是心的表现。通常所说的"物"，颜色和形状由意识渲染而成；条理和价值也是由心赋予的。事物的客观性来自人的认识的普遍性和共同性，即所谓"人同此心，心同此理"。所以"心和物是不可分的整体。"在这个整体中，心为本质、为主宰、为逻辑主体。他把这种宇宙观引申到认识论方面，便形成"自然的知行合一论"。在知行合一的展开过程中，知是行的本质，行是知的表现；知永远决定行，故为主；行永远为知所决定，故为从。依据心理合一的宇宙观和"自然的知行合一论"，贺麟构想了"合理性、合人情、合时代"的现代儒者人格，主张由"重忠孝仁爱信义和平的道德之儒商儒工"出来做社会的柱石。

除了熊十力、冯友兰、贺麟之外，比较著名的现代新儒家还有马浮和钱穆。

马浮（1886—1967年）字一浮，号湛翁，别号蠲戏老人。他长期隐居在西湖畔，钻研学问。旧学功底深厚，擅长诗词书画，精通多种外语。抗日战争时期，他出任设在四川乌尤寺的复性书院的主讲。他在学界的名气很大，贺麟称他是中国文化仅存之硕果。在他的门人的眼里，"先生守程朱居敬穷理之教，涵养之粹，读书之博，并世未见其比。"马浮为复性书院所立的学规是："主敬为涵养之要，穷理为致知之要，博文为立事之要，笃行为进德之要。"主要著作有《泰和会语》《宜山会语》《尔雅台答问正续篇》《复性书院讲录》等。

马浮认为，文化是精神的产物，而儒家的六艺之学则是人类文化的根本。"全部人类之心灵，其所表现者不离乎六艺，其所演变者不能外乎此。"他承继程朱看重经典、读书务博的学风，重视对儒家经典的研读。他也承继陆王发明本心的传统，把心性视为六艺的根基。他《复性书院讲录》卷三中说："性外无道，事外无理。六艺之道，即吾人自性本具之理，亦即伦常日用所当行之事也。"而在《宜山会语》中指出："一切道术皆统摄于六艺，而六艺实摄于一心，即是一心之全体大用也。"既然心性是六艺之道的根基，那么，治学的原则当然是由博返约，他在《复性书院讲录》卷一中强调：

"今明心外无物，事外无理，即物而穷理者，即此心之物，而穷其本具之理也。此理周遍充塞，无乎不在，不可执有内外。"马浮调和朱、陆，但侧重于道的普遍性和绝对性，实则倾向于朱，而不是陆。马一浮的名声很大，但在理论上的创新程度不是很高。

钱穆（1895—1990年）字宾四，江苏无锡人。1949年以前曾在北京大学、西南联合大学、江南大学任教授，到台湾后曾任"中央研究院"院士。著有《先秦诸子系年》《近三百年学术史》《国史大纲》《国史新论》《中国文化史导论》《宋明理学概论》等四十余本书。他自述："自问薄有一得，莫非宋明儒者之所赐。"① 他以宋明理学为指导思想编纂历史，以叙述历史的方式阐发宋明理学。他很强调儒学的特色，并且与外国文化加以比较："大抵中国主孝，欧西主爱，印度主慈。故中国之教在青年，欧西在壮年，印度在老年。我姑赐以嘉名，则中国乃青年性的文化，欧西为壮年性文化，而印度为老年性文化也。又赠之以美谥，则中国文化为孝的文化，欧西为爱的文化，而印度为慈的文化。"② 在他看来，孔子堪称青年人的楷模。"孔子中国之大圣，其为人也发愤忘食，乐以忘忧，不知老之将至，是孔子终身常带一种青年气度也。《论语》中国之大典，二十篇首《学而》，子曰：'学而时习之，不亦乐乎？有朋自远方来，不亦乐乎？'有子曰：'孝悌为仁之本。'曾子曰：'吾日三省吾身，为人谋而不忠乎？与朋友交而不信乎？传不习乎？'是孔门弟子教训皆主为青年发。《论语》即一部青年宝训也。"在他看来，儒学具有恒常的价值，值得大力推广。"只因有孔子的心教存于中国，所以中国能无须法律宗教，而社会可以屹立不摇。此后的中国乃至全世界，实有盛唱孔子心教之必要。"③ 钱穆主要是从史学的角度倡导儒学的，在哲学上没有多少建树。

3. 20世纪50年代以后内地的"批孔"和港台新儒家的活跃

1949年以后，随着思想改造运动的展开，"批孔"思潮逐渐形成，并且在"左"的风气影响下，愈演愈烈。50年代初，梁漱溟、冯友兰、贺麟等

---

① 钱穆：《宋明理学概论·序》，台湾学生书局1977年版，第1页。
② 钱穆：《中国文化与中国青年》，《中国现代思想史资料简编》第3卷，第398页。
③ 钱穆：《中国文化与中国青年》，《中国现代思想史资料简编》第3卷，第400页。

现代新儒家表示放弃自己的新儒学思想，并且做了言辞激烈的自我批判。许多人发表文章，以政治批判取代学术研讨，把儒家思想等同于"封建主义毒素"，予以全盘否定。到"文化大革命"期间，"批孔"更加极端化，把孔子与"复辟"联系在一起，大搞所谓的"儒法斗争"，大搞所谓的"批林批孔"，把人们的思想完全搞乱了。

50 年代以后，师承于熊十力的唐君毅、徐复观、牟宗三等人来到香港，并且经常到台湾任教讲学。在他们的推动下，港台新儒家开始兴起。港台新儒家的第一项重大举措就是创办新亚书院。1949 年 6 月，唐君毅、张丕介、程兆熊等人共同创办新亚书院，唐君毅出任教务长。到 60 年代初，这所书院发展成为有哲学、历史、中文、数学、生物、物理、化学等学科的综合性学院。1963 年，新亚、崇基以及联合三所书院合并，组建了香港中文大学。新亚书院可以说是港台新儒家的研究基地，徐复观、牟宗三都曾在此执教。港台新儒家的第二项重大举措是创办《民主评论》。这份由徐复观筹措资金在香港创办的杂志，成为港台新儒家的思想阵地。港台新儒家的第三项重大举措是发表了《为中国文化敬告世界人士宣言——我们对中国学术研究以及中国文化与世界文化前途之共同认识》（简称《宣言》）。他们在与世界各国学者交往的过程中，深深感到西方学者对以儒学为主干的中国文化存在着很大的误解，觉得自己有责任站出来纠正这种误解，提升中国文化在国际上的地位。唐君毅与当时在台湾的牟宗三、徐复观以及在美国的张君劢联系，达成共识。由唐君毅起草，四人共同署名，于 1958 年元旦在《民主评论》和《再生》杂志上同时发表了这份《宣言》。钱穆也参与了《宣言》的起草，因有些看法存在分歧，没有在《宣言》上签字。

《宣言》4 万多字，表达了港台新儒家的基本主张和共同的学术立场。他们对西方学者关于中国文化的偏见提出批评。有的西方学者出于传教的目的曲解中国文化，有的人出于政治的目的图解中国文化，有的人则出于好奇心，把中国文化看成博物馆中的文物。在某些西方人的眼里，中国文化与古埃及文化、古波斯文化、小亚细亚文化一样，都属于已经死亡了的文化。针对这种偏见，《宣言》严正指出：尽管中国文化有缺陷，称为"病

人"未尝不可，称为"死人"断断不可。有数千年历史的中国文化仍旧是活
的生命存在，"这中间有血、有汗、有泪、有笑，有一贯的理想与精神在关
注"。因此，考察中国文化应当抱有"同情"和"敬意"："敬意向前伸展增
加一分，智慧之运用亦随之增加一分，了解亦随之增加一分。"（见《宣言》
第三节）《宣言》在海外产生了较大的影响，标志着港台新儒家作为一个学
术群体已经形成。在这个学术群体中，唐君毅、徐复观、牟宗三无疑最具代
表性。

唐君毅是仁者型的港台新儒家。他侧重于从正面疏通中国文化的精神
与价值，纠正民族文化虚无主义倾向。熟悉西方哲学的唐君毅在本体论研究
方面也从生命进路切入，但同熊十力相比还是向前推进一步。他的本体论思
想更加凸显人文色彩，并且指向道德理性。他不再以佛教为对话的主要对
手，更为重视中国哲学与西方哲学的比较与会通。他借鉴德国古典哲学（尤
其是黑格尔哲学）的理论思维成果，诠释儒家的心性之学，力图证成"道德
理性"的本体论地位。

在他看来，宇宙间万物在时空中固然相互外在，然而在这种外在性中
隐含着万物之间相互联系着的内在性。内在性是超越于物质世界之上的，其
实是生命的表现形式。于是，唐君毅从物质世界跃升到生命的世界。他指
出，生命的特质在于，它必须求得自身的不断延续，求其过去的生命内在于
现在的生命，求现在的生命内在于将来的生命。唐君毅由此得出结论："任
一生物，皆有一使全宇宙的物质皆表现其身体之形式之潜在的要求。此是一
生命之盲目的大私，亦即其晦暗之原始之无明，或欲征服一切之权力意志。"
在这里，他把宇宙的内在性归结为生命，把生命理解为动态的本体，理解为
盲目的意志，显然是受到了从叔本华到博格森西方现代非理性主义的影响。
但唐君毅并不是非理性主义者。在他看来，生命的世界还不是究极的世界，
因为在生命的世界中尚无自觉的价值意识，尚处在"无明"状态。因此，必
须超越生命的世界，继续向前探究。

唐君毅对生命世界做了这样的分析：生物的生命活动不可避免地受到生
存环境的限制，不过这种限制随着生命的发展可以被突破、被超越。到了生
命的高级形态，"克就此时超越自身之形式之限制，而有所增益上言，则生

物之本性即不得说为不自觉之大私或无明，而是不断自其私之形式解放，以开明其自体，而通达于外者。"① 他的这段分析表明，唐君毅已摆脱非理性主义，而跨入理性主义的轨道。他由非理性的生命世界跃升到理性的人文世界，并且把人文世界描述为体现道德价值的世界，运用现代的哲学语言表达了"仁者与万物同体"的儒家情怀。在人文的世界中，"大私""无明""权力意志"等非道德的因素均被化除，形而上的精神实体出现。至此，唐君毅终于由形而下达到形而上，由物质世界、生命世界的"杂多"求得人文世界的"统一"，证成他心目中的本体——他称之为"生生不息之几之形上实体或形上之宇宙生命精神"。这种宇宙生命精神是通过人自觉地体现出来的，从这个意义上说，它就是"本心""仁体""道德自我""精神自我""超越自我""道德理性"。我们从唐君毅哲学思考步步展开的过程中不难看出，他的本体论思想始终关注着人文的价值、道德的价值。他的本体论无疑是一种唯心主义，但不是西方哲学中的认知意义上的唯心主义，而是道德意义上的唯心主义。唐君毅的本体论思想既有熊十力的痕迹，又透出黑格尔式的思辨，就其理论深度来说，显然已超出了乃师。

徐复观是勇者型的港台新儒家。他对形而上的哲学思辨不感兴趣，甚至对他的师友有所批评，认为他们"把中国文化发展的方向弄颠倒了"。照他来看，儒学的根基建立在"仁心"或"本心"这一价值的自我意识上就足够了，没有必要对其作形而上的证明。他认为，"仁心"规定了人生的价值或意义，认同这一价值意义的源泉，并且由此引出生活格局、社会秩序，这就是儒家思想的基本路数。显然，徐复观的新儒学思想同其师友一样，也是基于"仁心"这一最高范畴，也是贯彻内圣外王的理路。同其师友不同的是，他不愿意把思考的重点放在本体论方面，以免人们把儒学视为难以涉足其间的畏途。照他看来，与其费力地探讨内圣（本体）如何建立，不如探讨外王（科学和民主）如何开出，这样才会使新儒学更具现代感、更有社会影响力。

那么，外王如何从内圣开出呢？徐复观提出的方案是"转仁成智"。所

---

① 唐君毅：《文化意识与道德理性》，台湾学生书局1986年版，第62页。

谓"仁"是指价值的自我意识,而"智"是指认知理性。他认为由"仁"无法直接开出科学和民主,因此必须转仁成智才能实现儒学的现代转化。他指出,传统儒学之所以没有开出科学和民主,原因之一就在于没有实现转仁成智。徐复观对传统儒学抱有深沉的同情和崇高的敬意,但并不讳言传统儒学的缺点。他认为传统儒学大都为统治者说话,很少为被统治者说话,现代新儒家必须转变立场,做被统治者的代言人。他是这样说的,也是这样做的,他发表大量政论文章,抨击当局的专制主义政策,为呼吁民主而大声疾呼。

严格地说,徐复观的"转仁成智"说并没有回答如何从内圣开出新外王的问题,只是肯定由内圣应该开出新外王。他的主张实则是推进传统,而不是保持传统。他极力证明传统的儒学同现代的民主政治并不矛盾,从儒家典籍中找出"天听自我民听,天视自我民视"之类的民主思想的闪光点,但从未作出从儒学中直接开出民主政治的断语。徐复观这一处理传统儒家学说与民主政治的关系的做法,表现出较强的批判精神、正视历史的求实精神和面向世界的时代精神。这在狭义新儒家当中颇为独特。

牟宗三是智者型的港台新儒家。他沿着生命—人文—道德的进路,明确地提出"道德的形上学",最后完成了对新儒家思想的本体论诠释。牟宗三指出,"道德的形上学"不同于"道德底形上学"。后者是从形上学角度研究道德,并非是"形上学"本身;前者"则是以形上学本身为主,而从'道德的进路'入,由'道德性当身'所见本源渗透至宇宙之本源,此就是由道德而进至形上学了,但却是由'道德的进路'入,故曰'道德的形上学'。"① 按照牟宗三的解释,儒家所谓"仁",所谓"本心"并非仅指道德意义上的主体,而应当视为宇宙万有的本体,故称"道德的形上学",——这正是儒家哲学的特质之所在。所谓"道德的形上学"也就是儒家一脉相传的内圣心性之学或"成德之教"。它所讨论的主要问题有两个方面:"首先讨论道德实践所以可能之先验根据(或超越的根据),此即是心性问题是也。由此进而复讨论实践之下手问题,此即是工夫入路问题是也。前者是道德实践所以可能之客观根据,后者是道德实践所以可能之主观根据。宋明儒心性之

---

① 牟宗三:《心体与性体》第 1 册,台湾正中书局 1968 年版,第 140 页。

学之全部即是此两问题。以宋明儒词语说，前者是本体问题，后者是工夫问题。"① 立足于"本心仁体"这一"道德的形上学"的基本理念，牟宗三试图解决"外王如何从内圣开出"的问题。他使用三个术语评判传统儒学：一是道统，即"道德的形上学"，这是儒学的最突出的理论成就；二是学统，即科学知识，传统儒学对此不够重视；三是政统，即民主政治，在这方面只有理性之运用表现而无理性之架构表现。总的结论则是在传统儒学当中"有道统而无学统与政统"。换句话说，传统儒学事实上并未开出新外王，未开出科学和民主。那么，在理论上从儒家的内圣之学能否开出新外王呢？牟宗三的回答是肯定的。他认为开出的具体途径就是"良知的自我坎陷"，即从德性主体转出知性主体，以便为科学、民主的发展提供依据。他说："由动态的成德之道德理性转为静态的成知识之观解理性，这一步转化，我们可以说是道德理性之自我坎陷（自我否定）：经此坎陷，从动态转静态，从无对转有对，从践履上的直贯转为理解上的横列。"② 至于如何从道德主体"坎陷"出知性主体，他并未作出令人信服的说明。

4. 20 世纪 70 年代末的正本清源

党的十一届三中全会以后，新中国的社会发展迈入新的历史时期。在邓小平理论的指导下，拨乱反正，"左"的影响逐步被清除，儒学研究也呈现出新的气象。20 世纪 80 年代初，北京大学成立中国文化书院，梁漱溟出任名誉院长。文化书院举办多次中国传统文化讲座，受到欢迎。梁漱溟不顾年事已高，重新活跃在讲坛上，多次阐述他关于儒学以及中国传统文化的看法，影响很大。随着改革开放的力度不断加大，海外儒学研究的情况也被介绍过来，扩大了人们的眼界。人们把这种新变化称为"传统文化热"。尽管也有人对这股热潮颇有微词，但人们敌视儒家的心态毕竟在逐步扭转。

从 20 世纪 80 年代开始，大陆学术界越来越重视儒学研究。许多大学都开设关于儒学的课程，许多硕士生、博士生选择儒学研究作为硕士或博士论文选题。1981 年，刚刚成立不久的中国哲学史学会在杭州召开"宋明理

---

① 牟宗三：《心体与性体》第 1 册，台湾正中书局 1968 年版，第 8 页。

② 牟宗三：《政道与治道》，台湾学生书局 1983 年版，第 58 页。

学研讨会",参会人数达数百人之多,盛况空前。陈荣捷、狄百瑞、刘述先等海外著名的儒学研究者也出席了这次会议。在这次研讨会上,许多学者都围绕儒学这个话题发表自己的学术观点,对儒学表示同情的理解。1986年,国家社会科学基金批准设立"七五"重大项目"现代新儒家研究",由方克立、李锦全担任课题组召集人,组织研究队伍。这一课题从"七五"顺延到"八五",有30多人参加课题组,发表论文数百篇,出版学术专著数十种,召开多次学术研讨会,产生很大的学术影响。一些全国性的儒学学术团体如孔子基金会、中华孔子学会、国际儒学联合会等也相继建立起来。这些学术团体经常举办关于儒学的大型活动,党和国家的领导人有时也出席并发表讲话,表示支持。儒学的社会影响力明显有较大的提升,实事求是、自强不息、以人为本、以德治国、明礼诚信、和而不同、和谐互助等有儒家色彩的语汇,已经融入了执政理念。

在国际中国哲学会和杜维明、刘述先、成中英、余英时等学者的推动下,儒学在国际思想界的影响力也有较大的提升。1997年12月,在意大利的拿波里召开"第二次世界伦理会议"。此次会议由联合国教科文组织主导,由意大利哲学院承办,30位来自世界各地的哲学家与会。刘述先作为儒家的代表出席了这次会议,并在会上阐述了儒家伦理的现代意义,与世界上各大宗教的代表进行对话,提出用"理一分殊"来面对世界伦理问题的主张。杜维明来往于美国和两岸三地之间,用中英文宣讲他的新儒学思想,引起了学术界乃至大众对儒学的现代价值的关注。国际中国哲学会还同国内学术机构联合举办多次大型学术会议,提升了儒学的影响力。

2002年,中国人民大学建立孔子研究院,着手编纂儒藏,每年组织"孔子文化月"活动,举办"国际儒学论坛",在国内外引起极大的反响,先后有数以千计的中外学者参与中国人民大学孔子研究院组织的各种学术活动。"十六大"报告中对中华民族精神表示高度的重视,十六届四中全会发出建构和谐社会的号召,进一步推动了全社会对儒学思想资源的关注。中国人民大学率先建立国学院,培养国学人才。许多大学也建立专门的研究机构,开展儒学研究。除了中国人民大学之外,北京大学、四川大学也投入大量的人力和财力,开展儒藏编纂工程。近年来,各种关于儒学的学术会议接连召开，关于儒学的专著不断出版，关于儒学的论文大量发表，"儒门清淡"的局面基本上得以扭转。

由上述可见，现代新儒学思潮虽然是现代新儒家提出的一个话题，但到 20 世纪末，已经不再局限在现代新儒家的范围内，已经变成全中华民族的思想动向，变成社会主义精神文明建设的一项重要内容。未来的现代新儒学思潮，将在时代精神和民族精神的交汇中，将与世界上其他文化形态的对话中，得到长足的发展。

三、现代新儒学思潮的表现形态

发端于 20 世纪初的现代新儒学思潮至今已经有近 80 年的历史了。笔者认为，"现代新儒学思潮"的外延应当包括两个组成部分。一部分可以称为"现代新儒家"，指那些明确地表示以接续儒家道统为己任的学者，他们表现出鲜明的文化保守主义学术立场。"现代新儒家"又有狭义与广义之分。另一部分可以称为"儒家解释学"，指那些不标榜道统的儒家研究者或诠释者，他们分别站在不同的学术立场对儒家思想做同情的理解与诠释，以彰显儒学的现代价值。

1. 狭义新儒家

狭义新儒家奉儒家内圣学为道统，尊陆王而贬程朱，采取生命的进路，标榜道德形上学，主张由内圣开出外王，从梁漱溟、熊十力到唐君毅、徐复观、牟宗三，构成了一条明显的学脉。

梁漱溟是狭义新儒家的开山，他确立了这一学派的基本风格。首先，他第一个站出来"替儒家说话"，从现代理论需要的角度肯定儒学的价值。他从西方发生第一次世界大战的严酷事实中看出，西方文化绝非如某些中国人原来想象的那么美妙。尽管中国在物质文明方面的成就远不如西方，但在精神文明方面却具有西方文化不可比拟的优长。他的这种儒家思想优于西方文化的看法，尽管在后来的狭义新儒家当中有所修正，但基本上得到比较一致的认同。其次，他采取生命的进路诠释儒学的现代价值。他认为博格森的生命哲学与儒学有相通之处，借鉴博格森的思想方法和思想数据，从主体主义立场出发，接上陆九渊、王阳明等心学一脉，为狭义新儒家定下了崇陆王而贬程朱、发挥内圣学的基本发展思路，这在后来也成了狭义新儒家理论的基本风格。

梁漱溟提出儒学优位论、主体主义和生命的进路，可以说表述了狭义新儒家的基本理念，但他都未来得及作出充分的论证。他只是开启者，而不是终结者。他在草创新儒学思想之后，便转向实践方面，长期致力于乡村建设运动和其他社会活动，在理论方面没有取得多少进展。梁漱溟的讲友熊十力接过他在北京大学的职务，多年从事教学和理论研究，担负起了发展狭义新儒家基本理论的任务。他从生命进入到人文，确认儒家"本心"范畴的本体论意义。他在《新唯识论》中写道："本书生命一词，为本心之别名，则斥指生生不息之本体而名之。"① 本心具有"翕"和"辟"两种功用，施设宇宙、统摄宇宙，构成存在的本体；"仁者，本心也。即吾人与天地万物所同具之本体也。"② 本心也是人生价值的源头。他依据体用不二论建立内圣外王论。

熊十力的新儒学特别关注两个问题：一是本体如何建立的问题，二是外王如何从内圣开出的问题。他对第一个问题投入的精力比较多，但由于他对西方哲学并不十分熟悉，主要还是采取与佛教对话的方法展开他的哲学构想的，虽多有创见，可是对西方哲学的回应毕竟有些力不从心。这对熊十力的理论思维深度不能不构成一个明显的限制。就连他的弟子牟宗三也觉得乃师的本体论思想"没有十字打开"。至于外王如何从内圣开出的问题，他解决的也不够理想。他的"外王"观念也比较陈旧，尚未明确地赋予科学与民主的内涵。尽管受到主客观条件的限制，熊十力对上述两个问题的解决不够圆满，然而正是他把这两个问题凸显出来，为后来的狭义新儒家开辟了广阔的理论思考空间，从而为狭义新儒家的发展起到了导向的作用。1949 年以后，狭义新儒家的研究中心转到港台地区，熊十力的弟子唐君毅、徐复观、牟宗三成了狭义新儒家的代表。他们的新儒学思想各有特色，但也有共性。其共

---

① 熊十力：《熊十力论著集之一：新唯识论》，中华书局 1985 年版，第 525 页。

② 熊十力：《熊十力论著集之一：新唯识论》，中华书局 1985 年版，第 567 页。

性就是，他们都试图以各自的方式解决"本体如何建立"和"外王如何开出"这两个狭义新儒家的基本问题。唐君毅也是从生命进路切入的，但同熊十力相比还是向前推进了一步。他试图立足于人文主义立场解决"本体如何建立"的问题。他认为，本体就是"道德自我"或"道德理性"，把儒家的心性之学诠释为超验的唯心论。在他看来，宇宙间万物在时空中固然都是相互外在的，然而在这种外在性中也隐含着万物之间相互联系着的内在性。内在性是超越于物质世界之上的，其实是生命的表现形式。于是，唐君毅从物质世界跃升到生命的世界，又从生命世界跃升到人文世界。为此，他进一步提出了"生命三向说"和"心灵九境说"，展开了他对道德理性的系统论述。

不喜欢哲学思辨的徐复观不大关心"本体如何建立"的问题，特别看重"外王如何开出"的问题。徐复观提出的解决方案是"转仁成智"。所谓"仁"是指价值的自我意识，而"智"是指工具理性。以往的儒家过分拘泥于"仁"，而没能转"仁"成"智"，因而无法开出科学和民主。现代新儒家应当在先儒的基础上，把儒学向前推进一步，实现"转仁成智"，实现儒学的现代转化，接纳科学和民主。徐复观已经意识到，工具理性的缺失是传统儒学的不足之处，弥补这一不足是儒学实现现代转化的关键。至于从"仁"何以可能转出"智"，或者说，从价值理性何以可能转出工具理性，他似乎还未做深入的理论探讨。

牟宗三沿着梁漱溟开辟的生命进路，认同熊十力的本心本体论，吸收唐君毅和徐复观的研究成果，最后建构成"道德的形上学"。他强调，儒家立足于人所特有的"智的直觉"，从有限进入无限，达到"道德的形上学"。所谓"道德的形上学"，就是道德意义上的本体论，有别于西方哲学中认知意义上的本体论。这种"道德的形上学"，就是先儒所说的天德良知，就是儒家的安身立命之地，就是儒家做人的哲学依据，就是儒家独特的理论造诣。儒家的"道德形上学"，已经超越了康德，达到了西方哲学没有达到的理论高度。依据"道德的形上学"，牟宗三提出"坎陷"说。他认为，必须从德性主体"坎陷"出知性主体，才可以从儒家的内圣学开出新的外王学，开出科学和民主。至此，他比较系统地回答了狭义新儒家的两个基本问题，为这一学派的发展画上了句号。他的新儒学思想是狭义新儒家的最高阶段，换言之，狭义新儒家到牟宗三这里便宣告终结了。这里所说的"终结"不等于"完结"，不等于说牟宗三后继无人，只是说他的后继者很难再沿着他的思路继续推进他的理论，很难在学理上有新的突破。

2. 广义新儒家

广义新儒家的道统观念比较宽泛，冯友兰奉程朱为正统，贺麟则力图化解陆王与程朱的对立，但倾向于陆王。他们在建立思想体系的时候，没有选择非理性主义的生命进路，而是选择了理性主义的学理进路。同狭义新儒家相比，广义新儒家不能算是严格意义上的学派，他们之间有明显的观点分歧。

冯友兰采取逻辑分析的进路建构了新理学体系。他用"理""气""道体""大全"等四个"逻辑观念"解释世界："理"是万事万物的形式因，"气"是质料因，"道体"是动力因，"大全"是目的因。根据人对"理世界"的觉解程度，人生境界可以划分为自然、功利、道德、天地等四种境界，其中天地境界为最高境界。在天地境界中的人，就是儒家所说的圣人，也就是进入天人合一境界中的理想人格。新理学引入现代西方哲学界较为流行的逻辑分析方法，改造传统儒家哲学的思维方式，对于儒学的现代转化是有促进作用的。一般说来，传统的儒家学者虽然提出一些深邃的哲理，但因缺少逻辑论证，理论性显得比较薄弱。新理学避免了这个缺点。他以知性思维的逻辑性和明晰性纠正了直觉思维的独断性和神秘性，开辟了中国哲学研究的新路。同时，冯友兰的新理学彰显出理世界的超越性，由超越性讲到内在性，对于全面弘扬宋明理学的学术精神做了必要的工作，而狭义新儒家往往尊陆王而黜程朱，从生命的进路承续内圣学，但沿着他们的进路恐怕讲不出超越性来。从这个意义上说，新理学的确有狭义新儒家所不及之处

贺麟采取逻辑综合的进路建构了"新心学"体系。在他看来，心与物是不可分的整体：不能离开心，解释事物的存在；也不能离开物，把心抽象化。心有两种含义，一为"心理上的心"，二为"逻辑上的心"。"心理上的心"规定物，"逻辑上的心"规定理。"心理上的心"是"被物支配之心"，相当于宋明理学中的"已发"，故"心亦物也"；"逻辑上的心"是"超经验的精神原则，是经验的统摄者，行为的主宰者，知识的组织者，价值的评判

者，是心理意义的心由以成立的根据"，相当于宋明理学中的"未发"。"未发"为"已发"之体，故"心为物之体，物为心之用"。心与物是不能两相分离的，所有的现实存在物，都是心物合一的。贺麟合心而言实在，合理而言实在，合意义价值而言实在，得出的结论是："从哲学看来，仁乃仁体，仁为天地之心，仁为天地生生不已之生机，仁为自然万物的本性，仁为万物一体生意一般之有机关系之神秘境界。简言之，哲学上可以说是有仁的宇宙观，仁的本体论。离仁而言本体，离仁而言宇宙，非陷于死气沉沉的机械论，即流于黑漆一团的唯物论。"① 通过对"仁"这一儒家伦理规范的强调，贺麟新心学的宇宙论也就过渡到了伦理主义，从而实现了向儒家学派的复归。

3. 儒家解释学

"儒家解释学"与"现代新儒家"相比，外延更宽。无论选择怎样的学术立场，无论选择怎样的研究视角，只要是以同情的态度诠释儒家思想，用现时代人的眼光发掘儒家思想资源，都可以归入"儒家解释学"的范围。

儒家解释学在五四时期就已见端倪。西化派的代表人物胡适虽然曾经称赞吴虞是"只手打孔家店的老英雄"，但他在批孔的同时，也做了一些释孔的工作。他在《先秦名学史》中对孔子做了积极的、肯定的评价，认为孔子"基本上是一位政治家和改革家，只是因强烈的反对，使他的积极改革受到挫折之后，才决心委身于当时青年的教育。"② 在《中国哲学史大纲》和《中国中古思想史长编》中，他把孔子、孟子、荀子乃至汉初儒生都当作研究的对象，而不是批判的对象，也作出同情的诠释。到 30 年代，尽管胡适仍旧坚持批儒的立场，但已走出激情，能够以更加客观、更加平和的心态看待儒学，将其当作学术研究的对象，并且取得了一些重要的研究成果。1934年他写出 5 万多字的《说儒》，阐述了他关于儒学的起源及其早期发展的看法。他指出，经过孔子改造以后，儒学不再是亡国遗民柔顺以取容的人生观，精神面貌焕然一新，转变成积极进取的人生观。"'士不可以不弘毅：任

---

① 贺麟：《文化与人生》，上海商务印书馆 1947 年版，第 6 页。
② 胡适：《先秦名学史》，学林出版社 1983 年版，第 5 页。

重而道远’，这是这个新运动的新精神。”孔子把柔弱的儒和杀身成仁的武士结合起来，提出一个新的理想人格，即“君子儒”。对于孔子倡导的新儒行，胡适也表示充分的肯定，评论说：“他把那有部落性的殷儒扩大到那‘仁以为己任’的新儒；他把那亡国遗民的柔顺取容的殷儒抬高到那弘毅进取的新儒。这真是‘振衰而起儒’的大事业。”① 尽管胡适的结论引起了争议，但他同情儒学的态度是显而易见的。

接受唯物史观的中国马克思主义者，一般都对孔学抱着批判的态度。他们做了大量的清理封建主义思想糟粕的工作，努力为新民主主义革命扫清思想障碍，为马克思主义在中国的传播扫清思想障碍。不过，他们并没有因此而全盘否定孔学的价值，在批孔的同时，他们也做了大量的释孔工作，付出了相当大的努力。陈独秀多次提到，“孔学优点，仆未尝不服膺”。李大钊说：“故余掊击孔子，非掊击孔子之本身，乃掊击孔子为历代君主所雕塑之偶像的权威也；非掊击孔子，乃掊击专制政治之灵魂也。”② 他已注意到了如何评价孔子这一问题的复杂性。郭沫若认为，在孔子的思想中包含着“以人民为本位”的精华。“孔子的基本立场既是顺应着当时的社会变革的潮流的，因而他的思想和言论也就可以获得清算的标准。大体上他是站在代表人民利益的方面的，他很想积极地利用文化的力量来增进人民的幸福。”③ 侯外庐和杜国庠也运用唯物史观研究儒家学说，肯定儒学在思想史上的地位。从发展趋势上看，中国马克思主义者对儒学态度逐渐从批判过渡到同情，从以清理思想糟粕为主过渡到以提留思想精华为主。应当说这种转折是正常的、合理的。如果我们当时能沿着他们开辟的方向往前走，也许会早些完成“释孔”的任务，可惜由于受到“左”的思潮的干扰，我们竟走了几十年的弯路。这里的教训难道不应该认真反思吗？过去，人们总觉得批孔是合乎唯物史观的，而同情地释孔则是违背唯物史观的，现在应该纠正这种误解了！

“文化大革命”结束之后，“左”的思潮的干扰得以排除，学术界走出批孔的误区，相当多的学者开始从新的视角诠释儒家思想。1980 年，著名

---

① 《胡适文存》第 4 集卷 1，上海亚东图书馆 1921 年版，第 47 页。

② 《李大钊选集》，人民出版社 1959 年版，第 80 页。

③ 郭沫若：《十批判书》，东方出版社 1996 年版，第 87 页。

哲学史家张岱年在《孔子哲学解析》一文中，把孔子的思想概括为十点：1.述古而非复古；2.尊君而不主独裁；3.信天而怀疑鬼神；4.言命而超脱生死；5.举仁智而统礼乐；6.道中庸而疾必固；7.悬生知而重见闻；8.宣正名而不苟言；9.重德教而轻刑罚；10.整旧典而开新风。他在多次学术会议上讲，时至今日，尊孔的时代已经过去了，批孔的时代也已经过去了，现在进入了研究孔子的新时代。他所说的"研究"，其实就是从新的视角、以同情的态度诠释儒学，就是建构同新时代相适应的新儒学。张岱年写了《关于孔子哲学的批判继承》《孔子与中国文化》《评"五四"时期对于传统文化的评论》《孔子的评价问题》《儒学奥义论》等多篇文章，阐述他关于儒学的新见解。

张岱年不同意给孔子带上一顶"保守主义"的帽子，他说："多年以来有一个流行的说法，认为孔子在伦理学说、思想教育方面有所创新，在政治上却是保守的，属于守旧派，他一生不得志，是由于他的政治活动是违反历史发展趋势的。十年动乱时期，'批孔'、'批儒'，更指斥孔子是一个顽固的反动派、复古派、复辟狂。时至今日，这个问题须加以认真考察，分辨清楚。"① 他充分肯定孔子对于中国文化的历史性贡献，他说："孔子有哪些主要的贡献呢？第一，孔子是第一个从事大规模讲学的教育家在客观上为战国时代的百家争鸣开辟了道路。第二，孔子提炼并宣扬了上古时代流传下来的关于公共生活规则的处世格言，提出了以'泛爱'为内容的仁说。第三，孔子重视人的问题而不重视神的问题，提倡积极有为的乐观精神，要求在日常生活中体现崇高理想，从而为中华民族的'共同心理'奠定了基础。"② 他认为，儒学的基本精神不但不是保守主义的，而是积极进取、乐观向上的。张岱年把儒学分为深、浅两个层面：维护等级制的思想，属于浅层的儒学；微言大义才属于深层的奥义。这些思想为"一般人所不易理解的，对于文化思想的发展却起了非常重要的作用。"③ 儒学的浅层思想应当批判，而儒学深层的奥义具有普遍价值。他说："儒家学说中确实具有一些微言大义，'微

① 《张岱年全集》第 6 卷，河北人民出版社 1996 年版，第 114 页。
② 《张岱年全集》第 5 卷，河北人民出版社 1996 年版，第 393—294 页。
③ 《张岱年全集》第 7 卷，河北人民出版社 1996 年版，第 1 页。

言'即微妙之言,'大义'即基本含义。微言大义即比较具有深奥精湛的思想,亦就是儒学的深层意蕴。儒学是有时代性的,时至今日,儒学的许多观点(主要是浅层思想)都已过时了,但是其中也有一些重要观点(主要是深层思想)却具有相对的'普遍意义',虽非具有永恒的价值,但至今仍能给人们以深刻的启迪。"① 张岱年拒绝人们把他称为新儒家,但把他的这些新见解归入"新儒学"的范围,恐怕他是不会反对的。张岱年可以说是新的历史时期运用马克思主义观点诠释儒学的杰出代表。

李泽厚也是新时期重新诠释儒学的学者之一。在 20 世纪 80 年代,他出版了《中国古代思想史论》一书。在这本书里,他把儒家思想诠释为原始的人道主义,并且表示同情的理解。他认为,儒学"在塑建、构造汉民族文化心理结构的历史过程中,大概起了无可替代、首屈一指的严重作用"。② 儒学作为汉民族的集体无意识,已经渗透在人们的心理结构、行为准则、思想观念之中,变成日用而不知的基因,是无法全盘抛弃的,必须寻找促使其"转换性地创造"的途径。他不赞成港台新儒家关于儒家文化已死的论断、关于儒学发展的三期说、内圣外王说、内在超越说、"智的直觉"说、道德形上说,强调实用理性、乐感文化、情感本体、一个世界等才是中国文化的根本特征。有些人根据李泽厚的这些看法,把他归入现代新儒家的行列。他本人对此不置可否。其实,把他看作一个儒家解释学者,恐怕更为确切。

牟宗三的后学林安梧提出"后新儒学"的概念,对乃师的"两层存有""良知的自我坎陷""智的直觉"等观点提出批评,认为乃师以形式主义的方式把儒学加以理论化和知识化,有意无意地造成了"道的错置"。他在《道的错置——中国政治思想的根本困境》一书中指出,现代新儒家以道德自我或良知涵盖一切,陷入了本质主义的误区,远离了生活世界。他特别强调人的经验实存性,主张回到现实的生活世界,从人的社会生活关系、互动实践角度诠释儒学的意涵,而不必拘泥于道德理想主义的立场。林安梧提出的"后新儒学",显然已突破了现代新儒家的视界,也应属于儒家解释学的

---

① 《张岱年全集》第 7 卷,河北人民出版社 1996 年版,第 1—2 页。
② 李泽厚:《论语今读》,安徽文艺出版社 1998 年版,第 3 页。

范围。

我们把现代新儒学运动概括为上述三种表现形态，旨在扩大研究范围。以往的研究范围，大都局限在"现代新儒家"的范围，局限于有数的几个人，难以反映现代新儒学思潮的整体动向。实际上，"现代新儒家"只是现代新儒学思潮的部分内容，并且只有思想史的意义，无法反映现代新儒学思潮的发展前景。"现代新儒家"的讲法，只是关于现代新儒学思潮的一种讲法，并不是现代新儒学思潮的全部内容。除了"现代新儒家"之外，"儒家解释学"还有诸多讲法。把这两部分内容综合起来研究，才能看清现代新儒学思潮的发展动向。

（原载于《哲学家 2006》，人民出版社 2006 年版）

论儒学的现代走向

在五四新文化运动时期，陈独秀写过一篇题为《孔子之道与现代生活》的文章，断言儒学不能适应现代生活的需要，并且把儒学当成批判的对象。他之所以坚持批儒的观点，主要是针对当时北洋军阀政府利用尊孔的名义搞复古倒退的动向而发的，在当时具有进步意义；但是他对儒学的批判毕竟没有建立在深入研究的基础之上。时间已经80多年了，我们在21世纪显然不必再拘泥于陈独秀的结论，并且需要对其加以反思。笔者认为，陈独秀的结论有合理因素，但也存在着片面性。其一，他在强调儒学的时代性的时候，忽视了民族性。其二，他只看到儒学的单一性，而忽视了儒学的复杂性。儒学的确同君主政体有密切关系，但君主政体绝不是儒学的唯一存在空间。儒学作为政治伦理，当然主要以君主政体为存在空间。然而，儒学作为社会伦理，则以民族群体为存在空间；作为生活伦理，则以家庭为存在空间；作为人格信念，则以中国人的心灵深处为存在空间。因此。具有数千年历史的儒学并不会随着君主政体的消亡而消亡。全面地看，儒学既有与现代社会生活相抵触的方面，也有与现代社会生活相适应的方面。儒学经过现代转化之后，仍将获得广阔的发展前景。

一、现代转化的理据

儒学作为中国文化的主干，既有时代性的一面，也有民族性的一面。因其有时代性，传统儒学作为农业社会的产物，不能不表现出历史的局限性，甚至被帝王用来作为维护统治的工具。五四时期新文化运动的倡导者们发起对传统儒学的批判，其实并不是对儒学的全盘否定，而是把矛头指向传统儒学的历史局限性。李大钊说："故余掊击孔子，非掊击孔子之本身，乃掊击孔子为历代君主所塑造之偶像的权威也；非掊击孔子，乃掊击专制政治之灵魂也。"[①] 在这里，他把"孔子之本身"同"孔子之偶像"区分开来，明确表示只掊击后者，而不是前者。五四时期对传统儒学历史局限性的批判有积极的意义，起到的思想解放的作用，则是不能否定的，那种视此为"文化断层"的论点是不能成立的。实际上，新文化运动的倡导者对传统儒学既有严厉的批判，也有同情的诠释（参见拙著《批孔与释孔：儒学的现代走向》）。令人遗憾的是，长期以来，在"左"的话语占主导地位的情况下，人们夸大了五四时期"批孔"的一面，而忽视了"释孔"的一面。五四时期新文化运动的倡导者对传统儒学的历史局限性的批判，其贡献在于凸显出儒学实行现代转换的必要性。正如贺麟先生所指出的那样，五四新文化运动破除了"儒家的僵化部分的躯壳形式末节和束缚个性的传统腐化部分"，"他们并没有打倒孔孟的真精神、真意思、真学术。反而因它们的洗刷扫除的功夫，使得孔孟的真面目更是显露出来。"

由于儒学有时代性的一面，必须清除历史灰尘，必须适应新时代的要求对其不断作出新的诠释，从而促使现代新儒学的发展。由于儒学有民族性的一面，体现中华民族的文化共识，如何发掘儒学体现时代精神的正面价值，将是一个恒久的课题。从这个角度看，现代新儒学的出现也是必然的。从哲学人类学的意义上看，任何社会组织必须有一套全体社会成员达成基本共识的主流价值观念和伦理规范，这是每个民族形成所必不可少的文化共识。这种文化共识可以采用宗教的形式来表达，也可以采用非宗教的形式来表达。世界上大多数民族都采用宗教的形式表达民族文化共识，有如伏尔泰所说，一个民族即便没有神，也要造出一个神来。中华民族也许是个特例，那就是采用非宗教的形式表达民族文化共识，这就是儒学。儒学是世界上少有的以非宗教的、内在超越的方式安顿精神世界的成功模式（有别于基督教、佛教、伊斯兰教），也是凝聚力极强的、有效的组织社会模式，已形成

---

① 《李大钊选集》，人民出版社 1959 年版，第 80 页。

中国人的文化基因，并且具有强盛的生命力。儒学有深厚的历史积淀，有广泛的社会影响，并不会因新文化运动的冲击而终结。如何把握民族性与时代性相统一的原则，克服传统儒学的局限性，走出民族文化虚无主义的误区，摆脱"左"的偏见，重估儒学的价值，开发儒学资源，培育适应时代精神的中华民族精神，将是我们的一项重要的理论任务。

在启蒙主义的话语下，现代观念与传统观念之间的联系被割断了，一些人过分强调现代对于传统的变革，而忽视现代对于传统的继承。这并不符合现代社会发展的实际。以西方发达国家为例，尽管各国都曾发生过批判基督教的启蒙主义运动，但基督教并没有因此而消失，而是实行现代转化，依然发挥着文化共识的作用，依然维系着现代西方社会的运转。在五四时期，中国受启蒙主义的影响，也出现全盘否定儒学的西化思潮。西方基督教受启蒙主义思潮的冲击，并没有消失，而是实行了现代的转化；同样，儒学受到西化思潮的冲击也不会消失，也会实行现代转化。现代新儒学思潮的出现，正是对西化思潮的反弹，体现中国文化发展的大趋势。

长期以来，在"左"的思潮的主导下，儒学被视为封建主义意识形态，予以全盘否定：儒学的历史局限性被夸大了，儒学的普适性被消解了。在传统与现代对立的思维模式下，儒学只是被驱逐了消极因素，"打倒孔家店"成为流行语。许多人把"打倒孔家店"说成是五四时期的口号，实际上是个误传。在五四时期，并没有"打倒孔家店"的提法，近似的说法是"打孔家店"。胡适曾在为吴虞的书作序时，称赞吴虞是"只手打孔家店的老英雄"，并没有用"打倒"二字。"打倒孔家店"以至于"批林批孔"的口号，都是"左"的话语，都透露出全盘否定儒学的偏见。

儒学是复杂的文化现象，不能把儒学简单等同于封建主义意识形态。已经成为中国传统文化主干的儒学至少应该从三个角度来把握。第　，有作为学理的儒学。儒学是一种行之有效的社会组织原理，体现人类性或合群体性，具有普遍价值。虽然历代儒学家关于儒学的阐述，对于我们认识儒学社会组织原理有帮助，但仍需要适应现代社会发展的要求不断作出新的阐发。从这个意义上说，儒学是一门常讲常新的学问，可以实现现代转化。第二，有工具化的儒学。毋庸讳言，儒学在古代中国社会曾经被官方当成思想统治的工具，有禁锢思想的负面效应。随着社会的发展，这种贵族化、制度化、政治化的儒学，已经失去了存在的合理性。需要注意的是，我们不能在批判工具化的儒学的时候，抹杀儒学的普遍价值。第三，有作为生活信念的儒学。儒学在中国已经有几千年的历史，已经深入到人民群众的精神世界和生活世界中，成为中国人树立道德理念、处理人际关系、凝聚民族群体的理论依据。作为生活信念的儒学，有别于贵族化、制度化、政治化的儒学，可以称之为民间儒学或草根儒学。这样的儒学有广泛的社会基础，因而有实行现代转化的充分根据。今日的中国是昨日的中国的继续，任何不尊重历史的虚无主义观点都是站不住脚的。西方发达国家实现现代化以后，没有抛弃有广泛社会基础的基督教，而是促使其实行现代转化；同样，中国建设现代化，也不可能抛弃有广泛社会基础的儒学，也应当促使其实行现代转化。

二、现代性向度

儒学的现代走向主要有两个向度，第一个向度就是现代性。现代性是一个复杂的概念，本文不拟做全面的阐述，只是把市场经济视为现代性最突出的体现，并且肯定儒学可以同市场经济兼容。

从经济学的角度看，传统社会转向现代社会，就是从自然经济转向市场经济。在自然经济时代，生产力水平比较低，从事生产的主要目的是满足最基本的生活需求，而不是去进行商品交换。大多数生产者比较看重使用价值，而不甚看重交换价值。由于生产力水平比较低，生产规模小，只能维持简单的再生产，无力于扩大再生产。与这种情况相适应，社会主流的价值导向不是求发展而是求稳定、求秩序。产生于自然经济时代的儒学，典型地体现出这种时代特征。如孔子所说，"不患寡而患不均"，《大学》中讲的"修身、齐家、治国、平天下"，都反映出求稳定的价值导向，而不是求发展的社会导向。在市场经济时代，儒学的价值导向的局限性是显而易见的。在市场经济时代，从事生产的目的已不再是满足于基本的生活需求，而是为了进行商品交换，不再看重使用价值，而是特别看重交换价值。社会的主流价值导向不仅仅是求稳定、求秩序，而是特别重视发展。面对这种新情况，现代新儒学当然不能再照着传统儒学讲，而是要接着传统儒学讲，并且找到新的讲法，对现代性作出回应。

在西方现代化的起步阶段，曾经出现过启蒙主义运动。这一运动高扬理性主义，反对权威主义，主张解放思想，倡导自由、平等、博爱等现代价值观念，对于西方的现代化进程起到了推动作用。马克斯·韦伯称之为"理性化"，称之为"祛魅"，看成是现代性的集中体现，看成是现代化进程的必要步骤。但是，这一运动也有缺点，主要表现为对立性思维：把传统与现代对立起来，把理性与信仰对立起来，把个人与群体对立起来，把工具理性与价值理性对立起来。由于片面地强调工具理性，导致后来实证主义思潮流行；由实证主义又引发盲目崇拜工具理性的科学主义思潮。由于片面地贬抑价值理性，损害了人文精神，造成了人格扭曲和异化，形成了"单向度的人"，导致意义世界与精神世界的迷失。由于片面强调个人的作用，片面强调人与人的竞争，导致个人主义流行，形成个体与群体的严重对立，从而损害了社会群体的互助与和谐。现代化之后暴露出的问题是：由于过度追求市场价值，导致消费主义流行。文化越来越商业化、世俗化乃至低俗化，造成人的主体性的再度丧失，实际上沦为媒体的奴隶、物欲的奴隶。于是，使西方现代性不能不表现为二律背反：一方面推进了现代化的进程，一方面又导致"现代病"的流行。第一次世界大战以后，西方现代性的负面效应充分暴露出来，在思想界出现了反省现代性的人本主义思潮。

有些学者试图证明，从儒家的内圣学可以开出现代化来，其实大可不必如此。从儒学中没有开出现代的市场经济来，这是一个历史事实。我们应当坦然地正视这一事实，不必做辩解。中国的现代化是从西方学来的，不是原发型的。我们应当探讨的问题并不是儒学能否开出市场经济的问题，而是儒学是否妨碍中国选择现代化道路？中国是否应当找到一条新的现代化发展道路？儒学是否阻碍市场经济的发展？"原发"和"发展"其实是两码事：原发未必能保住发展态势；后发亦可后来居上。乒乓球不是中国人发明的，但我们可以拿许多世界冠军；足球倒是中国人发明的，但中国足球玩得并不尽如人意。

大量的历史事实证明，儒学非但不妨碍中国人选择现代化道路，而且起到促进作用。首先站出来表示欢迎现代化的，恰恰是开明的儒家知识分子。在他们当中，有"睁开眼看世界"的林则徐；有主张"师夷长技以治夷"的魏源；有早期改革派的王韬、何启、胡礼垣、薛福成、冯桂芬、马建忠、郑观应；有倡导维新变法的康有为、谭嗣同、梁启超、严复；有状元出身、办实业有成绩的张謇。视"奇技"为"淫巧"的"冬烘先生"不是没有，但毕竟不是儒家的主流。从整体上看，注重正德、利用、厚生的儒家对现代化是抱着欢迎的态度的，儒学不是中国人选择现代化道路的思想障碍。

中国的现代化进程不是原发型的，而是后发型的，必须寻找到一条有别于西方的发展模式。如何在培育中国社会的现代化进程中，既培育有中国特色的现代性，又避免出现西方社会的现代病？这是摆在中国人面前的一个重要的课题。西化派显然没有察觉这一课题的重要性，出于追求现代化的迫切心情，出于对当时中国社会落后状态的深恶痛绝，他们选择了"全盘西化"的道路。在他们看来，既然现代性是从西方引进的，那么，就必须尽弃中国固有的思想传统，扫清一切阻碍现代化进程的思想障碍。他们模仿西方的启蒙主义模式，主张在中国发动启蒙主义运动，像西方对待中世纪的基督教那样，把传统儒学当作"祛魅"的对象，于是发出"打倒孔家店"的呼喊。与西化派抗衡的现代新儒家主张利用儒学资源促进中国的现代化进程，明确地提出"现代化不等于西化"的口号。这一口号表达了他们寻找新的发展模式的正当诉求。

儒家的有些观念看起来似乎与市场经济不相容，如"存天理灭人欲""正其义不谋其利"等，但也未必就会成为发展市场经济的障碍。"存天理灭人欲"不过是一种说法而已，并没有真的成为社会的实际状况。在理论上不承认人欲的正当性，不等于人欲因此而真的消失，只不过是转化了形式而已。在中国封建社会中，对政治权力的占有，强烈的官本位意识，实际上就是通过对政治权力的占有来掩盖对经济利益的占有。"三年清知府，十万雪花银"，非常形象地说明了这一点。在中国封建社会中，人情大于王法，"利"掩盖在"情"之中，只要有了权，就会获得各种各样的"情"和各种各样的"利"。在市场经济时代，公开承认求利的正当性，将会使"情"的色彩淡化，使"法"的色彩强化，并进一步会导致"权欲"的淡化和"官本位"的淡化。中国人历来对于形而上的纯本体论问题不太感兴趣，历来关注的焦点是活生生的人，儒家的"未能事人，焉能事鬼"的观念，集中体现了这种倾向。在市场经济的条件下，儒家文化中的务实精神已经开始，并最终会得到极大程度的弘扬。宋明理学"存天理灭人欲"的说法，笼统地讲，确实不妥；如果加以限制，在市场经济时代并非没有积极意义。在市场经济条件下，固然应当承认个人利益的正当性，但绝不是主张放纵人欲。对于金钱拜物教，对于商品拜物教，对那些唯利是图、损人利己、利欲熏心的人，讲讲"存天理灭人欲"的古训，有何不可？

儒家重义轻利的观念在市场经济的发展过程中仍有其独特的现代价值，那就是可以对过度膨胀的功利追求发挥制衡作用。随着经济的快速发展，人们对个人利益的追逐将日益强烈。在这种情况下，就迫切需要"义"来予以调节。"义"与"利"的平衡，实际上是维护社会稳定、协调社会发展的有效方式。在现代社会，讲"义"实际上就是讲法治和信誉，也就是说，在追求利益的时候，要遵守公众制定的游戏规则。具有丰厚积蕴的中国儒家文化，在协调现代社会中义与利的关系方面，完全可以提供许多有益的启示。在市场经济的冲击下，现代人常常会感受到意义失落、价值失衡的困惑；极端的功利主义将造成人们文化素质和道德水准的滑坡。对于这些现象，儒学将发挥制衡作用，以崭新的面貌再现于现代人的精神世界。

三、民族精神向度

儒学的现代走向，除了以现代性为主要向度之外，还应以培育中华民族精神为主要向度。在这一向度上，现代新儒家虽然也有所涉及，但没有进行充分的、深入的研究。在他们关于儒学现代转化的哲学思考中，所关注的重点往往是个体意义上的人，并非是中华民族群体。最早从民族精神的向度上思考儒学现代转化问题的思想家，当属著名国学大师张岱年。他认为儒学"生生不息"和"刚健有为"的观念构成中华民族精神的核心。他指出，儒学主张变革，反对墨守成规。《易传》重视'日新'、'生生'，因而在政治上也强调变革，肯定变革的必要，《系辞》云：'变而通之以尽利'，'功业见乎变'，《象传》赞美汤、武革命：'天地革而四时成，汤武革命，顺乎人而应乎天，革之时大矣哉！'（《革卦》）孟、荀都是盛赞汤、武的。《易传》也高度赞扬汤、武，这是先秦儒家的一贯观点。"① 儒家"天行健，君子以自强不息""不知老之将至""知其不可而为之""士不可以不弘毅"等说法，蕴含着刚健自强、积极进取的精神，为中华民族的生存和发展提供了强大的精神动力。目前从民族精神的向度研究儒学的现代转化，尚处于起步阶段，有待于加强。

儒学为中华民族的精神追求设计了求真、求善、求美、成圣、合群这样一些总体的目标，并且为实现这些目标提出了多种具体的价值理念。这些理念在培育中华民族精神的过程中发挥了极大的作用。

儒家倡导的第一个重要的价值理念是"以人为本"。简言之，就是一个"仁"字。《中庸》写道："仁者，人也"。按照儒家的看法，人的本质就是"仁"。与西方中世纪的宗教文化相比，中国古代文化具有明显的人文色彩。儒家充分肯定人的价值，强调"人最为天下贵"，历来重视人的作用，主张尊重他人。儒家认为，人禀天地之精气而生，人有生命、知识、智慧、道义，优于万物，是宇宙万物中最高贵者。在"天、地、人"三才中，人处于最重要的位置。历代儒家都关注人的问题，他们不仅从学术思想上给予论证，而且在社会生活实践中身体力行。

儒家倡导的第二个重要的价值理念是"以和为贵"。简言之，就是一个"和"字。先秦儒家所讲的"和"，有包容、和谐、适中、恰到好处等意思，讲究的是"和而不同""和而不流"。先秦儒者有许多关于"和"的论述，孔子弟子有子称："礼之用，和为贵，先王之道，斯为美"（《论语·学而》）；孟子讲："天时不如地利，地利不如人和"（《孟子·公孙丑下》）；荀子讲："和则一，一则多力，多力则强，强则胜物"（《荀子·王制》）；《中庸》说："喜怒哀乐之未发，谓之中；发而皆中节，谓之和；中也者，天下之大本也；和也者，天下之达道也。致中和，天地位焉，万物育焉"。"以和为贵"是"以人为本"的引申与展开。"以人为本"是对作为民族成员的个体说的，是安

---

① 《张岱年全集》第 5 卷，河北人民出版社 1996 年版，第 597 页。

顿个体价值的理念；"以和为贵"是就民族群体内人与人的关系说的，是安顿群体价值的理念。

儒家倡导的第三个重要的价值理念是"以礼为序"。简言之，就是一个"礼"字。司马谈在《论六家之要指》中，把"礼"学看成是儒家最主要的特色，他说："夫列君臣父子之礼，序夫妇长幼之别，虽百家弗能易也。"（《史记·太史公自序》）儒家关于"礼"的论述很多。孔子说："人而不仁，如礼何？"（《论语·八佾》）有子说："礼之用，和为贵。先王之道，斯为美。小大有之，有所不行，知和而和，不以礼节之，亦不可行也。"（《论语·学而》）荀子说："礼者，贵贱有等，长幼有差，贫富轻重皆有称也。"（《荀子·富国》）"礼者，法之大分也，类之纲纪也。"（《荀子·劝学》）从这些论述中可以看出，"仁""和""礼"三者是相互联系着的。"仁"的实现离不开"礼"的规范，从这个意义上说，"克己复礼为仁"；维系"和"的局面离不开"礼"的调控，从这个意义上说，"礼之用，和为贵"。"仁"是儒家设想的应然的人格状态，"和"是儒家设想的应然的社会状态，二者的实现都必须以"礼"为手段。倘如没有"礼"，"仁"与"和"都将成为空谈。

儒家倡导的第四个价值理念是"经世致用"。简言之，就是一个"用"字。以往一些对于儒学的诠释，给人造成这样的印象，似乎儒家只讲动机，不看效果；只会空谈道德生命，不懂经世致用。这是对儒家学术精神的误解。儒学作为一种入世主义的学理，讲究经世致用当然是题中应有之义。儒家"以人为本"的理念、"以和为贵"的理念、"以礼为序"的理念，最终都要落实到"经世致用"上。"仁""和""礼""用"四个字相互联系，构成儒家完整的关于如何培育民族精神的理念体系。

儒家文化作为中华传统文化的主流，具有丰富的思想内涵。儒家提倡人文精神，重视人的生命力、创造力，强化了民族凝聚的主体因素；儒家弘扬道德理性，认为道德义务是从"应当"到"规范"再到"责任"的发展历程，在社会中形成和谐的人际关系，为民族凝聚创造了重要前提；儒家积极追求理想人格，提升人的精神境界，激励民族成员实现个人价值与社会价值，加强了民族凝聚的社会基础；儒家努力实践和合目标，追求"天下一统"，客观上促进了全民族的统一大业。儒家文化的重要思想内涵作为民族优秀的文化传统，构成了民族精神的主干，并成为民族凝聚力的核心要素，支撑着中华民族的发展与进步，维系着全体民族成员的情感与信念。

现代新儒学思潮在起步阶段主要是针对西化思潮讲起来的。现代新儒家比较关注儒学的现代性向度，强调儒学可以适应现代化运动实行现代转化，强调儒学可以治疗业已暴露出来的"现代病"。他们迈出这一步无疑是重要的、有意义的，但不能总是停留在这一步。如何在民族精神的向度上把儒学的现代价值讲深讲透，还需要加大研究力度。我们不必再以现代新儒家自诩，但可以讲新儒学，并且努力讲出新意来，建立起一个把时代精神和民族精神有机统一起来的属于中国人的精神世界。

（原载于《河北学刊》2008 年第 2 期）

论现代新儒家对西方哲学资源的开发和利用

在儒学发展史上，宋明儒学家成功地吸收了佛教的思想材料和思想方法，成功地应对佛道两家的挑战，创立了宋明理学。宋明理学丰富了儒学的内涵，提高了理论思维水平，恢复了儒学在思想界的主导地位，标志着儒学发展到了新的阶段。接着宋明理学讲的现代新儒家，也试图像宋明理学家儒化佛教那样，儒化西方哲学，应对西方文化的挑战，创立儒学的现代形态。

一

现代新儒家所利用的西方近现代哲学思想资源主要有两种：一种是从笛卡儿到黑格尔的近代理性主义思潮，另一种是黑格尔以后的现代非理性主义思潮。狭义新儒家比较重视非理性主义的哲学思想资源，广义新儒家比较重视理性主义的思想资源。在现代新儒家初创时期，非理性主义的影响更大一些，后来的新儒家大都想在理性主义和非理性主义之间取一中道。

西方现代非理性主义对中国现代哲学的影响，主要体现在现实批判精神和人本主义精神等方面。西方近代理性主义到黑格尔发展到了顶峰。黑格尔以后，非理性主义在西方哲学开始抬头，出现了叔本华、尼采等强调意志、贬低理性的非理性主义者。第一次世界大战以后，资本主义的弊病暴露出来，为非理性主义思潮的发展提供了契机。而且社会批判思潮兴起，非理性主义作为社会批判思潮的组成部分在全世界范围内流行开来，也传播到了中国。尼采"重新评估一切价值"的口号，在以反对封建主义为己任的中国思想家那里得到了回应。1919 年，杜威到中国讲学，把法国生命主义哲学家柏格森作为"现代三大哲学家"之一，介绍给他的中国听众。一些在国外留学的中国学生，也撰文向国内思想界介绍柏格森的哲学思想。1921年，《民铎》杂志出版了一期"柏格森专号"，刊载的文章有严既澄著《柏格森传》、张君劢著《法国哲学家柏格森谈话记》、冯友兰著《柏格森的哲学方法》、张东荪著《柏格森哲学与罗素的批评》、李石岑著《柏格森之著述与关于柏格森研究之参考书》、梁漱溟著《唯识家与柏格森》等近20篇。1922年，商务印书馆出版了张东荪译的柏格森的主要哲学著作《创化论》和《物质与记忆》。德国生命哲学家杜里舒还被请到中国来讲学。中国实证派对于非理性主义大都表示拒斥，而现代新儒家则表示欢迎，并将这一思潮当作用来阐发儒家价值观念的重要思想资源，梁漱溟、熊十力、张君劢、冯友兰、贺麟、方东美、唐君毅、牟宗三等人在建构新儒学思想体系时，也不同程度地使用了非理性主义的思想材料。

二

梁漱溟对柏格森哲学赞赏备至，称它"迈越古人，独辟蹊径"。他把柏格森哲学同儒家思想相比较，得出的结论是："只有孔子的那种精神生活，似宗教非宗教，非艺术亦艺术，与西洋晚近生命派的哲学有些相似。"[1]

他承认自己在哲学思考过程中借鉴了柏格森的思想方法和思想材料，回顾说："我曾有一个时期致力于佛学，然后转向儒家。转入儒家，给我启发最大使我得门而入的，是明儒王心斋先生；他最称颂自然，我便是由此而对儒家的意思有所理会。……后来再与西洋思想印证，觉得最能发挥尽致使我深感兴趣的，是生命派哲学，其主要代表者为柏格森。……再则，对于我用思想之有帮助者，厥为读医书（我读医书与读佛书同样无师承）所启发于我者，仍为生命。我对医学所明白的，就是明白了生命。中国儒家、西洋哲学和医学三者，是我思想所从来之根底。"[2]他从医学中所明白的只是"生

① 梁漱溟：《东西文化及其哲学》，商务印书馆1987年影印版，第153页。
② 梁漱溟：《朝话》，上海商务印书馆1940年版，第137页。

命",可见构成他思想来源的主要还是儒学和柏格森的生命哲学。他的新儒学思想,基本上是这二者的融会贯通。

从比较哲学的视角看,柏格森的生命哲学与宋明理学确实存在着相通之处。首先,二者都有非理性主义的倾向。在西方近代哲学中,理性主义占主导地位,掌控着话语权;与理性主义抗衡的非理性主义思潮作为潜流,有叔本华、尼采等代表人物。第一次世界大战以后,非理性主义思潮有了长足的发展,甚至一度成为主流话语,生命哲学家柏格森在哲学界名声鹊起,杜威成为当时最有影响的哲学家之一。柏格森的生命哲学是对于西方近代以来的理性主义思潮的反驳。柏格森哲学对于西方近代的理性主义思潮来说,可以说是反潮流的;这种反潮流的哲学却与前近代的宋明理学有了相近之处。宋明理学并没有像西方近代哲学那样诉诸理性主义,在这一点上跟柏格森不谋而合。宋明理学虽然没有形成系统的非理性主义认识论,但"豁达贯通""发明本心""致良知"等提法,显然有非逻辑的性质,同柏格森的直觉主义认识路线很相近。对于梁漱溟这样的有宋明理学功底而西方哲学训练程度不高的学者来说,接触到柏格森哲学有似曾相识之感,是毫不奇怪的。他惊喜地发现,"此刻西洋哲学界的新风气竟是东方色采","柏格森和倭铿尤为表著"。他由此看到儒学在世界哲学论坛上存在的空间,断言:"世界未来文化就是中国文化的复兴,有似于希腊文化在近世的复兴那样。"① 基于这种认识,他对儒学的复兴有了自信心,以融会柏格森哲学与宋明理学为其创立现代新儒学的起点。梁漱溟试图通过这一途径把儒学推向世界哲学论坛。

其次,二者主张动态的本体论。柏格森不再相信抽象的本体论观念,主张从生命的视角解释世界,把世界看成有生命的活的存在,强调本体是动态的过程,而不是抽象的实体。他不再相信概念思维的无边法力,认为非概念的直觉在认识过程中起的作用更大。他指出,哲学的责任应当使自己摆脱严格来说属于理智的那些形式和习惯,以置身于对象之中的直觉来考察有生命的东西。柏格森认为,自我和万物都以生命为本体,都是生命的存在方式;主体与本体沟通的渠道不是理性的逻辑思维,而是非理性的直觉。这种

---

① 梁漱溟:《东西文化及其哲学》,商务印书馆1987年影印版,第199页。

哲学思维方式已经超越了理性主义的主客二分模式，同中国哲学天人合一的思路十分接近。柏格森的生命本体论和宋明理学中"天理流行""人者与万物同体"等说法，都属于动态的本体论学说，强调本体是动态的过程，而不是抽象的实体，因而二者是可以会通的。

由于上述原因，柏格森哲学顺理成章地成为梁漱溟用来发展儒学的思想资源。梁漱溟并没有简单地模仿柏格森，而是把柏格森的某些观点充实到儒学中，或者用柏格森的观点印证、诠释儒学，以求创立新的儒学形态。在他的心目中，儒学依旧是"体"，柏格森哲学不过是"用"而已。他用生命的观点解释和发挥《易传》的变易思想和宋明理学的"天理流行""万物化生"等思想，得出的结论是："在我的心目中，代表儒家道理的是生"。"这种形而上学本来就是讲'宇宙之生'，所以说'生生之谓易'。"他用直觉的观点解释和发挥儒家的心性修养学说，诠释"致良知"的哲学意涵，得出的结论是："儒家尽用直觉，绝少来讲理智"。"及明代而阳明先生兴，始祛穷理于外之弊，而归本直觉——他叫良知"。① 需要指出的是，当时年轻的梁漱溟无论对于儒学还是对于柏格森哲学领会得都不是很透，有时难免用他不甚了解的柏格森哲学去解说他同样不甚了解的儒学，思想比较乱，表述亦不够清楚；有时也采取比附的方法，急于得出结论，缺乏充分的论证。尽管存在着这样一些不够成熟的地方，但他毕竟在援西方哲学入儒的方向上迈出了第一步。

三

冯友兰作为广义的新儒家，与梁漱溟不同。他比较重视西方的理性主义哲学思潮，试图在新实在主义中寻找用来发展儒学的思想方法和思想材料。新实在主义也是五四时期传入中国的。当时梁启超联络哲学界同仁，组织了一个学术组织，叫作尚志学会。尚志学会请英国著名哲学家、当时还是新实在主义者的罗素到中国讲学，使新实在主义在中国有了传播。不过，当

① 梁漱溟：《东西文化及其哲学》，商务印书馆1987年影印版，第121页。

时属于学院派哲学的新实在主义在中国的影响力并不大，无法与生命主义和实用主义相比。到 19 世纪 30 年代，随着一批攻读和研究哲学的海外留学生回国，新实在主义在大学乃至哲学界的影响力越来越大，甚至超过了生命主义和实用主义。当时以清华大学哲学系为基地，形成了一个中国新实在主义学派——清华学派。金岳霖、冯友兰、张申府、张岱年、张荫麟都是这一学派的重要成员。冯友兰在美国哥伦比亚大学留学期间就接受了新实在主义的影响，曾在当时中国唯一的哲学专业杂志《哲学评论》上发表译文《孟特叩论共相》，向国内哲学界介绍在哥伦比亚大学执教的新实在主义者蒙塔古的哲学思想。

从年龄上看，冯友兰比梁漱溟只小两岁，但梁漱溟却是他的老师辈。冯友兰在北大读书期间，梁漱溟也在该校任教。冯友兰承认梁漱溟对他有影响，他在《四十年的回顾》一书中回忆说，他很喜欢梁漱溟的著作《东西文化及其哲学》，"认为梁漱溟先生是了解儒家思想的精神和实质的"。他曾用英文写成《梁漱溟的〈东西文化及其哲学〉》，发表在哥伦比亚大学的《哲学杂志》上，向美国哲学界介绍梁漱溟的新儒学思想。很可能是受到梁漱溟"三路向"说的启发，冯友兰在构思博士论文《天人损益论》时也采用了三分法。他把所有的哲学形态划分为三种类型：一种是损道型的哲学，主张废弃人为、回归自然，有似于梁漱溟所说的"意欲反身向后的路向"；另一种是益道型哲学，主张人类中心、征服自然，有似于梁漱溟所说的"意欲向前要求的路向"；再一种就是中道型的哲学，主张天人合一，以人辅助自然，有似于梁漱溟所说的"意欲调和持中的路向"。

冯友兰认同中道型的儒家哲学，同梁漱溟的选择大体一致。不过，他是接着梁漱溟的新儒学讲的，而不是照着梁漱溟的新儒学讲的，因而讲法与梁漱溟有所不同。首先，他没有像梁漱溟那样按地域划分哲学形态，而是按类型划分哲学形态。如果像梁漱溟那样按地域分成西方、中国、印度三个路向，过分强调各自的差异性，有意无意地使之形成相互对立的关系，找不到相互沟通、相互融合的逻辑前提，容易形成保守心态。按类型划分哲学形态就可以避免这种倾向，因为损道、益道、中道三种哲学类型在任何民族、任何区域都存在。梁漱溟看重中西哲学之所异，保守的色彩比较浓；冯友兰看到中西哲学之所同，开放性比较强。其次，他经过系统的西方哲学思维训练，学术视野比较宽。冯友兰没有像梁漱溟那样把眼光仅局限在西方的非理性主义思潮上，而是进一步拓展到西方的理性主义思潮。他不认同梁漱溟以直觉主义解说儒学的说法，认为儒家所讲的"中和"乃是"'理智的判断'之结果"，并非只能"由直觉去认定"。在冯友兰看来，不但在非理性主义思潮中存在着可以用来发展儒学的思想资源，在理性主义思潮中，也存在着这样的资源。现代性主要体现在理性主义思潮中，开发这一思潮中的资源，对于推进儒学的现代转化，意义无疑更大。非理性主义同儒学有较大的相似性，对于印证儒家学理有帮助，而对于突破儒学的局限性帮助不大。理性主义同儒学有较大的差异性，存在着儒学所缺少的元素，对于突破儒学的局限性，意义无疑更大。

冯友兰之所以选择新实在主义与程朱理学相结合的理路，大概是出于这样的考虑。第一，新实在主义的共相学说同程朱理学的理在事先学说有相通之处。新实在主义认为，共相是独立的，是潜存的，在逻辑上先于殊相。蒙塔古说："共相之独立的客观的暗存。照逻辑，共相是先于殊相而存在，因为殊相之内涵是诸性质之一复合，其外延是其在时空间之地位，而共相则即此复合及地位之部分，全为部分所构成，故部分先于全体。"① 这种共相在逻辑上先于殊相、部分在逻辑上先于全体、属性在逻辑上先于实体、一般在逻辑上先于个别的说法，实际上是柏拉图的理念论在现代的表现形态。程朱理学认为，理是永恒的，不生不灭。如程颐说："这上头更怎生说得存亡加减。是它元无少欠，百理俱备。""百理俱在，平铺放着。几时道尧尽君道，添得些君道多；舜尽子道，添得些孝道多？元来依旧。"（《二程遗书》卷二上）朱熹也提出："未有天地之先，毕竟是先有此理。"（《朱子语类》卷一）程朱理学所说的"理在事先"的"先"，没有明确的逻辑规定，理论精致程度不如新实在主义的共相说。以共相说印证、解说理在事先说，可以提升理学的理论精致程度。

第二，新实在主义强调逻辑分析的必要性，有别于非理性主义的直觉

---

① 转引自冯友兰：《三松堂学术文集》，北京大学出版社 1984 年版，第 115 页。

方法。采用逻辑分析的方法，有助于从理性主义的角度阐发儒学，有助于解决程朱理学理论论证比较薄弱、缺少论证工具的问题。新实在主义认为，"哲学特别依赖于逻辑"，"哲学的对象恰恰是分析的果实"。逻辑分析的方法属于理性主义的思路，与直觉方法的非理性主义思路不同之处在于重视理论论证。从新实在主义的角度看，直觉的方法其实是一种独断，因为这种方法没有充分的论证过程。梁漱溟建构新儒学的主要方法是直觉的方法，对于儒学的现代转化有促进，但无助于解决儒学理论程度不高的问题。到30年代，中国哲学界的理论思维水平有了较大的提高，柏格森式的直觉方法已经过时了。在这种情况下，冯友兰选择逻辑分析的方法，顺应了中国现代哲学的发展趋势，显然是明智的。不过，他并没有放弃直觉的方法，而是主张逻辑分析的方法与直觉的方法相互补充、相得益彰。他把逻辑分析的方法叫做"正的方法"，把直觉的方法叫做"负的方法"。他采取"正的方法"，从实际出发，推论出形上学；采用"负的方法"，强调"讲形上学不能讲"，但可以"表显"形上学。

冯友兰借鉴新实在主义的思想方法和思想材料，对程朱理学加以改造，创立了新理学体系。新理学继承程朱理学"理在事先"的原则，提出"理先于实际底例而有"的论断。这两种提法有大同，也有小异。程朱理学讲的"理在事先"，是从体用角度说的，强调理是一个实体。"一理之实而万物分之以为体"，每个事物都是全体之理的体现，"人人有一太极，物物有一太极。"（《朱子语类》卷九十四）新理学讲"理先于实际底例而有"，是从个别与一般的关系角度说的，强调"理"并非是一个实体，而是由无数个理构成的"理世界"。冯友兰依据新实在主义，把新理学定位为"纯客观论"。他说："我们的主张，可以说是一种纯客观论。照常识的看法，一件一件底实际底事物是客观底，但言语中普通名词如人、马，形容词如红底、方底等，所代表者，均不是客观底，或不能离开一件一件底实际底事物而独有。纯主观论以为即一件一件底实际底事物亦是主观底，或可归于主观底。但这种说法是说不通底。……我们的主张，是纯客观论。中国旧日底理学，亦是纯客观论。"[1]

---

① 冯友兰：《新理学》，重庆商务印书馆1939年版，第45—46页。

新理学对于程朱理学的发展表现在，他把新实在主义的"两个世界"的理论同"理在事先"说结合在一起，形成"理世界在逻辑上先于实际底世界"的论断；用新实在主义的个体性原理对程朱浑然一体的理加以分割，形成了"太极即是众理之全"的新结论。新理学的理论创新，还突出表现在冯友兰运用逻辑分析的方法对"理在事先"作了理论证明。在冯友兰写作新理学的年代，国外逻辑学有较大的发展，出现了数理逻辑这门新学科。数理逻辑是演绎逻辑的发展，但具有更加形式化的特点。它暂时撇开具体的内容从思维形式上研究命题的真假。一些哲学家把数理逻辑的形式化方法引入哲学研究领域，以为用这种方法可以撇开事实，从逻辑上就可以判明哲学命题的真假，这就是逻辑分析的方法。这种方法的实质在于：把哲学与逻辑学混为一谈，强使哲学形式逻辑化，或者强使形式逻辑哲学化。使用这种方法的人，往往先把逻辑学看成先验的纯粹概念的分析和演绎体系，然后再把哲学也看成纯粹的分析和演绎体系。新实在主义者用逻辑分析的方法复活了古希腊的柏拉图主义以及中世纪的唯实论，冯友兰也想采用这种方法复活程朱理学。他反复申明，"哲学中之观念命题及其推论，多是形式底，逻辑底，而不是事实底，经验底"[1]。我们知道，程朱理学提出"理在事先"说，只有结论，并没有论证过程，新理学在一定程度上弥补了这一缺陷。

四

冯友兰采用逻辑分析的方法构造的新理学，虽然发展了程朱理学，可是割裂了个别与一般的关系，形成了"理世界"与"实际世界"的对立。这种"两个世界"的图式，有违于中国哲学"一个世界"的传统。或许广义新儒家贺麟发现了这个问题，他从逻辑分析的方法转向逻辑综合的方法，从多元主义转向整体主义。贺麟在建构新心学体系时，主要利用了黑格尔尤其是新黑格尔主义的思想方法和思想材料。

黑格尔哲学和新黑格尔主义传入中国的时间比较晚。在20世纪20年

---

[1] 冯友兰：《新理学》，重庆商务印书馆1939年版，第10页。

代，国内思想界很少有人知道黑格尔，到 30 年代情况有了变化。由于马克思主义哲学在中国迅速传播，作为马克思主义的来源之一的黑格尔哲学在中国的影响力也有所加强。1931 年，哲学界为纪念黑格尔逝世 100 周年，《哲学评论》征集了一批研究和介绍黑格尔哲学的论文，刊发在第 5 卷第 1 期《黑格尔专号》上，其中有张君劢、瞿菊农、贺麟、朱光潜、姚宝贤的文章。这是中国最早一期介绍黑格尔哲学的专业杂志。中国最早的研究黑格尔的专家当属张颐，著有英文版《黑氏伦理探究》，他在德国获得哲学博士论文后，1924 年回国在北京大学哲学系任教，开设有关黑格尔哲学的课程。随着黑格尔哲学的传入，刚刚在美国流行起来的新黑格尔主义也传到了中国。贺麟、谢幼伟、施友忠、唐君毅都在传播新黑格尔主义方面做了一些工作。谢幼伟译述了鲁一士著的《忠的哲学》和布拉德雷著的《伦理学》，施友忠出版的《形而上学序论》一书，介绍布拉德雷、鲍桑葵等人的"心是本体，经验是现象"的观点。唐君毅出版的《人生之路》，阐述新黑格尔主义的人生哲学。贺麟在美国留学期间受到了新黑格尔主义的影响，回国后除了译述、传播鲁一士等人的新黑格尔主义思想外，还致力于新黑格尔主义与陆王心学的会通。

贺麟之所以能够把新黑格尔主义同陆王心学融会贯通，大概有这样的原因：新黑格尔主义公开举起唯心主义的旗帜，同以本心为核心范畴的陆王心学基本思路比较接近。新黑格尔主义自称是"绝对唯心主义者"，反对标榜"纯客观论"的新实在主义；新实在主义反对自我中心主义，自称是"对唯心主义的反叛"。新黑格尔主义和新实在主义的学术风格和学术观点迥异：前者注重逻辑综合，后者注重逻辑分析；前者属于整体主义，后者属于多元主义；前者主张"内在关系说"，后者主张"外在关系说"。这两个学派的分歧，同中国哲学中程朱理学与陆王心学的分歧颇为相似。贺麟要求从新理学推进到新心学，新黑格尔主义自然会成为他的参照系统。

新黑格尔主义与陆王心学有相似之处。陆王心学主张"先立乎其大"，主张"良知为天地万物的主宰"；新黑格尔主义以"心"为"绝对的实在"，强调"心"是构成事物之间的普遍联系的内在根据。格林说："如果不是为自然的整个系统所决定并决定这个系统，任何一个事件都是不可能实现的。""每个因素都与每一别的因素相关联，它既是别的因素的前提，又以别的因素为自己的前提。"新黑格尔主义与陆王心学都属于整体主义的哲学类型，因而可以相互解释、相互发明、相互印证。贺麟接触新黑格尔主义后，形成的感受是"大有中国吾心即天理乃至与天地参的意味"。基于这种判断，他把新黑格尔主义与陆王心学融会贯通，创立了"心理合一"的新心学体系，试图以此克服新理学造成的"理世界"与"实际世界"的对立，把两个世界重新合成一个世界，回归中国哲学的传统。

除了利用黑格尔哲学和新黑格尔主义的思想方法和思想资料之外，贺麟还主张全面开发西方的学术资源，以谋求"儒家思想的新开展"。他提出的具体途径就是儒学的哲学化、宗教化和艺术化。

所谓儒学的哲学化，就是"以西洋之哲学发挥儒家之理学"。贺麟认为，西方的正宗哲学以苏格拉底、柏拉图、康德、黑格尔为代表；中国的正宗哲学以孔子、孟子、程朱、陆王为代表，这两个系统是相通的，即所谓"东圣西圣，心同理同"。因此，"儒家思想能够把握、吸收、融会、转化西洋文化，以充实自身，发展自身，则儒家思想便生存、复活，而有新开展"。① 这种沟通并不是全盘西化，而是贯彻以我为主的原则，就是"以儒家精神为体，西洋文化为用"，就是以儒家思想或民族精神为主体，去儒化、中国化西洋文化，使之为我所用。其一，可以把西方哲学的意涵注入儒学的思想范畴之中，例如引入"心为绝对"的观点，重新诠释儒家的仁学，建立"仁的宇宙观，仁的本体论"。其二，可以采用西方哲学的思想方法，论证儒家的哲学命题，形成新的结论。例如，可以运用"逻辑在先"的说法，证明心"最根本最重要"，确立"吾心即是宇宙，宇宙即是吾心"的哲学理念；可以运用整体主义的思想方法，证明"心与物是不可分的整体"，为"心外无物"找到理论根据。

所谓儒学的宗教化，"就是吸收基督教之精华，以充实儒家之礼教"。贺麟所说的"基督教之精华"，实则是指渗透在基督教中的现代意识。儒学只有接受这种现代意识，才能适应现代生活的需要，突破传统儒学的局限。照

---

① 贺麟：《文化与人生》，上海商务印书馆 1947 年版，第 3 页。

贺麟看来，传统的儒家礼教"家庭制束缚性最大"，缺乏鼓动性，现代基督教"到民间去"的殉道精神正好可以弥补礼教的这一不足，"为道德注以热情，鼓以勇气"。现代基督教所体现的平等博爱精神与儒家的"仁者，爱人"也是可以相互发明的，"仁即是救世济民，民胞物与的宗教热诚。《约翰福音》'有上帝即是爱'之语，质言之，上帝即是仁。'求仁'不仅是待人接物的道德修养，亦是知天事天的宗教功夫。儒家以仁为'天德'，耶教以至仁或无上的爱为上帝的本性。足见仁之富于宗教意义，是可以从宗教方面大加发挥的。"① 贺麟所说的儒学宗教化，并不是主张把儒学变成儒教，而是以基督教的宗教精神印证儒家的道德理念，证明儒家道德理念的普适性。

所谓儒学的艺术化，就是"领略西洋之艺术以发挥儒家之诗教"。贺麟指出，传统的儒学虽说有诗教的意涵，可是"因〈乐〉经佚亡，乐教中衰，诗歌亦式微。对于其他艺术，亦殊少注重与发扬"，因而存在着过于严酷、过于枯燥的偏向，缺少人情味。"旧道德之所以偏于枯燥迂拘，违反人性，一则因为道德尚未经艺术的美化，亦即礼教未经诗教的陶熔，……不从感情上去培养熏陶，不从性灵上去顺适启迪，而只知执着人我的分别，苛责以森严的道德律令，冷酷的是非判断。再则因为道德未得两性调剂，旧道德家往往视女子为畏途。他一生的道德修养，好像可以败坏与女子的一笑"。"生人的本性真情，横遭板起面孔的道德家压抑和摧残，像这样迂拘枯燥的道德，哪里有活泼的生趣？"② 怎样解决儒家伦理存在的这些问题？贺麟认为有必要引入西方浪漫主义的艺术精神，使儒学艺术化、情感化，使之富有艺术的感召力，以情动人，不再流于刻板的说教、律令的压抑。例如，对于儒学中的"诚"，可以从艺术的角度加以诠释。"就艺术方面而言，思无邪或无邪思的诗教，即是诚。诚亦即是诚挚纯真的感情。艺术天才无他长，即能保证其诚，发挥其诚而已。"③ 贺麟把儒学艺术化的主张，着眼于中西文化精神的会通，强调儒学实行现代转化的必要性。

---

① 贺麟：《文化与人生》，上海商务印书馆1947年版，第6页。

② 贺麟：《文化与人生》，上海商务印书馆1947年版，第24页。

③ 贺麟：《文化与人生》，上海商务印书馆1947年版，第7页。

五

梁漱溟、冯友兰、贺麟等人在处理儒学与西方哲学的关系时，尽管每个人选择的参考学派不一样，但有一个共同之处，那就是都在西方哲学中寻找与儒家思想相近的元素，用以印证、发明、丰富儒学的内涵，促使儒学实行现代转化。港台新儒家牟宗三与他们不同，他采取对比的方法，寻找儒学与西方哲学的不同之处，彰显儒学的独到价值，以求在更高层面上展开现代新儒学与西方哲学之间的对话。

牟宗三指出，儒家讲"道德的形上学"所采取的进路与西方哲学不同。西方哲学中的形上学是"自然的形上学"，哲学家们讲本体，有的采取认知的进路，如柏拉图、罗素；有的采取宇宙论的进路，如亚里士多德、怀特海；有的采取存在的进路，如胡塞尔、海德格尔；有的采取生物学的进路，如柏格森、摩根；有的采取实用论的进路，如杜威、席勒；有的采取分析或抽象的进路，如斯宾诺莎、莱布尼茨、笛卡尔。"皆非道德的进路，故其说讲之实体、存在或本体，皆只是一说明现象之哲学概念，而不能与道德实践使人成一道德的存在关系者。"① 唯一的例外也许是康德。康德提出"实践理性"的观念，接触到道德的进路，然而他最终也只不过成就了"道德的神学"，而没能成就"道德的形上学"。

牟宗三采取与康德对话的方式，对"道德的形上学"作出理论论证。康德认为，自由意志作为道德自律的根据，只是一种假设，人们既不能感觉到它，也不能直觉到它。牟宗三认为"道德的形上学"推翻了康德的论断。他分析说，康德的失误之处在于仅仅把自由意志理解为"理性体"，而没有理解为"具体的呈现"，"而忘记意志自由就是一种心能，就是本心明觉之活动。它当然是理性体，但同时亦即是心体，明觉体，活动体……纯智的直觉即在此'明觉之活动'上有其可能之根据。"② 基于这种分析，牟宗三断言

---

① 牟宗三：《心体与性体》第 1 册，台湾正中书局 1968 年版，第 37—38 页。
② 牟宗三：《智的直觉与中国哲学》，台湾商务印书馆 1971 年版，第 194 页。

人具有"智的直觉",此即是孟子所说的"恻隐之心""羞恶之心"或"理义悦我之心"。正是此心证成本心仁体,证成"道德的形上学"。本心仁体一方面自给自立道德法则,发布无条件的定然命令,一方面又能感之、悦之、觉之,如此说来,"此本心仁体连同其所发布的无条件的定然命令如何不是具体的呈现?智的直觉即在此本心仁体之悦与明觉中有它的根源,因而有其可能。"[1] 牟宗三认为,儒家立足于"智的直觉"的"道德形上学",超越了康德,达到了西方哲学没有达到的理论高度。

(原载于《中国人民大学学报》2007 年第 3 期)

---

① 牟宗三:《智的直觉与中国哲学》,台湾商务印书馆 1971 年版,第 195 页。

论儒学对中国市场经济的促进作用

市场经济是现代性最突出的体现。从经济学的角度看，传统社会转向现代社会，就是从自然经济转向市场经济。在自然经济时代，生产力水平比较低，从事生产的主要目的是满足最基本的生活需求，而不是去进行商品交换。大多数生产者比较看重使用价值，而不是看重交换价值。由于生产力水平比较低，生产规模小，只能维持简单的再生产，无力于扩大再生产。与这种情况相适应，社会主流的价值导向不是求发展而是求稳定、求秩序。产生于自然经济时代的儒学，典型地体现出这种时代特征。如孔子所说："不患寡而患不均，"《大学》中讲的"修身、齐家、治国、平天下"，都反映出求稳定的价值导向，而不是求发展的社会导向。在市场经济时代，儒学的价值导向的局限性是显而易见的。在市场经济时代，从事生产的目的已不再是满足于基本的生活需求，而是为了进行商品交换，不再看重使用价值，而特别看重交换价值。社会的主流价值导向不仅仅是求稳定、求秩序，而是特别重视发展。面对这种新情况，现代新儒学当然不能再照着传统儒学讲，而是要接着传统儒学讲，并且找到新的讲法，对现代性作出回应。

一

在西方现代化的起步阶段，曾经出现过启蒙主义运动。这一运动高扬理性主义，反对权威主义，主张解放思想，倡导自由、平等、博爱等现代价值观念，对于西方的现代化进程起到了推动作用。马克斯·韦伯称之为"理性化"，称之为"祛魅"，看成是现代性的集中体现，看成是现代化进程的必要步骤。但是，这一运动也有缺点，主要表现为对立性思维：即把传统与现代对立起来，把理性与信仰对立起来，把个人与群体对立起来，把工具理性与价值理性对立起来。由于片面地强调工具理性，导致后来实证主义思潮流行；由实证主义又引发盲目崇拜工具理性的科学主义思潮。由于片面地贬抑价值理性，损害了人文精神，造成了人格扭曲和异化，形成了"单向度的人"，导致了意义世界与精神世界的迷失。由于片面强调个人的作用，片面强调人与人的竞争，导致个人主义流行，形成个体与群体的严重对立，从而损害了社会群体的互助与和谐。现代化之后暴露出的问题是：由于过度追求市场价值，导致消费主义流行。文化越来越商业化、世俗化乃至低俗化，造成人的主体性的再度丧失，实际上沦为媒体的奴隶、物欲的奴隶。于是，使西方现代性不能不表现为二律背反：一方面推进了现代化的进程，另一方面又导致"现代病"的流行。第一次世界大战以后，西方现代性的负面效应充分暴露出来，在思想界出现了反省现代性的人本主义思潮。

中国的现代化进程不是原发型的，而是后发型的，必须寻找到一条有别于西方的发展模式。如何在培育中国社会的现代化进程中，既培育有中国特色的现代性，又避免出现西方社会的现代病？这是摆在中国人面前的一个重要的课题。西化派显然没有察觉这一课题的重要性，出于追求现代化的迫切心情，出于对当时中国社会落后状态的深恶痛绝，他们选择了"全盘西化"的道路。在他们看来，既然现代性是从西方引进的，那末，就必须尽弃中国固有的思想传统，扫清一切阻碍现代化进程的思想障碍。他们模仿西方的启蒙主义模式，主张在中国发动启蒙主义运动，像西方对待中世纪的基督教那样，把传统儒学当作"祛魅"的对象，于是发出"打倒孔家店"的呼喊。

二

在现代性向度上，现代新儒家选择的路径与西化派不同。他们没有把西方的现代化当作唯一的理想模式，反对把传统与现代截然对立起来。在梁漱溟看来，西方的现代化模式固然有成功的方面，可是也存在着相当大的问题。西方的现代化发展主要体现在物质文明方面，而没有体现在精神文明方面。诚然，西方发达国家在物质文明方面取得了很大的成就，"然而他们精神上也因此受了伤，生活上吃了苦，这是 19 世纪以来暴露的不可掩埋的事实！"[1] 中国搞现代化，可以借鉴西方成功的经验，但不能照搬照抄，尤其应当吸取他们的教训。中国作为后发的建设现代化的国家，一方面应当积极追求现代化，另一方面也应当避免西方发达国家已经出现的"现代病"。基于此，现代新儒家作出"现代化不等于西化"的论断。冯友兰在《新事论》中明确提出："现代化并不是欧化。现代化可；欧化不可。"[2] 他提出的这种看法在现代新儒家当中得到普遍的认同，至今海外的新儒家们仍把"现代化不等于西化"视为他们的基本主张之一。站在现代新儒家的立场上，冯友兰反对"全盘西化"，反对照搬照抄别国的发展模式，主张探索有中国特色、有中国"旧情"根据的发展道路。他的这一主张无疑是正确的。他认为具有深厚文化底蕴的中国人完全可以做到这一点。"真正底'中国人'已造成过去底伟大底中国。这些'中国人'将要造成一个新中国。在任何方面，比世界上任何一国，都有过之而无不及，这是我们所深信，而没有丝毫怀疑底。"[3] 这充分表现出他对中国文化传统的挚爱，对中国文化的现代转化充满信心，对中国的未来充满信心。

儒学能否与现代化相适应？这是现代新儒家必须面对的问题。马克斯·韦伯曾写了《儒教与道教》一书，断言儒学不能适应现代经济，不具有促进市场经济的因素，因而对于现代化进程只有负面作用，而没有正面作用。他的结论遭到现代新儒家的反对。余英时在《士与中国文化》一书中，以大量事实反驳韦伯的结论。他指出，韦伯在新教伦理中找到的那些促进市场经济的思想要素如敬业、勤俭等，在儒学中都可以找到。亚洲四小龙的经济腾飞，似乎验证了现代新儒家的结论。有人提出了"儒家资本主义"的新概念，证明儒学是现代化的助力甚至是动力，并不是阻力。

现代化虽然以发展为主题，但发展也需要以稳定的秩序为条件。儒学

---

[1] 梁漱溟：《东西文化及其哲学》，商务印书馆 1987 年影印版，第 107 页。

[2] 冯友兰：《三松堂全集》第 4 卷，河南人民出版社 1986 年版，第 314 页。

[3] 冯友兰：《三松堂全集》第 4 卷，河南人民出版社 1986 年版，第 365 页。

在论证发展的必要性方面，思想资源比较匮乏，可是在维护稳定秩序方面的资源却十分丰富。冯友兰提出"有社会必有社会之理"的论断，证明儒家伦理与现代社会是相容的。他指出，儒家伦理虽然产生于农耕社会，但所阐述的并不限于农耕社会之理，而是"社会之所以为社会"之理。农耕社会改变了，"农耕社会之理"无疑就过时了，可是"社会之所以为社会之理"却没有过时，仍然适用于现代社会。在市场经济时代，每个人依旧是某个家族的一员，依旧担当某种社会角色。"不论一个人所有底伦或职是什么，他都可以尽伦尽职。为父底尽为父之道是尽伦；为子底尽为子之道亦是尽伦。当大将底，尽其为将之道，是尽职；当小兵底，尽其为兵之道，亦是尽职。"① 他主张把儒家传统的家族伦理改造为职业伦理，使之与市场经济有相容性。

三

现代新儒家没有像西化派那样把传统儒学当成"祛魅"的对象，而是将其看成可以实行现代转化的宝贵资源。他们认为，传统儒学虽然是农耕时代的产物，不可避免地带有历史的局限性，但不能因此而否认其具有普遍性。中国人搞现代化，没有必要模仿西方启蒙主义的路线。一些西方国家在现代化起步阶段，曾发动了一场清算中世纪的基督教的思想运动，要求把"人"从"神"的控制中解放出来。中国的情况显然与这些国家不同。在中国，儒学并不是神学，儒学本身就不是"魅"，当然也就不必成"驱魅"的对象。中国在现代化进程中遇到的问题，并不是开启现代性，而是批判地接纳现代性，并且同时避免现代病，避免价值世界的迷失。在这种情况下，把儒学的普适性发掘出来，可以与市场经济相适应，使之成为促进中国现代化的精神动力。贺麟指出，在传统儒学中，儒者通常是指"耕读传家"之士。这样的儒者人格显然不能适应市场经济时代的要求，必须更新内涵，作出新的诠释。他在《文化与人生》一书中写道：

---

① 冯友兰：《新原人》，重庆商务印书馆 1943 年版，第 165 页。

何谓"儒者"？何谓"儒者气象"？须识者自己去体会，殊难确切下一定义，其实也不必呆板说定。最概括简单地说，凡有学问技能而又具有道德修养的人，即是儒者。儒者就是品学兼优的人。我们说，在工业化的社会里，须有多数的儒商、儒工以作柱石，就是希望今后新社会中的工人、商人皆为品学兼优之士，参加工商业的建设，使商人和工人的道德水准、知识水平皆大加提高，庶可进而造成现代化、工业化的新文明社会。①

贺麟对"儒者"做了最广泛的解释。在他看来，儒者应该是一种高尚的道德形象，一种合乎理想的人格。儒者人格不是抽象的，而是具体的存在。所谓"儒者，圣之时者也"，就是说，儒者的内涵是变化的，将随着历史环境的变迁而改变。在农耕时代，儒者指的是耕读传家之士，而在市场经济时代，则是指品学兼优之士。贺麟指出，中国只有造就一大批新式儒者，现代化事业才有望成功。"若无多数重忠孝仁爱信义和平的道德修养的儒商、儒工，以树立工商的新人格模范，商者凭其经济地位以剥削人，工者凭其优越技能以期令人、傲慢人，则社会秩序无法安定，而中国亦殊难走上健康的工业化的途径。"②

贺麟突破了传统儒学重农抑商的观念，提出"儒商、儒工"等新观念。他指出，以往把士列为四民之首，视商人为利禄之徒，是错误的。他说："我觉得几千年深入人心重农轻工商的旧观念，应加以改变。……其实平心而论，且就大多数看来，农人固属勤劳自食其力，商人也何尝不夙兴夜寐，操其业务。农人固朴实耐苦，商人亦多急功近利的人。农人固劳力，商人恐有时亦须劳力且兼须劳心。总之，农人与商人皆是良好的公民，皆是组成健全的社会国家所不可缺的中坚分子。似不宜有所轩轾其间。……且即从道德生活言，商贾大都比农人好动，远离乡井，旅行冒险，精神可佩。农人则比较安土重迁，好静而守旧，于维持传统的道德文化，颇有力量。商人游历的

---

① 贺麟：《文化与人生》，上海商务印书馆1947年版，第11—12页。
② 贺麟：《文化与人生》，上海商务印书馆1947年版，第11页。

地方多，见闻亦多，每每非故乡的旧风俗习惯所能束缚。故商人于打破旧风俗习惯，改革旧礼教，促进新道德的产生，常有其特殊的贡献。"① 他认为在市场经济时代，商人不能再被排除在儒者的范围之外，而必须获得应有的尊重。

贺麟也突破了宋明儒学的理欲对立的旧观念，强调在市场经济时代二者之间的兼容关系。他说："近代伦理思想上有一大转变，早已超出中古僧侣式的灭人欲、存天理、绝私济公的道德信条，而趋向于一方面求人欲与天理的调和，求公与私的共济，而一方面又更进一步去设法假人欲以行天理，假自私以济大公。"② 从现代伦理思想的发展趋势看，宋儒"存天理灭人欲"之说显然已经过时，因此现代新儒家不必再据守这种旧观念，应当跟上时代的步伐，对理欲关系提出新的诠释。在贺麟看来，人欲与天理并不是敌对的或对立的关系，而是相容的、互济的关系。过分地凸显人欲，当然会助长为非道德的消极因素；但是，过分限制人欲，不利于调动人的进取精神，也会妨碍经济发展。如果恰当地看待人欲，人欲也可以构成使天理得以实现的积极因素，甚至是必不可少的前提与条件。如果道德生活完全脱离了人的欲望、需求，则必然陷入空虚与贫乏。这样的道德生活绝不是现代人所要求的充实丰富、洋溢着生命力的生活。贺麟认为，视人欲为洪水猛兽，乃是经济不发达的旧时代的人所难以避免的偏见，随着时代的发展，原本对人类有害的消极因素也可以转化为对人类有益的积极因素。洪水可能泛滥成灾，但把洪水控制起来，也可以用来发电，从而造福于人类；猛兽可能伤人，但把猛兽关在动物园里，也可以供人们欣赏。

贺麟提出的儒学可以促进市场经济发展的观点是很有见地的，显示出儒学经过现代转化以后，仍然可以有用武之地，仍然可以发挥积极的促进作用。问题在于：儒学对于当前的社会主义市场经济是否也有促进作用呢？我们的看法也是肯定的。

---

① 贺麟：《文化与人生》，上海商务印书馆 1947 年版，第 33—34 页。
② 贺麟：《文化与人生》，上海商务印书馆 1947 年版，第 209 页。

四

毫无疑问，在新的世纪中，中国经济将缩短与西方发达国家之间的差距。不是有不少学者认为新的世纪将是中国人的世纪吗？当然，我们不会因为几个洋教授的几句赞誉之辞和美好预测而沾沾自喜，但不容置疑的是，一个改革、开放的中国，经济上必将越来越强大，东方睡狮正在觉醒！中国共产党正在全心领导十几亿中国人民想尽一切办法赶超发达国家，而社会主义市场经济体制的确立为中国经济的腾飞找到了正确的道路。经济发展的强大动力和惯性，将按照自己的规律发展，绝不是个别人或任何主观意识所能改变得了的。当然，这个过程绝不会一蹴而就，城乡发展的巨大差别、东西部地区之间的巨大差距以及人口重负、落后意识等对中国现代化都具有巨大的制动作用。但是，希望的萌芽破土之后，不是就有大量的农民在农闲时外出打工、看看精彩的外面世界、接受城市新观念的洗礼了吗？不是也有华西村、刘庄等新农村出现了吗？事实证明，有儒学文化背景的中国人接受市场经济的新观念并非不可能。传统观念固然应当转变，但把传统观念同新观念对立起来，否认其现代转化的可能性，显然不符合事实。

新世纪的中国经济在执政党正确的路线、方针和政策的指引下，是可以飞速发展的。因为市场经济的繁荣和社会生产力的迅速提高，依赖于对人们经济利益的承认、依赖于对经济竞争中自由与公平的保障、依赖于对人们财富私人合法占有的认可，而这三点对目前的中国来说，正在逐渐变为现实，或者说是中国共产党和政府正在努力从事的工作。"人往高处走，水往低处流"，当人们有了追求更美好生活的愿望时，也就有了前进的动力。公开承认人们占有物质财富的合理性，必将极大地激发人们的创造能力的发挥，极大地提高社会的生产力水平。回顾改革开放后我们所取得的成绩，不能不承认这一点。

中国封建社会长期停滞不前的一个重要原因，就是没有公开承认人们追求经济利益的正当要求，宋明理学"存天理灭人欲"的说法，有思想禁锢的作用。但是，也应当看到，"存天理灭人欲"不过是一种说法而已，并没有出现社会的实际状况。在理论上不承认人欲的正当性，不等于人欲因此而真的消失，只不过是转化了形式而已。在中国封建社会中，对政治权力的占有，强烈的官本位意识，实际上就是通过对政治权力的占有来掩盖对经济利益的占有。"三年清知府，十万雪花银"，非常形象地说明了这一点。在中国封建社会中，人情大于王法，利掩盖在情之中，只要有了权，就会获得各种各样的情和各种各样的利。在市场经济时代，公开承认求利的正当性，将会使情的色彩淡化，使法的色彩强化，并会进一步导致权欲的淡化和官本位的淡化。中国人历来对于形而上的纯本体论问题不太感兴趣，历来关注的焦点是活生生的人，儒家的"未能事人，焉能事鬼"的观念集中体现了这种倾向。在市场经济的条件下，儒家文化中的务实精神已经开始，并最终会得到极大程度的弘扬。宋明理学"存天理灭人欲"的说法，笼统地讲，确实不妥；如果加以限制，在市场经济时代并非没有积极意义。在市场经济条件下，固然应当承认个人利益的正当性，但绝不主张放纵人欲。对于金钱拜物教，对于商品拜物教，对那些唯利是图、损人利己、利欲熏心的人，讲讲"存天理灭人欲"的古训，有何不可？

儒家重义轻利的观念在市场经济的发展过程中仍有其独特的现代价值，那就是可以对过度膨胀的功利追求发挥制衡作用。随着经济的快速发展，人们对个人利益的追逐将日益强烈。在这种情况下，就迫切需要义来予以调节。义与利的平衡，实际上是维护社会稳定、协调社会发展的有效方式。在现代社会，讲义实际上就是讲法治和信誉，也就是说，在追求利益的时候，要遵守公众制定的游戏规则。具有丰厚积蕴的中国儒家文化，在协调现代社会中义与利的关系方面，完全可以提供许多有益的启示。在市场经济的冲击下，现代人常常会感受到意义失落、价值失衡的困惑；极端的功利主义将造成人们文化素质和道德水准的滑坡。对于这些现象，儒学将发挥制衡作用，以崭新的面貌再现于现代人的精神世界。

由于儒学人文主义的导向，使得中国人非常务实，只要有利于自己的生存和发展，均可采取"拿来主义"的态度。"洋为中用，古为今用"，不管是玉皇大帝，还是太上老君，抑或释迦摩尼，只要能保佑我，都可以供奉他，甚至可以放在一起供奉。在人们的经济利益得到认可的情况下，这种务实精神必将产生极大的影响，人们会自觉自愿地参与到市场经济中去，为改变自己的贫穷状况和国家的落后面貌而努力工作。在这个过程中，党和政府迫切需要制定出相应的经济法规和制约机制，以保证人们的经济活动按照一定的合理规则行事。使人们处于公平的自由竞争当中，从而避免产生民众的心理失衡。这种情况虽然还有一个完善的过程，但我们目前正在做。转变经营机制、明晰产权关系、转变政府职能等，都是这种努力的组成部分。建立公平的竞争机制，可以避免务实精神滑向它的另一个极端：为了占有经济利益而不择手段。

当然，中国在前进的道路上，并不会是一帆风顺的，还会遇到许多的制动因素，其中有些确实与儒家文化有关系。例如，儒家文化中的官本位意识已如上所述；再如传统儒家文化中的小农意识和轻商意识（如"士农工商"的排序和"奸商"的蔑称等），对于现代化进程也会形成负面影响。但是这种影响并不是不可以克服的。现代化的一个重要标志是工业化水平，因此，随着中国工业化水平的提高，机器大工业在农业中的大量运用，人多地少的矛盾将会越来越突出，这样，农村中大量的劳动力必将从祖祖辈辈固守的土地中解放出来，接触到更大范围的现代化进程，参与到市场经济的大潮中去，或者经商，或者把自身的劳动力充实到城市人不愿意干的工作中去，这是社会的必然，也是农村走向现代化的一个重要方面。我们不能以狭隘的眼光（如社会治安、计划生育等）来看待"民工潮"，也不能以行政手段强制农民固守在无活可干的一点点土地上。农村人自觉自愿地要求改变小农意识，正是我们现代化过程中求之不得的事情，理应加以积极引导。

在当代中国，传统的小农意识和轻商意识已经在改变，与现代意识相融洽的务实精神正在蓬勃发展。轻商、贱商的意识虽然还在不少人的脑子里具有一定的地位，但在市场经济大潮的冲击下影响必定越来越小。目前对儒家轻商意识的批判，除了换得一点点微不足道的稿费之外，已经没有太多的实际意义。意识形态在现实的经济基础面前，永远占据不了主导地位。儒学作为一种传统的意识形态，一直都非常重视义利之辨，宋儒则把义与利对立起来，提出"存天理灭人欲"的口号，对中国封建社会后期经济的发展有不良的影响，这是事实，但这毕竟不是造成中国经济落后的主要原因。造成中国经济落后的主要原因还是应当到社会制度方面去找，不能要儒家来负责。

（原载于《国际儒学研究》第 15 辑，九州出版社 2007 年版）

现代新儒学与民主法制建设

民主法制是现代社会的社会组织形式，建立和健全民主法制是现代性在政治方面的表现。民主法制是同市场经济相适应的，是伴随着市场经济而出现的一种新的社会组织方式。市场经济、工具理性、民主政治三者相互配合，共同规定着现代性。中国搞现代化，培育符合中国国情的现代性，也必须选择建立和健全民主法制的道路。

传统儒学作为前民主时代的产物，肯定存在着与现代民主法制不相适应的因素。问题在于，它能否成为民主法制建设可利用的资源？西化派的回答是否定的。他们把儒学等同于君主专制主义的意识形态，看成是民主法制的障碍，必须予以彻底清除，完全把儒学与民主法制对立起来。现代新儒家反对西化派的观点，反对把儒学等同于君主专制主义的意识形态，反对把儒学同民主法制截然对立起来。在他们看来，儒学作为中国传统文化的主干，其中固然存在维护君主专制主义的因素，但也存在着与民主法制兼容的因素，不能予以全盘否定。民主法制作为一种新的社会组织技术，虽然产生在西方现代社会，但并不是西方人的专利，是具有普遍可接受性的，每个国家都可以根据本国的情况选择有特色的民主化道路。在中国建立和健全民主法制，不能照搬照抄西方的模式，必须符合中国的国情。笔者认为，在儒学中确实存在着有利于民主法制建设的资源，把这种资源开发出来是十分必要的。只有把这种资源开发出来，才能促使民主法制在中国生根。能否把这种资源开发出来，也是儒学能否实现现代转化的关键之所在。

一

为了开发儒学中有利于民主法制建设的资源，熊十力对儒学做了新的评判。照他看来，传统儒学实际上可以分为两种：一种是孔子创立的大同学，这是理想化的儒学，这种儒学并没有真正体现于历史实际；另一种是后儒传述的儒学，这是历史上实际起作用的儒学，这种儒学只是孔子所创大同学的变形，不完全体现大同学的真精神。他不否认后儒传述的儒学有维护专制主义的倾向，但坚信大同学中包含着有利于民主法制建设的资源，绝不是为专制主义辩护的。他在《原儒》中写道：

> 孔子晚而作六经，倡明内圣外王之道。其于外王，创发天下为公，当时所骇为非常异义可怪之论。六经皆是巨典，其说不一贯，汉人虽多窜乱，而其真相犹可考，本无隐微亡显之言。姑且举《易·乾卦》为证。其曰：亢龙有悔，穷之灾也。又曰：亢龙有悔，盈不可久也。此为统治阶层必由之公律。曰：首出庶物，万国咸宁，此为革命、民主之真谛。曰：群龙无首，吉，此为大同社会之极则。
>
> 乾之初爻曰：潜龙勿用，下也。此言群众卑贱处下，不得展其用，乃受统治者压抑之象。二爻：见龙在田，这革命潜力已发展于社会，是为见龙之象。九三：君子终日乾乾，大功未成，不得不乾乾也。九四：或曰在渊，或跃，则几于倾覆统治，而夺其大柄矣。九五：飞龙在天，则大功竟成，主权在人民，上下易位矣，故飞龙在天之象。上九：亢龙有悔，明统治崩溃，乃天则之不爽也。[①]

按照他的理解，孔子的大同学主张主权在民，反对君主专制，甚至鼓动革命，同民主政治是相通的。只可惜后儒曲解了大同学，致使儒家的民主思想隐而不显，没能在中国形成民主制度。现在到了恢复大同学的原义的时

---

① 熊十力：《原儒》，上海龙门印书局 1958 年版，第 832、836 页。

候了。对于熊十力的这种解释，其历史根据是否充分，固然可以质疑；但他在努力沟通儒学与民主政治的联系，其真诚的意向是不容置疑的。

熊十力从其心目中的理性化的儒学出发，对儒家的礼学做了新的诠释，试图使之从阻力转化为助力，成为促进民主法制建设的积极因素。他说：

> 古代封建社会之言礼也，以别尊卑、定上下为其中心思想。卑而下者，以安分为志，绝对服从其尊而上者。虽其思想、行动等方面受天理之抑制，亦以为分所当然，安之若素，而无所谓自由与独立。及人类进化，脱去封建之余习，则其制礼也依独立、自由、平等诸原则。人人各尽其知能、才力，各得分愿。虽为父者，不得以非礼束缚其子，而论其他乎？①

在这里，他显然对儒家伦理思想中的基本范畴"礼"进行了改造，注入了独立、自由、平等等新内容。他指出："此之独立，即是尽己之谓忠，以实之谓信。唯尽己，唯以实，故无所依赖，而昂然独立耳。"他对于"忠""信"等范畴的解释，虽然保留着儒家的传统色调，但实际上所强调的是"无所依赖"的主体人格，已经剔除了人身依附的封建观念，体现出强烈的时代精神。关于平等，他说："平等者，非谓无尊卑上下也。然则平等之义安在耶？曰：以法治言之，在法律上一切平等。国家不得以非法侵犯其人民之思想、言论等自由，而况其他乎？以性分言之，人类天性本无差别。故佛说：'一切众生皆可成佛'，孔子曰：'当仁不让于师'，孟子曰：'人皆可为尧舜'，此皆平等义也。"②他一方面接受了"在法律面前人人平等"的新观念，另一方面却把平等同尊卑观念扯在一起，并把实现平等的希望寄托在"人类天性本无差别"上，表述上有些混乱。即便如此，他对民主政治的真诚企盼，还是不容置疑的。

---

① 熊十力：《十力语要》第 1 卷，中华书局 1996 年版，第 27 页。
② 熊十力：《十力语要》第 1 卷，中华书局 1996 年版，第 27 页。

二

继熊十力之后，港台新儒家也把儒学与民主政治的关系问题当作一个重要话题。他们在《宣言》中写道："我们承认中国文化历史中，缺乏西方之近代民主制度的建立，与西方之近代的科学，及各种实用技术，致使中国未能真正的现代化工业化。但是我们不能承认中国之文化思想，没有民主思想之种子，其政治发展之内在要求，不倾向于民主制度之建立。亦不能承认中国文化是反科学的，自来即轻视科学实用技术的。"

熊十力的从学弟子徐复观承继了乃师批判专制主义、拥护民主政治的立场，努力在儒学中挖掘有利于民主政治的因素，努力论证儒学与民主政治的契合性。不过，他采取的方法与熊十力不同，他并没有采取把儒学理想化的诠释方式，比较正视历史实际。徐复观对传统儒学既表示出深深的同情和崇高的敬意，也不讳言其不尽人意之处。他说："儒家所祖述的思想，站在政治这一方面来看，总是居于统治者的地位来为统治者想办法，总是居于统治者的地位以求解决政治问题，而很少以被统治者的地位，去规定统治者的政治行动，很少站在被统治者的地位去谋解决政治问题。这便与近代民主政治由下向上去争的发生发展的情形，成一鲜明的对照。"① 徐复观坚决主张改变这种情形，大力倡导民主政治，重塑现代儒者的形象。他为了实现这一主张，奔走呼号，奋斗不已，成为现代新儒家当中著名的"民主斗士"。

徐复观对中国古代专制主义的批判，并不亚于五四新文化运动时期的胡适和陈独秀等人。他认为，"中国两千年的专制，乃中华民族一切灾祸的总根源"，是"中国智慧停止不前的总根源"。不过，他没有像五四新文化运动中的思想家那样将罪责归咎于儒家，没有把儒家思想看成是封建专制的护身符而予以全盘否定。在他看来，儒家也是专制主义的受害者，并不是专制主义的帮凶。在专制主义占统治地位的情况下，儒学被扭曲，无法得到正常的发展，儒学中的民主因素被窒息。所以，儒学不应当为中国专制主义政治

---

① 徐复观：《学术与政治之间》，台湾学生书局 1985 年版，第 54—55 页。

负责。他指出，儒学非但不是专制政治的护身符，反而由于儒家思想的德治主义和民本主义而限制着专制主义政治的影响力。徐复观承认传统儒学没能建构出民主政治制度，但他极力证明传统的儒学同现代的民主政治并不矛盾。他从儒家典籍中找出"民为贵，君为轻""天听自我民听，天视自我民视"之类的民主思想的闪光点，但并未作出从儒学中直接开出民主政治的断语。

他认为，在专制制度的压迫下，"一切学术思想，不作某种程度的适应，即将归于消灭"；儒家思想，本是从人类现实生活的正面来对人类负责的思想，但在专制政治之下无所逃避，"只能硬挺挺地站在人类的现实生活中以担当人类现实生存发展的命运。在此种长期专制政治下，其势须发生与其程度的适应性，或因受现实政治趋向的压力而渐被歪曲。"被歪曲的时间一长，就难免失去其本来的面目。这种结局，"只能说是专制政治压歪，并阻碍了儒家思想正常的发展，如何能倒过来说儒家思想是专制的护身符"[①]？在专制政治中，中国知识分子的主要精力都集中到了"向朝廷求官的一条单线上，而放弃了对社会各方面应有的责任和努力。……结果，担负道统以立人极的儒家子孙，多成为世界知识分子中最寡廉鲜耻的一部分。"[②]

在徐复观看来，更为可怕的是，民国以来的政治实践，亦中亦西，不中不西，确切说是融汇了中西双方政治生活中最坏的部分，所以是"世界上最不可救药的政治"。他晚年之所以批评时政，呼吁民主，就是因为他认为近几十年的中国政治走上了歧途，既丢失了传统的德治，又没有真正学到西方社会的民主政治。因此，他要通过对儒家德治思想的宣扬与补充，以开出中国民主政治的新局面，改变他所看到的政治现实。徐复观的主张是：

> 我们今日只有放胆地走上民主政治的坦途，而把儒家的政治思想，重新倒转过来，站在被统治者的立场来再作一番体认。首先把政治的主体，从统治者的错觉中移归人民，人民能有力量防治统治者的不德，

① 徐复观：《中国思想史论集》，台湾学生书局 1983 年版，第 8—9 页。
② 徐复观：《中国思想史论集》，台湾学生书局 1983 年版，第 8 页。

人民由统治者口中的"民本"一转而为自己站起来的民主。知识分子，一变向朝廷钻出路、向君主上奏疏的可怜心理，转而向社会大众找出路、向社会大众明是非。对于现实政治人物的衡断，再不应当着眼于个人的才能，而应首先着眼于他对建立真正的政治主体，即对民主所发生的作用。所以今后的政治，先要有合理的争，才归于合理的不争。先要有个体的独立，再归于超个体的共立。先要有基于权利观念的限定，再归于超权利的礼的陶冶。总之，要将儒家的政治思想，由以统治者为起点变为以被统治者为起点，并补进我国历史中所略去的个体之自觉的阶段。则民主政治，可因儒家精神的复活而得其更高的依据；而儒家思想，亦可因民主政治的建立而得完成其真正客观的构造。①

徐复观这样处理传统儒家学说与民主政治的关系，颇具匠心，表现出较强的批判精神、正视历史的求实精神和面向世界的时代精神。他的第一点主张是转变立场，改变传统儒生"为帝王师"的心态，把人民当成政治主体，而不是把统治者当成政治主体。民主政治不能靠统治者恩赐，必须靠人民努力去争取。民主政治的第一要义就是对执政者进行民主监督，实行依法治国，而不再像传统儒家那样单纯地寄希望于德治。第二点主张个体独立，改变传统儒学的人身依附观念。只有每个公民都成为独立的个体，民主政治才能落到实处。中国古代之所以没有实行民主政治，原因之一就在于缺少"个体自觉的阶段"，因此现代中国要想建立和健全民主政治，必须补上这一阶段。第三点主张是以儒家精神提升民主政治。儒家精神必须依据民主政治制度的保障才能复兴，而现行的民主政治制度必须靠儒家精神的提升才能超越权利观念的限制，达到"超个体的共立""超权利的礼的陶冶"的更高形态。徐复观既反对鼓吹制度万能的泛政治主义，也反对宣扬德治万能的泛道德主义，这在狭义新儒家当中颇为独特。

牟宗三关于儒学与民主法制之间关系的看法，同徐复观相近，也认为二者可以契合，反对把儒学说成是专制主义的护身符，但有很强的思辨色

---

① 徐复观：《中国思想史论集》，台湾学生书局1983年版，第8页。

彩。在他看来，传统儒学的内圣学发达，而外王学薄弱，形成有道统而无政统的局面。他所说的"政统"，指的就是民主法制。尽管传统儒学没有设计出行之有效的民主法制制度，但不能因此而否认在儒学中存在着契合民主政治的思想元素。用思辨的哲学话语说，在传统儒学中存在着"理性之运用表现"，而没有"理性之架构表现"。之所以造成这种状况，按照牟宗三的分析，是由于在理论上没有处理好内圣与外王的关系。他在《政道与治道》一书中写道：

> 如果外王只限于治国平天下，则此外王亦是内圣之直接通出去。如是，外王只成了内圣之作用，在内圣之德之"作用表现"中完成或呈现。但如果治国平天下之外王还有其内部之特殊结构，即通着我们现在所讲的科学与民主政治，则即不是内圣之作用所能尽。显然，从内圣之运用表现中直接开不出科学来，亦推不出民主政治来。外王是内圣通出去，这不错。但有直通与曲通。直通是以前的讲法，曲通是我们现在关联着科学与民主政治的讲法。我们以为曲通始能尽外王之极致。如只是直通，则只成外王之退缩。①

牟宗三作为现代新儒家，坚信"外王由内圣通出是不错的"，坚信儒家的道统，坚信道德理性是民主政治的前提，坚信从内圣可以开出民主政治来。既然传统儒学"直通"的路行不通，那么，现代儒学就必须改弦更张，选择"曲通"的路。所谓"曲通"，就是"坎陷"，从德性主体转出知性主体，从而与民主政体接榫。他说：

> 政体是属于客观实践方面的一个客观的架子，则自不是道德理性之作用表现所能尽；内在于此政体本身上说，它是理性之架构表现，而此理性也顿时失去其人格中德性之意义，即具体地说的实践理性之意义，而转为非道德的观解理性。观解理性之架构表现与此政体直接相

---

① 牟宗三：《政道与治道》，台湾学生书局1983年版，第55页。

对应。但此政体本身之全部却为道德理性所要求，或者说，此政体之
出现就是一个最高的或最大的道德价值之实现。此即表示欲实现此价
值，道德理性不能不自觉其作用表现之形态中的自我坎陷，让开一步，
而转为观解理性之架构表现：当人们内在于此架构表现中，遂见出政治
有其独立的意识自成一独立的境域，而暂时脱离了道德，似与道德不
相干。在架构表现中，此政体内之各成分，如权力之安排，权利义务
之订定，皆是对列平等的。因此遂有独立的政治科学。①

为了把儒学的发展纳入民主政治的向度，现代新儒家可谓是用心良苦。
熊十力提出的"大同"说，徐复观提出的"翻转"说，牟宗三提出的"曲
通"说，在学理上都存在着难以自洽的困难，但他们的探索还是有启迪意义
的。他们反对把儒学看成专制主义的护法，反对照搬照抄西方的政治模式，
努力寻找有中国特色的民主法制建设途径，这是应当予以肯定的。他们关于
儒学与民主法制之间关系的理论，尽管只是一种说法，并没有变成实际的做
法，但是对于我们建立和健全有中国特色的社会主义民主法制还是有参考价
值的。

三

我们现在所面临的文化环境，除了占主导地位的马克思主义之外，还
有中国固有的、已经发展了几千年而且渗透到中国人骨髓中的传统文化，还
有已对我们构成强大冲击和影响的西方文化以及其他外来文化。马克思主义
传入中国的时间并不算长，它之所以能够迅速占据主导地位，同中国马克思
主义者比较妥当地把它同中国革命的具体实践结合起来、同中国优秀的文化
传统结合起来，有直接的关系。这在毛泽东那里，称之为"中国气魄"和
"中国风格"；在邓小平那里，又被叫做"中国特色"。毫无疑问，"建设有中
国特色的社会主义"是中国当代乃至今后的现代化建设的主旋律。我们的现

---

① 牟宗三：《政道与治道》，台湾学生书局 1983 年版，第 58 页。

代化建设事业涉及方方面面，其中社会主义民主法制建设是一项十分重要的任务。怎样才能完成这项任务呢？恐怕照搬照抄西方的模式是无济于事的，必须在马克思主义的指导下，探索出一条符合本国国情的路子。为了找到这样一条路子，我们应当对儒学与民主建设的关系有比较正确的认识。笔者认同现代新儒家关于儒学与民主法制建设兼容的看法，但不认同他们"由内圣开出新外王"的说法。

现代新儒家把民主视为"新外王"的重要内容，认为从儒家"内圣学"或"道德形上学"中就能开出民主来。这是一种不切实际的想法，因为二者之间没有必然的逻辑关系。在中国历史上，没有从儒家的内圣学中开出民主之类的"外王"来，将来也不会开得出来。在笔者看来，民主等外王事功是各种因素共同发挥作用的合力的结果。例如，经济结构的调整，市民阶级的壮大，领袖人物的倡导，乃至社会矛盾的加剧以及各派政治力量的协调，都曾对现代民主制度的形成产生重大影响。可见，民主并不是"内圣"这样单一的因素所能开出的，也不见得非以"内圣"为前提不可。事实证明，没有儒家所谓的内圣作前提，照样可以开出"外王事功"来。现代新儒家仅仅想通过内圣开出外王，在实践中是行不通的，在理论上也是说不通的。他们苦思冥想，绞尽脑汁，还是无法在"内圣"和"外王"之间架起桥梁。这正是现代新儒家在如何从"内圣"开出民主一类的"外王"问题上屡屡碰壁、无法自圆其说的根本原因之所在。笔者认为，从儒学中不可能逻辑地开出民主一类的"外王事功"，但儒学对于"外王事功"的确可以发挥促进作用，对于民主法制建设的确可以产生积极的影响。

民主法制建设是一个比较笼统的提法，政治制度建设和政治文明建设都是题中应有之义。显而易见，儒学对于民主政治制度建设来说，不会起到明显的推进作用。在儒学中有封建主义的糟粕，也有民主性的精华，对其做"取其精华，弃其糟粕"的处理，并不会妨碍我们接受民主政治制度，也不会妨碍我们建设民主政治制度。

民主政治制度是一种社会组织技术，而民主政治文明则是一种精神形态。民主政治制度建设不必同接受国的文化传统挂钩；而民主政治文明建设则必须同接受国的传统文化挂钩，不可能通过引进的途径得到解决。民主政治文明是民主政治制度得以实施的担保。如果没有形成民主政治文明的氛围，民主政治制度将无法顺利实施。一些人会常常借用"争民主"的名义，制造社会动乱，将会导致国无宁日，民无宁日。这样的"民主"，恐怕不是福音，而是名副其实的灾难。所以，我们在致力于民主制度建设的时候，绝不能忽视民主政治文明建设。笔者认为，民主既是一种政治制度，也是一种政治文明。民主作为一种政治制度，其政治效果是有限的，只能担保社会成员被动地不为恶，而不能担保其主动地为善。也许由于其存在着这种局限性，著名政治家丘吉尔才说，民主并不是一项好的制度，只能算是一项不坏的制度而已。民主作为一种政治制度，属于政治科学的范围，建立在工具理性的基础上。制度设计可以只考虑有效性，而不必考虑合理性，不必考虑人的素质问题。甚至有的政治家宣称，在一群罪犯当中照样可以实行民主制度，这跟庄子的"盗亦有道"说法相类似。民主作为一种政治文明，属于政治哲学的范围，应当以价值理性为指导。政治文明建设不能只讲究有效性，还必须考虑合理想性，帮助社会成员明白什么是"好"、什么是"坏"，树立正确的价值导向。民主这两种意涵是联系在一起的：离开民主制度设计，民主政治文明将会落空；离开民主政治文明，民主制度将会失效。笔者不认同在一群罪犯中也可以实行民主制度的说法。以中国19世纪中华民国初建时的情形为例，虽然中国在形式上已建立了共和国，也颁布了宪法，履行了选举程序，但当时的政治局面不但没有好转，反而变得更加混乱。

在中国建设民主制度可以不考虑儒家文化的因素，而建设民主政治文明，必须发掘儒家留下的思想资源。以儒家为主体的中国传统文化，从一开始就表现为高度的自信。鸦片战争以前，它从不对自身的优越之处存有疑虑。它对于外来文化可以容纳吸收，与入主中原的少数民族可以进行融合。前者以对佛教的吸收、融合和改造为典型，后者以汉文化对少数民族文化融合为代表。这种文化融合、民族融合的过程丝毫没有强制性，乃是让被吸收和被同化的对象自觉主动地去认同它。究其原因，无非是它比同时代的其他文化先进，而且又能够始终保持着青春般的活力。"天行健，君子以自强不息"，"与时偕行"，这就是充满活力的具体体现。儒家文化在历史上不是固步自封、停滞不前的，而是随着时代的变化和人类实践的丰富而不断发展变化的。汉代董仲舒的思想与先秦孔、孟的思想肯定不是一回事，而宋明时代程、朱、陆、王的思想与孔、孟和董仲舒的思想也肯定不一样。正因为这样，在相当长的历史时期里它才能保持自己的活力和优越性；也正因为这种活力和优越性，它才具有"海纳百川"的气度和融摄精神，用《周易》中的话来说，就是"厚德载物"。这种精神诉求的实质，就是帮助每个社会成员造就君子人格。倘若每个社会成员都以君子人格自律，都以君子的风度参与民主政治活动，民主还能导致社会灾难吗？

在儒家大力推崇的民本思想中，可以找到民主政治文明建设所需的资源。经过适当的培养，可以促使"民本"向"民主"转化。近代改革家谭嗣同曾研究过这种转化的可能性，强调民众不但应该享有"举君"的权利，更应该享有"废君"的权利，以真正体现君民关系的平等，从而制约君主的行为，使之始终如一地"为民办事"。这种转换，实际上就是把"主权在君"的古代民本论转换成了"主权在民"的近代民主观念。

中国儒家文化是在不断地躬行实践中，及时总结经验教训、吸收外来的文化而获得活力的，并因而具有了"海纳百川"的气度，培养起了"厚德载物"的融摄精神。这种精神强调理解与宽容，同民主法制建设的内在要求是一致的，对于提高人民大众的民主素养具有积极意义。如果上述观点可以成立的话，我们可以得出这样的结论：儒学可能对于民主制度建设帮助不大，而对民主政治文明建设却大有裨益。有数千年历史的儒学，教导社会成员自尊、自立、自爱，主张利群利他，和而不同，以人为本，奉行恕道，做正人君子，这同民主政治文明的价值取向不都是一致的吗？

当然，儒学与民主法制建设的关系十分复杂，民本思想仅仅是民主建设的种子，儒家的人格理论仅仅是民主政治文明建设的资源，要想把社会主义民主法制变为现实，把民主的因素变为民主的观念和体制，还必须考虑其他各种历史和现实的因素，尤其是经济因素。小农经济占主导地位的社会是实现不了现代化的，以固守土地的农民为主体的社会显然承担不起建设现代民主社会的重任。因此，要想成功地建设社会主义民主法制，还必须彻底改造小农经济，大力发展社会主义市场经济。

（原载于《深圳大学学报》2012 年第 2 期）

儒学与工具理性的培育

关于儒学与工具理性之间的关系问题，长期研究中国科技史的英国学者李约瑟（Joseph Needham，1900—1995）已经触及。他提出这样一个疑问："从公元前 1 世纪到公元 15 世纪的漫长岁月中，中国人在应用自然知识于满足人的需要方面曾经胜过欧洲人。那么，为什么近代科学革命没有在中国发生呢？"这个疑问被学者称为"李约瑟难题"。李约瑟本人在其七卷二十册的皇皇巨著《中国科学技术史》中也试图解答这个难题，却始终没有给出一个令人满意的答案。海内外许多学者也在思考这个问题，提出了诸如封建经济、专制主义、周期战乱、科举制度、直觉思维、表意文字等五花八门的解答方案，虽然都有一些道理，但没有哪一个能令人完全信服。笔者无意于解答上述难题，因为这是一个历史学研究的问题，而不是一个现实的问题，一时找不到答案也无关紧要。与"李约瑟难题"相关的现实问题则是：儒学对于工具理性的培育究竟起促进作用还是阻碍作用？而这恐怕是更值得关切的问题。

一

现代学术与传统学术相比较，有一个明显的区别，那就是特别重视工具理性，重视科学技术。学术关注点从价值理性转到工具理性，也是现代性的突出表现之一。马克思·韦伯没有从区域性的视角解释这种变化，而是从时代性的视角解释这种变化，称之为"理性化"的过程，这就比西方文化中心主义者要高明许多。西方文化中心主义者常常以古希腊为例，认为西方在学术上历来就有重视工具理性和科学技术的传统，这并不符合历史事实。因为在西方漫长的中世纪里，神学占据着主导地位，连哲学都成为"神学的婢女"，更不用说科学了。神学关注的是价值安顿，并不是工具理性或科学技术。神学不仅不重视科学，而且把科学当成"异端学说"加以排斥，许多科学家都曾受到教会的迫害。在西方的现代化进程中，理性化过程是通过推倒神学的权威而实现的。唯其如此，西方也为此付出了代价，那就是把工具理性同价值理性对立起来，造成二者之间关系的紧张，以至于造成科学主义流行、价值理性缺位。迄今为止，西方社会仍然没有找到解决工具理性与价值理性失衡的理想方案。

传统儒学也有重视价值理性而轻视工具理性的倾向，这是任何一个现代社会所不能避免的。传统儒学重视关于道德价值的知识，而轻视工具意义上的科学技术，通常把前者称为"天德良知"或"大体之知"，把后者称为"见闻之知"或"小体之知"，轻视科学技术的心态显而易见。中国搞现代化，必须扭转这种学术导向，提升对工具理性重要性的认识，重新调整儒学与科学技术的关系，培育符合中国国情的现代性。问题在于，如何实现这种转向？西化派选择了一条传统与现代对立的路径，把儒学完全视为科学的障碍。他们热烈拥抱科学主义，宣称"科学万能"，高扬工具理性，贬抑价值理性。对于科学主义的偏激之处，他们似乎毫无察觉。在如何看待工具理性的问题上，现代新儒家选择的路径比西化派要明智得多。他们一方面认识到倡导工具理性、倡导科学技术的必要性；另一方面坚决拒斥偏激的科学主义。他们没有把科学与儒学对立起来，而是努力寻找二者的结合点，试图使价值理性与工具理性在现时代的中国找到平衡，不至于再像西方社会那样陷入失衡的困境。

梁漱溟以中西文化比较的方式，揭示传统儒学工具理性的缺失。他认为西方现代文化"以意欲向前要求"为基本特征，这种文化精神在学术上的表现就是科学。"西方人走上了科学的道，便事事都成了科学的。起始只是自然界的东西，其后种种的人事，上自国家大事，下至社会上的琐碎问题，都有许多专门的学问，为先事的研究。因为他们总要去求客观公认的知识，因果必至的道理，多分可靠的规矩，而绝不听凭个人的聪明小慧临时去瞎拼。所以拿着一副科学的方法，一样一样地都组织成了学问。"梁漱溟在这里所说的科学，并不是指具体的科学知识，而是指西方现代社会对工具理性的高度重视。他说："科学方法要变更现状，打碎、分析来观察；不又是向前面下手克服对面的东西的态度吗？科学精神于种种观念，信仰之怀疑而打破扫荡，不是锐利迈往的结果吗？"① 出于对工具理性的重视，西方人把自己视为主体，把自然和社会当作改造的客体，在解决"人与物"的关系问题上取得了极大的成功，造就了发达的现代社会。

与西方现代社会"意欲向前要求"的路向不同，传统的中国社会选择的是"意欲调和持中"的路向。按照这一路向，"遇到问题不去要求解决，改造局面，就在这种境地上求我自己的满足。譬如屋小而漏，假使照本来的路向，一定要求另换一间房屋，而持第二种路向的遇到这种问题，他并不要求另换一间房屋，而就在此种境地之下，变换自己的意思而满足，并且一般地有兴趣。这时下手的地方并不在前面，眼睛并不往前看而向旁边看；他并不想奋斗的改造局面，而是想的随遇而安。他所持应付问题的方法只是自己意欲的调和罢了。"② 与现代西方人看重工具理性不同，传统的中国人更看重价值理性。由于西方人看重工具理性，追求生产力的发展，所以在"人对物质的问题"之时代取得成功，实现了现代化；由于传统的中国人看重价值理性，追求社会的和谐和稳定，在"人对人的问题"上有可取之处，而在"人对物质的问题"上没有进展，所以仍旧停留在前现代。

通过对现代的西方文化与传统的中国文化加以比较，梁漱溟得出三个结论：第一，西方文化是"有对"的，中国文化是"无对"的。"无对，即中国古人所谓'仁者与物无对'之无对；有对即与物有对之意。……一切生物，均限于有对之中，而人类则以'有对'超进于'无对'。……余向以'向前而要求'点明西洋人的态度，亦尽足见意，而未若'有对'之简切。中国一般人向未足以言'无对'，而其所倾向则在此。……故言中国精神，必举无对乃得也。"③ 现代西方人看重工具理性，崇尚人与自然对立；传统的中国

① 梁漱溟：《东西文化及其哲学》，商务印书馆1987年影印版，第159页。
② 梁漱溟：《东西文化及其哲学》，商务印书馆1987年影印版，第27、54、55页。
③ 梁漱溟：《中国文化要义》，香港路明出版社1949年版，第144页。

人看重价值理性，崇尚人与自然合一。第二，西方文化是理智的，中国文化是直觉的。中国"不像西洋有那样的知识（科学）发达成就而依之以为生活，其理智无甚作用是很明显的。……他那人与自然的浑融不是直觉吗？其社会生活上人与人的尚情感而鲜计较，不是用直觉吗？其所依以为生活之一切学术莫非玄学化，艺术化，不都是用直觉的吗？"第三，西方文化是科学的，中国文化是玄学的。他说："当知中国人所用的有所指而无定实的观念，是玄学的态度，西方人所用的观念要明白而确定，是科学的方法。中国人既然无论讲什么，都喜欢拿阴阳等等来讲，其结果一切成了玄学化，有玄学而无科学。"①

人们在批评梁漱溟的文化观时，通常喜欢给他戴上一顶"文化保守主义"的帽子，其实未必妥当。他的中西文化观固然有保守的一面，但也有向现代性开放的一面。他并不否认现代西方文化崇尚工具理性的合理性，只是反对以消解价值理性为代价来培育工具理性，反对过分推崇工具理性的科学主义倾向。他同情中国传统文化，但也对中国传统文化中工具理性缺位、科学缺位的情况表示忧虑。他认为中国没有经过"第一路向"，直接走向"第二路向"，故而把中国传统文化称为"早熟的文化"。他在《中国文化要义》中写道："西洋文化是从身体出发，慢慢发展到心的，中国却有些径直从心发出来，而影响了全局。前者是循序而进，后者便是早熟。"②联系他的文化三路向说，可以知道梁漱溟所谓"早熟"的意思，就是指中国文化没有经过完善的科学文化阶段、没有完全解决好人的生存问题，就进入了关注人与人的关系的伦理文化阶段。他颇有感慨地说：

> 好比一个人的心理发育，本当与其身体发育相应，或即谓心理当随身体的发育而发育，亦无不可。但中国则仿佛一个聪明的孩子，身体发育未全，而智慧早开了。即由其智慧之早开，转而抑阻其身体的发育，复由其身体发育之不健全，而智慧遂亦不得发育圆满良好。③

① 梁漱溟：《东西文化及其哲学》，商务印书馆 1987 年影印版，第 159、31 页。
② 梁漱溟：《中国文化要义》，香港路明出版社 1949 年版，第 152 页。
③ 梁漱溟：《中国文化要义》，香港路明出版社 1949 年版，第 297 页。

中国文化由于"早熟"，自然导致发展状况欠佳。据梁漱溟分析，以儒学为主体的中国文化存在着"五大病"：

（1）"幼稚——中国文化实是一成熟了的文化，然而形态间又时或显露幼稚。"

（2）"老衰——中国文化本来极富生趣，比任何社会有过之无不及，传到后来，生趣渐薄。"

（3）"不落实——西洋文化从身体出发，很合于现实。中国文化有些从心出发，便不免理想多于事实，有不落实之病。"

（4）"落于消极亦再没有前途。"

（5）"暧昧而不明爽。"

现代的中国文化当然不能再停留在"早熟"状态，必须适应现代化的大趋势。要想克服"早熟"，使中国传统文化发展成为具有现代性的成熟中国现代文化，就必须向现代的西方文化学习，大力培育工具理性，大力倡导科学。不过，中国在培育工具理性的时候，也必须接受西方的教训，不能以消解价值理性为代价，不能重蹈科学主义的覆辙。建设现代中国文化，不能再走工具理性与价值理性对立的路子，而应当选择二者协调并进的新路。——这才是梁漱溟的精义之所在。令人遗憾的是，他在这方面没有作出充分的阐述，而把大部分精力放在了批评科学主义方面。梁漱溟的贡献在于，反驳了把现代化等同于西化的谬见，批评了漠视儒学现代价值的民族文化虚无主义倾向，肯定儒学与工具理性的兼容性。他的哲学看法为其他现代新儒家所认同，并且作出进一步的发挥。

冯友兰对待工具理性和科学的态度与梁漱溟相近。他在哥伦比亚大学期间，曾写了一篇题为《中国为什么没有科学——对中国哲学之历史及其结果之一解释》，先在哲学系的学术会议上宣读，后来发表在《国际伦理学》杂志上。在这篇文章中，他承认传统的中国哲学存在着工具理性缺失的问题。不过，在中国历史上没有出现现代意义上的科学，并不等于中国人没有搞科学的能力；对于科学，中国人"非不能也，系不为也。"在中国历史上没有出现现代意义上的科学，也并不等于说中国文化拒斥科学。换句话说，中国文化缺失工具理性的问题，是可以弥补的，并且是必须弥补的。冯友兰比梁漱溟的深刻之处在于，完全切断了现代化与欧化之间的人为联系，主张从时代的维度考量现代化，明确提出"现代化并不是欧化。现代化可，欧化不可"的论断。①

认同工具理性而拒斥科学主义，可以说是现代新儒家的共识。不过，由于在 20 世纪初科学主义在舆论上是主流话语，他们不得不把主要精力放在拒斥科学主义方面。1923 年 2 月，张君劢在清华大学发表题为《人生观》的演讲，认为科学无论怎样发展，都不能解决人生观问题。他的理由是："人生观之特点所在，曰主观的，曰直觉的，曰综合的，曰自由意志的，曰单一性的。惟其如此，故科学无论如何发达，而人生观之解决，绝非科学所能为力，惟赖诸人类之自身而已。"他所说的"人生观"不是指关于人生价值的认识，而是指关于人类社会、宇宙万物总的看法，相当于通常所说的世界观。他给人生观下的定义是："我对我以外之物与人，常有所观察也，主张也，要求也，是之谓人生观。"②深受柏格森、倭铿等西方现代哲学家思想影响的张君劢，站在人本主义的立场上，要求划清科学与哲学各自的研究范围，对科学主义表示拒斥。他的这次演讲引发了一场科学与人生观的论战（又称科学与玄学的论战）。在这场历时一年的论战中，科学派高扬工具理性，提出科学万能论，宣称科学可以解决人生观问题，主张消解价值理性。玄学派反对消解价值理性，主张协调工具理性和价值理性的关系。从现在的视角看，科学派的观点无疑是偏激的，而玄学派的观点比较平和，也具有合理的因素。当今学术界在评论科学与人生观论战的时候，许多学者认同科学派、反对玄学派，这种看法恐怕有失公允。

二

熊十力明确表示认同工具理性，提出"内圣学"与"外王学"的关系问题，主张由内圣开出外王。"内圣学"关涉价值理性，"外王学"关涉工具

---

① 冯友兰：《三松堂全集》第 4 卷，河南人民出版社 1986 年版，第 107 页。
② 张君劢：《人生观之论战》，上海泰东图书局 1923 年版，第 8—9 页。

理性。在熊十力看来，内圣与外王并重、道德与事功并重应当是儒家入世哲学的题中应有之义，可是后儒却片面强调内圣学，忽略了外王学，打破了二者之间的平衡，从而导致中华民族愈益式微。他批评说："宋明诸大师，于义理方面，虽有创获，然因浸染佛家，已失却孔子广大与活泼的意思，故乃有体而无用，于物理、人事、少所发明，于社会政治，唯诵知古昔。""从前那般道学家，一面规行矩步；一面关于人生道理，也能说几句恳切语、颖悟语。谈及世道人心，亦似恻隐满怀，实则自己空疏迂陋，毫无一技之长。尤可惜者，没有一点活气。"在当今时代，现代新儒家不能再沿袭宋儒的老路了，必须改弦更张，重新摆正内圣与外王的关系，贯彻由内圣开出外王的原则。熊十力把这种学术方向的转换提到关系中华民族前途命运的高度，大声疾呼："今事变愈亟，社会政治问题，日益复杂，日益迫切，人类之忧方大，而吾国家民族亦膺巨难而濒于危。承学之士，本实即不可拨（本实，谓内圣之学），作用尤不可无（作用，谓外王或致用之学）。实事求是，勿以空疏为可安。深知人生责任所在，必以独善自私为可耻。置身于群众之外而不与合作，乃过去之恶习。"①他希望借助内圣外王并重的模式，化解工具理性和价值理性之间的紧张，在二者之间建立起一种平衡的关系，推动中国的现代化事业。

牟宗三对乃师熊十力内圣外王并重的模式作了改造，把内圣与外王的并列关系处理成逻辑上的先后递进关系，提出"由内圣开出新外王"之说。他从"道德的形上学"出发，提出"坎陷"说，试图从学理上把工具理性与价值理性统一起来。在评判传统儒学的时候，牟宗三创造了一系列术语。第一个术语是道统。道统属于"内圣学"范畴，指的就是以"挺立道德主体"为宗旨的"道德的形上学"。在他看来，"道德形上学"乃是儒学的最突出的理论成就，具有恒常的、普适的价值。它指导着人们的价值理念，既适用于古代社会，也适用于现代社会。在现时代，"道德形上学"的基本架构不必改变，但可以重新诠释，并且可以以此为"首基"开出新的外王学，从而获得更广泛的解释力，与现代的物质文明和制度文明相衔接。第二个术语是学

① 熊十力：《十力语要》第4卷，中华书局1996年版，第11、68页。

统。学统属于"外王学"范畴，指的是体现工具理性的科学技术。牟宗三同意熊十力的看法，认为传统儒学确实存在着对工具理性、对科学知识重视不够的问题。由于对科学技术重视不够，所以科学技术没有西方发达；由于科学技术不够发达，物质文明程度也落后于西方。现代新儒学必须解决这个问题，顺应中国社会现代转型的大趋势。在传统儒学当中，有道统而无学统，事实上并未开出新外王。那么，在理论上从儒家的内圣之学能否开出新外王呢？牟宗三的回答是肯定的。他认为开出的具体途径就是"良知的自我坎陷"，即从德性主体转出知性主体，以便为接纳现代的科学技术提供哲学依据。他说："由动态的成德之道德理性转为静态的成知识之观解理性，这一步转换，我们可以说是道德理性之自我坎陷（自我否定）：经此坎陷，从动态转静态，从无对转有对，从践履上的直贯转为理解上的横列。"① 至于如何从道德主体"坎陷"出知性主体，如何从价值理性"开出"工具理性，他并未作出令人信服的说明。实际上，价值理性和工具理性是两种并行的理性，前者适用于价值安顿，后者适用于认识世界，不存在着谁从谁"开出"的问题。科学主义者把价值理性归并到工具理性行不通，牟宗三把工具理性归并到价值理性同样也行不通。牟宗三的"开出"说，在理论上无法解决的难题是：怎样证明儒家的内圣学与新外王（指科学与民主）之间存在着必然的逻辑关系？为什么没有内圣学为前提的西方却开出了新外王，而有内圣学为前提的中国竟开不出新外王？现代化发端于西方，而没有发端于中国，这是不争的事实。中国人的科学与民主观念并不是自己开出来的，而是从西方引进来的。不过，这种现代观念要想在中国扎根，必须同固有的思想资源相结合。从这一点看，"开出"说并非全无道理。

致力于培育工具理性，致力于接纳科学技术，是现代新儒家推动儒学现代转化所选择的一个重要向度。他们主张在现时代继续发扬儒学看重价值理性的传统，但必须解决工具理性缺位的问题。他们认识到工具理性在现代化进程中不可或缺的作用，也发现科学主义的偏激。在现代化进程中，工具理性具有普适意义，而科学主义并不具有普适意义。科学主义过度夸大工具

---

① 牟宗三：《政道与治道》，台湾学生书局1983年版，第58页。

理性、消解价值理性，造成意义世界的迷失，造成人的异化，造就"单向度的人"，这是西方社会的病态，不能成为中国建设现代化所仿效的模式。在如何处理儒学和科学的关系问题上，现代新儒家的看法无疑比西化派深刻得多。他们有自己独立的思考，走出了对立思维的误区，提出了有价值的学术见解。

三

在处理儒学与工具理性培育之间的关系时，现代新儒家的理论贡献在于，认识到在现代中国培育工具理性的必要性并且发现儒学在培育工具理性时的正面价值。现代化发端于西方，但不是西方人的专利，而是代表人类社会发展的方向。中国的现代化事业，需要以工具理性为精神动力。然而，工具理性并不是可以从西方引进的，必须花气力自己去培育。培育中国现代化事业所需要的工具理性，不能不从儒学中寻找资源。现代新儒家清楚地意识到这一点，从而与传统儒家有所区别。至于如何利用儒学资源培育工具理性，现代新儒家并未拿出切实可行的办法。之所以会如此，同他们囿于道统观念有直接关系。他们一厢情愿地认定，从儒家的道统中可以开出工具理性，事实上这是行不通的。现代新儒家标榜道统，其实是从古人的角度看今人，试图以古人的标准范导今人，自然解决不了工具理性如何培育这一现时代特有的问题。鉴于现代新儒家的理论思维教训，我们应当突破道统的藩篱，把目光从道统移向传统。所谓传统，乃是从今人的角度看古人，即从古人留下的文化遗产中，发掘对今人有用的因素，用以打造当下人的精神世界。从传统的视角看，今人并非全盘承袭古人，而是根据时代的需要有所选择有所创新。我们弘扬传统，绝不是"照着讲"，而是"接着讲"，即结合现代社会发展需要来讲。从这个视角看儒学，才可以从中找到有助于工具理性培育的因素。

首先，儒家有重视教育、尊重知识的优良传统，这可以为科技创新提供积累知识的必要的文化土壤。由于漫长的中国历史被打上了浓厚的儒家文化的烙印，儒家知识分子在中国社会发展中发挥着无与伦比的作用，在精神生活中掌握主导的话语权（在西方古代社会，这种话语权掌握在教会手中）。早在春秋时期，孔子兴办私学，就已打破了"学在官府"的知识垄断，形成学术下移的社会风气。尽管学问始终掌握在极少数人手中，大多数老百姓依然享受不到这种奢侈的精神产品，不可能真正地普及到民间，但毕竟通过知识精英对人民大众形成了巨大的影响，范导着全社会的价值取向。隋唐以后，科举制度得以实施，为每一个读书人都敞开入仕的大门，进一步促成好学上进的社会风气。在古代中国，读书常常成为人生的首选。那些富裕而又有眼光的家庭，大都舍得花钱供养子弟苦读，希望他们一步一步地考取秀才、举人，最终进士及第，以光宗耀祖、衣锦还乡为最大的荣耀。徽商和晋商在事业上取得成功以后，并不希望自己的后人沿着他们的路子走，而是希望他们成为一个令人尊敬的读书人。即便是穷困人家，也鼓励子弟读书，希望通过科举之路改变家族的命运。尽管穷困的经济生活总是把多数大众百姓挡在学堂之外，但经过个人努力而获得成功者也不乏其人；尽管大多数人无缘进入学堂，但毕竟造成了尊师重教的社会氛围。在古代中国，子女教育费用的支出往往在家庭总支出费用中占据很大的比例；儒家知识分子被推为"四民之首"，享有较高的赞誉度。古代读书的范围比较窄，往往限制于儒家经典，当然已不能适应现代生活的需要，但这种尊师重教的社会氛围，依然是现代社会发展所需要的，对于科学技术的传播和发展，仍旧具有促进作用。在现时代，完全可以把读书的范围扩大到所有科学技术各个领域，形成尊重知识、尊重人才的风气，这自然有助于工具理性的培育。

其次，从儒家自强不息的精神传统出发，可以讲出推动科技创新的工具理性。《易经》为六经之首，是儒家最为重要的典籍。儒家在重"生"重"活"基本精神的指导下，具有浓厚的忧患意识，所以在现实的社会生活中，儒家一直提倡"天行健，君子以自强不息"，并把"日新，日日新"看成是最大的美德。《易传》上"日新之谓盛德""天地之大德曰生"的古训，培育着人们的探索精神。儒家的开山祖师孔丘，就是"日新，日日新"的典范："吾十有五而志于学，三十而立，四十而不惑，五十而知天命，六十而耳顺，七十而从心所欲，不逾矩。"（《论语·为政》）毋庸讳言，古代儒家往往把"自强不息"精神局限于道德修养方面，偏重于价值理性，而缺少工具理性的诉求，但这并不是不可以改变的。在当今时代，弘扬儒家自强不息的精神传统，完全可以把它引入科技创新领域，使之获得价值理性与工具理性并重的内涵，从而成为培育工具理性的精神推动力。在梁启超的提议下，清华大学把"自强不息，厚德载物"当作校训，显然就寓有这种意思。清华大学适应现代大学教育的需要，对儒家的古训作出新的诠释，可以说是利用儒学培育工具理性的成功范例。清华大学之所以成为中国名校，同此不无关系。

在儒家自强不息的精神传统中，本来就包含着对于价值理性的诉求，因而由此讲出的工具理性，不会陷入科学主义的误区。科学主义在倡导工具理性时，完全忽视价值理性，错误地把两者对立起来，甚至以否定价值理性来弘扬工具理性。诚然，在人类社会的现代化进程中，科技创新直接需要的是工具理性而不是价值理性或人文精神，但如何使用科技创新成果却与价值理性或人文精神密切相关。例如，西方近代的科技进步是同残酷的殖民扩张联系在一起的，在科技成果的应用上体现出欧洲中心主义、霸权主义的价值观；而中国古代科技创新的目的是追求天人合一、人我合一的圆融境界，从来不凭借自己的科技优势谋求霸权、欺负比自己落后的国家和民族。又如，为了防范匈奴等游牧民族的侵扰，中华祖先采取的办法是筑一道长城，双方各安其地。这种和平共处、相安无事的价值理念，只能是以儒家文化为主导的中国智慧的产物。在当今时代，随着国际社会的进步，霸权主义已经越来越不得人心，甚至一些良知未泯的科学家也不愿意为霸权主义者效劳。这意味着，霸权主义已经成为科学技术发展的障碍。那么，以儒家文化为主导的中国智慧，是否可以为科学技术的发展开辟更美好的前景呢？至少在理论上是可能的。

最后，开发儒学中鼓励创新的思想资源，有助于工具理性的培育。20世纪以来，中国社会发生了巨大的变迁，儒学也遭遇了坎坷的命运。在一些对儒学抱有成见的人眼里，儒学似乎只讲守旧，不讲创新。但事实并非如此，儒学中存在许多鼓励创新的思想资源。例如，"生生之为易""日新之谓盛德"等提法，在先秦儒家典籍中屡见不鲜，沈括、宋应星、李时珍等一些有重大发明或发现的儒者并不罕见。儒家学者讲究"学贵自得"，并不拘守前人的成法。所谓"自得之学",其实就是创新之学。如果说中国人保守愚昧,没有创新精神,那就从遗传学的角度解释不了当代中国人的科技成就。科学技术只有在适宜的环境里,才可以变为现实。日本人同中国人一样,都深受儒家文化的熏陶,在科学技术方面与西方发达国家还存在着一定的差距,但并不妨碍日本成为经济大国,也没有妨碍日本的技术创新。事实证明,儒学虽然以价值理性为主导,但同工具理性也是可以兼容的。中华民族并不缺少创新的素质,只要提供适宜的创新土壤,营造利益刺激的合理环境,调动人们的积极性和首创精神,一定会培养出一大批有造诣的科学家、一大批有成绩的发明家和一大批善于管理的企业家。承认在儒学中存在着有利于工具理性培育的资源,并非否认儒学也存在着妨碍科技创新的消极因素。所谓儒学的现代转换,就是要化解其中的消极因素,提升和发展其中的积极因素,使之在当今时代焕发出新的光彩。当然,能够提出新的科学理论来指导技术创新,无疑是更为理想的方向。

(原载于《学术月刊》2011 年第 9 期)

狭义新儒家

论狭义新儒家的发展脉络

发端于 20 世纪初的现代新儒学运动至今已经有近 80 年的历史了。可是，何谓现代新儒学？学界的看法不尽一致。我对其内涵的理解是：它是自五四新文化运动时期形成的中国现代学术思想的发展方向之一，以援西学入儒为基本特征；一方面面向世界吸纳、理解、转化西方的学术思想，另一方面基于时代的要求反省、充实、推进传统的儒家思想，从而使儒家思想在现代的理论形态中得到表现和发展。基于这样的理解，我认为现代新儒学的外延应当包括两个组成部分。一部分可以称为现代新儒家，指那些明确地表示以接续儒家道统为己任的学者，他们表现出鲜明的文化保守主义学术立场。另一部分可以称为儒家解释学，指那些不标榜道统的儒家研究者，他们站在不同的学术立场上对儒家思想做同情的理解与诠释，以彰显儒学的现代价值。现代新儒家又有狭义与广义之分。狭义新儒家奉儒家内圣学为道统，尊陆王而贬程朱，采取生命的进路，标榜道德形上学，主张由内圣开出外王，从梁漱溟、熊十力到唐君毅、徐复观、牟宗三构成一条明显的学脉；而广义新儒家的道统观念比较宽泛，有的奉程朱为正统，有的力图化解陆王与程朱的对立，试图从理性的进路建立儒家哲学本体，或者从历史学、政治学的角度彰显儒家基本精神。笔者仅对狭义新儒家的发展脉络作一梳理，提出浅见就教于学界同仁。

一、梁漱溟：生命的进路

梁漱溟既是现代新儒学运动的开山，也是狭义新儒家的开山。我之所以这样说，基于以下几点理由：

第一，他力辟时论，率先从现代理论需要的角度肯定儒家思想的价值。在五四时期，"打倒孔家店"的呼声很高，对于全盘否定中国文化的偏激心态，梁漱溟勇敢地站出来，做出强有力的回应。他到北京大学应聘，明确地向蔡元培校长表示："我此来除替释迦、孔子发挥外，更不作旁的事！"后来他又演讲《东西文化及其哲学》，高举起现代新儒家的旗帜。针对全盘西化的思想倾向，他旗帜鲜明地肯定东方文化，尤其是儒家的时代价值。他从西方发生第一次世界大战的严酷事实中看出，西方文化绝非如先进的中国人原来想象的那么美妙。尽管中国在物质文明方面的成就远不如西方，但在精神文明方面却具有西方文化不可比拟的优长。他一反自严复以来知识分子扬西抑中的思路，竟然主张用儒家思想挽救西方文化的危机。他不无豪迈地宣称："我又看着西洋人可怜，他们当此物质的疲敝，想要得精神的恢复，而他们所谓精神又不过是希伯来那点东西，左冲右突，不出此围，真是所谓未闻大道，我不应当指导他们到孔子这一条路来吗？"① 他的这种儒家思想优于西方文化的看法，尽管在后来的狭义新儒家当中有所修正，但基本得到比较一致的认同。

第二，他接受西方哲学中主体性思想的影响，选择了主体主义的哲学立场。正如有的研究者指出的那样，西方哲学有注重主体性的传统，而在中国哲学中则没有形成主客二分的哲学思考模式（参见张士英著《天人之际》）。梁漱溟吸收西方哲学的理论思维成果，改造中国哲学传统思维模式，使儒家思想表现出现代哲学的特征。他关于宇宙的看法特别强调主体的先在性。他说："这个差不多成定居的宇宙——真异熟果——是由我们前此的自己而成为这样的；这个东西可以叫做'前此的我'或'已成的我'，而现在的意欲就是'现在的我'。所以我们所说小范围生活的解释即是'现在的我'对'前此的我'之一种奋斗努力。所谓'前此的我'或'已成的我'就是物质世界能为我们所得到的，如白色，声响，坚硬等皆感觉出来的呈露我们之前者；而这时有一种看不见，听不到，摸不着的非物质的东西，就

---

① 梁漱溟：《东西文化及其哲学》，商务印书馆 1987 年影印版，"序言"。

是所谓'现在的我'。这个'现在的我'大家或谓之'心'或'精神',就是当下向前的一切活动,是与'已成的我'——物质——相对待的。"① 他所选择的主体主义哲学立场,得到狭义新儒家的比较一致的认同。基于主体主义的哲学立场,狭义新儒家崇陆王而贬程朱,以发挥内圣学为基本宗旨。

第三,他受到柏格森哲学的启发,采取生命的进路诠释儒家哲学,后来成为狭义新儒家的基本的理论风格。梁漱溟在回顾自己新儒学思想的形成过程时说:"于初转入儒家,给我启发最大,使我得门而入的,是明儒王心斋先生,他最称颂自然,我便由此而对儒家的意思有所理会,后来再与西洋思想印证,觉得最能发挥尽致使我深感兴趣的,是生命派哲学。"② 照他看来,"代表儒家道理的是生"。"这种形而上学本来就是讲'宇宙之生'的,所以说'生生之谓易'。"③ 梁漱溟采取生命的进路,以"生命—意欲—我"为框架提出了新儒学的本体论学说;后来的狭义新儒家则沿着这一进路推进到"道德的形上学"。

二、熊十力:由生命进人文

梁漱溟提出儒学优位论、主体主义和生命的进路,可以说表述了狭义新儒家的基本理念,但他都未来得及作出充分的论证。他只是开启者,而不是终结者。他在创新儒学思想之后,便转向实践方面,长期致力于乡村建设运动和其他社会活动,在理论方面没有取得多少进展。梁漱溟的讲友熊十力接过他在北京大学的教职,多年从事教学和理论研究,担负起发展狭义新儒家理论的任务。

熊十力对狭义新儒家的理论贡献主要在内圣学和本体论方面。他沿着生命的进路,兼顾主客体的统一,提出"本心"本体这一更具人文色彩的观念,建立了"体用不二"的本体论和"翕辟成变"的宇宙论,为重建儒家的

---

① 梁漱溟:《东西文化及其哲学》,商务印书馆 1987 年影印版,第 49 页。
② 梁漱溟:《朝话》,北平中国文化服务社 1943 年版,第 137 页。
③ 梁漱溟:《东西文化及其哲学》,商务印书馆 1987 年影印版,第 49、121 页。

形上学奠立了根基。他所说的"体"是指宇宙本体，而所谓"用"是从"本体"出发解释宇宙的由来，即把宇宙视为本体的功用或表现。熊十力同意佛教"诸行无常"的说法，把宇宙看成变动不居的流变过程，而他提出的哲学问题是：是否存在着造成流变过程的本体？他的回答是肯定的。他认为，变动过程必然源于"能变"的主体，而这个主体就是真实的、终极的本体。这个本体暂且可以叫做"恒转"，表示它是变动（"转"）和永恒（"恒"）二者的统一。最能体现变动与永恒统一的莫过于生命，因为每个个体生命是有始有终的变动过程，而生命通过世代的传递可以永远地延续，故而生命也可以作为表示本体的恰当观念。但是，表示本体的生命观念不同于生物学意义上的生命观念。熊十力解释说："夫生命云者，恒创恒新之谓生，自本自根之谓命。二义互通，生即是命。命亦即是生故。故生命非一空泛的名词。吾人识得自家生命即是宇宙本体，故不得内吾身而外宇宙。吾与宇宙，同一大生命故。此一大生命，非可剖分，故无内外。"对于生命观念的这种理解，帮助了熊十力沟通生命与传统儒家哲学中"本心"范畴之间的联系，并且确认"本心"的本体地位。他在《新唯识论》中写道："本书生命一词，为本心之别名，则斥指生生不息之本体而名之。"在熊十力的哲学中，本心是表示本体的最高范畴。本心"物物而不物于物，遍为万物的实体"，可以说是存在的主体；本体"通万物言其通体"，构成运动变化的源泉；本心作为"识"变现出"境"，又是认识的主体；本心具有翕辟两种功用，施设宇宙、统摄宇宙。这样熊十力便把本体论、发展观、认识论、宇宙论贯通起来，构成一个比较完整的形上学体系。

熊十力建构"本心"本体，并非出于纯粹的哲学兴趣，目的在于证明儒家道德价值的永恒性。他提出的形上学，既是存在的本体论，又是价值的本体论。他强调，"仁者，本心也。即吾人与天地万物所同具之本体也。"在他看来，由于本心具有道德的规定性，故而成为人生价值的源头。"吾人一切纯真、纯善、纯美的行，皆是性体呈露。"正是因为有本心这个价值源头作为担保，人生才不至于产生虚幻不实的失落感，而这正是儒学的精粹之所在："识得孔氏意思，便悟得人生有无上的崇高的价值，无限的丰富意义，尤其是对于世界,不会有空幻的感想,而自有改造的勇气。"① 依据"体用不二"的原则,熊十力自然主张通过外王即经世致用的途径体现本心的价值。这种由内圣开出外王的思路亦成为狭义新儒家的共识。

总的来说,熊十力的新儒学特别关注两个问题:一是本体如何建立的问题,二是外王如何从内圣开出的问题。他对第一个问题投入的精力比较多,但由于他对西方哲学并不十分熟悉,主要是采取与佛教对话的方法展开他的哲学构想,虽多有创见,可是对西方哲学的回应毕竟有些力不从心。这对熊十力的理论思维深度不能不构成一个明显的限制。就连他的弟子牟宗三也觉得乃师的本体论思想"没有十字打开"。至于外王如何从内圣开出的问题,他解决的也不理想。他的外王观念比较陈旧,尚未明确地赋予科学与民主的内涵。尽管受到主客观条件的限制,熊十力对上述两个问题的解决不够圆满,然而正是他把这两个问题凸显出来,才为后来的狭义新儒家开辟了广阔的理论思考空间,从而为狭义新儒家的发展起到了导向的作用。1949年以后,狭义新儒家的研究中心转到港台地区,熊十力的弟子唐君毅、徐复观、牟宗三成为狭义新儒家的代表。他们的新儒学思想各有特殊,但也有共性。其共性就是都试图以各自的方式解决"本体如何建立?"和"外王如何开出?"这两个狭义新儒家的基本问题。

三、唐君毅:由人文进道德

熟悉西方哲学的唐君毅在本体论研究方面也从生命进路切入,但同熊十力相比还是向前推进了一步。他的本体论思想更加凸显人文色彩,并且指向道德理性。他不再以佛教为对话的主要对手,更为重视中国哲学与西方哲学的比较与会通。他借鉴德国古典哲学(尤其是黑格尔哲学)的理论思维成果,诠释儒家的心性之学,力图证成"道德理性"的本体论地位。

在他看来,宇宙间万物在时空中固然相互外在,然而在这种外在性中隐含着万物之间相互联系着的内在性。内在性是超越于物质世界之上的,其

---

① 熊十力:《熊十力论著集之:新唯识论》,中华书局1985年版,第535、567、348页。

实是生命的表现形式。于是，唐君毅从物质世界跃升到生命的世界。他指出，生命的特质在于，它必须求得自身的不断延续，求其过去的生命内在于现在的生命，求现在的生命内在于将来的生命。唐君毅由此得出结论："任一生物，皆有一使全宇宙的物质皆表现其身体之形式之潜在的要求。此是一生命之盲目的大私，亦即其晦暗之原始之无明，或欲征服一切之权力意志。"① 在这里，他把宇宙的内在性归结为生命，把生命理解为动态的本体，理解为盲目的意志，显然是受到了从叔本华到柏格森西方现代非理性主义的影响。但唐君毅并不是非理性主义者。在他看来，生命的世界还不是究极的世界，因为在生命的世界中尚无自觉的价值意识，尚处在"无明"状态。因此，必须超越生命的世界，继续向前探究。

唐君毅对生命世界做了这样的分析：生物的生命活动不可避免地受到生存环境的限制，不过这种限制随着生命的发展可以被突破、被超越。到了生命的高级形态，"克就此时时超越自身之形式之限制，而有所增益上言，则生物之本性即不得说为不自觉之大私或无明，而是不断自其私之形式解放，以开明其自体，而通达于外者。"他的这段分析表明，唐君毅已摆脱非理性主义，而跨入理性主义的轨道。他由非理性的生命世界跃升到理性的人文世界，并且把人文世界描述为体现道德价值的世界，运用现代的哲学语言表达了"仁者与万物同体"的儒家情怀。在人文的世界中，"大私""无明""权力意志"等非道德的因素均被化除，形而上的精神实体郎现。至此，唐君毅终于由形而下达到形而上，由物质世界、生命世界的"杂多"求得人文世界的"统一"，证成他心目中的本体——他称之为"生生不息之几之形上实体或形上之宇宙生命精神"。这种宇宙生命精神是通过人自觉地体现出来的，从这个意义上说，它就是"本心""仁体""道德自我""精神自我""超越的自我""道德理性"。我们从唐君毅哲学思考步步展开的过程中不难看出，他的本体论思想始终关注着人文的价值、道德的价值。他的本体论无疑是一种唯心主义，但不是西方哲学中的认知意义上的唯心主义，而是道德意义上的唯心主义。唐君毅的本体论思想既有熊十力的痕迹，又透出黑格尔式的思

---

① 唐君毅：《文化意识与道德理性》，台湾学生书局 1986 年版，第 62 页。

辨，就其理论深度来说，显然已超出了乃师。

四、徐复观：转仁成智

熊十力的另一位弟子徐复观对形而上的哲学思辨不感兴趣，甚至对他的师友有所批评，认为他们"把中国文化发展的方向弄颠倒了"。照他看来，儒学的根基建立在"仁心"或"本心"这一价值的自我意识上就足够了，没有必要对其作形而上的证明。他认为，"仁心"规定了人生的价值或意义，认同这一价值意义的源泉，并且由此引出生活格局、社会秩序，这就是儒家思想的基本路数。显然，徐复观的新儒学思想同其师友一样，也是基于"仁心"这一最高范畴，也是贯彻内圣外王的理路。同其师友不同的是，他不愿意把思考的重点放在本体论方面，以免人们把儒学视为难以涉足其间的畏途。照他看来，与其费力地探讨内圣（本体）如何建立，不如探讨外王（科学和民主）如何开出，这样才会使新儒学更具现代感、更有社会影响力。

那么，外王如何从内圣开出呢？徐复观提出的方案是"转仁成智"。所谓"仁"是指价值的自我意识，而"智"是指认知理性。他认为由"仁"无法直接开出科学和民主，因此必须转仁成智才能实现儒学的现代转化。他指出，传统儒学之所以没有开出科学和民主，原因之一就在于没有实现转仁成智。徐复观对传统儒学保有深沉的同情和崇高的敬意，但并不讳言传统儒学的缺点。他指出："儒家所祖述的思想，站在政治这一方面来看，总是居于统治者的地位，来为统治者想办法，总是居于统治者的地位以求解决政治问题，而很少以被统治者的地位，去规定统治者的政治行动，很少站在被统治者的地位去谋解决政治问题。这便与近代民主政治上由下向上去争的发生发展的情形，成一显明的对照。"① 徐复观坚决主张改变这种情形，大力倡导科学与民主，重塑现代儒者的形象。他为了实现这一主张，奔走呼号，奋斗不已，成为狭义新儒家当中著名的"民主斗士"。

严格地说，徐复观的"转仁成智"说并没有回答如何从内圣开出新外

---

① 徐复观：《学术与政治之间》，台湾学生书局1985年版，第54—55页。

王的问题，只是肯定由内圣应该开出新外王。他的主张实则是推进传统，而不是保守传统。他极力证明传统的儒学同现代的民主政治并不矛盾，从儒家典籍中找出"天听自我民听，天视自我民视"之类的民主思想的闪光点，但从未作出从儒学中直接开出民主政治的断语。徐复观这一处理传统儒家学说与民主政治的关系的方法，表现出较强的批判精神、正视历史的求实精神和面向世界的时代精神。这在狭义新儒家当中颇为独特。

五、牟宗三：道德的形上学

牟宗三把"本体如何建立"与"外王如何开出"两个狭义新儒家的基本问题综合起来思考，成为狭义新儒家最后一位大师。他吸收师友们的理论思维成果和教训，多有创新之处，是狭义新儒家当之无愧的集大成者。

在本体论方面，牟宗三沿着生命—人文—道德的进路，明确地提出"道德的形上学"，最后完成了对新儒家思想的本体论诠释。牟宗三指出，"道德的形上学"不同于"道德底形上学"。后者是从形上学角度研究道德，并非是"形上学"本身；前者"则是以形上学本身为主，而从'道德的进路'入，以由'道德性当身'所见本源渗透至宇宙之本源，此就是由道德而进至形上学了，但却是由'道德的进路'入，故曰'道德的形上学'。"按照牟宗三的解释，儒家所谓"仁"，所谓"本心"并非仅指道德意义上的主体，而应当视为宇宙万有的本体，故称"道德的形上学"，——这正是儒家哲学的特质之所在。所谓"道德的形上学"也就是儒家一脉相传的内圣心性之学或"成德之教"。它所讨论的主要问题有两个方面："首在讨论道德实践所以可能之先验根据（或超越的根据），此即是心性问题是也。由此进而复讨论实践之下手问题，此即是工夫入路问题是也。前者是道德实践所以可能之客观根据，后者是道德实践所以可能之主观根据。宋明儒家心性之学全部即是此两个问题。以宋明儒词语说，前者是本体问题，后者是工夫问题。"

牟宗三强调，儒家讲"道德的形上学"说采取的进路与西方哲学不同。西方哲学中的形上学是"自然的形上学"，哲学家们讲本体，有的采取认知的进路，如柏拉图、罗素；有的采取宇宙论的进路，如亚里士多德、怀特海；有的采取存在的进路，如胡塞尔、海德格尔；有的采取生物学的进路，如柏格森、摩根；有的采取实用论的进路，如杜威、席勒；有的采取分析或抽象的进路，如斯宾诺莎、莱布尼茨、笛卡尔。"皆非道德的进路入，故其说讲之实体、存在或本体，皆只是一说明现象之哲学概念，而不能与道德实践使人成一道德的存在关系者。"① 唯一的例外也许是康德。康德提出实践理性的观念，接触到道德的进路，然而他最终也只不过成就了道德的神学，而没能成就道德的形上学。

牟宗三采取与康德对话的方式，对"道德的形上学"作出理论论证。康德认为，自由意志作为道德自律的根据，只是一种假设，人们既不能感觉到它，也不能直觉到它。牟宗三认为"道德的形上学"推翻了康德的论断。他分析说，康德的失误之处在于仅仅把自由意志理解为"理性体"，而没有理解为"具体的呈现"，"而忘记意志自由就是一种心能，就是本心明觉之活动。它当然是理性体，但同时亦即是心体，明觉体，活动体……纯智的直觉即在此'明觉之活动'上有其可能之根据。"基于这种分析，牟宗三断言人具有"智的直觉"，此即是孟子所说的"恻隐之心""羞恶之心"或"理义悦我之心"。正是此心证成本心仁体，证成"道德的形上学"。本心仁体一方面自给自立道德法则，发布无条件的定然命令，一方面又能感之、悦之、觉之，如此说来，"此本心仁体连同其所发布的无条件的定然命令如何不是具体的呈现？智的直觉即在此本心仁体之悦与明觉中有它的根源，因而有其可能。"② 牟宗三认为，儒家立足于"智的直觉"的"道德形上学"超越了康德，达到了西方哲学没有达到的理论高度。

立足于"本心仁体"这一"道德的形上学"的基本理念，牟宗三试图解决"外王如何从内圣开出"的问题。他使用三个术语评判传统儒学：一是道统，即"道德的形上学"，这是儒学的最突出的理论成就；二是学统，即科学知识，传统儒学对此不够重视；三是政统，即民主政治，在这方面只有理性之运用表现而无理性之架构表现。总的结论则是在传统儒学当中"有道

---

① 牟宗三：《心体与性体》第 1 册，台湾正中书局 1968 年版，第 140、8、37—38 页。
② 牟宗三：《智的直觉与中国哲学》，台湾商务印书馆 1971 年版，第 194、195 页。

统而无学统与政统"。换句话说，传统儒学事实上并未开出新外王，未开出科学和民主。那么，在理论上从儒家的内圣之学能否开出新外王呢？牟宗三的回答是肯定的。他认为开出的具体途径就是"良知的自我坎陷"，即从德性主体转出知性主体，以便为科学、民主的发展提供依据。他说："由动态的成德之道德理性转为静态的成知识之观解理性，这一步转换，我们可以说是道德理性之自我坎陷（自我否定）：经此坎陷，从动态转静态，从无对转有对，从践履上的直贯转为理解上的横列。"① 至于如何从道德主体"坎陷"出知性主体，他并未作出令人信服的说明。

以上牟宗三沿着梁漱溟开辟的生命进路，迈入人文的进路和道德的进路，最后形成"道德的形上学"。至此，他比较系统地回答了狭义新儒家的两个基本问题，为这一学派的发展画上了句号。他的新儒学思想是狭义新儒家的最高阶段，换言之，狭义新儒家到牟宗三这里便宣告终极了。这里所说的终极不等于完结，不等于说牟宗三后继无人，只是说他的后继者很难再推进他的理论，很难在学理上有新的突破。

以上我简略地回顾了狭义新儒家从梁漱溟到牟宗三的发展过程，形成如下几点认识。

第一，狭义新儒家面对西化思潮作出强有力的回应，扭转了五四时期菲薄的固有的民族文化虚无主义心态，对于树立民族文化自信心颇有帮助。西化论者主张引入新思想、新观念无疑是正确的，但他们走过了头，以至于把中国文化说得一无是处。例如胡适声称："我们必须承认我们自己百事不如人，不但物质不如人，不但政治制度不如人，并且道德不如人，知识不如人，文学不如人，音乐不如人，艺术不如人，身体不如人。"② 经过狭义新儒家对儒家思想的彰显，增加了国人对传统文化的认同感，现在恐怕无人会接受胡适的"百事不如人"的说法了。对于国人这种健康的文化心态的养成，狭义新儒家可以说功不可没。

---

① 牟宗三：《政道与治道》，台湾学生书局 1983 年版，第 58 页。
② 《胡适论学近著》第 1 集，上海商务印书馆 1935 年版，第 639—640 页。

第二，狭义新儒家开辟了中国现代哲学发展的一个重要方向。他们虽然对传统文化抱有同情与敬意，但并不是顽固的守旧派。他们努力的方向是推进传统，转化传统，使传统与现代精神对接，而使之不至于僵化；他们对科学与民主表示认同，努力证明现代化与儒家思想的兼容性，而使现代化不至于在中国游谈无根。他们的贡献在于谋求传统文化与现代化的结合，谋求中西文化的融会贯通，这是值得称道的。从这个意义上说，他们并非是五四新文化运动的对立面，而是这一运动的一翼。狭义新儒家与中国马克思主义、实证哲学思潮鼎足而立，构成现代中国哲学的基本内容之一。

第三，狭义新儒家揭开中国儒学发展史的新篇章。他们继宋明理学之后，对儒学做了重大的改铸，使之获得了现代理论形态。如果把孔、孟、荀算作儒学的第一个发展阶段，汉代经学算作第二个发展阶段，宋明理学算作第三个发展阶段的话，狭义新儒家者可以说跨入了第四个发展阶段。

第四，狭义新儒家取得了值得肯定的理论思维成果，也存在着显而易见的思想限制。他们很难以平和的心态看待中西文化，常常流露出本位文化优越论的倾向；他们过于偏重主体主义，未能全面地掌握主客体的辩证关系；他们偏爱陆王对程朱理学不够同情；他们注重精英文化，而忽视了大众文化；他们自己为自己设置难题，却无力解决难题（如"坎陷"说）。从这些局限性反映出，狭义新儒家只能是现代新儒学中的一家之言，并非代表现代新儒学的全部。除了狭义新儒家之外，现代新儒学还应当包括广义新儒家和儒家解释学，他们对于推动儒家思想的现代转化同样作出了很大的贡献。平心而论，如何使具有几千年历史的儒家思想实现现代化，这是摆在当代学人面前的一项极其艰巨的理论任务。要完成这一任务仅靠狭义新儒家显然是不够的，应当动员各个方面的力量，进行多方位多角度的探索创新，鼓励不同学术意见之间的切磋、辩难、对话，以期收到"一虑而百致，殊途而同归"的功效。

（原载于《南昌大学学报》1999 年第 3 期）

德性儒学的成就、困境与走向

从五四新文化运动开始，在西化思潮盛行、儒家传统受到打压的思想氛围中，现代新儒家适应儒学由传统转向现代的大趋势，掀起了中国现代哲学史上的新儒学运动。笔者在《狭义新儒家的发展脉络》一文中提出，现代新儒家又有狭义与广义之分。狭义新儒家奉儒家内圣学为道统，尊陆王而贬程朱，采取生命的进路，标榜道德形上学，主张由内圣开出外王，从梁漱溟、熊十力到唐君毅、徐复观、牟宗三构成一条明显的学脉；而广义新儒家的道统观念比较宽泛，有的奉程朱为正统，有的力图化解陆王与程朱的对立，试图从理性的进路建立儒家哲学本体，或者从历史学、政治学的角度彰显儒家基本精神。狭义新儒家从弘扬儒家德性入手，亦可称为德性儒学。笔者就德性儒学的成就、困境与走向等问题，提出一些浅见。

一、德性主体的挺立

德性儒学发端于梁漱溟，中经熊十力奠基，到牟宗三终结，最后完成了以"挺立德性主体"为主旨的"道德形上学"的建构。

在西化思潮汹涌、"批孔"呼声四起的形势下，率先站出来替儒家说话的是梁漱溟。1917 年，他应北京大学校长蔡元培之聘，到北大哲学系任教，明确地表示："我此来除替释迦、孔子发挥外，更不作旁的事。"[1] 他是一位有独到见解的新式知识分子，承认西方现代文明发达，但并不盲目崇拜西方

---

① 梁漱溟：《东西文化及其哲学·序》，商务印书馆 1987 年影印版。

文明，不认同西化派对西方文明的理想化诠释。照他看来，西方物质文明比较发达，制度文明也比较发达，乃是不争的事实。西方文化"以意欲向前要求为其根本精神"，促使科学与民主的发展，造就令人称羡的物质文明和政治文明，但是西方的精神文明状况却不值得称道。"西洋人风驰电掣的向前追求，以致精神沦丧苦闷，所得虽多，实在未曾从容享受。"他从西方发生第一次世界大战的残酷事实中看出，西方文化绝非如西化派说得那么美妙。在"意欲向前精神"的驱使下，西方人"总是改造外面的环境以求满足，求诸外而不求诸内，求诸人而不求诸己，对着自然界就改造自然界，对着社会就改造社会，于是征服了自然，战胜了威权，器物也日新，制度也日新，改造又改造，日新又日新，改造到这社会大改造一步，理想的世界出现，这条路便走到了尽头处！"① 在梁漱溟对西方文明的评判中，包含着一种独到的见解，即强调精神文明的相对独立性，强调精神文明建设与物质文明建设、制度文明建设的不同步性。他认为西方精神文明的弊端就出在"意欲向前"而"求诸外"，救治之道当然应该是"意欲调和持中"而"求诸内"的儒家文明。这样，他就为发掘儒学的精神价值找到了一个前提。他不无豪迈地宣称："我又看着西洋人可怜，他们当此物质的疲敝，想要得到精神的恢复，而他们所谓精神又不过是希伯来那点东西，左冲右突，不出此围，真是所谓未闻大道，我不应当指导他们到孔子这一条路来吗？"② 从强调精神文明的相对独立性的观点出发，梁漱溟进而强调精神文明的多样性和民族性，提出文化形态"三路向"的论断：西方文化以"意欲向前要求"为基本精神；中国文化以"意欲调和持中"为基本精神；印度文化以"意欲反身向后"为基本精神。在梁漱溟的文化理论中，显然已把"意欲"当成了本体论范畴。

在梁漱溟的哲学思考中，已放弃中国传统哲学天人合一的思路（参见拙著《中国传统哲学通论》），采用了西方哲学的主体性哲学思维模式。对于他来说，意欲、生命、生活都是体现主体性原则的同等程度的哲学范畴。在他看来，"生活就是没尽的'意欲'——此所谓'意欲'与叔本华所谓'意

---

① 梁漱溟：《东西文化及其哲学》，商务印书馆 1987 年影印版，第 176 页。

② 梁漱溟：《东西文化及其哲学·序》，商务印书馆 1987 年影印版。

欲'略相近——和那不断的满足与不满足罢了。"①他把意欲、生命、生活等
落实到主体之"我",形成了主体主义的宇宙观。他认为人是宇宙大生命的
核心,"宇宙本来在'我'——每一生命为一中心,环之之宇宙皆其所得为
宰制"。"一切生活都由有我,必有我才活动才生活。"②他特别强调主体对于
宇宙的先在性,他说:"这个差不多成定居的宇宙——真异熟果——是由我
们前此的自己而成功这样的;这个东西可以叫做'前此的我'或'已成的
我',而现在的意欲就是'现在的我'。所以我们所说小范围生活的解释即
是'现在的我'对'前此的我'之一种奋斗努力。所谓'前此的我'或'已
成的我'就是物质世界能为我们所得到的,如白色、声响、坚硬等皆感觉对
他现出来的影子呈露我们之前者;而这时有一种看不见,听不到,摸不着的
非物质的东西,就是所谓'现在的我'。这个'现在的我'大家或谓之'心'
或'精神',就是当下向前的一个活动,是与'已成的我'——物质——相
对待的。"③他所选择的主体主义哲学立场,得到德性儒学派比较一致的认
同。基于主体主义的哲学立场,他们崇陆王而贬程朱,以发挥内圣学为基本
宗旨,努力挺立道德的主体性。

梁漱溟的"意欲"本体论,虽然确立了主体主义的进路,但毕竟不具
有道德的意味,因而尚不能构成德性儒学的哲学基础。"意欲"是由"生存
意志""生命冲动"嬗变来的,可以选择不同的路向,带有浓重的非理性主
义色彩,与儒家一向倡导的道德理性不完全合拍。熊十力沿着主体主义的进
路,兼顾主客体的统一,提出"本心"本体这一更具儒家色彩的本体论观
念,建立了"体用不二"的本体论和"翕辟成变"的宇宙论,为德性儒学奠
立了形上学根基。他所说的"体"是指宇宙本体,而所谓"用"是从"本
体"出发解释宇宙的由来,即把宇宙视为本体的功用或表现。熊十力同意佛
教"诸行无常"的说法,把宇宙看成变动不居的流变过程,而他提出的哲学
问题是:是否存在着造成流变过程的本体?他的回答是肯定的。他认为,变
动过程必然源于"能变"的主体,而这个主体就是真实的、终极的本体。这

① 梁漱溟:《东西文化及其哲学》,商务印书馆 1987 年影印版,第 24 页。
② 梁漱溟:《东西文化及其哲学》,商务印书馆 1987 年影印版,第 160 页。
③ 梁漱溟:《东西文化及其哲学》,商务印书馆 1987 年影印版,第 49 页。

个本体就是孟子所说的"本心"（见《孟子·告子上》）。熊十力在《新唯识论》中写道："本书生命一词，为本心之别名，则斥指生生不息之本体而名之。"① 在熊十力的哲学中，本心是表示本体的最高范畴。本心"物物而不物于物，遍为万物的实体"，可以说是存在的主体；本体"通万物言其通体"，构成运动变化的源泉；本心作为"识"变现出"境"，又是认识的主体；本心具有翕辟两种功用，施设宇宙、统摄宇宙。这样熊十力便把本体论、发展观、认识论、宇宙论贯通起来，构成一个比较完整的形上学体系。

熊十力建构"本心"本体，并非出于纯粹的哲学兴趣，目的在于证明儒家道德价值的永恒性。他提出的形上学，既是存在的本体论，又是价值的本体论。他强调，"仁者，本心也。即吾人与天地万物所同具之本体也。"② 在他看来，由于本心具有道德的规定性，故而成为人生价值的源头。"吾人一切纯真、纯善、纯美的行，皆是性体呈露。"正是因为有本心这个价值源头作为担保，人生才不至于产生虚幻不实的失落感，而这正是儒学的精粹之所在："识得孔氏意思，便悟得人生有无上的崇高的价值，无限的丰富意义，尤其是对于世界，不会有空幻的感想，而自有改造的勇气。"③ 按照这种诠释，本心作为德性主体，具有恒常的价值和普世的意义，不但是孔、孟儒学的根基，同时也是现代新儒学的根基。只有护住这个根基，才能在现时代重振儒学。

熊十力的本心本体论已经奠立了德性儒学的根基，设计出德性儒学内圣学的基本框架。由于他对西方哲学的了解有限，无力在哲理上作出更为深入的阐发，这个任务就落在了他的从学弟子牟宗三的肩上。牟宗三在熊十力本心本体论的基础上，明确地提出道德的形上学，最后完成了以挺立德性主体为宗旨的道德形上学的建构。

牟宗三对"道德的形上学"和"道德底形上学"两个概念作了分疏。他指出，后者是从形上学角度研究道德，并非是形上学本身；前者"则是以形上学本身为主，而从'道德的进路'入，以由'道德性当身'所见本源

---

① 熊十力：《熊十力论著集之一：新唯识论》，中华书局 1985 年版，第 525 页。
② 熊十力：《熊十力论著集之一：新唯识论》，中华书局 1985 年版，第 567 页。
③ 熊十力：《熊十力论著集之一：新唯识论》，中华书局 1985 年版，第 348 页。

渗透至宇宙之本源，此就是由道德而进至形上学了，但却是由'道德的进路'入，故曰'道德的形上学'。"① 按照牟宗三的解释，儒家所谓"仁"，所谓"本心"，并非仅指道德意义上的主体，而应当视为宇宙万有的本体，故称道德的形上学，——这正是儒家哲学的特质之所在。所谓道德的形上学也就是儒家一脉相传的内圣心性之学或"成德之教"。它所讨论的主要问题有两个方面："首在讨论道德实践所以可能之先验根据（或超越的根据），此即是心性问题是也。由此进而复讨论实践之下手问题，此即是工夫入路问题是也。前者是道德实践所以可能之客观根据，后者是道德实践所以可能之主观根据。宋明儒心性之学之全部即是此两问题。以宋明儒家词语说，前者是本体问题，后者是工夫问题。"②

牟宗三强调，儒家讲道德的形上学说采取的进路与西方哲学不同。西方哲学中的形上学是自然的形上学，哲学家们讲本体，有的采取认知的进路，如柏拉图、罗素；有的采取宇宙论的进路，如亚里士多德、怀特海；有的采取存在的进路，如胡塞尔、海德格尔；有的采取生物学的进路，如柏格森、摩根；有的采取实用论的进路，如杜威、席勒；有的采取分析或抽象的进路，如斯宾诺莎、莱布尼茨、笛卡尔。"皆非道德的进路入，故其说讲之实体、存在或本体，皆只是一说明现象之哲学概念，而不能与道德实践使人成一道德的存在关系者。"③ 唯一的例外也许是康德。康德提出实践理性的观念，接触到道德的进路，然而他最终也只不过成就了道德的神学，而没能成就道德的形上学。

牟宗三采取与康德对话的方式，对道德的形上学作出理论论证。康德认为，自由意志作为道德自律的根据，只是一种假设，人们既不能感觉到它，也不能直觉到它。牟宗三认为道德的形上学推翻了康德的论断。他分析说，康德的失误之处在于仅仅把自由意志理解为"理性体"，而没有理解为"具体的呈现"，"而忘记意志自由就是一种心能，就是本心明觉之活动。它当然是理性体，但同时亦即是心体，明觉体，活动体……纯智的直觉即在

① 牟宗三：《心体与性体》第1册，台湾正中书局1968年版，第140页。
② 牟宗三：《心体与性体》第1册，台湾正中书局1968年版，第8页。
③ 牟宗三：《心体与性体》第1册，台湾正中书局1968年版，第37—37页。

此'明觉之活动'上有其可能之根据。"① 基于这种分析，牟宗三断言人具有"智的直觉"，此即是孟子所说的"恻隐之心""羞恶之心"或"理义悦我之心"。正是此心证成本心仁体，证成道德的形上学。本心仁体一方面自给自立道德法则，发布无条件的定然命令，一方面又能感之、悦之、觉之，如此说来，"此本心仁体连同其所发布的无条件的定然命令如何不是具体的呈现？智的直觉即在此本心仁体之悦与明觉中有它的根源，因而有其可能"②。牟宗三认为，儒家立足于"智的直觉"的道德形上学超越了康德，达到了西方哲学没有达到的理论高度。

德性儒学以"挺立道德主体"为宗旨的道德形上学，到牟宗三这里便宣告终极了。这里所说的终极不等于完结，不等于说牟宗三后继无人，只是说他的后继者很难再沿着他的思路有理论上的推进，很难在学理上有新的突破。德性儒学从本体论入手批驳西方中心主义，彰显中国哲学的民族精神，彰显儒学在精神文明建设中的价值，接续传统并走出传统，把握人的道德理性，回应西方哲学的话语，安顿价值世界，挺立道德主体性，作出了历史性的理论贡献，开启中国儒学发展的新阶段。德性儒学派提出一个重要的课题：在现代化、全球化的背景下，如何发掘儒学的价值？他们试图在学理上作出回答。

二、内圣与外王的紧张

德性儒学是从精神文明领域中起步的，或者说是从内圣起步的，但是，如果不能回应物质文明和制度文明如何发展的问题，不能回答外王方面的问题，势必脱离时代精神而流于空疏。对于德性儒学来说，这就是内圣与外王之间关系的问题。德性儒学派通常以内圣学为重点，但不可能避开外王学。他们解决二者关系的基本思路是由内圣学开出外王学。

梁漱溟从"意欲"本体论出发，试图探索出一条建设物质文明和制度

---

① 牟宗三：《直的直觉与中国哲学》，台湾商务印书馆 1971 年版，第 194 页。
② 牟宗三：《直的直觉与中国哲学》，台湾商务印书馆 1971 年版，第 195 页。

文明的新路，这条路就是移内圣作外王。在他看来，西方的物质文明和制度文明是"意欲向前要求精神"的产物，虽然取得了很大的成绩，但也造成了精神的痛苦，因而并不值得效仿。中国应当引以为戒，本着固有的"意欲调和持中的精神"，另外开辟一条新路。这条新路就是"乡村建设运动"。1927年，他放弃北京大学的职务，试图把这种想法付诸实施。他向国民党政府提出《开办乡村讲习所和试办计划大纲》，获准后即开始投身于乡村建设运动。他在广州为地方警卫队编练委员会讲授《乡村十讲》，1929年1月到北平创办《村治月刊》，又到河南筹办村治学院。不久，他出版了《中国民族自救运动之最后觉悟》和《乡村建设理论》等书，阐述他的村治理论。他主张以教育代替行政，以儒家的内圣学为指导，构建以伦理为本位的社会。1931年他在山东省菏泽、邹平等地从事乡村建设实验，亲自担任山东乡村建设研究部主任，兼任山东省高级政治顾问。抗日战争爆发后，他发动的乡村建设运动不可能再继续搞下去了，只得不了了之。实际上，即使不遇上抗日战争，梁漱溟的乡村建设之路也是走不通的，因为他的这种设想不能有效地顺应中国社会向现代转型的大趋势。梁漱溟反对照搬照抄西方走过的现代化之路，看到西方现代化发展中物质文明和制度文明取得成功背后所隐含的精神文明的危机，的确有独到的眼光，但是，他把寻求发展的进取精神（他称之为"意欲向前的精神"）完全看成负面的因素，并且试图予以排除，显然无法达到中国现代化的目标。在这里，梁漱溟陷入一种误区，即把推动现代化发展不可或缺的精神动力完全归结为西方文化的特殊精神，把普遍性当成了特殊性。诚然，在西方现代化进程中存在着片面强调进取精神的问题，并且造成了意义世界的种种危机，中国应当引以为戒，但是完全排除进取精神，现代化恐怕是无法起步的。

梁漱溟的讲友熊十力赞成梁漱溟的"为儒家说话"的态度，但不认同他设想的乡村建设道路，改由内圣作外王的思路为由内圣开外王的思路。在熊十力看来，宋明理学的重大缺陷就在于对内圣的重视有些过分，从而导致轻视外王的倾向，这有悖于儒家内圣外王并重的原则。他批评说："孔子内圣外王的精神，庄子犹然能识之。至宋明诸师，而外王之学遂废。自此，民族精神愈益式微。此非我辈今日之殷鉴也？"① 现代新儒家要想推动儒学的发展，必须纠正宋儒重内圣轻外王的倾向，高扬内圣外王并重的传统。这是一件关系到中华民族能否渡过民族危机的大事情。"今日世变愈亟，社会政治问题，日益复杂，日益迫切，人类之忧方大，而吾国家民族亦胥罹巨难而濒于危。承学之士，本实即不可拔（本实，为内圣之学），作用尤不可无（作用，谓外王或致用之学）。实事求是，勿以空疏为安。"② 熊十力实际上已把内圣学和外王学区分开了，不再谋求从内圣学直接引申出外王学，改变了梁漱溟的思路。

那末，怎样才能弥补宋儒的缺陷、重振内圣外王并重的精神呢？按照熊十力的看法，仅仅恪守儒家的内圣学是不够的，在外王学方面必须研究和借鉴西方现代的长处。通过对中西外王学的比较，他得出的结论是："西洋社会与政治等方面，有许多重大改革，而中国几皆无之。"在中国，"数千年来君主政治，时或遇着极昏暗，天下自然生变。到变乱起始，也只任互相杀伐。俟其间有能者出来，才得安定，仍然做君主。此便是顺事自然，不加人力改造。若是用人力改造局面时，他受了君主政治许多昏暗之祸，自然会想到民治制度，用来大改造一番。西洋人便是如此，中国人却不如此。"③"西洋改造之雄，与夫著书立说，谈群理究治术之士，皆以其活泼泼的全部精神，上下古今，与历史万事万物，而推其得失之由，究夫万变之则。其发明真理，持以喻人，初若奇说怪论，久而知其无以易也。如君民问题、贫富问题、男女问题，乃至种种皆是也。"相比之下，"宋儒反身工夫甚密，其于察世变，皆极肤也。"④ 熊十力主张把儒家的内圣学同西方的外王学结合起来，建构新的外王学："今谓中西人生态度，须及时予以调和，始得免于缺憾。中土圣哲反己之学，足以尽性致命。斯道如日月经天，何容轻议！至于物理世界，则格物之学，西人所发皇者，正吾人今日所当挹取，又何可忽乎？今日文化上最大问题即在中西之辨。能观其异以会其通，庶几内外交养，而人

---

① 熊十力：《十力语要》第2卷，中华书局1996年版，第63页。
② 熊十力：《十力语要》第2卷，中华书局1996年版，第57—58页。
③ 熊十力：《十力语要》第2卷，中华书局1996年版，第59页。
④ 熊十力：《十力语要》第2卷，中华书局1996年版，第68页。

道亨、治道具矣。吾人于西学，当虚怀容纳，以详其得失；尤须布之遐陬使得息其臆测，睹其本然。融会之业，此为首基。"① 尽管熊十力仍视内圣学为融会西方外王学的首基，但同梁漱溟相比，他的新外王学构想毕竟更为平实，更具有开放性，从而淡化了德性儒学的文化保守主义色彩。他把内圣学与外王学区别开来，不可避免地突显出二者之间的紧张关系，这给德性儒学家们出了一道不好回答的难题。

牟宗三试图回答这道难题，提出更为系统的新外王学，这就是他创立的坎陷理论。在评判传统儒学的时候，牟宗三使用了三个术语。第一个术语是道统。道统属于内圣学范畴，指的就是以"挺立道德主体"为宗旨的道德的形上学。在他看来，道德形上学乃是儒学的最突出的理论成就，具有恒常的、普世的价值。它指导着人们的价值理念，既适用于古代社会，也适用于现代社会。在现时代，道德形上学的基本架构不必改变，但可以重新诠释，并且可以以此为首基开出新的外王学，从而获得更广泛的解释力，与现代的物质文明和制度文明相衔接。第二个术语是学统。学统属于外王学范畴，指的是现代的科学技术。牟宗三同意熊十力的看法，认为传统儒学确实存在着对科学知识重视不够的问题。由于对科学技术重视不够，所以科学技术没有西方发达；由于科学技术不够发达，所以物质文明程度也落后于西方。现代新儒学必须解决这个问题，顺应中国社会现代转型的大趋势。第三个术语是政统。政统也属于外王学范畴，指的是民主政治。不能说在传统儒学中没有民主政治的要素，但是的确存在着对民主政治重视不够的问题。用牟宗三的话说，在民主政治方面，中国只有"理性之运用表现"而无"理性之架构"表现。这是中国在制度文明方面落后于西方的重要原因。现代新儒家应当努力改变这种情形，谋求儒家外王学的新发展。通过这三个角度对传统儒学的评判，牟宗三得出的结论是：在传统儒学当中，"有道统而无学统与政统"。换句话说，传统儒学事实上并未开出新外王，未开出科学和民主。那么，在理论上从儒家的内圣之学能否开出新外王呢？牟宗三的回答是肯定的。他认为开出新外王的具体途径就是"良知的自我坎陷"，即从德性主体转出知性

① 熊十力：《十力语要》第 3 卷，中华书局 1996 年版，第 73 页。

主体，以便为科学、民主的发展提供依据。他说："由动态的成德之道德理性转为静态的成知识之观解理性，这一步转换，我们可以说是道德理性之自我坎陷（自我否定）：经此坎陷，从动态转静态，从无对转有对，从践履上的直贯转为理解上的横列。"① 至于如何从道德主体坎陷出知性主体，他并未作出令人信服的说明。

对于德性儒家来说，内圣与外王的关系问题，实际上是如何看待儒学的现代性问题。梁漱溟基于"意欲调和持中"的本体论，主张移内圣作外王，建立以伦理为本位的社会，试图避开伴随现代化而来的现代病，可是这样一来，也堵塞了通向现代化的道路。他构想的以伦理为本位的社会，显然体现不出现代性。熊十力倡导内圣外王并重原则，强调从内圣出发建构新外王（科学技术与民主政治）的必要性，明确表示认同当今时代物质文明和制度文明的现代性，但他没有找到由内圣到新外王的桥梁。牟宗三提出坎陷说，试图从理论上解决如何从内圣开出新外王的问题，也失败了，也没能缓解内圣与外王之间的紧张。

内圣与外王之所以形成紧张，其实是由德性儒学派的学术立场造成的。内圣关涉精神文明领域，外王关涉物质文明领域和制度文明领域，他们之间不存在开出的问题，也构不成紧张关系。现代的物质文明和制度文明是人类社会历史实践的产物，并不是从某种精神文明开出来的。精神文明可以影响、促进物质文明和制度文明的发展，但不可能决定、开出物质文明和制度文明。儒家内圣学的影响力毕竟主要体现在精神文明领域，对物质文明和制度文明的影响十分有限。在历史上，它并没有真正开出外王来，在当今时代更不可能开出以科学和民主为核心的新外王来。德性儒家学派囿于以德性为主体的本体论情结，试图用内圣学说明包括物质文明和精神文明在内的一切社会历史现象，用体育用语来说，已经越位了。由内圣开外王只不过是他们一厢情愿的想法，并不具有可操作性。

---

① 牟宗三：《政道与治道》，台湾学生书局 1983 年版，第 58 页。

三、从应然转向实然

要把传统儒学发展成为现代新儒学，必须处理好两个理论问题：一是凸显儒学的民族性，二是凸显儒学的现代性。在第一个问题上，德性儒学派取得了比较大的成绩，他们破斥简单地把儒学等同于封建意识的偏激之见，表明儒学仍然可以成为弘扬中华民族精神的价值资源。他们接续传统并走出传统，力图把儒学的发展推向新阶段。在第二个问题上，他们也取得了一定的进展。他们破斥全盘西化的偏激之见，强调儒学可以适应中国社会的现代化进程并发挥积极的促进作用。至于如何发挥儒学在现代化进程中的促进作用，他们尚未找到可行的途径。他们开启了儒学现代转型的发展方向，却并没有完成这一重大课题。要想完成这一重大课题，还应当从以下几个方面深入。

第一，从注重理论转向注重实践。德性儒学派有很强的本体论情结，希望通过与佛教本体论学说或与西方哲学本体论学说对话的途径，重新论证儒家的道德形上学，用儒家心性本体或德性本体解说一切物质现象和精神现象。时至今日，这种努力恐怕难以取得令人信服的结果。事实上，儒家德性本体作为一种价值本体论学说，在精神文明领域具有一定的解释力，但不可能用来解释一切物质现象和精神现象。从德性儒家试图用德性本体解释一切现象的理论意图看，他们尚未走出泛道德主义的误区。诚如歌德所言，"理论是灰色的，生活之树常青。"当"灰色的理论"不能解释"常青的生活之树"的时候，显然应当修正理论，正视生活现实，而不必沉湎于理论构想之中。凭实而论，儒学乃是一种实践哲学，而不是西方式的理论哲学，它只有回到生活世界之中，才会有发展的空间。现代新儒家学者徐复观曾对道德形上学的视角表示怀疑，主张从形而中学的视角阐发儒学。他说："研究中国文化，应在工夫、体验、实践方面下手。但不是要抹杀思辨的意义。思辨必须以前三者为前提，然后思辨的作用才可把体验与实践加以反省、贯通、扩充，否则思辨只能是空想。"[1] 从理想世界回到现实世界，这恐怕是现代新儒

---

[1] 《徐复观文集》第 1 卷，湖北人民出版社 2002 年版，第 39—40 页。

学发展应当选择的路向。

第二，从关注精英转向关注大众。由于德性儒学派侧重于理论研讨，受众面很窄，仅限于大学讲堂或者书刊报章，对大众的影响力十分有限。熊十力深感"茫茫斯世，知我者希"，"孤冷到极度，不堪与世谐和"。他的新唯识论文字艰涩，索解为难，难以引起人们的阅读兴趣，读者不可能多。唐君毅也慨叹"儒门清淡，收拾不住"。从对大众的影响力来看，德性儒学派，既不如中国马克思主义者，也不如以胡适为代表的中国实证学派。由此可见，如果仅限于理论层面的研讨，难以改变"儒门清淡"的局面。儒学作为中国传统文化的主干，并不仅仅是书斋里的学问，早已融入人民大众的精神生活中了。如何适应大众的精神生活的需要，阐述儒学的价值，这恐怕是振兴儒学必须要解决的问题。

第三，改愤世嫉俗的心态为心平气和的心态。德性儒学派是在批孔思潮汹涌的情况下出现的。为了彰显儒学的现代价值，他们指斥西化派民族文化虚无主义的谬误，以愤世嫉俗的道统捍卫者的形象出现在论坛之上。他们这样做，固然有历史的合理性，但也存在着过度情绪化的问题，心态表现得不够平和。例如，他们很难中肯地看待中西文化的异同，常常流露出儒学优越论的情绪；他们过于偏重主体主义，未能全面地掌握主客体的辩证关系；他们偏爱陆王，对程朱理学不够同情；对于其他学派的学术观点，同情的了解也不够，常常采取论战的姿态，而不是讨论的姿态；他们用过多的精力指斥论敌的观点错在哪里，至于自己的论点对在那里，却论证得不够充分。这种心态显然不利于儒学的进一步发展。学术论争是必要的，但这种论争应当是相互尊重的讨论，而不是意气用事的口诛笔伐。如何改变愤世嫉俗的心态，采取心平气和的心态研究学问、讨论问题，在与其他学派的互动中探索儒学实现现代转化的途径，这恐怕也是振兴儒学必须要解决的问题。现代新儒学不应当是金刚怒目式的"论争儒学"，而应当是博采众家之长、与时俱进、综合创新的"建设儒学"。

德性儒学已经完成了"为儒家说话"的历史使命，现在已到了进一步探索促使儒学现代转化的途径的时候了。德性儒学的终结并非是现代新儒学运动的终结。吸收德性儒学的理论思维成果，避开其思想误区，从德性儒学转向实践儒学，从精英儒学转向大众儒学，从论争儒学转向建设儒学，突破道德中心主义的局限，放弃对理想的过度执着，立足于现实开发儒学思想资源，将预示着现代新儒学发展的大趋势。

（原载于《中国人民大学学报》2006 年第 1 期）

唐君毅的价值观

梁漱溟和熊十力在五四以后儒学价值体系被解构的情况下，勇敢地站出来为儒家说话，从强调儒学价值观的内在性入手，肯定儒学价值观的普适性，肯定儒学在现时代重建价值世界或意义世界仍旧是重要的思想资源，但他们没有讲到儒学价值观的超越性。冯友兰注意到儒学价值观的另一个特色，强调儒学价值观的超越性，以超越原则论证儒家伦理在现时代的有效性，但由于受到新理学体系的限制，无法把超越性与内在性统一起来。贺麟强调儒学价值观的现实性，绕过超越性和内在性的关系问题。为了把内在性和超越性有机地统一起来，港台新儒家唐君毅在 20 世纪 50 年代以后提出"人生九境"说，进一步完善了现代新儒家的价值理论。现代新儒家们之所以对中国文化和孔、孟、程、朱、陆、王等思想家恋恋不舍，一个重要的原因就是他们普遍认为在世界各民族有关生命的学问中，唯有中国儒家的境界最高，最切合现代人的精神需求。不管是梁漱溟的"文化三路向"，还是冯友兰的"人生四境界"，都没有脱离这个主题。唐君毅则在晚年撰成了洋洋80 万言的《生命存在与心灵境界》一书，把现代新儒家的这一诉求推向了一个新的阶段。

在本体论方面，唐君毅同梁漱溟、熊十力一样，也是沿着生命进路，从探寻现存世界的终极根据入手的。他已具有掌握外语的能力并且经过了系统的西方哲学思维训练。同他的老师们相比，他对西方哲学更为熟悉，能够得心应手地使用西方哲学的思想资料。他不再以佛教为对话的主要手段，更为重视中国哲学与西方哲学的比较与会通。他借鉴德国古典哲学（尤其是黑格尔哲学）的理论思维成果，诠释儒家的心性之学，力图证成道德理性的本体论地位。他的理论思维水平相比梁漱溟和熊十力有较大提高；他的本体论思想更加凸显人文色彩，并且明确地指向道德自我或道德理性。同贺麟一样，他也不掩饰自己的唯心主义哲学立场，承认自己是超越的唯心论者。

在他看来，宇宙间万物在时空中固然都相互外在，然而在这种外在性中也隐含着万物之间相互联系着的内在性。内在性是超越于物质世界之上的，其实是生命的表现形式。于是，唐君毅从物质世界跃升到生命的世界。他指出，生命的特质在于，它必须求得自身的不断延续，求过去的生命内在于现在的生命，求其现在的生命内在于将来的生命。唐君毅由此得出结论："任一生物，皆有一使全宇宙的物质皆表现其身体之形式之潜在的要求。此是一生命之盲目的大私，亦即其晦暗之原始之无明，或欲征服一切之权力意志。"① 在这里，他把宇宙的内在性归结为生命，把生命理解为动态的本体，理解为宇宙的意志，显然是受到了从叔本华到柏格森西方现代非理性主义的影响。但唐君毅并不是非理性主义者。在他看来，生命的世界还不是究极的世界，因为在生命的世界中尚无自觉的价值意识，尚处在"无明"状态。因此，必须超越生命的世界，继续向前探究。

唐君毅对生命世界做了这样的分析：生物的生命活动不可避免地受到生存环境的限制，不过这种限制随着生命的发展可以被突破、被超越。到了生命的高级形态，"克服此时超越自身之形式之限制，而有所增益上言，则生物之本性即不得说为不自觉之大私或无明，而是不断自其私之形式解放，以开明其自体，而通达于外者"。他的这段分析表明，唐君毅已摆脱非理性主义，而跨入理性主义的轨道。他由非理性的生命世界跃升到理性的人文世界，并且把人文世界描述为体现道德价值的世界。在这里，他运用现代的哲学语言表达了"仁者与万物同体"的儒家情怀。在人文的世界中，"大私""无明""权力意志"等非道德的因素均被化除，形而上的精神实体朗然出现。至此，唐君毅终于由形而下达到形而上，由物质世界、生命世界的"杂多"求得人文世界的"统一"，证成他心目中的本体——他称之为"生生不息之几之形上实体或形上之宇宙生命精神"。这种宇宙生命精神是通过人自

---

① 唐君毅：《文化意识与道德理性》，台湾学生书局 1983 年版，第 62 页。

觉地体现出来的，从这个意义上说，它就是"本心""仁体""道德自我""精神自我""超越的自我""道德理性"。

我们从唐君毅哲学思考步步展开的过程中不难看出，他的本体论思想始终关注着人文的价值、道德的价值。他的本体论无疑是一种唯心主义，但不是西方哲学中的认知意义上的唯心主义，而是道德意义上的唯心主义。唐君毅的本体论思想既有熊十力的痕迹，又透出黑格尔式的思辨，就其理论深度来说，显然已超出了他的老师。

依据唯心主义本体论，唐君毅在价值观方面以道德自我为终极的价值目标，以现实自我为考察的起点，

唐君毅指出，人的生命的心灵活动基本上有三个方向的含义，依照生命心灵自身的活动韵律节奏，可以区分为"顺观""横观""纵观"三境。对此三境，他做了如下说明：

> 生命心灵活动之由后向前，如易传言尺蠖之信；由前而后，如易传言龙蛇之蛰；由内而外而开，如天开图画；由外而内而阖，如卷画于怀。其由下而上，如垒土成台；其由上而下，如筑室地下。于生命心灵活动之前而后，说主观心态之次序相续；于主观心态中之思想与发出之言说，求前后一致贯通之处，说思与言说中之理性，即逻辑中之理性。于生命心灵活动之由内向外，知有客观事实。于人求思想与客观事实相一致贯通处，说知识中之理性。于生命心灵活动位于主观客观之现实事物之上，以由下而上处，说思想中之目的理想。①

对于"前后向""内外向""上下向"这三种境界，唐君毅又分别称之为"客观境""主观境""超主观客观境"。而且，这三种境界，又分别代表着人们对世界和人生的三种看法与体验，即：人的生命心灵活动由前而后进时，则觉主体即"体"最重要；由内而外时，则觉客体即"相"最重要；由下而上时，则觉"用"最重要。体、相、用三者，分而各具意义，合则相互

---

① 唐君毅：《生命存在与心灵境界》上册，台北学生书局 1986 年版，第 39 页。

融洽，浑然一体。在此基础上，唐君毅创设了心灵九境说。

第一境叫做"万物散殊境"。在此境中，人的生命心灵活动，看不到其自身的体、相、用，没有自觉，就像打开门户，走出房间，所看到的只是事物的个体。相应地，所追求的也就是个人自我保存和个体欲望的满足，从而产生出个人主义哲学。此境的核心概念是"殊相"。

第二境叫做"依类成化境"。在此境中，意识到万物散殊境发展而来，不再观照个体，而是将个体归类，观其物相，并观实体出入于类，以成变化。此境的核心概念是"类相"。

第三境叫做"功能序运境"。在此境界中，由观一物之依类成化，进而观其同他物之因果关系。人以物为手段，以达目的，必究事物之原因。这样，便可见功效及其运行次序之规律。故称功能序运境。所有依因果观念而建立的哲学，都可归于此类境界。

第四境叫做"感觉互摄境"。此境的要义为：先知其客体物相，而此物相所在的时空，即内于感觉而起的自觉反观的心灵，进而用理性推知一切存在的物体，各有一个能感觉的主体。这众多物体之主体与感觉主体，相摄而又各自独立，以成其散殊而互摄，故称"感觉互摄境"。此境已经涉及身心的关系问题。

第五境叫做"观照凌虚境"。在此境界中，人摆脱了具体物相的约束而发现纯相世界和纯意义世界，并可用语言文字符号来表示。这种纯相纯意义的世界，由于因抽象的心灵观照而显现，故称为"观照凌虚境"。

第六境叫做"道德实践境"。在此境界中，已将纯意义的世界落实到现实生活，从而树立道德理想，促成道德人格的完成。一切重道德之人生哲学，皆可归于此类。

第七境叫做"归向一神境"。此境的要义为："言一神教所言之超主客而统主客之神境。"在此境界中，精神已超越主客关系，指向超验的境界、神秘的境界，故唐君毅又称此境为"神教境"。在此境界中，精神追求已经超出哲学层面而进入宗教层面。通过确认此境界，唐君毅对宗教信仰尤其是基督教信仰表示同情。

第八境叫做"我法二空境"。此境"言一切有情众生之实证得其执之空，即皆可彰显其佛心佛界，以得普度。"所谓"我法二空"，就是佛教说的"去我执、去法执"而达到的成佛的境界，故唐君毅又称此境为"佛教境"。通过确认境界，唐君毅对佛教表示同情，并且流露出佛教高于基督教的意思。

第九境叫做"天德流行境"，又名"尽性立命境"。此境"论儒教之尽主观之性，以立客观之天命，而通主客，以成此性命之用之流行之大序，而使此性德之流行为天德之流行，而通主客、天人、物我，以超主客之分者。"此境显然是指儒教的理想境界，唐君毅又称其为"儒教境"。①

在上述人生九境中，前三境为"客观境"，中三境为"主观境"或"知识境"，后三境为"智慧境"。唐君毅认为，以类而言，各为一境，自成一类；以序而言，则居前者为先；以层次而言，则居后者为高。也就是说，唐君毅花费如此多的心血的目的，无非是要论证孔孟儒学的至上性。在他看来，中国文化的最大特点就是它的人文主义精神，这是中国未来文化复兴的基础。西方虽然也有人文主义传统，但层次甚低，缺陷甚多，不能凸显和实现人的生命价值。

唐君毅是一位道德决定论者，以道德理性为核心内容的人文精神在他的哲学里，既占据着学问的最高层次，又负有统摄其他各种学问的重大使命。他在关注内圣的时候，也不能不关注像政治等外王的时代问题。但他是把政治置于道德价值之下来讨论的。在他看来，所谓民主政治、贵族政治和君主政治，都不过是形式而已，如果没有道德理性作基础，都不会结出好的果实。因此，他认为，最根本的政治就是道德理性，法律以及民权等观念只是手段；一旦每个人都成了圣贤，法律和民权都是可以不要的。实际上，唐君毅的意思无非是说，只要将中国传统文化中的道德理性发扬光大，就不必再在政治形式上做什么文章了，中国当下的任务不是急急忙忙地去抄袭西方的议会和选举制度，而是"承继中国固有之和融贯通而充实圆满的人文精神，再开出分途发展之社会文化领域，使社会有各种不同之社会文化力量，各种社会团体组织之存在，而并存不悖，然后中国政治之民主，乃具备其实

---

① 唐君毅：《生命存在与心灵境界》上册，台北学生书局1986年版，第47—52页。

效条件。"① 对于西方文化的步步紧逼和儒家文化花果凋零的悲凉景象，唐君毅又简单地归结为国人的浅薄与中风狂走，归结为国人对功利主义的追求。唐君毅把儒家内圣学的重建当作第一位的事情，把这件事情做好了，民主政治等外王方面的事情自然就不难办了。

（原载于《唐君毅故园文化》2007 年总第 9 期）

---

① 唐君毅：《人文精神之重建》，台湾学生书局 1974 年版，第 418 页。

牟宗三的存有论

在牟宗三之前，狭义新儒家在建构本体论的时候，有一个共同之处，那就是首先从解释世界的角度入手形成存在本体论学说，然后再把存在本体论翻转成价值本体论，为儒家伦理提供哲学依据。可是，他们遇到的难题是：存在本体论何以可能翻转为价值本体论？他们并没有找到有说服力的理由。也许有见于这种理论上的困难，牟宗三不再采用先讲存在本体论然后再讲价值本体论的思路，而是首先从价值本体论讲起，然后再引申到存在本体论。他从关注价值本体论的视角切入，沿着生命——人文——道德的进路，建构了被他称为"道德的形上学"的本体论学说。他认为，"道德的形上学"仍具有现代价值，可以由内圣开出新外王来，可以让科学与民主接榫，可以成为现代性的培养基础。他对人生哲学和政治哲学，皆作了儒家式的现代诠释。

一、生平与著述

牟宗三（1909—1995 年），字离中，山东栖霞人。他出生在耕读传家的望族，家族中曾出现过多位有名的学问家。他 15 岁离开家门，就读于栖霞县立中学，1933 年毕业于北京大学哲学系。在大学三年级时，他选修熊十力讲授的《新唯识论》，受到熊十力新儒学思想的影响，并同其建立起非同寻常的师生之谊。熊十力颇欣赏牟宗三的资质，视之为俊才；牟宗三则对熊十力恭敬有加，终身执弟子礼。他在回忆录中说，遇到熊十力，"始见到了一个真人，始嗅到了学问与生命的意味"。在他眼里，熊十力"是一个有光辉的生命"的人，是"能通华族慧命而不隔"的人。

大学毕业以后，他主要以教书为业，也从事编辑工作。曾加入国家社会党，担任过国社党机关刊物《再生》的主编、《历史与文化》的主编、《理想历史文化》杂志编辑、云南大理民族文化书院讲师、华西大学讲师。他始终没有放弃哲学研究和逻辑学研究，写出《认识心之批判》《逻辑典范》两部专著。

1949 年离开大陆到台湾后，他应台湾师范学院（台湾师范大学的前身）之聘，主讲理则学、哲学概论、中国哲学史等课程。1951 年他主持师院人文讲习会，后来又成立了人文友会，经常开展学术活动。1956 年，师院升格为大学。他被迫离开，应聘为东海大学人文学科系主任。1960 年，他应香港大学之聘任教授，主讲中国哲学。1968 年应友人唐君毅之约到新亚书院任教，随新亚书院并入香港中文大学。1974 年退休后回到台湾，先后在文化大学、师范大学、成功大学、中兴大学、佛光山佛学院讲学。他是辞世最晚的狭义新儒家，可以说是这一学派的集大成者。

主要著作有《才性与玄理》《心体与性体》《佛性与般若》《智的直觉与中国哲学》《现象与物自身》《圆善论》等，收入《牟宗三先生全集》，全套33 册，台湾经联出版事业有限公司出版。

二、道德的形上学

牟宗三把儒家哲学理解为一种道德的形上学，即由道德的进路讲出来的本体论学说，有别于西方哲学讲本体论的种种进路。他采用中西哲学比较的方法，申诉道德的形上学何以成立的理由，提出二层存有论学说。

1. 道德的进路

牟宗三首先提出的问题是：什么是道德的终极依据？他注意到中国文化和西方文化回答这个问题的思路是不同的。以基督教为文化背景的西方人，一直到人性之外去寻找，把上帝视为道德的终极依据，即便在近代德国古典哲学家康德那里，也不例外。康德在回答什么是道德的终极依据的问题的时候，仍然预设了上帝存在、物自身、意志自由三个假设。由于这个原因，尽管康德提出实践理性的范畴,接触到道德的进路,然而最终只成就了"道德神学",并没有成就"道德的形上学"。康德是牟宗三最重视的西方哲学家,但还是把他当成批评的对象。他分析说,康德把自由意志看成道德自律的根据并没有问题,问题在于,在康德那里,自由意志只是一种假设,乃是无法证实的"理性体","而忘记意志自由就是一种心能,就是本心明觉之活动。它当然是理性体但同时亦是心体,明觉体,活动体,……纯粹的智的直觉在此'明觉之活动'上有其可能之根据"。① 中国儒家哲学在寻求道德的终极依据的时候,选择了与西方人不同的思路。儒家哲学首先从考察人性入手,进而追溯到超越的本体,即"道德的形上学"。黑格尔认为,中国儒家哲学讲的只是一些有关道德的实际范例,只是一些道德的经验事实,只是一些形而下的生活感受,"一点思辨的哲学都没有"。牟宗三不认同这种看法,他说:"我们不能说孔子的那个代表真实生命、代表全德、一切德所从出的'仁'是个经验的概念,是个后天的观念"。② 如果把孔子的"无求生以害仁,有杀身以成仁"的说法,把孟子"君子所性,虽大行不加焉,虽穷居不损焉"的说法,都只看成是寻常的道德教训,实则流于皮相之见,并未得到儒家思想的精义。牟宗三强调说:儒家的"这些话俱表示在现实自然生命以上,种种外在的利害关系以外,有一超越的道德理性之标准,此即仁义、礼义、本心等字之所表示。人的道德行为、道德人格只有毫无杂念无歧出地直立于这超越的标准上始能是纯粹的,始能是真正地站立起来。这超越的标准,如展现为道德法则,其命于人而为人所必须依之以行,不是先验的、普遍的,是什么?"③ 在牟宗三看来,儒家伦理建立在终极依据之上,这个终极依据就是超验的、普适性的"道德的形上学",就是价值意义上的本体。儒学中仁义、礼义、本心、良知等语汇,都是对价值本体的称谓。牟宗三关于儒家伦理体现普遍的道德准则的说法是可以成立的,至于把这种普遍的道德准则上升到精神实体的高度,称之为"道德的形上学",那就是他的一家之言了。

牟宗三指出,儒家讲"道德的形上学"所采取的进路与西方哲学不同。

① 牟宗三:《智的直觉与中国哲学》,台湾商务印书馆 1971 年版,第 194 页。

② 牟宗三:《心体与性体》第 1 册,台湾正中书局 1968 年版,第 117 页。

③ 牟宗三:《心体与性体》第 1 册,台湾正中书局 1968 年版,第 119—120 页。

西方哲学中的形上学是"自然的形上学",哲学家们讲本体,有的采取认知的进路,如柏拉图、罗素;有的采取宇宙论的进路,如亚里士多德、怀特海;有的采取存在的进路,如胡塞尔、海德格尔;有的采取生物学的进路,如柏格森、摩根;有的采取实用论的进路,如杜威、席勒;有的采取分析或抽象的进路,如斯宾诺莎、莱布尼茨、笛卡尔。"皆非道德的进路入,故其说讲之实体、存在或本体,皆只是一说明现象之哲学概念,而不能与道德实践使人成一道德的存在关系者。"① 唯一的例外也许是康德。康德提出实践理性的观念,接触到道德的进路,然而他最终也只不过成就了"道德的神学",而没能成就"道德的形上学"。

2. 道德形上学的证成

牟宗三采取与康德对话的方式,对"道德的形上学"作出理论论证。康德承认自由意志作为道德自律的根据;不过他认为这只是一种假设,因为人们既不能感觉到它,也不能直觉到它。牟宗三认为,儒家的"道德的形上学"足以推翻康德的论断。他分析说,康德的失误之处在于:仅仅把自由意志理解为"理性体",而没有理解为"具体的呈现"。康德不认为人有"智的直觉",牟宗三与此相反,断言人肯定具有"智的直觉"。此种"智的直觉",就是孟子所说的"恻隐之心""羞恶之心"或"理义悦我之心"。正是此心证成本心仁体,证成"道德的形上学"。本心仁体一方面自给自立道德法则,发布无条件的定然命令,一方面又能感之、悦之、觉之,如此说来,"此本心仁体连同其所发布的无条件的定然命令如何不是具体的呈现?智的直觉即在此本心仁体之悦与明觉中有它的根源,因而有其可能。"② 牟宗三认为,儒家的"道德形上学"立足于"智的直觉",已经超越了康德,达到了西方哲学没有达到的理论高度。

牟宗三指出,"道德的形上学"的理念在孔子那里就已经基本形成了,后儒进一步继承和发展这种理念,逐渐形成了儒家的道统。"以曾子、子思、孟子及《中庸》、《易传》与《大学》为足以代表儒家传承之正宗,为儒家

---

① 牟宗三:《心体与性体》第 1 册,台湾正中书局 1968 年版,第 37—38 页。

② 牟宗三:《心体与性体》第 1 册,台湾正中书局 1968 年版,第 195 页。

教义发展之本质"。后儒中理论贡献最大的当数宋明理学。理学家明确提出
"天道性命而为一""心性天为一"的观点,完成了儒家"道德的形上学"的
建构。"依宋明儒大宗之看法,《论语》、《孟子》、《中庸》、《易传》是通而为
一而无隔者,故成德之教是道德的同时即也是宗教的,就学问言,道德哲学
即含一道德的形上学"。① 在宋明理学当中,他认为陆王一脉为正宗,程朱
一脉为"歧出"。

牟宗三自诩是儒家正宗的继承者,是"道德的形上学"在现时代的阐
释者。其实,"道德的形上学"是他的理论创造,是他对儒家心性之学(或
称内圣学)所做的一种理解和诠释。正是他自己把儒家的道德准则上升到本
体论的高度,看成是超验的、至上的、唯一的精神实体。在牟宗三的哲学视
野中,这个至高无上的精神实体具有主体和客体两方面的规定性:从主体的
角度说,可以叫做"心体",叫做"道德自我";从客体的角度说,可以叫做
"性体",叫做"道德理性"。心体和性体是分开来说,统而言之,则叫心性
本体。这个心性本体,就是他所说的"道德的形上学"。他说:

> 儒者所说之"性"即是能起道德创造之"性能";如现为体,即是
> 一能起道德创造之"创造实体"(Creativereality)。此不是一"类概念",
> 它有绝对的普遍性(性体无外,心体无外),惟在人而特显耳,故即
> 以此体为人之"性"。自其有绝对普遍性而言,则与天命实体通而为
> 一。故就统天地万物而为其体言,曰形而上的实体(道体 Mctophysical
> reality)。此则能起宇宙生化的"创造实体";就其具于个体之中而为其
> 体言,则曰"性体",此则是能起道德创造之"创造实体",而由人能
> 自觉地做道德实践以证实之,此所以言本心即性也。
>
> 心即是体,故口心体。自其为"形而上的心"(Mctaphysical mind)
> 言,与"于穆不已"之体合而为一,则心亦而性矣。自其为"道德的
> 心"而言,则性因始有真实的道德创造(道德行为之纯亦不已)之可
> 言,是则性亦如心矣。是故客观地言之曰性,主观地言之曰心。自

---

① 牟宗三:《心体与性体》第 1 册,台湾正中书局 1968 年版,第 20 页。

"在其自己"而言，曰性；自其通过"对其自己"之自觉而有真实而具体的彰显呈现而言，曰心。……心性为一而不为二。①

在对儒家心性之学的阐释中，牟宗三首先把儒家的道德准则提升到价值本体的高度，然后再把价值本体拓展为宇宙万有的本体，最终形成自称为"道德形上学"的心性本体论。心性本体论的基本论点是：心性不仅是道德何以可能的终极依据，也是宇宙万有何以可能的终极依据。他运用现代哲学思维方式，对"道德的形上学"做了论证和展开。

"道德的形上学"何以能够成立？牟宗三找到的理由就是人具有"智的直觉"，人借助"智的直觉"，就可以证实"道德形上学"的存在。康德出于现象与物自体对立的二元论观点，认为本体不可知，认识的对象仅限于现象界。本体虽不可知，但可思，即通过超验的理性直观思考它。不过，这种超验的理性直观能力也许上帝才会有，人并不具有这种能力。牟宗三把康德所说的"超验的理性直观"译为"智的直觉"，并且表示不认同康德的说法。他批评说："吾人在上帝身上构成'智的直觉'这一概念，这种构成全是想象、游戏，或只是神学而已，总之可说全是戏论。智的直觉之构成即是戏论，则它们不免只是一逻辑概念。如是，则物自身之积极意义仍是形式的，仍是一种对于彼岸之猜想，其具体而真实的意义仍不能呈现。不但不能呈现，甚至其形式的积极意义亦不见得真能稳定得住。"②针对康德"人没有智的直觉"的观点，牟宗三指出：在中国儒家心性之学的系统中，可以断定人具有"智的直觉"能力。

牟宗三分析说，按照康德哲学的说法，人是有限的，被限制在时空所限定的现象界之中，只有上帝才是无限的；而按照儒家的心性之学，则没有必要预设所谓的上帝，因为人自身就是无限的。"若从此看人，则人即具有无限性。当然具有这种无限性的人不会就是上帝那样无限的存在，而且根本上亦与上帝不同。例如圣人、真人、佛，都具有无限性，至少亦在转出'智

---

① 牟宗三：《心体与性体》第 1 册，台湾正中书局 1968 年版，第 40—42 页。

② 牟宗三：《现象与物自身》，台湾学生书局 1984 年版，第 10 页。

的直觉'下，始可成圣、真人和佛；而且亦可视圣、真人、佛为一无限的存在；而这无限的存在亦不同于上帝。"① 既然人是"无限性"的，当然也就应当具有"智的直觉"能力。所谓"智的直觉"，就是"良知的自我呈现"，心性本体自己证实自己。"智的直觉"有别于感性的直觉。感性的直觉关涉认知主体对于现象界中的客体的认识，乃是被动地应付外物，属于认识论的范畴；"智的直觉"是心性的"自我活动"，并不涉及外物，不属于认识论的范畴，而属于本体论的范畴。换言之，"智的直觉"并不是通常的认识，而是"郎现"。牟宗三说："'智的直觉'的主观活动，与其所照的自己为郎现的客观性是一。这里无真正的能所的对偶，只是一超然的大主之郎现。"②"智的直觉"不受主体与客体相互关系的限制，就此而言，又被牟宗三称为"逆觉体征"。

　　牟宗三所说的"智的直觉"实际是熊十力所说的"性智"的另一种表述。熊十力在《新唯识论》中说："性智者，即是真的自己底觉悟。此中真的自己一词，即谓本体。……申言之，这个觉悟就是真的自己。离开了这个觉悟，更无所谓真的自己。此具足圆满的明净的觉悟的真的自己，本来是独立无匹的。以故，这种觉悟虽不离感观经验，但是不滞于感官经验而恒自离系的。"③ 他们都试图通过非理性主义的途径为心性本体论寻找理论依据。熟悉康德哲学的牟宗三，采取批评康德的方式表述观点，多了一些思辨哲学的味道，但并没有为人具有"智的直觉"找到充分的根据。他断言人具有无限性，所指人乃是抽象的人，并不是具体的人，在现实世界中找不到这样的人。我们知道，具体的人都是有限的，因为具体的人都是要死的。具体的、有限的人怎么可能有"智的直觉"？这个问题在牟宗三那里并没有得到回答。康德站在理性主义的立场，认为具体的人不具有"智的直觉"，牟宗三站在非理性主义立场上批评康德的说法。倘若康德在世的话，他绝不会接受这种批评，反过来会批评牟宗三陷于独断。

---

① 牟宗三：《现象与物自身》，台湾学生书局1984年版，第27页。
② 牟宗三：《现象与物自身》，台湾学生书局1984年版，第61页。
③ 熊十力：《熊十力论著集之一：新唯识论》，中华书局1985年版，第249页。

3. 二层存有论

在本体论方面，牟宗三的心性本体论与熊十力的本心本体论大同小异；而在对世界的解释方面，牟宗三不再沿用乃师的"翕辟成变"论。他采用佛教《大乘起信论》中"一心开二门"的框架，提出"二层存有论"的新说。

在牟宗三哲学中，"一心"是指心性本体，"二门"是指由心性本体开显出两界：道德界和现象界。前者为"无执的存有"，后者为"执的存有"。牟宗三认为，心性本体不是新理学所描述的那种只存有不活动的静态的"理世界"，而是动态的存有，他叫做"即本体即流行"。本体的流行过程通过人得以实现。人之所以能够成为心性本体的体现者，取决于人的两种知识能力。一种是直接从心性本体发出的关于价值的知识能力，叫做"智知""智心"或"无限心"，由此开显出直接呈现心性本体的道德界，即通常所说的价值的世界或意义的世界。另一种是间接从心性本体发出的关于现象的知识能力，叫做"识知""识心"或"有限心"，由此开显出间接表现心性本体的现象界，即通常所说的现实世界或生活世界。牟宗三依据心性本体解释世界，所描绘的世界虽然是以心性本体为终极依据的整体，但有两个层次。一层是价值的世界、意义的世界、道德的世界、理想的世界、超时空的世界、无限的世界、本然的世界；一层是实然的世界、生活的世界、在时空的世界、有限的世界、经验中的世界、现象的世界。"对无限心（智心）而言，为物自身，对认知心（识心、有限心）而言，为现象。由前者，成无执的（本体界的）存有论。由后者，成执的（现象界的）存有论"。① 前者相当于佛教所说的"真谛"，后者相当于"假谛"。牟宗三解释世界的时候，把重点放在后者。

从本然的角度看，牟宗三认为现象世界不过是"遍计所执"的产物，对其抱着一种贬斥的态度。他告诫人们："我们依德性底优先性与宗纲性来提挈宇宙以见人之本来面目与宇宙之本来面目，我们的感性与知性所搅扰而扭曲的人生与宇宙不是人生与宇宙之本来面目，而是人生与宇宙的僵滞。人陷于此僵滞而认定是真实，忘却本来面目久矣：故需要本体界的存有论以松

---

① 牟宗三：《现象与物自身》，台湾学生书局 1984 年版，第 15 页。

动而朗现之。"① 然而，从实然的角度看，他也承认现象世界是不可忽视的。牟宗三所描述的现象世界，尽管没有自身的真实性，但也不再是熊十力所说的"诈现的迹象"。他承认现象世界中的事物具有确定性，并且以"知性主体"作为这种确定性的担保。"知性主体"既有别于心性本体，又同心性本体有关系。

牟宗三指出，知性主体是对心性本体的辩证否定，他称之为坎陷。他说："由动态的成德之道德理性转为静态的成知识之观解理性……我们可以说是道德理性之自我坎陷（自我否定）：经此坎陷，从动态转为静态，从无对转为有对，从践履上的直贯转为理解上的横列。在此一转换中，观解理性之自性与道德不相干的，它的架构表现以及其成果（即知识）亦是与道德不相干的。"知性主体（或称观解理性）从心性本体（或称道德理性）转出后，成为现象世界的直接依据。在现象世界中，知性主体是独立的，它只担保科学知识的可能性，同道德判断无关。牟宗三强调，心性本体坎陷为知性主体，乃是非常必要的步骤，至于心性主体何以能坎陷出知性主体？则是他遇到的无法解决的难题。

三、内圣开出新外王

在港台新儒家当中，唐君毅侧重于人生哲学，而牟宗三则侧重于政治哲学。为了证明儒学契合现代性，证明儒学同科学、同民主之间存在着兼容关系，他提出了由内圣开出新外王的理论。

在对儒学作评判的时候，牟宗三创造了一系列术语。第一个术语是道统。道统属于内圣学范畴，指的就是以"挺立道德主体"为宗旨的"道德的形上学"。在他看来，"道德形上学"乃是儒学最突出的理论成就，具有恒常的、普适的价值。它指导着人们树立价值理念，既适用于古代社会，也适用于现代社会。在现时代，"道德形上学"的基本架构不必改变，但可以重新诠释，并且可以以此为首基开出新的外王学，从而获得更广泛的解释力，与

---

① 牟宗三：《现象与物自身》，台湾学生书局1984年版，第30页。

现代的物质文明和制度文明相衔接。第二个术语是学统。学统属于外王学范畴，指的是体现工具理性的科学技术。第三个术语是政统，即民主政治。牟宗三同意熊十力的看法，认为传统儒学确实存在着对工具理性、对科学知识重视不够的问题。由于对科学技术重视不够，所以科学技术没有西方发达；由于科学技术不够发达，物质文明程度也落后于西方。现代新儒学必须解决这个问题，顺应中国社会现代转型的大趋势。在传统儒学当中，还存在着有道统而无政统的问题，尽管其中不乏民主思想因素，但没有促成民主制度的实施。他不否认，由于传统的儒学只局限于内圣学，事实上并未开出新外王。

那么，在理论上从儒家的内圣之学能否开出新外王呢？牟宗三的回答是肯定的。牟宗三从"道德的形上学"出发，提出坎陷说，试图从学理上把工具理性与价值理性统一起来。他指出，由内圣开出新外王的具体途径就是"良知的自我坎陷"，即从德性主体转出知性主体，以便为接纳现代的科学技术、民主政治提供哲学依据。

牟宗三指出，知性主体是对心性本体的辩证否定，他称之为坎陷。他说："由动态的成德之道德理性转为静态的成知识之观解理性……我们可以说是道德理性之自我坎陷（自我否定）：经此坎陷，从动态转为静态，从无对转为有对，从践履上的直贯转为理解上的横列。在此一转换中，观解理性之自性是与道德不相干的，它的架构表现以及其成果（即知识）亦是与道德不相干的。"知性主体（或称观解理性）从心性本体（或称道德理性）转出后，成为现象世界的直接依据。在现象世界中，知性主体是独立的，它只担保科学知识的可能性，同道德判断无关。牟宗三强调，心性本体坎陷为知性主体是非常必要的步骤。他说：

> 此步开显辩证的（黑格尔意义的辩证，非康德意义的辩证）。此步辩证的开显可如此说明：外部地说，人既是人而圣，圣而人……则科学知识原则上是必要的而亦是可能的，否则人义有缺。内部地说，要成就那内部地说的必然，知体明觉永不能永停在明觉之感应中。它必须自觉地自我否定（亦曰自我坎陷），转而为"知性"；此知性与物为对，

始能使物成为"对象",从而究竟知曲折之。它相必须经由这一步自我坎陷,它始能充分实现其自己,此即所谓辩证的开显。它经由这一步自我坎陷转为知性,它始能解决那属于人的一切特殊问题,而其道德的心愿亦始能畅达无阻。

　　知性明觉之自觉地自我坎陷即是其自觉地从无执转为有执。自我坎陷就是执。坎陷者下落而陷于执也。这一执就是那知体明觉之停住而自持其自己。所谓"停住"就是神感神应二显滞相。其神感应原是无任何相的,故知无知相,意无意相,物无物相。但一停住则显停滞相,故是执也。执是停住而自持其自己即是执持其自己。①

　　在这里,牟宗三对心性本体"坎陷"为知性主体的必要性作了充分的论述,但是,心性主体何以能"坎陷"出知性主体?他并没有回答。实际上,他只是借用黑格尔式的思辨方式,从心性主体跳跃到了知性主体。坎陷说是他的"道德的形上学"的最后一个环节。通过这个环节,他完成了对现象世界的哲学解释。坎陷说是牟宗三对熊十力"翕辟成变"的宇宙论的发展。他在一定程度上纠正了乃师的虚无主义倾向,承认现象世界的确定性,为其回答如何从内圣开出新外王、如何认同科学与民主等现代价值观念,找到了一个支点。至于如何从道德主体坎陷出知性主体,如何从价值理性开出工具理性,他并未作出令人信服的说明。实际上,价值理性和工具理性是两种并行的理性,前者适用于价值安顿,后者适用于认识世界,不存在着谁从谁开出的问题。科学主义者把价值理性归并到工具理性行不通,牟宗三把工具理性归并到价值理性同样也行不通。

(原载于《宜宾学院学报》2012 年第 3 期)

---

① 牟宗三:《现象与物自身》,台湾学生书局 1984 年版,第 122—123 页。

广义新儒家

新理学对朱子学的继承与发展

冯友兰创立的新理学是中国现代哲学中很有影响的哲学思想之一。在谈到新理学的思想来源的时候，冯友兰坦率地承认新理学与朱子理学有直接的继承关系。他说："我们现在所讲之系统，大体上是承接宋明道学中的理学一派。"[①] 那么，新理学继承了朱子理学中的哪些思想遗产呢？冯友兰本人没有论及，我认为主要有以下几点。

第一，新理学继承了"理在事先"的本体论原则。新理学明确地提出："理先于实际底例而有。"新理学只对"理在事先"做了一些非根本性的修改。朱子理学认为，在万物之先的理是一个完整的精神实体，"一理之实而万物分之以为体"；每个事物都是全体之理的体现，"人人有一太极，物物有一太极"（《朱子语类》卷九十四），新理学则认为，在万物之先的是由无数多的理组成的"理世界"，每个事物只能依照其中某些理，而不能依照理之全体。朱子侧重于从体用关系说明"理在事先"，新理学侧重于从个别与一般的关系说明"理在事先"，他们从不同的角度得出大体相同的结论。

第二，新理学继承了朱子理学的价值本体思想以及纲常伦理观念。朱熹提出，永恒不变的天理不仅仅是存在的本体，更重要的还是价值的本体。从价值本体的意义上说，天理构成伦理纲常的终极依据。"宇宙之间，一理而已。天得之以为天，地得之以为地，而凡生于天地之间者，又各得之而为性。其张之为三纲，其纪之为五常，该皆此理之流行，无所适而不在。"（《朱子文集·读大纪》）新理学虽然没有像朱子那样直接把伦理纲常归结

---

① 冯友兰：《新理学》，重庆商务印书馆 1939 年版，第 1 页。

为天理，但基本上沿袭了价值本体的观念。他强调伦理纲常根源于"人之理"或"社会之理"，断言"大部分底道德是因社会之有而有底。只要有社会，就需要这些道德，无论其社会，是哪一种底社会。这种道德中国人名之曰'常'，常者不变也。照中国传统底说法，有五常，即仁、义、礼、智、信。"① 新理学同朱子理学一样，都以论证恪守伦理纲常的必要性为宗旨，以"希圣希贤"为人生价值目标。同朱子一样，冯友兰也把恒常的价值本体（"理"）看作是保证社会稳定的哲学基础。

第三，新理学继承了朱子理学"天人合一"的思想模式。朱子理学认为，"物与我心中之理本是一物，两无少欠，但要我应之尔。物心共此理"。（《朱子语类》卷十二）只是因为人们受到人欲的限制，才造成人与天理之间的隔阂。要想实现天人合一的终极目标，就必须加强身心修养，"革尽人欲，复尽天理"。新理学同样把天人合一视为人生的最高境界，冯友兰称之为"天地境界"。他对天地境界做了这样的描述："在超乎自己之境界者，觉其自己与大全中间并无隔阂，亦无界限；其自己即是大全，大全即是其自己。此即所谓'浑然与物同体'。"② 在这种境界中的人，"极高明而道中庸"，"即世间而出世间"。朱子认为人应当在义理上与天合一，新理学则认为人应当在境界上与天合一，应该说新理学的理论更为精致了。但是，他们的学术宗旨是一致的，都确立内在而超越的价值取向。

冯友兰的新理学对于程朱理学既有继承的关系，也有改造和发展的关系。正如冯友兰自己所述，新理学是"接着"程朱理学讲的，但不是"照着"程朱理学讲的。新理学确有其"新"之所在，我认为它的"新"集中体现在以下几点。

首先，冯友兰试图用西方哲学思想解释、改造和印证朱子理学思想。他从新实在主义出发，把朱子理学说成是"纯客观论"，将这一点规定为新理学和朱子理学的共性。他说："我们的主张，可以说是一种纯客观论。照常识的看法，一件一件底实际底事物是客观底，但言语中之普通名词如人、

---

① 冯友兰：《新事论》，重庆商务印书馆 1940 年版，第 20 页。
② 冯友兰：《新理学》，重庆商务印书馆 1939 年版，第 305 页。

马，形容词如红底、方底等，所代表者，均不是客观底，或不能离开一件一件底实际底事物而独有。纯主观论以为一件一件底实际底事物亦是主观底，或可归于主观底。但这种说法是说不通底。……我们的主张，是纯客观论。旧日底理学，亦是纯客观论。"① 在这里，他运用西方哲学的术语把新理学的哲学性质表达得十分清楚：它认同西方的新实在主义，反对朴素的实在论（即所谓"常识的看法"），也不赞成主观唯心主义（即所谓"纯主观论"），而主张名词所代表者"离开一件一件底实际底事物而独有"的客观唯心主义。冯友兰用客观唯心主义这条线把新实在主义同朱子理学联接在一起，构成了他的新理学。例如，他把新实在主义的"两个世界"的理论同程朱理学的"理在事先"的学说结合在一起，提出了"理世界在逻辑上先于实际底世界"的观点；他用新实在主义的个体性原理对程朱理学浑然一体的太极加以分割，提出了"太极即是众理之大全"的观点。除了新实在主义之外，新理学还吸收了实用主义和柏格森主义的某些观点。冯友兰也注意用西方哲学史上古典哲学的学说印证自己的观点。他说，新理学的"理之观念有似于希腊哲学（如柏拉图、亚里士多德的哲学）中及近代哲学（如海德格尔的哲学）中底'有'之观念。气之观念，有似于其中底'无'之观念。道体之观念，有似于其中底'变'之观念。大全之观念，有似于其中底'绝对'之观念。"② 冯友兰试图借用西方哲学之"石"攻程朱理学之"玉"，对其作出新的阐发，凸显了中国理学与西方哲学之间的共同性和兼容性。

其次，冯友兰试图把中国哲学史上有代表性的学说都综合到新理学思想体系之中。他以"极高明而道中庸"为尺度剪裁孔孟、名家、老庄、易庸、玄学、禅宗、陆王等各家思想，以期为我所用。他声称，新理学"于它的应用方面，它同于儒家的'道中庸'。它说理有同于名家的所谓'指'。它为中国哲学中所谓名，找到了适当底地位。它说气有似于道家的所谓"道"。它为中国哲学中所谓无名，找到了适当底地位。它说了些虽说而没有积极地说甚么底'废话'，有似于道家、玄学及禅宗。所以它于'极高

---

① 冯友兰：《新理学》，重庆商务印书馆 1939 年版，第 45—46 页。
② 冯友兰：《新原道》，重庆商务印书馆 1946 年版，第 119 页。

明'方面，超过了先秦儒家及宋明道学。"① 冯友兰把公孙龙"物莫非指"的思想、道家"道生万物"的思想、玄学"经虚涉旷"的思想、禅宗"担水砍柴，无非妙道"的思想、陆王"先立乎其大"的思想都吸收到新理学思想体系之中，从而使之有了区别于朱子理学的独到之处。就新理学的思想覆盖面而言，远远超过了宋明理学。

再次，冯友兰试图运用逻辑分析的方法对朱子理学的基本观点作出理论上的论证。我们知道，朱子理学虽提出"理在事先"的原则，但并没有作出充分的理论论证，只是作为一种信条而加以倡导。这样的信条很难满足现代人的精神需要，必须提升到理论的高度，才能重新产生影响力。新理学试图完成这个任务。在冯友兰写作新理学的时代，国外逻辑学有了较大的发展，出现了数理逻辑这门新学科。数理逻辑是演绎逻辑的发展，但具有更加形式化的特点。它暂时撇开思维的具体内容，仅从思维形式方面研究命题的真假。有些哲学家把数理逻辑的形式化方法运用到哲学研究中，形成所谓"逻辑分析"的哲学方法。这种方法的特点是把哲学逻辑化，或者把逻辑哲学化。他们首先把逻辑学看成先验的纯粹抽象概念的分析和演绎的体系，然后把哲学也看成先验的纯粹概念的分析和演绎的体系。新实在主义者用这种方法复活了古希腊的柏拉图主义和中世纪的唯实论，冯友兰也想采取同样的方法复活朱子理学。他反复申诉，"哲学中之观念命题及其推论，多是形式底，逻辑底，而不是事实底，经验底。"他通过"如果—则"的蕴含关系对"理在事先"加以论证，把程朱理学提升到了现代哲学的理论形态。

综上所述，可以说新理学是以朱子理学为正宗，以中外各种有影响的哲学理论为借鉴，运用逻辑分析的方法构造起来的哲学体系。众所周知，冯友兰不但是著名的哲学家，同时也是著名的哲学史家。他在《中国哲学史》等著作中对程朱理学的解释，不太注意新理学与程朱理学之间的区别，常常用新理学的观点解释程朱理学，难免流露出"解释学的偏差"。

（原载于《四川师范大学学报》2006 年第 2 期）

---

① 冯友兰：《新原道》，重庆商务印书馆 1946 年版，第 113 页。

从"照着讲"到"接着讲"

——论冯学研究的转型

1979 年我有幸考上吉林大学，成为哲学系首届硕士生，攻读中国哲学专业。我选定的硕士论文题目是《新理学简论》。我也许是新时期研究冯友兰哲学思想的第一人。自 20 世纪 80 年代以来，学术界对于冯友兰哲学的研究越来越深入，研究队伍也越来越大，并且取得相当可观的研究成果。据我所知，目前已出版的专著已有十多部（其中包括我和梅良勇合著的《冯友兰学术思想评传》，北京图书馆出版社 1999 年版），发表的论文数百篇。总的来看，目前关于冯友兰哲学思想研究，尚处在"照着讲"的阶段。在冯友兰哲学思想长期遭到曲解和误解的情况下，"照着讲"无疑是必要的。只有讲清楚冯友兰哲学思想的来龙去脉、理论架构、思想特色、学术价值，才能排除种种曲解和误解，恢复冯友兰在现代和当代中国哲学史中的应有地位。迄今为止尚不能说"照着讲"的任务已经完成，还有必要讲下去。但是，毕竟不能总是停留在这个阶段，在"照着讲"的同时，还应当转向"接着讲"。

一

"照着讲"是讲清楚冯友兰哲学本身，着重讲"怎么样"，属于哲学史研究的范围；"接着讲"是对冯友兰哲学思想的发挥和发展，是创造性地诠释，着重讲"为什么"，属于哲学研究的范围。"接着讲"当然应当以"照着讲"为前提，否则就不称其为"接着讲"；但毕竟有别于"照着讲"。"接着讲"关键在于讲出新意来，找到自己的讲法。王夫之说过"六经责我开生面",这大概就是"接着讲"的宗旨之所在。套用王夫之的说法,也可以说"冯友兰哲学责我开生面"。我们应当接着冯友兰的话题自己讲,讲自己,致力于打造当代人的精神世界,满足当代人的精神需求。

冯先生曾提出一个观点,叫做"哲学纷无定论"。意思是说,人们无法给哲学找到一个确定的定义、一种公认的说法。古希腊人把哲学叫做"爱智慧",并不是给哲学下定义,只不过是对哲学的特性做了一个大概的描述。按照古希腊的这种说法,哲学并不是一个名词,而是一个动词。"爱智慧"就是追求,就是探索,就是思考,就是创新。哲学是一个无尽的话题,永远没有讲完的时候。哲学既然是动词,当然讲哲学就需要不断地转型。哲学既然是一个动词,当然处在不断转型的过程中,一个时代应当有一个时代的哲学。"转"是继承和发展的统一,也就是"接着讲",而不仅仅是"照着讲"。"型"有范型、范式等意思,是指相对稳定的理论形态。自从五四新文化运动以来,中国哲学发生了两次转型,第一次开始于1919年,第二次开始于中国共产党召开十一届三中全会以来的新的历史时期。第一次转型是从传统中国哲学转向现代中国哲学,这一过程已经完成,可作哲学史的研究;第二次转型尚处在过程中,但已有大模样。第二次转型的一个突出特点在于,从"批判""破坏""斗争"等主题,转到以"建设"为主题,即以社会主义现代化建设、中华民族和平崛起、建构社会主义和谐社会为前进的大方向去讲。我们接着冯友兰哲学讲,必须围绕着建设的主题、适应社会发展的大方向去讲。

那么,应当怎样"接着讲"呢?我觉得至少可以从冯友兰哲学中选择以下三个接点。

二

我认为重视确定性原则是冯友兰哲学的第一个主要特色。他把自己的哲学体系称为新理学,表明他的哲学思考以理为核心范畴、为最高范畴。冯先生坦然承认,新理学是接着宋明理学中程朱一派讲的。他之所以重视理,无非是要给世界万事万物的确定性找到哲学依据。

中国传统哲学通常侧重于人生哲学，思想家们并不专门研究存在问题。在中国现代，由于受到西方哲学的影响，这种情况有了改变。现代新儒家重视对存在问题的研究，重视对本体论的研究。梁漱溟从主客二分角度思考宇宙存在的本体论依据，从主体出发考察宇宙，否认客体自身的实在性，把宇宙视为生活或生命的表现形式。熊十力提出"体用不二"论，用"翕辟成变"说解释宇宙的存在。梁漱溟和熊十力在本体论思考中，努力把握主体性原则，试图对客体世界的成因作出哲学解释，已经跨入现代哲学的门槛。但是，他们所建构的主体是意义上的本体，只是动态的过程，并没有确定性；用没有确定性的主体所解释的客体世界，当然也没有确定性。按照梁漱溟的说法，宇宙不是"一的宛在"，而是"多的相续"；在熊十力的眼里，宇宙不过是"刹那刹那生，刹那刹那灭"的"一团功用"而已。他们所描述的宇宙，都没有确定性。没有确定性的客体世界不可能成为主体的认识对象和改造对象，并不能真正称其为名副其实的客体。换句话说，在梁漱溟和熊十力的本体论思考中，实际上只有飘忽不定的、抽象的主体，并没有确定的客体。他们的本体论学说对世界的解释力是有限的，他们只是接触到了主体性原则，并没有具体地贯彻这一原则，没有展开地论述主客体的相互关系，没有对客体世界作出充分的哲学解释，没有充分体现哲学思考的现代性向度。在本体论思考方面，冯友兰比他们前进了一步。他建构了"理世界"本体论，用理的确定性解释客体世界的确定性。理作为"某种事物之所以为某种事物者"，是具有确定性的；依照某种理而成为实际存在着的某种事物，当然也就具有确定性了。

冯友兰提出的"理世界"本体论，过分强调理的逻辑在先性，把理看成是单个存在物，存在着理论上的偏差。但他提出的确定性原则是正确的，对于中国的现代化事业是有理论意义和实践意义的。道理很简单，只有承认世界的确定性，才能把世界当作认识的对象和改造的对象，才能为自然科学知识提供哲学依据；只有承认社会形态的确定性，才能把社会当作认识的对象和改造的对象，才能为社会科学提供哲学依据，才能为民主政治的制度设计提供理论担保。所以，冯友兰对确定性原则的强调，对科学和民主都是有促进作用的，应当承认它的理论价值。在当今时代，确定性原则还是应当大讲特讲的。新中国成立以后，冯友兰接受马克思主义哲学，放弃了"理在事先"的观点，但没有放弃确定性原则。他多次申明"理在事中"，认为理不是抽象的共相，而是具体的共相。他已经找到一种"接着讲"的讲法，可惜由于他年事已高，来不及做深入而系统的阐发。我们应当接着他的这种讲法讲下去，即认同理的确定性，又不必对其作过度的本体论诠释。我觉得，冯先生关于确定性原则的讲法，对于我们来说，可以成为第一个接点。

三

我认为重视合群体性原则是冯友兰哲学的第二个主要特色。冯友兰的哲学思考是从考察世界存在的终极依据切入的，但他形成"理世界"本体论、证明了事物的确定性之后，并未进一步研究各种具体存在物的道理，而是着重探讨社会组织原理，研究"人之所以为人"的道理。同中国传统哲学一样，冯友兰哲学主要不是自然哲学、科学哲学，而主要是人生哲学、社会哲学。在他看来，合群体性乃是人类组织社会的基本原则。

人们通常看到，冯先生很重视理，其实，他更重视全。他把理的总和称为"大全"或"宇宙的全"。在新理学体系中，理是核心范畴，而"大全"则是最高范畴。"大全"即是现存世界的形式因，又是目的因。一个人只有觉解了"大全"，才能进入人生的最高境界即天地境界；进入此种境界的人，就是儒家所说的圣人。"在此种境界中底人，其行为是'事天'底。在此种境界中底人，了解于社会的全之外，还有宇宙的全，人必于知有宇宙的全时，始能使其所得于人之所以为人者尽量发展，始能尽性。在此种境界中底人，有完全底高一层底觉解，此即是说，他已完全知性，因其已知天。他已知天，所以他知人不但是社会的全的一部分，并且是宇宙的全的一部分。不但对于社会，人应有贡献，即对于宇宙，人亦应有贡献。"冯友兰把人类社会看作一个整体，称之为"社会的全"。一个人只有觉解了"社会的全"，才能进入人生的较高境界即道德境界；进入此种境界的人就是儒家所说的贤人。"在此种境界中底人，其行为是'行义'底。义与利是相反亦是相成底。求自己的利底行为，是为利底行为，求社会的利底行为，是行义底行为。在此种境界中底人，对于人之性已有觉解。他了解人之性是涵蕴有社会底。……社会的制度及其间底道德底政治底规律，并不是压迫个人底。这些都是人之所以为人之理中，应有之义。"① 无论是在道德境界中的贤人，还是在天地境界中的圣人，都是自觉地体现出合群体性原则的理想人格。

在现代中国，许多思想家受启蒙主义的影响，顺应个性解放潮流，一般都大讲特讲个体性原则，而不愿论及合群体性原则。在这种情况下，冯先生突出合群体性原则，是很容易遭到误解的。但是如果只讲个体性原则，而不讲合群体性原则，势必把人描述为抽象的人，并不能解决孙中山所说的"一盘散沙"的问题，并不能把中华民族凝聚成为一个整体。尤其在抗日战争时期中华民族面临着严重的民族危机的时候，讲合群体性原则十分必要。冯先生强调合群体性原则，可以说是对片面夸大个体性原则的思想偏向的纠正，对于提升民族凝聚力、对于激发人们的爱国热情是有现实意义的。冯先生关注合群体性原则，并不像某些人说的那样，是什么"替蒋介石说话"，而是在替中华民族说话。我们应当客观地、历史地、公正地评价冯友兰的合群体性思想，不可以深文周纳，罗织罪名。在当今时代，合群体性原则还是需要大讲特讲的，至于如何正确地把握个体性原则和群体性原则之间的辩证关系，当然需要进一步做深入的研究。我觉得，冯友兰关于合群体性原则的讲法，对于我们来说，可以成为第二个接点。

四

我认为重视建设性原则是冯友兰哲学的第三个主要特色。他把自己的主要的哲学著作叫做"贞元之际所著书"。"贞"是"贞下"，表示一个时代即将结束；"元"是"元起"，表示一个新的时代正在到来。冯先生把自己的哲学献给他所处的新旧交替的时代，努力从即将过去的时代所留下的思想遗产中寻找具有普适性的、可资借鉴的因素，力求为新的时代提供一个坚实的哲学基础。

---

① 冯友兰：《三松堂全集》第 4 卷，河南人民出版社 1986 年版，第 553、602 页。

与冯先生同时代的思想家大都致力于"破坏",致力于批判传统文化的消极方面,很少拿出建设性的意见。换句话说,他们把着眼点放在"贞下"方面,而没有放在"元起"方面。冯先生与他们不同,明确地把着眼点放在了"元起"方面,高度重视建设性原则,表现出很强的超前意识。他已跳出新旧对立的框架,强调"新性"和"旧情"的统一应该是建设性原则的题中应有之义。冯先生指出,没有变革,没有"新性"的获得,谈不上建设;而脱离国情、脱离历史空谈建设也将于事无补。在他看来,建设必须是在"旧情"基础上的建设,必须在"旧情"方面有相当的根据;只有找到了"旧情"方面的根据,"新性"才会由可能变为现实。

冯先生眼中的建设,首先是物质文明方面的建设,那就是改变中国原有的"以家庭为本位"的落后生产方式,实现"社会为本位"的现代化的生产方式。要实现生产方式的转变,向已经完成转变的西方发达国家学习无疑是必要的,但绝不能全盘照抄,而应当有所选择。例如,我们可以借鉴西方发达国家工业化建设的经验,但不必学习耶稣教,因为耶稣教与工业化建设并不相干。冯先生特别强调,中国的现代化之路应当体现出民族特点。他在《新事论》中明确提出:"现代化并不是欧化。现代化可;欧化不可。"他提出的这种看法在现代新儒家当中得到普遍的认同,至今海外的新儒家们仍把"现代化不等于西方"视为他们的基本主张之一。站在现代新儒家的立场上,冯友兰反对全盘西化,反对照搬照抄别国的发展模式,主张探索有中国特色、有中国"旧情"根据的发展道路。他的这一主张无疑是正确的。他认为具有深厚文化底蕴的中国人完全可以做到这一点。"真正底'中国人'已造成过去底伟大底中国。这些'中国人'将要造成一个新中国。在任何方面,比世界上任何一国,都有过之无不及,这是我们所深信,而没有丝毫怀疑底。"这充分表现出他对中国文化传统的挚爱,对中国的现代化的成功充满信心,对中国的未来充满信心。

冯先生眼中的建设,还指精神文明方面的建设,那就是帮助当代的中国人重建意义的世界或价值的世界。而要达到这个目的,必须开发传统的儒家思想资源。冯先生不否认在传统道德中的确有同"以家为本位"的社会相应的旧观念,如忠孝等,但不能因此而全盘否定传统道德的普适性价值。即便是旧道德，也可以转化为新道德。"我们可以说，对于君尽忠，对于父尽孝，是旧道德；对于国家尽忠，对于民族尽孝，是新道德。"在传统道德中，除了忠孝之类的旧道德外，还包含着适用于任何社会的道德，这些道德无所谓新旧。他说："照我们的看法，有社会，有各种底社会。有些道德，是因某种社会之有而有底，如一民族或国家，自一种社会转入另一种社会，则因原一种社会之有而有底道德，对于此民族或国家，即是旧道德；因另一种社会之有而有底道德，对于此民族或国家，即是新道德。但大部分底道德是因社会之有而有底。只要有社会，就需有这些道德，无论其社会，是哪一种社会。这种道德中国人名之为'常'。常者，不变也。照传统底说法，有五常，即仁，义，礼，智，信。"① 按照冯先生的看法，儒家一向倡导的五常之教，虽属"旧情"，但亦是获得"新性"不可或缺的根据。因此，无论中国将来发展成什么种类的社会，这种道德都是需要的。在他看来，中国人的道德生活与西方人的明显区别在于，西方人以宗教为指导，而中国人以哲学为指导。在现代中国，建构中国人的精神世界，依然应当贯彻"哲学代宗教"的原则，进一步发展以儒学为主干的中国哲学，进一步弘扬重视道德教化的优良传统。在 20 世纪 50 年代，有人把冯友兰的这种看法称之为"抽象继承法"，并且发起大规模的批判运动，指责冯友兰复古倒退。这些批判者没有注意到，冯友兰的着眼点是获得"新性"，并非是维护"旧情"，因而他们的指责可以说是文不对题。

冯友兰在抗日战争期间关注建设性原则，似乎过于超前，显得有些不合时宜，很容易遭到人们的误解。但不能因此而否定其理论价值。冯友兰对建设性原则的关注在当时并未引起人们的重视，反倒引来一片非议。新中国成立以后，我们本来应当及时转向建设性话语，令人遗憾的是，我们却仍旧长期沉浸在破坏性话语中而不能自拔，以至于造成史无前例的十年浩劫。党的十一届三中全会召开以后，步入新的历史时期，我们终于摆脱了破坏性话语，转向了建设性话语。现在我们聚精会神搞建设，一心一意谋发展，重温冯友兰先生关于建设性原则的论述，肯定会有启迪。我觉得，冯友兰关于建

① 冯友兰：《三松堂全集》第 4 卷，河南人民出版社 1986 年版，第 314、365、360、359 页。

设性原则的讲法，对于我们来说，可以成为第三个接点。

　　冯友兰先生离开我们已经十六年了。他作为 20 世纪中国最有影响的哲学家之一，给我们留下了一笔丰厚的思想遗产。我们应当站在时代的高度，继承这笔遗产，接着冯先生所关注的确定性、合群体性、建设性三个原则讲下去，并且力求讲出新意来。在当今时代，我们不必再自我标榜现代新儒家，但我们应当讲现代新儒学，对包括冯先生的新理学在内的儒家文化作出新的诠释，建构中国社会发展所需要的积极向上、奋发有为、自强不息的精神世界。

（原载于《南阳师范学院学报》2007 年第 1 期）

冯友兰文化三说

冯友兰的"贞元六书"各有所侧重，又相互配合。如果说《新理学》《新世训》《新原人》《新知言》等四书算作新理学思想体系的理论篇的话，那么，《新事论》《新原道》二书可以算作新理学思想体系的应用篇。《新事论》运用新理学的理论观察中西文化差异，研究中国社会发展走向；《新原道》运用新理学的理论研究中国哲学史，概括"极高明而道中庸"的中国哲学精神。通过这两本书，冯友兰提出见解独到的"文化类型"说、"继往开来"说和"道统新续"说。

一、"文化类型"说

文化问题是五四以来思想学术界讨论的最热烈的热点问题之一，也是冯友兰在青年时代就十分关心的问题。他在写出《新理学》一书之后，马上着手运用新理学理论进行中西文化的比较，研究中国文化的特点，探讨中国文化和中国社会的发展方向，并形成他关于文化问题和社会发展问题的看法。

1840 年以后，西方列强用武力撞开大清帝国闭关锁国的大门，人们强烈地感受到中西两种不同文化的碰撞和冲突。学者们提出各种理论和主张，用以解释中西文化的差异，寻找化解中西文化冲突的方案。早期改良派和洋务派主张"中学为体，西学为用"，精通西学的严复表示反对，认为此说有"牛体马用"之嫌，解决不了问题。他对中西之学的差异做了这样的描述："尝谓中西之事理，其最不同而断严不可合者，莫大于中之人好古而忽今，西之人力今以胜古"；"中国委天数，而西人恃人力"；"中国最重三纲，而西人首明平等";"中国尊主,而西人隆民";"中国夸多识,而西人尊新知"。①
陈独秀认为东西方的文化差异在于:"西洋民族以战争为本位,东洋民族以
安息为本位"。"西洋民族以个人为本位,东洋民族以家族为本位"。"西洋
民族以法治为本位,以实利为本位,东洋民族以感情为本位,以虚文为本
位。"② 梁漱溟认为西方文化的特征是"意欲向前要求",中国文化的特征是
"意欲调和持中"。胡适认为中国是"人力车的文明",而西方是"摩托车的
文明"。1935 年王新命等十教授主张建设"中国本位的文化",胡适、陈序
经等人则力主"全盘西化"与之相回应。冯友兰认为,这些看法虽然不能说
全无道理,但是都犯了一个共同的错误,即仅从"殊相"的视角看待中西文
化的差异,把中国文化和西方文化分别看成两个个体,并且比较两个个体的
优劣长短。"全盘西化派"肯定西方文化而否定中国固有文化,"本位文化派"
肯定民族文化的主体性,却不能正视自身的落后方面,不能正视西方文化的
优势。这种在殊相层面的比较,只是停留在表面,而无法深入到本质层面,
尽管讨论的十分热烈,但仍不得要领,无助于问题的解决,因此必须转变比
较中西文化的视角。

　　冯友兰从共相在逻辑上先于殊相、理在逻辑上先于事的新理学原理出
发,主张从"类"即共相的视角看待中西文化的差异。他说:"我们可以从
特殊的观点,以说文化,亦可从类的观点,以说文化。如我们说,西洋文
化,中国文化等,此是从个体的观点以说文化。此所说是特殊底文化。我们
说资本主义底文化,社会主义底文化等,此是从类的观点,以说文化。此所
说是文化之类。讲个体底文化是历史,讲文化之类是科学。"③ 从殊相的观点
看待文化,可以说是就事论事,看到的只是表面的个体差异;而个体差异是
不可学的。从这种观点看待中西文化的差异,往往流于肤浅、偏激之见,或
者导致民族文化保守主义如"本位文化论",或者导致民族文化虚无主义如
"全盘西化论"。对于这两种看法,冯友兰都表示不能同意。从共相的观点看
待文化,才可以是以理论事,才能透过表面的个体差异,发现文化类型之间

---

① 王栻主编:《严复集》第 1 册,中华书局 1986 年版,第 1—3 页。
② 陈独秀:《东西民族思想之差异》,《新青年》1919 年第 1 卷第 4 号。
③ 冯友兰:《三松堂全集》第 4 卷,河南人民出版社 1986 年版,第 218 页。

的本质区别，才能解决中西文化会通的问题。

冯友兰从共相的观点看待中西文化的差别，得出这样的结论：

> 若从类的观点，以看西洋文化，则我们可知所谓西洋文化之所以优越的底，并不是因为它是西洋底，而是因为它是某种文化底。与此我们所要注意者，并不是一特殊底西洋文化，而是一种文化类型。从此类型的观点以看西洋文化，则在其五光十色底诸性质中，我们可以说，可以指出，其中何者对于此类是主要底，何者对于此类是偶然底。其主要底是我们所必取者，其偶然底是我们所不必取者。若从类的观点，以看中国文化，则我们亦可知我们近百年来所以到处吃亏者，并不是我们的文化，是中国底，而是因为它是某种文化底。于此我们所注意者，亦并不是一特殊底中国文化，而是某一种文化之类型。从此类型的观点看中国文化，我们亦可以说，于此五光十色底诸性质中，何者对于此类是主要底，何者是偶然底，其主要底是我们所当去者，其偶然底是我们所当存者，至少是所不必去者。①

如果说从殊相的观点看待中西文化的差异，得到的是一种笼统的看法，那么，从共相的观点看待中西文化的差异，得到的是一种分析的看法。这种分析的看法，揭示某个具体的文化形态何者当存、何者当去，何者是主要性质、何者是次要性质，因而是深刻的、科学的。比如"所谓西洋文化是代表工业文化之类型，则其中分子，凡与工业有关者，都是相干的，其余，都是不相干的。如果我们要学，则所要学者是工业化，不是西洋化。如耶稣教，我们看出它与工业化无干，即不必学了。"② 照冯友兰看来，西洋文化的可取之处并不是因为它出自西洋，而是因为它代表了工业类型的文化，这才真正是西洋文化优势之所在。同样的道理，中国文化与西洋文化的差距，并不是地域上的差距，而是工业类型的文化与农业类型的文化之间的差距。文化类

---

① 冯友兰：《三松堂全集》第 4 卷，河南人民出版社 1986 年版，第 226 页。
② 冯友兰：《三松堂全集》第 11 卷，河南人民出版社 1986 年版，第 314 页。

型与社会类型密切相关，与工业类型的文化相应的是以社会为本位的社会，而与农业类型的文化相应的是以家庭为本位的社会。冯友兰形象地把拥有先进的工业文化的西方人比作城里人，而把拥有落后的农业文化的民族比作乡下人。在当今世界上，英、美、西欧等国处于城里人的位置，其余国家的人大都处在乡下人的位置，其中也包括中国。乡下人同城里人打交道总是要吃亏，同样，文化落后的民族同文化先进的民族打交道也总是要吃亏的。冯友兰的这种"文化类型"说无疑比"本位文化"论和"全盘西化"论深刻得多、正确得多。

冯友兰指出，西洋人之所以掌握了比较先进的工业文化，并非因为他们是西洋人，而是因为他们最先实现了经济上的大改革，实现了产业革命，从而也最早实现了由农业文化到工业文化的转型、由以家庭为本位的社会到以社会为本位的社会的转型。他说：

> 这个大改革即所谓产业革命。这个革命是它们舍弃了以家为本位底生产方法，脱离了以家为本位底经济制度。经过这个革命以后，它们用了以社会为本位底生产方法，实行了以社会为本位底经济制度。这个革命引起了政治革命及社会革命。①

通过对西洋人在文化方面之所以领先的原因的分析，冯友兰也看到了中国文化的出路和中国社会的发展方向。他认为，要想改变中国文化落后于西方的局面，赶超世界领先水平。"唯一底办法，即是亦有这种底产业革命"②。也就是努力发展工业，采用新的技术，把生产家庭化底文化转变为生产社会化底文化。基于这种认识，他对"清末人"办洋务表示同情，而对"民初人"有所批评。他在《新事论》中写道："如果清末人的见解是'体用两撅'；民初人的见解，可以说是'体用倒置'。从学术底观点说，纯粹科学等是体，实用科学，技艺等是用。但自社会改革之观点说，则用机器，兴实

---

① 冯友兰：《三松堂全集》第 4 卷，河南人民出版社 1986 年版，第 244 页。
② 冯友兰：《三松堂全集》第 4 卷，河南人民出版社 1986 年版，第 246 页。

业等是体，社会之别方面底改革是用。这两部分人的见解，都是错误底，不过，清末人若照着他们的办法，办下去，他们可以得到他们所意想不到底结果；民初人若照着他们的想法，想下去，或照着他们的说法说下去，他们所希望底结果，却很难得到。"① 冯友兰对"清末人"的同情，实则是用以说明在中国发展实业的必要性，并非认同洋务派维护封建主义的立场；他对"民初人"的批评，主要是针对那时的思想文化决定论的错误倾向，并非反对科学与民主。从这个意义上看，冯友兰的同情或批评都包含着合理的内核。

冯友兰提出"文化类型"说和"产业革命"论，其理论依据主要是新理学的理在事先原则，但也明显地接受了唯物史观的影响。他在《新事论》中曾援引马克思的话说："有一位名公说了一句最精辟底话，他说，工业革命的结果使乡下靠城里，使东方靠西方。乡下本来靠城里，不过在工业革命后乡下尤靠城里。在工业革命后，西方成了城里，东方成了乡下。乡下即靠城里，所以东方亦靠西方。"② 冯友兰关于生产方式决定社会形态和文化类型的看法，同唯物史观是一致的；但他没有对"生产方式""产业革命"等概念作出明确的规定，没有对生产力与生产关系的矛盾、经济基础与上层建筑的矛盾作出辩证的分析，因而与唯物史观又有所区别。

二、"继往开来"说

冯友兰提出"文化类型"说，运用新理学的理论论证中国文化实行现代转化的可能性和必要性，表现出他企盼现代化的迫切心情。他强调文化的时代性，也注意到文化的民族特点。由于文化具有时代性，比较落后的文化类型应当向比较先进的文化类型转化，这涉及文化变革的问题；由于文化具有民族特点，每一民族的文化只能在前人的基础上求发展，这涉及文化的继承问题。冯友兰依据新理学提出"继往开来"说，试图对中国文化发展中的继承问题作出理论说明。

---

① 冯友兰：《三松堂全集》第 4 卷，河南人民出版社 1986 年版，第 248 页。
② 冯友兰：《三松堂全集》第 4 卷，河南人民出版社 1986 年版，第 224 页。

按照新理学，共相和殊相是有区别的。从共相的观点看，可以把中国文化归结为某种文化类型，这是"性"的认识；从殊相的观点看，中国文化具有与其他民族文化不同的特点，这是"情"或"习"的认识。站在新理学的立场上，冯友兰拒绝使用民族性或"国民性"一类的提法，照他看来，"普通说民族性者所说某民族的特点，有些是某民族于其时所行底社会制度的特点，有些是某民族的特点。所谓某民族的特点，我们亦承认是有底，不过我们不谓之'性'，而谓之'习'。"①冯友兰认为，"性"作为共相来说，应该是不变的，某个体可以失掉旧性，也可以获得新性；而民族特点作为殊相来说，没有不变的。换句话说，一定民族的民族特点一定体现在该民族的历史当中。"我们试把某一国或某一民族的历史，于某一时截住，它的历史，在此一时以前者，即是它的国情。"②

冯友兰指出，认清国情对于民族文化的发展具有重要意义。所谓发展，其实就是妥善地处理好"新性"与"旧情"之间的关系。从理论上说，任何"新性"对于"旧情"均有不合之处。然而，一国或一民族在某种情形中必须有某种"新性"，否则此国或此民族就不能存在、不能发展。遇到这种情况，即便采用革命的手段解决"新性"与"旧情"之间的矛盾，也是必要的。不过，这种不合只是性情关系的一方面，除此之外，二者还有相合的一方面。冯友兰在《新事论·释继开》中写道：

> 在上篇《判性情》里，我们说到一个社会的性与情。在上篇我们说，一个社会如有新性可以不合乎其旧情。在本篇里，我们要说，一个社会如有一新性，虽在一方面是不合旧情，但在又一方面，亦须根据旧情。若其完全无根据于旧情，则此社会压根即不能有此新性。一社会如有一新性，就其在一方面是不合旧情说，这是"开来"，就其在又一方面须根据旧情说，这是"继往"。③

---

① 冯友兰：《三松堂全集》第4卷，河南人民出版社1986年版，第322页。
② 冯友兰：《三松堂全集》第4卷，河南人民出版社1986年版，第325页。
③ 冯友兰：《三松堂全集》第4卷，河南人民出版社1986年版，第328页。

在这里，冯友兰明确地提出文化更新和社会发展都是继承与变革相统一的思想。没有变革，没有"新性"的获得，谈不上发展；而脱离国情、脱离历史空谈发展也将于事无补，因为发展必须是在"旧情"基础上的发展，必须在"旧情"方面有相当的根据。只有找到了"旧情"方面的根据，"新性"才会由可能变为现实。冯友兰以中国转向生产社会化的态势为例说，中国历史上曾有过开运河、修长城之类的大工程，这同现在的修铁路可以说是一类的事。"所以生产社会化的开始，并不是无根据于旧情，不过充其量可以使整个底社会完全有一新性。就其有根据于旧情说是继往；就其使整个底社会有一新性说是开来。"① 再以五四时期的文学革命为例，也有继往开来两方面，因为中国唐宋时期就曾有语体文、语录体，可见文学革命于旧情也有相当的根据，并非是空穴来风。

基于"继往开来"说，冯友兰特别看重中国传统文化的现代价值，尤其传统道德观念的现代价值。他不赞成那种把传统道德一概指斥为旧道德的偏激之论，主张用分析的眼光看待传统道德。他认为，在传统道德中的确有以家为本位社会相应的旧道德，如忠孝等。即便是旧道德，也可以转化为新道德。"我们可以说，对于君尽忠，对于父尽孝，是旧道德；对于国家尽忠，对于民族尽孝，是新道德。"② 在传统道德中，除了忠孝之类的旧道德外，还包含着适用于任何社会的道德，这些道德无所谓新旧。他说："照我们的看法，有社会，有各种底社会。有些道德，是因某种社会之有而有底，如一民族或国家，自一种社会转入另一种社会，则因原一种社会之有而有底道德，对于此民族或国家，即是旧道德；因另一种社会之有而有底道德，对于此民族或国家，即是新道德。但大部分底道德是因社会之有而有底。只要有社会，就需有这些道德，无论其社会，是哪一种社会。这种道德中国人名之为'常'。常者，不变也。照传统底说法，有五常，即仁，义，礼，智，信。"③ 按照冯友兰的看法，儒家一向倡导的五常之教，虽属"旧情"，但亦是获得

---

① 冯友兰：《三松堂全集》第 4 卷，河南人民出版社 1986 年版，第 336 页。

② 冯友兰：《三松堂全集》第 4 卷，河南人民出版社 1986 年版，第 360 页。

③ 冯友兰：《三松堂全集》第 4 卷，河南人民出版社 1986 年版，第 359 页。

"新性"不可或缺的根据。因此，无论中国将来发展成什么种类的社会，这种道德都是需要的。50年代有人把冯友兰的这种看法称之为"抽象继承法"，并且发起大规模的批判运动，指责冯友兰复古倒退。这些批判者没有注意到，冯友兰的着眼点是获得"新性"，并非是维护"旧情"，因而他们的指责是不妥当的。

基于"继往开来"说，冯友兰特别强调中国的现代化之路应当体现民族特点。他在《新事论》中明确提出："现代化并不是欧化。现代化可，欧化不可。"[①] 他提出的这种看法在现代新儒家当中得到普遍的认同，至今海外的新儒家们仍把"现代化不等于西方"视为他们的基本主张之一。站在现代新儒家的立场上，冯友兰反对全盘西化，反对照搬照抄别国的发展模式，主张探索有中国特色、有中国"旧情"根据的发展道路。他的这一主张无疑是正确的。他认为具有深厚文化底蕴的中国人完全可以做到这一点。"真正底'中国人'已造成过去底伟大底中国。这些'中国人'将要造成一个新中国。在任何方面，比世界上任何一国，都有过之无不及，这是我们所深信，而没有丝毫怀疑底。"[②] 这充分表现出他对中国文化传统的挚爱，对中国的现代化充满信心，对中国的未来充满信心。

三、"道统新续"说

在"继往开来"说中，已经表现出冯友兰对"旧情"的高度重视，表现出他对于固有文化传统的同情与敬意。沿着这一进路，后来他又写出《新原道》一书。在这本书中，他运用新理学的观点对中国传统文化做宏观的研究，提出"道统新续"说，试图概括中国哲学的基本精神，具体地展开了他"继往开来"的思想。

唐代思想家韩愈撰有《原道》一文，提出儒家道统说，用以同佛教的"法统"相抗衡。宋代理学家朱熹也赞成道统说，并把周敦颐、程颢、程颐

---

① 冯友兰：《三松堂全集》第 4 卷，河南人民出版社 1986 年版，第 314 页。

② 冯友兰：《三松堂全集》第 4 卷，河南人民出版社 1986 年版，第 365 页。

以及他自己说成是孟子之后道统的继承人。冯友兰受韩愈、朱熹等人的启发，在"原道"前面冠以"新"字，写出《新原道》一书，提出"道统新续"说。他的"道统新续"说与韩愈、朱熹的道统说不同。他并不像他们那样热心于编制儒家的谱系，而是着眼于中国哲学的基本精神的研究，着眼于中国哲学基本精神的延续和发展。照他看来，《中庸》里"极高明而道中庸"一语可以概括中国哲学的基本精神。

冯友兰的《新原道》以中国哲学为研究范围，却不能算是《中国哲学史》一类的著作。冯友兰是一位研究中国哲学史的著名的专家，他深知研究中国哲学史的任务是力求客观地揭示各家各派哲学的来龙去脉、基本内容，揭示中国哲学的发展规律，总结理论思维经验和理论思维教训，所以，"写的哲学史"必须尽可能地贴近"本然的哲学史"。《新原道》一书的任务显然不是这些，它的任务是概括中国哲学的基本精神，揭示这一精神的未来走向。它的研究范围虽是中国哲学，但它的研究对象却是中国哲学的精神。因此，它不能算是《中国哲学史》一类的著作，而应当算是中国哲学史论之类的著作。正因为如此，冯友兰写《新原道》的写法，与写《中国哲学史》的写法不同。他写《中国哲学史》时，首先是广泛地占有史料，然后疏理哲学家的思路、系统，尽量准确地反映哲学家的思想原貌，贯彻"论从史出"的原则。他写《新原道》时，则把这个程序倒过来，首先依据新理学认定中国哲学的基本精神就是"极高明而道中庸"，然后运用中国哲学史中的材料证明这一观点，贯彻的是以论概史的原则。

冯友兰写作《新原道》，目的在于打通新理学与以往中国哲学之间的联系，以此说明新理学"继往开来"的学术地位，说明新理学是"极高明而道中庸"这一中国哲学精神的新开展。他在该书的《自序》中写道：

> 此书之作，盖欲述中国哲学主流之进展，批评其得失，以见新理学在中国哲学中之地位。所以先论旧学，后标新统。异同之故明，斯继开之迹显。庶几世人可知新理学之称为新，非徒然也。近年以来，对于旧学，时有新解，亦藉此书，传之当世。故此书非惟《新理学》

之羽翼，亦旧作《中国哲学史》之补编也。①

在《新原道》中，冯友兰提出，"极高明而道中庸"代表中国哲学的主流，代表中国哲学的传统，代表中国哲学的基本精神，同时也是新理学与传统中国哲学之间的内在联系。在新理学思想体系中，冯友兰使用"极高明而道中庸"一语有两层含义，一层含义是表示人生的最高境界，表示圣人的品格；另一层含义是表示一种学术精神。从后一层含义上看，所谓"极高明"，意思是说中国哲学在本体论方面追求超越的形上境界，追求永恒的本体，追求洒脱的意义世界和"出世间"的价值目标，表现出一种理想主义的哲学精神。所谓"道中庸"，意思是说中国哲学主张通过现实主义的途径贯彻理想主义的哲学精神，把超越的形上境界、永恒的本体落实到人伦日用之中，使"即世间"的人生体现"出世间"的意义或价值。至于"极高明而道中庸"中间的"而"字，则表示理想主义与现实主义的统一、超越性与内在性的统一或"出世间"与"即世间"的统一。冯友兰指出，"极高明"和"道中庸"的关系问题可以说是中国哲学家们讨论的中心问题，不过，这一问题在不同的历史时期有不同的提法。诸如内与外的关系问题，本与末的关系问题，体与用的关系问题，精与粗的关系问题，玄远与俗务的关系问题，出世与入世的关系问题，实则都是"极高明"和"道中庸"的关系问题。求得"极高明"与"道中庸"两个方面的统一，可以说是中国哲学家们共同追求的大目标，不过在中国哲学史上这一目标并没有完全实现，各派哲学与这一目标之间都存在着程度不同的距离。从这一观点出发，冯友兰评述了中国哲学史几个有代表性的哲学流派。

关于孔、孟，冯友兰充分肯定他们儒家奠基人的地位，认为他们确立了儒家于实现道德中求得高格的境界这一思想向度，因而对中国哲学作出了很大的贡献。不过，由于他们是早期儒家的代表，不可能对"极高明"与"道中庸"的关系一下子就有很清楚的认识。在孔子的思想中，天是主宰意义上的天，哲学意味不够明显，似乎未能完全脱离宗教色彩；而在孟子的思

① 冯友兰：《三松堂全集》第 5 卷，河南人民出版社 1986 年版，第 3 页。

想中，天地境界和道德境界似乎也没有明确的分界。故而"以'极高明而道中庸'的标准说，他们于高明方面，尚未达到最高底标准。"[①]

关于扬朱和墨家，冯友兰认为他们只讲到功利境界，更没有达到"极高明"的标准。扬朱主张"重生""贵己""为我"，是一种典型的功利主义哲学。墨家主张"兼爱"，似乎接近儒家的仁义之道，但他们主张"兼相爱"的理由却是"交相利"，也是一种功利主义的哲学。照冯友兰看来，功利主义不能代表中国哲学的主流。

先秦时期以惠施、公孙龙为代表的名家，提出"合同异""离坚白"之说，虽不合乎"极高明"的标准，但他们在中国哲学史上最早论及共相与殊相的关系问题，对于建立"极高明"的超越境界有帮助，冯友兰对此表示肯定。然而在他看来，真正把"极高明"当作理想境界来追求的，当属以老庄为代表的先秦道家。老子哲学中的最高范畴"道""无""一"不限于有形象的事物，而是指向超越的无名世界；庄子哲学探求"乌何有之乡"，游心于"无物之初"，企慕"天地与我并生，万物与我为一"的最高境界，这都是追求"极高明"的理论表现。可惜，道家有见于"极高明"，却无见于"道中庸"，在道家的学说中"方内"与"方外"形成尖锐的对立，因此道家的学说也不合乎"极高明而道中庸"的标准。

与道家正好相反，《易传》《中庸》和汉代儒家有见于"道中庸"，却忽略了"极高明"，因而也不合乎"极高明而道中庸"的标准。不过，《易传》《中庸》和汉儒从另一个侧面凸显出"极高明"和"道中庸"的关系问题，这在冯友兰看来也是一种理论贡献。

到魏晋时期，玄学家们开始致力于"极高明"和"道中庸"两方面的统一，但没有取得成功。继玄学之后，禅宗主张"担水砍柴，无非妙道"，实际上已意识到"极高明"与"道中庸"应该统一。不过，禅宗毕竟是佛教中的一派，不能不过出家人的生活，所以不可能把二者完全地统一起来。他们已看到"担水砍柴，无非妙道"，却没有看到"事君事父，无非妙道"，这表明禅宗离"极高明"和"道中庸"的统一，已只差一步了。由禅宗一转，

---

① 　冯友兰：《三松堂全集》第 5 卷，河南人民出版社 1986 年版，第 27 页。

便是宋明理学。冯友兰认为,只有宋明理学家才清楚地意识到"洒扫应对"与"尽心知性"是"一统底事",从而把高明与中庸、内与外、本与末、精与粗两方面统一起来了,把"出世间"与"即世间"两方面统一起来了。宋明理学家讲究"万物静观皆自得,四时佳兴与人同",讲究"即其所居之位,乐其日用之常",既追求圣人的精神境界,又取法乎寻常的处世之道,把"极高明而道中庸"的哲学精神表现得相当充分。在冯友兰看来,以"极高明而道中庸"的标准衡量,宋明理学可以说达到了中国古代哲学的高峰,但仍有不足之处。这主要表现在,由于宋明理学家没有经过名家的洗礼,逻辑方面的训练不足,所以讲"理"没有讲到最抽象的程度,讲"气"仍留在形象之内。冯友兰认为,宋明理学家虽然化解了高明与中庸的对立,但在理论上仍没有到达"极高明"的程度,仍存在着"拖泥带水"的缺陷。

冯友兰认为,中国哲学"极高明而道中庸"的精神自明末清初发生了逆转,直到新理学问世,才接上中国哲学的道统,使中国哲学精神有了最新底进展。他在《新原道》最后一章《新统》中写道:

> ……新理学又是"接着"宋明道学中底理学讲底。所以,于它的应用方面,它同于儒家的"道中庸"。它说理有同于名家所谓"指"。它为中国哲学中所谓有名,找到了适当底地位。它说气有似于道家所谓道,它为中国哲学中所谓无名,找到了适当底地位。它说了些虽说而没有积极地说什么底"废话",有似于道家、玄学以及禅宗。所以它于"极高明"方面,超过先秦儒家及宋明道学。它是接着中国哲学的最后底传统,而又经过现代的新逻辑学对于形上学的批评,以成立底形上学。它不著实际,可以说是"空"底。但其空只是其形上学的内容空,并不是其形上学以为的人生或世界是空底。所以其空又与道家、玄学、禅宗的"空"不同。它虽是"接着"宋明道学中底理学讲底,但它是一个全新底形上学。至少说,它为讲形上学底人,开了一个全新底路。①

---

① 冯友兰:《三松堂全集》第 5 卷,河南人民出版社 1986 年版,第 148 页。

这就是冯友兰从"道统新续"说中得出的最后结论。他把新理学定位在中国哲学精神"继往开来"的位置上，定位在正统继承者的位置上，对于他本人而言，可以说是"斯文在兹""舍我其谁"的使命感和责任心的表现。他以"极高明而道中庸"概括中国哲学的主流精神，是否妥当，当然是可以讨论的；但至少应当承认，这确实揭示了中国哲学的一个特点。"极高明"其实讲的是超越性，"道中庸"讲的是内在性，"极高明而道中庸"讲的是超越性与内在性的统一。以超越与内在的统一概括中国哲学的特点，是冯友兰的重要贡献。他的这种看法在中国哲学史学界被得到广泛地认同。在中国哲学史上，冯友兰并不是提出道统说的第一人，而在他之前提出的各种道统说，从来没有被得到过广泛地认同，冯友兰当然也不例外。尽管如此，仍不失为一家之言。

冯友兰提出的"文化类型"说、"继往开来"说和"道统新续"说，贯穿一个中心思想，就是主张妥善地解决文化发展中的时代性和民族性的关系问题。他不是保守主义者，强调固有文化必须实现现代转化，接纳以社会为本位的新文化，改造以家庭为本位的旧文化；他也不是激进主义者，明确表示反对全盘西化论和民族文化虚无主义，强调民族文化传统的延续性和可塑性。冯友兰关于中国传统文化精神的具体说法是可以讨论的，但他坚持时代性和民族性相统一的原则是正确的，对于建设有中国特色的社会主义精神文明仍有积极的意义。

（原载于《中州学刊》2005 年第 4 期）

论新理学的形上维度

中国传统哲学探讨本体论问题的哲学思维模式与西方近代哲学不同。由于中国传统哲学以天人关系为基本问题，没有把主体与客体对立起来，很少有人单独从存在的角度寻求本体。中国传统哲学主张天人合一，把宇宙人生看作是有内在联系的整体。与此相关，在中国传统哲学中，本体不仅仅是宇宙存在的哲学依据，更重要的是人生意义价值的哲学依据。同西方哲学相比，中国哲学比较注重本体的价值意义。同西方近现代哲学接触以后，现代新儒家的本体论思考方式发生了变化。他们一方面受到西方近现代哲学的影响，从主客二分的角度思考本体论问题，试图构建解释世界的存在本体论学说；一方面继承中国哲学天人合一的学脉，努力把存在本体论翻转为价值本体论，凸显本体的价值意义。

在以哲学本体论解释世界方面，冯友兰可以说是现代新儒家当中最努力、最用心的一位哲学家。他从客体性的视角解释现存世界，创立了一个系统的"理世界"本体论学说。在新理学中，理在逻辑上先于现存的事物，为其所依照的本体，构成形式因；气为现存事物所依据的条件，构成质料因；道体为理气相结合形成现存事物的过程，构成动力因；唯有"理世界"方可称为大全，构成现存世界的目的因。

一、客体性视角

梁漱溟和熊十力在本体论思考中，努力把握主体性原则，试图对客体世界的成因作出哲学解释，已经跨入现代哲学的门槛。但是，他们从主体的视角立论，所建构的本体只是动态的过程，并没有确定性；用没有确定性的本体所解释的客体世界，当然也没有确定性。按照梁漱溟的说法，宇宙不是"一的宛在"，而是"多的相续"；在熊十力的眼里，宇宙不过是"刹那刹那生，刹那刹那灭""诈现的一团功用"而已，有如佛教所说的石火风灯。他们所描述的宇宙，都没有确定性；而没有确定性的客体世界当然不可能成为主体的认识对象和改造对象，并不能算是真正的、名副其实的客体。换句话说，在梁漱溟和熊十力的本体论思考中，实际上所肯定的只有飘忽不定的、抽象的主体，并没有为确定的客体提供哲学依据。这样的本体论学说，对世界的解释是不充分的，解释力相当有限。从哲学的角度说，他们只是接触到主体性原则，并没有具体地贯彻这一原则，没有展开地论述主客体的相互关系。他们对现存世界所作出的哲学解释，没有充分体现出哲学思考的现代性向度。在本体论思考方面，冯友兰比他们前进了一步。他建构了"理世界"本体论，用理的确定性解释现存世界的确定性。理作为"某种事物之所以为某种事物者"，是具有确定性的；因而依照某种理而成为存在着的现存事物，当然也就具有确定性了。具有确定性的事物才能成为认识的对象，才能成为科学研究的对象。

梁漱溟和熊十力的本体论是对普通人的世界观的否定。梁漱溟反对把世界仅看成既定的事实，强调世界不过是"相续"的过程而已；熊十力反对执着于"物相"，认为世界仅仅是"诈现的迹象"。冯友兰的"理世界"本体论则是对普通人的世界观的肯定，并不否认客观世界作为经验事实来说，的确是存在的。不过，在冯友兰看来，普通人的世界观只知其然，而不知其所以然，仍需要提升到哲学的高度。他的"理世界"本体论学说，就是对普通人的世界观所做的一种哲学解释，就是他创立的一种关于世界观和人生观的学问。

诚如冯友兰自己所言，新理学是接着宋明理学中程朱一派讲的，而"理世界"观念则是程朱理学与新理学之间的接口。朱熹提出"理世界"的观念，但没有经过充分的逻辑论证，因而在理论上显得没有力量。程朱理学在古代社会可以借助圣人的话语，傍依圣人的权威得以推广；但圣人的权威在现代中国已经被消解了，已经不能规范人心了。换句话说，程朱理学的言说方式已经失效了。要使理学寻回存在空间，必须弥补程朱理学的缺陷。冯友兰运用逻辑分析的方法，证成"理世界"的本体论意义，乃是对程朱理学的进一步发展。

冯友兰把新理学的"理世界"本体论学说称为新形上学，意即从新的视角、从形上的维度，对世界的客观实在性、究竟真实性提出一种新的哲学解释。因此，他从考察形下的、实际存在的事物开始讲起，最后讲出"理世界"的本体论学说。从表面上看来，冯友兰似乎也承认客观事物是存在的，但却以隐晦的手法抽掉了事物的客观实在性，强调事物的客观实在性并不取决于事物本身，而取决于形上的本体界。他说："在我们的经验或可能底经验中，有如是如是的事物，……山如山的是，水如水的是。这座山如这座山的是，这条水如这条水的是。一切事物，各如其是，是谓如是。一切底如是就是实际，形上学就是从如是底实际出发，对之作形式底释义"。① 意思是说，实际事物不过是"我们经验或可能底经验中"的现象（如是）。那么，隐藏在现象后面的本体（是）是什么呢？本体如何派生出事物？为了回答这些问题，冯友兰提出了理、气、道体、大全等一系列逻辑底观念，建构了"理世界"本体论学说。其基本观点是：一切实际的事物最终都归结为理、气、道体、大全等一系列逻辑底观念；从这些逻辑底观念中就能演绎出一切实际的事物。

二、理：逻辑地在先

冯友兰之所以把他的哲学体系称为新理学，已经表明：他在哲学思考过程中，以"理"为核心的本体论范畴。为了探求事物的本体，冯友兰从经验事实（事物存在）出发，通过对事物及存在（"如是"）作形式的分析，即"就某种事物著思"，得到了理的观念。他说："新理学的形上学的第一组主要命题是：凡事物必都是甚么事物。是甚么事物，必都是某种事物。某种事物是某种事物，必有某种事物之所以为某种事物者。借用中国旧日哲学的

---

① 冯友兰：《新知言》，重庆商务印书馆 1946 年版，第 58 页。

话说，'有物必有则'。""某种事物之所以为某种事物者，新理学谓之理"。①
在这里，冯友兰首先把具体事物（"甚么事物"）抽象为"某种事物"，然后
离开具体事物的特殊本质，孤立地分析某种事物之所以为某种事物的原因或
根据，从而得出了"理"的观念，并认为"理"就是决定某种事物之所以为
某种事物的究极本体。

　　关于"理"，冯友兰做了如下的规定：第一，"理"是潜存于真际的共
相。冯友兰说："此所谓理，在西洋哲学中，名为共相，形式或概念"。② 第
二，"理"是超时空、超动静的绝对。由于理是脱离了物质世界的抽象共
相，自然也就同物质存在的时空形式和运动属性毫不相干。第三，"理"是
第一性的永恒实在。冯友兰说："理世界在逻辑上先于实际的世界"。这意味
着，真际的理是第一性的，实际的事物是第二性的。由于理是第一性的，所
以"万理不生不灭，不增不减"，不受实际事物生灭变化的干扰。这样，理
同客观事物的固有联系就被割断了。理就成了第一性的、抽象的实体，带上
了"形上学"的意味。至此，冯友兰对形下的、经验中的实际事物做了一番
逻辑分析之后，最终导出形上的、超验的、真际的"理"，确立了"理世界"
本体论学说的基本观点。

　　"理"与事物的关系如何？冯友兰指出，真际的理是实际世界中的事物
的最高的典型或法则。简言之，"理"为事物之"极"。他解释说："所谓极
有两义，一是标准之义，……一是极限之义。每个理对于依照之事物，无论
就极之任何一义说，皆是其极"。其一，就"极"的标准之义而言，理是事
物的原型，事物是理的摹本，二者是体用关系，理为体、事为用。他举例
说："必有圆之理，始可有圆之性，可有圆之性，始可有圆底物，所以圆之
理是体，实现圆之理之实际底圆底物是用。"这说明理是事物的本体，事物
是理的作用或表现。其二，就"极"的极限之义而言，理是事物追求的目
标，事物是理的分项，二者之间是"理一分殊"的关系。事物必须依照（即
分有）"理"，才能称其为事物，理是事物的主宰者。冯友兰说："说理是主

①　冯友兰：《新知言》，重庆商务印书馆 1946 年版，第 59—60 页。

②　冯友兰：《三松堂学术文集》，北京大学出版社 1984 年版，第 422 页。

宰者，即是说，理为事物所必需依照之而不可逃；某理为某事物所必需依照之而不可逃。不依照某理者，不能成为某事物。不依照任何理者，简直是不成东西。"① 这无疑是说，事物是由理所派生出来的，事物之所以存在是由于它摄取了理的实在性；理规定了事物的性质，如果不依照理，事物"简直是不成东西"。就这样，新理学完全颠倒了理与事物的关系，把观念性的"理"说成了客观事物的究极本体。

三、道体：理气结合的过程

真际的理何以能表现为实际的事物？为了回答这个问题，冯友兰又对事物及其存在作了逻辑的分析，并"就一个一个底事物著思"，预设了"气"的观念。他说："在新理学的形上学的系统中，第二组主要命题是：事物必都存在。存在底事物必都能存在。能存在底事物必都有其所以能存在者。借用中国旧日哲学家的话说：'有理必有气'""事物所有以能存在者，新理学谓之气。"② 冯友兰在肯定理潜存的前提下，承认事物是存在的。他认为事物存在除了以"理"为本体外，还须以"气"为条件。如果说"理"是事物存在的充分条件的话，那么，"气"则是事物存在的必要条件。

从逻辑的角度上看，冯友兰把"气"界定为"绝对的料"："所谓绝对的料，我们名之曰真元之气。有时亦简称曰气"③。"料"有相对和绝对之分。"相对的料"是指依照某理而有某种性质的简单事物，由它构成复杂的事物。例如，砖瓦对于房子来说，是"相对的料"。但砖瓦本身各为一独立事物，砖有砖性，瓦有瓦性，还可以继续分解为更低一级的"相对的料"，如泥土等。所谓"相对的料"，也就是通常所说的质料、材料，它具体的存在物，具有物质性。气作为"绝对的料"与"相对的料"的根本不同，它"无一切性"，是"只可为料者"。它不是任何事物，是"超乎形象底"。那么，"气"是如何分析得来的呢？冯友兰说："今试随便取一物，用思将其所有之性，

---

① 冯友兰：《新理学》，重庆商务印书馆 1939 年版，第 49、125 页。

② 冯友兰：《新知言》，重庆商务印书馆 1946 年版，第 61 页。

③ 冯友兰：《新原道》，重庆商务印书馆 1946 年版，第 118 页。

一一分析，又试用思将其所有之性，一一抽去。其所余不能抽去者，即其绝对底料。"①将事物的"性"，"一一抽去"，亦即将事物的内容"一一抽去"，最后只留下一个逻辑的预设，而这就是新理学中所说的"气"。在新理学中，"气"是没有任何内容的、空洞的逻辑观念，用冯友兰的话说，"气"相当于"无"。它不是任何具体物，也没有物质性。因此，"气"不是物质一类的东西，而是属于精神的范畴；但又不含理性、概念的成分。"气"就是纯粹的经验材料，即新实在论者所说的"感觉材料"。

然而，"理"通过什么方式同"气"结合起来派生出事物呢？为了回答这一问题，冯友兰通过对事物及其存在加以总括，提出了"道体"观念。他说："在新理学的形上学的系统中，第三组主要命题是：存在是一种流行。凡存在都是事物的存在。事物的存在，都是其气实现某理或某某理的流行。所有底流行，谓之道体。一切流行含蕴动。一切流行所含蕴底动，谓之乾元。借用中国旧日哲学家的话说：'无极而太极'，又曰：'乾道变化，各正性命'。"②冯友兰把理叫做"太极"，把"气"叫做"无极"，把"理"与"气"相结合的运动（"流行"）过程叫做"道体"或"无极而太极"。他认为，理和气是在运动的过程中结合起来而派生出的事物；对于具体事物来说，"道体"构成了动力因。"道体"的"道"，乃是"理"的另一种说法。从静态的角度说，叫做"理"，从动态的角度说，叫做"道"，都是指究极本体。

冯友兰指出，道体乃是无极而太极的程序。他说："我们亦常以道体特别指无极而太极之程序。无极而太极，此'而'即是道。"在这里，无极是气，太极是理，道体是把无极（气）同太极（理）联系起来的环节。道体作为程序来说，也就是无极（气）依照或追求太极（理）的过程，因此，太极在这个过程中处于主导地位。冯友兰强调，道体必须以太极为体。他说："如就无极而太极说，太极是体，'而'是用，一切底用，皆在此用中，所以此用是全体大用。此'而'可以说是'大用流行'。大用流行，即是道；宋

① 冯友兰：《新理学》，重庆商务印书馆1939年版，第65—75页。
② 冯友兰：《新知言》，重庆商务印书馆1946年版，第64页。

儒所谓道体，即指此说。"① 这就是说，道体从属于太极，它是太极的作用或表现（大用）。

四、大全：宇宙的整体观念

新理学把理界定为分析的本体，使之同程朱理学区别开来了。但是它不能回避何谓综合本体的问题。为了回答何谓综合本体的问题，冯友兰从"理"导引出"大全"的观念。按照新理学的逻辑，既然每个事物都是每种事物的"极"，那么众理之全体便成了整个实际世界的"太极"。冯友兰说："所有理之全体，我们亦可以之为一全而思之，此全即是太极。"既然太极为众理之全，故又称为"大全"。就这样，新理学便由"理"经过"极"过渡到"太极"或"大全"的观念，以"大全"作为形上综合的本体。冯友兰以逻辑的分析证明预设"理"的观念的必要性，而以"理智的总括"证明预设"大全"观念的必要性。他说："在新理学形上学的系统中，第四组主要命题是：总一切底有，谓之大全，大全就是一切底有。借用中国旧日哲学家的话说：'一即一切，一切即一'。"② "大全"是新理学形上学的第四个基本范畴，新理学对"大全"做了如下的规定：

第一，大全是"总一切的有"。冯友兰说："一切事物均属于大全。但属于大全者不仅只一切事物。……所谓一切，不只是实际中的一切，而是真际中底一切（真际包括实际）。有实际底有者。有只有真际底有者。总一切的有，谓之大全。"在这里，大全同一切事物相对而言，实际中的一切事物是"部分的全"，仅仅以一个侧面表现大全中的某些理；大全作为真际中的一切，则把一切理包容于自身。大全中除了包括现存事物所表现出来的理之外，还包括"纯真际"的理即未来事物将表现出来的理。因此，"大全"超然于"实际底世界"，又不断地表现于"实际底世界"，"它好比一个无尽藏，随时取之不尽，用之不竭"。由无限多的理构成的"大全"，乃是由有限的事

---

① 冯友兰：《新理学》，重庆商务印书馆 1939 年版，第 99 页。

② 冯友兰：《新知言》，重庆商务印书馆 1946 年版，第 65 页。

物组成的"实际底世界"的总根源。

第二，大全是"不可思议的观念"。冯友兰说："大全是一观念，观念在思中，而此观念所拟代表者，则不可为思之对象。……如以大全为对象而思之，则此思所思之大全，不包括此思。不包括此思，则此思所思之大全为有外，有外即不是大全。所以大全是不可思议底。大全既不可思议，亦不可言说，……不可思议，不可言说者，亦不可了解"。这表明大全是至高无上的绝对观念。它同思维是同等程度的范畴，因此不能再成为思维的对象，所以大全是"不可思议"的。冯友兰主张大全"不可思议""不可言说""不可了解"这就使大全观念具有了神秘主义性质。

第三，大全是"哲学中所说的宇宙"。冯友兰说："大全亦称宇宙。此所谓宇宙，并不是物理学或天文学中所谓宇宙。物理学或天文学中的所谓宇宙，是物质底宇宙。物质底宇宙，亦可说是全，但只是部分底全，不是大全。"① 他把哲学所说的宇宙同天文学所说的宇宙区别开来，反对旧的自然哲学的观点，这是正确的。不过他严格区分二者的界限，是想说明大全是关于宇宙的观念，而不是客观物质世界自身。然而它却主宰着只是"部分的全"的物质世界。换言之，大全在逻辑上先于物质世界，是第一性的，而物质世界是第二性的。

上述规定表明，"大全"从范围上说，大于实际世界；从逻辑上说，先于实际世界，因此，它是整个实际世界的综合本体。新理学把观念性的"大全"说成是世界的本原，充分表明新理学的宇宙观的客观唯心主义实质，即颠倒了思维与存在的关系。新理学宣布"理""大全""太极""真际"等是实在的，但无法说明它们究竟在哪里，所谓超时空的"潜存""不可思议"等不过是回避这个问题的遁词而已。"大全"真正不可思议的原因在于，它是思维的绝对化，因而不可能再成为思维的对象。新理学的形上学所描述的宇宙是一个二重化的宇宙：一是"大全"，指思维的宇宙；二是物质的宇宙。思维的宇宙处于优越的位置，物质的宇宙处于从属的位置，这种宇宙观的客观唯心主义是不言而喻的。冯友兰把"大全"设置在物质的宇宙之前，强调

---

① 冯友兰：《新原道》，重庆商务印书馆 1946 年版，第 118、120、118 页。

物质的宇宙从部分的意义上表现大全，等于把大全视为物质宇宙追求的目标。从这里我们可以看出，新理学提出大全的观念，实则是从形上的维度解释物质世界的"目的因"。

综上所述，新理学的形上学把现存世界说成经验中的"实际"之后，从所谓"实际"出发，进一步抽象出、分析出本体"理"作为解释事物的形式因，总括出、综合出本体"大全"作为解释事物的目的因，抽象出经验材料"气"作为解释事物的质料因，总括出纯粹的流变过程"道体"作为解释事物的动力因，以这四个"逻辑底观念"构成新理学本体论学说的基本架构。这四个"逻辑底观念"，都是围绕着"理世界"这一核心观念展开的。理的总和就是"理世界"。"理世界"被设置为上位概念，在外延上包容作为下位概念的"实际世界"，所以，"理世界"就是大全、就是真际。气是"理世界"中的理由真际转化为实际中的事物的质料因，道体则是促成这种转化的动力因。"大全"并不是实际存在的一切事物的总和，因为实际中的一切事物仅仅是"部分的全"。在实际之上还有由"理"组成的真际，真际包括实际。换句话说，只有真际才称得上"大全"。在新理学中，"理世界""真际""大全"的哲学意义相同，都是对本体界的称谓。大全是实际存在的一切事物发展的总目标，从这个意义上说，它构成一切事物发展的目的因。冯友兰的"理世界"本体论，有如下特色：

第一，紧紧抓住思维与存在的关系，勾勒出二重化的世界图式。新理学对事物存在的哲学依据做了比较充分的解释，形成系统的存在本体论学说。这种学说并不否认客观世界（在新理学中称为"实际世界"）的实在性，可是，却把客观世界的实在性归结为"理世界"的实在性，从而把程朱理学的"理在事先"说同西方哲学中一般先于个别的实在主义学说融合在一起了。在存在本体论方面，新理学推进了儒家学理，理论深度也超过了梁漱溟和熊十力。新理学对于事物确定性的解释，显然比梁漱溟和熊十力的说法更有解释力。同梁漱溟、熊十力主体设定客体的思路不同，冯友兰采取了客体主义的思路。在新理学中，思维和存在之间的矛盾得到充分地展开："理世界"或"真际"作为共相或一般概念的总和，相当于思维；而"实际"则是存在的同义语。唯其如此，在新理学中，"理世界"与现实世界或者"真际"

与"实际"，也就形成了对立的关系。程朱理学所讲的"一个世界"，在新理学中变成了"两个世界"，贯彻了冯友兰"接着程朱理学讲，而不照着程朱理学讲"的意向。

第二，凸显本体的超越性，为儒家伦理的普适性提供哲学依据。新理学的本体论思考，其理论兴趣并不仅仅在于解释"事实的世界"，最终目标还在于建立"意义的世界"或者"价值的世界"。证明"理世界"的存在本体论意义，只是冯友兰演绎儒家现代意义所做的第一步工作，他要做的第二步工作则是把"理世界"作为"讲人道之根据"，进而演绎儒家的价值本体论。新理学的本体论思考，出发点是存在本体论，同西方哲学的思路比较接近；归宿点却是价值本体论，回到了中国哲学的传统。冯友兰坦言"理世界"有神秘主义色彩，宣称道体不可思议，大全不可思议，已经超越了理性主义思路，然而这正是本体论思考的"最高底得获"。他说："有许多哲学底著作，皆是对于不可思议底思议，不可言说底言说，学者必须经过思议，然后可至不可思议底。经过了解，然后可至不可了解底。不可思议底，不可了解底，是思议了解的最高底得获。哲学底神秘主义是思议了解的最后底成就，不是与思议了解对立底。"[①] 在价值本体论的意义上，冯友兰把"理世界"称为"圣域"，即成就儒家所说的圣人的哲学依据。由于"理世界"具有超越性、至上性、恒常性，使儒家伦理的普适性得到论证。儒家伦理作为"人之所以为人"的道理，不仅适用于古代社会，同样也适用于现代社会。儒家伦理历来注重道德规范，"理世界"也为这种规范诉求作了哲学论证。相比较而言，梁漱溟和熊十力重视道德的自觉性，以现代的方式接续了陆王心学的学脉；冯友兰重视道德伦理的规范性，以现代的方式接续了程朱理学的传统。

第三，受到方法的限制，有多元主义的色彩。程朱理学采用整体直观的方法，所形成的本体论以"天理"为核心范畴，有一元论的色彩。用朱熹的话说，"统体以太极，物物一太极"，"一个就是万个"。所谓"理一分殊"，强调的是"天理"为"一"，具体事物为"多"。"多"受到"一"的制

---

① 冯友兰：《新原道》，重庆商务印书馆 1943 年版，第 194 页。

约，各个事物之间是有内在关系的。新理学采用逻辑分析的方法，"就一个一个事物著思"，所形成的本体论以"理世界"为核心范畴，有多元论的色彩。"理世界"是无数个理的集合，各个理都是独立自存的，不存在一个把众理贯穿为一体的"天理"。在新理学中，众理之间的关系已变成外在关系，不再是程朱理学所讲的内在关系。新理学中的理，实际上是知性概念的本体化。这种知性思维的局限，乃是造成其本体论学说多元主义色彩的根本原因。冯友兰还放弃了朱熹"心包万理"的说法，强调理具有"纯客观"的性质，强调理是自在之物。

（原载于《中州学刊》2008 年第 5 期）

贺麟对新儒者的定位

贺麟（1902—1992 年），字自昭，四川金堂人。毕业于清华大学之后，到美国奥柏林大学、哈佛大学留学，获硕士学位，后留学德国柏林大学。回国后执教于北京大学哲学系。他沿着理性主义思路，把新黑格尔主义同陆王心学结合起来，创立了新心学思想体系，设计了新式儒者人格。

一

贺麟承认自己是个唯心主义者。他这样概括唯心主义的论纲："合心而言实在，合理而言实在，合意义价值而言实在。换言之，唯心论者认为心外无物，理外无物，不合理性，不合理想，未经思考，未经观念化的无意义无价值之物，均非真实可靠之物或实在。"① 他强调，唯心论所说的心乃是逻辑意义上的心，与理是同一的，故而心即理。心或理既是实在的依据，又是价值的源头。从价值源头的意义上说，唯心论可以成为儒家仁学的哲学基础。"从哲学看来，仁乃仁体。仁为天地之心，仁为天地生生不已之生机，仁为自然万物的本性。仁为万物一体、生意一般之有机关系和神契境界。"② 就这样，贺麟通过确立唯心论的哲学信仰，实现了向儒家学脉的复归。

基于唯心论的哲学识度，贺麟对儒者人格做了新的诠释，力图赋予儒者现代性的品格。他写道：

---

① 贺麟：《哲学与哲学史论文集》，北京商务印书馆 1990 年版，第 129 页。
② 贺麟：《文化与人生》，上海商务印书馆 1947 年版，第 10 页。

何谓"儒者"？何谓"儒者气象"？须识者自己去体会，殊难确切下一定义，其实也不必呆板说定。最概括简单地说，凡有学问技能而又具有道德修养的人，即是儒者。儒者就是品学兼优的人。我们说，在工业化的社会里，须有多数的儒商、儒工以作柱石，就是希望今后新社会中的工人、商人，皆成为品学兼优之士，亦希望品学兼优之士，参加工商业的建设，使商人和工人的道德水准和知识水平皆大加提高，庶可进而造成现代化、工业化的新文明社会。①

贺麟对儒者做了最广泛的解释。在他看来，儒者应该是一种高尚的道德形象，一种品学兼优、德才兼备的理想人格。在处于转型时期的中国，儒者不再是"耕读传家"之士的专称，其中更应当包括儒商、儒工。"若无多数重忠孝仁爱信义和平的道德修养的儒商、儒工，以树立工商的新人格模范，商者凭借其经济地位以剥削人，工者凭借其优越技能以欺凌人、傲慢人，这社会秩序将无法安定，而中国社会亦殊难走上健康的工业化的途径。"② 如何适应中国社会现代化发展的精神需求，突破传统的儒者人格模式，设计新式儒者人格，这是贺麟在创立现代新儒学思想体系时必须回答的核心问题。

二

在贺麟的心目中，新式儒者的第一个特征是合理性。新儒者首先应当是理性的体现者，"合理性即所谓'揆诸天理而顺'。"新式儒者同传统儒者一样，都应当自觉地接受道德规范的约束，并且把自觉性建立在道德理性主义的基础之上。依据合理性原则，贺麟表示接受儒家的三纲观念，并且用理念的绝对性证明三纲的权威性。他认为，五伦仅表示相对的伦理关系，对于双方都有约束性，一方对另一方尽道德义务是有条件的。比如，臣是否尽臣

---

① 贺麟：《文化与人生》，上海商务印书馆 1947 年版，第 11—12 页。
② 贺麟：《文化与人生》，上海商务印书馆 1947 年版，第 11 页。

道，应视君是否尽君道而定。三纲把这种相对的伦理关系提升到绝对的伦理关系。"先秦的五伦说注重人对人的关系，而西汉的三纲说则将人对人的关系转变为人对理、人对位分、人对常德的单方面的绝对的关系。故三纲说当然比五伦说来得深刻而有力量。举实例来说，三纲说认为君为臣纲，是说君这个共相，君之理是为臣这个职位的纲纪。说君不仁臣不可以不忠，就是说为臣者或居于臣的职分的人，须尊重君之理，君之名，亦即是忠于事，忠于自己的职分的意思。完全是对名分、对理念尽忠，不是作暴君个人的奴隶。"① 贺麟所说的"理念"是指认同理性的自觉意识。在他看来，这个意识是超越的意识，具有普遍性和理想性，同人与人的现实关系无关。这样，他便从"理念"的绝对性引申出三纲的权威性，将其说成是超历史、超现实的伦理信念。他由此得出的结论便是：儒家的纲常伦理不仅是古人的行为规范，同样也是今人的行为规范，只有自觉地接受这种规范的约束，方可称为儒者。毋庸讳言，贺麟提出的合理性原则维护了儒家理性专制主义传统，但也应看到，他在抗日战争时期这一特定历史条件下提出此说，也有维护民族群体的积极意义。

三

在贺麟的心目中，新式儒者的第二个特征是合人情。在"何谓儒者人格"的问题上，贺麟是个理想主义者；但他又强调理想不是抽象的，而是具体的，理想通过现实得以体现。基于理想与现实统一的观点，他在倡导合理性的同时，又倡导合人情。所谓合人情是针对宋明理学"存天理灭人欲"之说而发的。贺麟认为，"存天理灭人欲"之说过分强调抽象化了的天理，极力排斥现实的人欲，确有"以理杀人"之弊，是不近人情的，因而这种观念应当纠正。"近代伦理思想上有一大的转变，早已超出中古僧侣式的灭人欲、存天理、绝私济公的道德信条，而趋向于一方面求人欲与天理的调和，求公与私的共济，而另一方面又更进一步去设法假人欲以行天理，假自私以济

---

① 贺麟：《文化与人生》，上海商务印书馆1947年版，第60页。

大公。"① 依这种看法，贺麟不再坚持理欲对立的观点，坦然承认人欲的正当性，强调理欲的相容性和共济性。他指出，如果恰当地看待人欲，人欲可以成为促使天理实现的积极因素，乃至不可缺少的前提条件。如果道德生活完全脱离了人的欲望、需求，这必然陷入空虚、贫乏和不近人情。

依据合人情原则，贺麟重新审视道德与功利的关系，纠正传统儒学的非功利主义的价值导向。他认为，道德与功利不是不相容的对立关系，而是具有相容性的主从关系或体用关系。"理财与行仁政，并不冲突，经济的充裕为博施济众之不可少的条件。"② 如果正确看待功利，它不但不与道德理想对立，反而可以成为实现道德理想的不可缺少的条件。例如，"我们不能说求金钱是人生的目的。但可利用金钱作为发展个性、贡献国家、服务社会的手段。"③ 人们在谋求功利、维护功利、分配功利的时候，只要不违反恕道和公平的原则，就不应该受到责备；如果以功利奉献社会，更应当受到鼓励。在这里，贺麟大胆地纠正了以往儒家的偏见，表现出新式儒者的价值取向。不过，他并没有放弃儒家道德至上的原则。在他看来，道德依旧是体，功利仍旧是用，功利是围绕着道德的轴心转的。作为现代新儒家，他不想全部推翻儒家的价值观念体系，而是谋求道统与现代的对接。通过这样一番转换，他把由商品经济升华来的功利取向充实到儒家思想之中。他把儒家的道德理想主义诠释为"新式功利主义"，强调"这就是为全体为社会设法谋幸福，为平民求利益的道德理想。"④

依据合人情的原则，贺麟提出知、情、意统一的观点。他认为理智（知）、情感（情）、意志信念（意）都根源于人对道或理的体认。"道本浑然一体，难以形容。如言其要，可以真情真理表之。哲学家见道而表出之，则为真理；文学家见道而发抒之，则为真情。真理真情既同出一源，故并无冲突。"⑤ 对于真理真情矢志不渝，也就是真意。贺麟认为信念、情感，都可以

① 贺麟：《文化与人生》，上海商务印书馆 1947 年版，第 66 页。
② 贺麟：《文化与人生》，上海商务印书馆 1947 年版，第 10 页。
③ 贺麟：《文化与人生》，上海商务印书馆 1947 年版，第 11 页。
④ 贺麟：《文化与人生》，上海商务印书馆 1947 年版，第 209 页。
⑤ 贺麟：《哲学与哲学史论文集》，北京商务印书馆 1990 年版，第 121 页。

被视为知识的不同形式。信念只有建立在理智的基础上才不至于流为迷信，理性只有经过对象化、具体化，才能获得激励人的力量。如果离开理性的指导或理想的引导，感情则会流为盲目的冲动；如果离开感情的支撑，理性则会抽象化。真情与真理相互为用："爱情中即包含有知识，因爱情的力量尤可使知识发达，知识中亦包含更深的爱情，因智识亦可引起爱情。真情就是真理，真理就是真情。无情就是无理，无理亦必无情。"① 在贺麟看来，知、情、意三者都是成就理想人格不可或缺的因素：知帮助人认识宇宙人生的真理，情帮助人养成美化的道德和优雅的风度，意使人坚定地把真理真情贯彻到行动之中。

四

在贺麟的心目中，新式儒者的第三个特征是合时代性。贺麟反对把儒学看成一套一成不变的、僵死的信条，强调它是一门随着时代的发展而发展的学问。其实，儒家的鼻祖孔子本人就是一位"圣之时者也"，历来主张"礼以时为大"。由此看来，合时代乃是儒学题中应有之义。据贺麟解释，合时代就是"审时度势，因时得宜"，使儒学适应时代精神的要求。

贺麟指出，儒学要想适应新时代的要求，必须实行现代转换。第一，要容纳商业意识，扩大儒者的外延。旧式儒者往往专指耕读传家的读书人，把商人排斥在儒者之外，这种观念应当改变。在现代社会中，商人须受到应有的尊重，尤其需要儒商、儒工出来做社会的柱石。第二，要发扬民主精神，养成现代的诗礼风度。贺麟反对把儒学看成封建主义的代名词，认为在儒学中包含着民主的因素，如"天视民视""民贵君轻"等。这种民主因素可以会通现代的民主观念，养成新式的诗礼风度。例如，竞争选举、国会辩论、政治家的出入进退，都有"礼"的意味；人们在工作之余唱歌跳舞，自得其乐，相当美化而富有诗意。这都是现代儒者应有的风度。第三，要重新认识五伦观念，使之与西方近代的人本主义精神融会贯通。贺麟认为五伦是

---

① 贺麟：《文化与人生》，上海商务印书馆 1947 年版，第 318 页。

儒家礼教的核心，是维系中华民族群体的纲纪，在现代社会仍可发挥作用。尽管实施五伦的礼节仪文已经过时，但五伦的人本主义精神并没有过时。"西洋自文艺复兴以后，才有人或新人的发现。十七世纪和十八世纪内，人本主义盛行。足见他们也还是注重人及人与人的关系，我们又何必放弃自己传统的重人伦的观念呢。"① 他从儒家那里接过五伦观念，剔除其中的宗法意涵，突出人本主义的新内容，试图把它变成与现代社会相适应的道德观念。

从贺麟的合时代的原则中反映出，他以开放的心态看待儒家传统、看待西方文化、看待工商业文明、看待民主政治、看待人际关系、看待中国社会的发展前景。他努力淡化儒学的专制色彩，凸显其现代性，在一定程度上突破旧范式，适应了现代中国社会价值观念转换的大趋势。他构想的儒者人格观念是市场经济在价值观中的体现，同以自然经济为基础的旧观念相比，无疑具有进步意义。

贺麟作为现代新儒家，对孔子十分尊重，然而他没有把孔子重塑成新儒者的楷模。在贺麟的心目中，新儒者的楷模应当是孙中山先生。"他在创立主义、实行革命原则中，亦以合理性、合人情、合时代为标准，处处皆代表典型中国人的精神，符合儒家的规范。"② 贺麟在承接儒家道德理想主义的同时，一方面注意到天理与人欲的协调，另一方面又注意到传统与现代的沟通，力图对儒家的传统观念加以改铸发挥，移入现代中国社会。他所设想的儒者人格在中国没有变为现实，但他提出的思路对于我们今天如何处理传统文化与现代化的关系，仍可引为借鉴。

[原载于《中国矿业大学学报》(社会科学版) 2005 年第 1 期]

---

① 贺麟：《文化与人生》，上海商务印书馆 1947 年版，第 53 页。
② 贺麟：《文化与人生》，上海商务印书馆 1947 年版，第 15 页。

从阳明学到新心学的思想轨迹

——论贺麟知行观的新开展

贺麟作为新心学的创立者，当然不会不研究心学的集大成者王阳明的学术思想。他很重视王阳明的知行合一说和致良知之教，以此作为谋求知行观新开展的出发点。

贺麟认为，王阳明提出的知行合一说具有很重要的理论价值。"王阳明之提出知行合一说，目的在为道德修养，或致良知的功夫，建立理论的基础。"王阳明在他的得意弟子徐爱在世的时候，经常同徐爱在一起讨论知行合一问题。可惜，徐爱短命而亡，从此王阳明本人很少谈论知行合一问题。王阳明的后学很少继承和发挥王阳明的知行合一说，王阳明的批评者也很少涉及这一问题。贺麟扭转了这一局面，十分重视研究知行合一说。他说："知行合一说虽因表面上与常识抵触，而易招误解，但若加正当理解，实为有事实根据，有理论基础，且亦于学术上求知，道德上履践，均可应用有效的学说。而知行问题，无论在中国的新理学或新心学，在西洋的心理学或知识论，均有重新提出讨论，重新加以批评研究的必要。"

一

在欧美大学哲学系接受过系统的哲学理论思维训练的贺麟，发挥其长于理论分析的优势，对王阳明的知行合一说提出独到的理解。据贺麟研究，王阳明的知行合一说有两个含义。第一个含义是"补偏救弊的知行合一"。例如，王阳明曾说："行之明觉精察处便是知，知之真切笃实处便是行。若行而不能明觉精察便是冥行，所以必须说个知；知之不能真切笃实，便是妄想，所以必须说个行。原来只是一个工夫。古人说知行，皆是就一个工夫上补偏救弊说，不似今人截然分作两件事做。如今说知行合一，虽亦是就今时补偏救弊说，然知行体段本来如是。"（《王阳明全集·语录》）在贺麟看来，所谓"补偏救弊的知行合一"说，乃是针对当时思想界的弊端而提出的补救办法，"即是勉强将知行先分为二事，有人偏于冥行，便教之以知以救其弊；有人偏于妄想，便教之以行以救其弊。必使他达到明觉精察之行，真切笃实之知，或知行合一而后已。这样一来，知行合一便成了理想，便须努力方可达到或实现的任务（aufgahe）。"① 王阳明提出补偏救弊的知行合一说，具有很强的针对性。理学成为科举的题库和教科书以后，大多数士子研习理学，只是为了获取功名，并没有树立真诚的信念，亦不准备付诸生活实践，故而为王阳明所病诟。对于王学的这层意思，贺麟予以充分肯定，不过，他认为这还不算是王阳明知行学说的精意。从理论上说，王阳明的知行合一说的精意是"本来如是的知行合一，或知性本来的体段"。他从《王阳明全集·传习录》中找到如下根据：

"我今说个知行合一，正要人晓得一念发动处便即是行了。"

"知行原是两个字说一个工夫。这一个工夫须著此两个字，方说得完全无弊病。"

"若会得时，只说一个知，已有行在；只说一个行，已自有知在。"

贺麟把王阳明"本来如是的知行合一说"概括为两个基本观点：一是认为知行为同一发动的两面；二是认为知行平行，合一并进。

贺麟还指出，知主行从是贯穿王阳明知行观的一条基本原则。王阳明说："知是行的主意，行是知的工夫。知是行之始，行是知之成。"（《传习录》）贺麟对王阳明的这一提法评价很高，称"知是行的主意"为讨论知识论问题的不朽名言。这句话表明知不是一堆死概念，认识主体也不是被动地接受外界印象的白纸。王阳明充分肯定认识的主动性，强调认识支配行为的作用。在贺麟看来，"这个学说与鲁一士'观念是行为的计划'（Idea is a

---

① 贺麟：《五十年来的中国哲学》，辽宁教育出版社 1989 年版，第 130、130、147 页。

plan of action），或'观念是行为的指南'（Ideaisaguide to action）的说法如合符契，一扫死观念、空观念、抽象的观念之说。至阳明所谓'行是知的工夫'，即系认为行为是实现所知的手续或行为是补足我们求真知的工夫之意，意思亦甚深切，且亦确认知主行从的关系。"① 贺麟在推进王阳明的知行合一说时，沿袭了王阳明的知行并进等观点，也沿袭了王阳明知主行从的基本原则。

贺麟很重视王阳明早年提出的知行合一观，更重视王阳明晚年提出的致良知之教。他认为，知行合一说只是讨论知行的关系，对于知行关系的逻辑分析和心理研究有贡献，但还不能反映王阳明的本体论思想和方法论思想。直到王阳明晚年提出致良知之教，才算完成了体用兼赅的理论体系。在王阳明哲学体系中，良知是本体，致良知是工夫，本体与工夫紧密结合在一起。用王阳明的话说，"人心是天渊。心之本体无所不赅，原是一个天，只为私欲障碍，则渊之本体失了。心之理无穷尽，原是一个渊，只为私欲窒塞，则渊之本体失了。如今念念致良知，将此障碍窒塞一齐去尽，则本体已复，便是天渊了。"（《传习录》下）由这段话可以看出，王阳明的致良知是对陆九渊回复本心的直觉方法的继承和发展。王阳明还依据致良知对《大学》中的格物做了新的诠释，认为"格物如孟子'大人格君心'之格。格者，正也。格物者是去其心之不正，以全其本体'良知'之正。"贺麟评述说："不管他是否曲解原书，他所指格物，就是致良知，就是消极地克去此心之不正，积极地回复到本心之正。"贺麟认为，王阳明解释经书的风格同陆九渊"六经注我"的风格是一致的，他们的哲学体系都建立在"本体即是主体"的原则之上。

贺麟还把陆王心学同西方哲学加以比较，认为本心或良知的哲学含义并不是洛克所批评的那种西方哲学家常说的"天赋观念"。按照洛克的说法，所谓"天赋观念"，其实就是由乳母的迷信、老妇的权威、邻居的喜怒赞否等外部经验逐渐熏陶而形成的道德意识。贺麟指出，这种"天赋观念"同陆王所说的本心或良知并不是一回事，因为陆王都拒斥这种由外部经验熏陶

① 贺麟：《五十年来的中国哲学》，辽宁教育出版社 1989 年版，第 151 页。

而成的"天赋观念",认为这种观念是对本心或良知的桎梏,正是发明本心或致良知所要克治的因素。陆九渊所说的本心和王阳明所说的良知,不是指"天赋观念",大体上相当于康德所说的"道德律令"。"康德所谓道德律即是我固有之,非由外铄,心与理一的良知或本心。要想认识这种道德律,不能向外钻究,只需向内反省。因为陆王的本心,既非经验所构成,故他们的方法不能采取向外研求的经验方法,而特别提出向内反省以回复本心的直觉法。"① 在现代新儒家当中,贺麟是最早发现儒家哲学与康德哲学相似之处的学者。他的这一发现几乎得到所有现代新儒家的认同。

学术界通常认为,王阳明主张知行合一,朱熹主张知先行后,二者在知行观方面有根本分歧。贺麟不认同这种流行的说法。他把朱熹的知行观定位为"理想的价值的知行合一观"。他指出,朱熹的知行观与王阳明的知行观虽然有很大的区别,但不构成根本的对立。朱熹强调知先行后,把知行合一视为理想目标,在知与行之间拉开相当大的距离,没有王阳明那种即知即行的说法。在朱熹的知行观中,知与行的界限是明确的;而在王阳明的知行观中,知与行之间不存在严格的界限。尽管如此,王阳明与朱熹在知行观方面却存在着许多共同点。贺麟认为他们的知行观都是价值的知行合一观,朱熹为理想的价值的知行合一观的代表;而王阳明则是直觉的价值的知行合一观的代表。因此,他们的知行观是相通的:"其实,朱子虽注重艰苦着力的理想的知行合一观,但当他讲涵养用敬、讲中和、讲寂感时,已为王阳明的直觉的知行合一观,预备步骤。王阳明虽将直觉的率真地知行合一,但当他讲知行之本来体段时,已具有浓厚的自然知行合一观的意味,故自然的知行合一论,实由程朱到阳明讨论知行问题所必有的产物。"他认为,朱熹与王阳明的学说同中有异,异中有同,比较全面地看待二者之间的思想联系,没有受到门户之见的束缚。立足于程朱与陆王的会通,这是贺麟新儒学思想的独到之处。

① 贺麟:《哲学与哲学史论文集》,北京商务印书馆1947年版,第189页。

二

对于王阳明的知行合一说，贺麟并不照着讲，而是接着讲。他讲出的新意，就是把王阳明"率真的知行合一说"，发展为"自然的知行合一说"。

贺麟对王阳明知行合一说的特点做了这样的概括："我们试仔细理会阳明的意思，则如他所谓知行合一的本体，即非理想的，高远的，亦非自然的，毫无价值意味的，而乃持一种率真地或自动地（Sponeaneous）知行合一观。所谓率真的或自动的知行合一观，就工夫言，目的即手段，理想即行为，无须高悬理想设远目的于前，而勉强作积年累月之努力，以求达到。知与行紧紧发动，即知即行，几不能分先后，但又非完全同时。换言之，可以说，就时间言，知与行间只有极短而难以区分之距离。如见父自知孝，见兄自知悌，见孺子入井自知往救等，便是阳明所谓知行合一的真体段。"① 他引用了王阳明在《传习录》中答徐爱的一段话证明他的看法。王阳明说：

> 爱问今人尽有知父当孝兄当悌者，即不能孝不能悌，知行分明是两件事。曰：此已被私欲间断，不是知行本体。未有知而不行者，知而不行，只是不知。圣贤教人知行，正是要复那本体。故《大学》说：如好好色，如恶恶臭。见好色属知，好好色属行。只见好好色时已自好了，不是见后又立个心去好。闻恶自属知，恶恶自属行，只闻恶臭时已自恶了，不是闻后别立个心去恶。

贺麟对王阳明"率真的自动的知行合一观"作了两点分析：第一，王阳明的知行合一观最接近自然的知行合一观，但又不同于自然的知行合一观；第二，王阳明虽反对高远的理想的分而后合的知行合一，但他仍在知行之间拉开极短的距离，因而仍然是理想性的、有价值意味的。基于这种分析，贺麟对朱熹和王阳明的知行观做了比较。他指出，朱熹关于知行问题的根本见

① 贺麟：《五十年来的中国哲学》，辽宁教育出版社 1989 年版，第 283、149 页。

解，包含着两个基本点。一是从理论上说，知先行后，知主行从；二是从价值上说，知行应当合一，穷理与履践应当兼备。因此，朱熹的知行合一观虽然从知先行后起步，但仍以知行合一为归宿。他引证朱熹的原话作为立论的依据。朱熹说："向南轩云，致知力行互相发。曰：未必理会相发，且各项做将去。若知有未至，则就行上理会。少间，自是互相发明。学者工夫，唯在居敬穷理二事，此二事互相发。能穷理则居敬工夫日益进。能居敬则穷理工夫日益密。譬如人之两足，左足行，则右足止。右足行则左足止，其实则是一事。"（《朱子语类》卷九）

贺麟以上述分析为基础，提出新心学中的"自然的知行合一观"，试图把知行合一说从实践哲学提升到理论哲学的高度。在王阳明那里，从"知行不一"到"知行合一"有一个过程，中间需要人为的努力。贺麟把这个过程取消了，强调知行在理论上不可能不合一，故而称之为"自然的知行合一"。

三

"自然的知行合一说"的第一个基本观点是"知行同时活动"。为了证明二者同为活动，贺麟不再像王阳明那样把"知"界定为"良知"，把"行"界定为"致良知"，而是他对知行范畴作了意识现象学的释义。

关于"知"，贺麟的说法是："知指一切意识的活动。……任何意识的活动，如感觉、记忆、推理的活动，如学问思辨的活动，都属于知的范围。"在贺麟那里，"知"的范围极广，不限于通常所说的"知识"。他把"知"等同于"意识的活动"，抽掉了具体的认识内容。关于"行"，贺麟的说法是："行指一切生理的活动。……任何生理的动作，如五官四肢的运动固然属于行，就是神经系的运动，脑髓的极细微的运动，或者古希腊哲学家所谓火的原子的细微的运动，亦均属于行的范围。"他所谓的"行"，范围亦极广，不限于通常所说的"行动"或"实践"。他对"行"的解释是抽象的，没有具体内容，只是视为意识活动的生理基础。他没有把认识论意义上的"知"，同意识现象学意义上的"知"区分开来，也没有把实践论意义上的"行"，同意识现象学意义上的"行"区分开来。

贺麟抓住意识现象中生理活动与心理活动密不可分这一点，把知与行紧密联系在一起。既然知与行同为"活动"，二者之间就不存在质的差别：不能说行是动的，知是静的。"只能说行有动静，知也有动静。"从这一观点出发，他不认同通常的知行有别的说法，强调知与行的同一性。

贺麟把知区分为"显知"与"隐知"两个层面。沉思、推理、研究学问等，属于"显知"的层面；本能的意识、下意识的活动等，属于"隐知"的层面。"显知与隐知间亦只有量的程度的或等级的差别，而无根本的不同或性质的不同。"他把行区分为"显行"和"隐行"两个层面。动手动足的行为，属于"显行"；静思沉坐的行为，属于"隐行"。"显行与隐行间只有量的程度或等级的不同，同是行为，而且同是生理的或物理的行为。"基于这种区分，他得出两条结论：第一，"最隐之行"差不多等于无行，然而又表现为"最显之知"，显知与隐行密不可分；第二，"最隐之知"差不多等于无知，然而又表现为"最显之行"，隐知与显行密不可分。总之，无论在何种情形，知与行都构成同一关系，不存在原则界限。通过对知行范畴做意识现象学释义，贺麟消解了"行"的客观实践性，得出与王阳明大体一致的结论。在"销行以归知"这一点上，贺麟同王阳明是一致的，可是思想进路不一样。王阳明采取的是道德先验的进路，贺麟采取的是抽象分析的进路。

四

以"知行同是活动"为前提，贺麟提出"自然的知行合一说"的第二个基本观点："知行永远合一"。他说："任何一种行为皆含有意识作用，任何一种知识皆含有生理作用。知行永远合一，永远是一个心理生理活动的两面。"他的理由是："因为只要人有意识活动（知），身体的跟随无论如何也是无法取消的。此种知行合一观，我们称为'普遍的知行合一论'。亦可称为'自然的知行合一论'。一表示凡有意识之伦，举莫不有知行合一的事实，一表示不假人为，自然而然即是知行合一的事实。"① 展开来说，知行合一的

---

① 贺麟：《近代唯心论简释》，重庆独立出版社 1943 年版，第 53、53、54、132、59—60 页。

情形表现为两点。

第一，从横的角度看，知行同时发动，为一个整体的两个方面。"知行合一乃是知行同时发动之意。据界说，知是意识的活动，行是生理的活动。所谓知行合一就是这两种活动同时产生或发动。在时间上，知行不能分先后。不能说知先行后，亦不能说知后行先。两者同时发动，同时静止。""知与行即是同一活动的两面，当然是两者合一的。若缺少一面则那心理生理的活动，便失其为心理生理的活动。""所谓知行是同一活动的两面，亦即是说知行是同一活动的整体中的中坚分子或不可分离的本质。无无知之行，亦无无行之知，知与行永远在一起，知与行永远互相陪伴着，好像手掌与手背是整个手的两面。"①

贺麟的这种讲法，有一定的道理。知与行当然不可以截然分开，但这只是二者关系的一个方面，即具有同一性。但不能过分夸大同一性而否认二者之间的差别性。只有承认二者之间的差别性，才能对从行到知、从知到行、循环往复以至于无穷的认识发展过程作出合理的解释。如果像贺麟那样，把知与行看成是手心与手背那样的同一关系，认识如何有发展的可能？知行两面说脱离了认识的具体的历史发展过程，有意无意地把知行关系表述为抽象的同一性，有如黑格尔所说的那种"在黑夜里看牛，一切牛都是黑的"抽象的同一性。

第二，从纵的角度看，知行平行。"知行合一又是知行平行的意思。平行说与两面说是互相补充的。单抽出一个心理生理的孤立活动来看，加以横断面的解剖，则知行合一乃知行两面之意。就知行在时间上的进展言，就一串的意识活动与一串的生理活动之合一并进言，则知行合一即是知行平行。"② 据贺麟分析，知行平行有三层意思。第一，知行并进，次序相同；第二，知行不能交互作用；第三，知行各自成系统，各不逾越范围：以知释知，以行释行。如果说两面说夸大了知行的同一，而平行说则夸大了知行的对立。贺麟试图对知行皆作动态的解释，把知行分别描述为单独的演化过程，

---

① 贺麟：《五十年来的中国哲学》，辽宁教育出版社 1989 年版，第 132 页。

② 贺麟：《近代唯心论简释》，重庆独立出版社 1943 年版，第 57 页。

但并不成功。问题在于他并没有把客观实践意义上的"行"纳入知行观中。新心学视野中的"行"，只是空洞的"生理活动"，没有实际内容。这样的"行"，不可能成为认识的基础、源泉和发展动力，对"知"没有解释力，势必导致"行不能决定知""以知释知，以行释行"的观点。贺麟还是把自己限制在意识现象学的范围内，试图从意识自身寻找认识的源泉，忽略了客观实践在认识发展中的地位。

贺麟提出了两面说，又提出了平行说，似乎很全面，但由于脱离了具体的、历史的认识发展过程，都成了没有具体内容的抽象思辨。他似乎没有觉察到，两面说与平行说在学理上是不能兼容的。两面说仅就单一整体而言，谈不上平行与否；平行说是对两个无限伸展系列而言，并无法构成一个整体。由此可见，贺麟在考察知行关系时，并没能做到在统一中把握对立、在对立中把握统一。无论两面说，还是平行说，都是在意识的范围中转圈，没有具体考察认识与实践的相互关系。

五

贺麟强调，他提出的自然的知行合一观有许多地方可以同王阳明的知行合一说相互印证并且弥补了王阳明的知行合一说的不足之处。例如，王阳明的知行合一说，至少在时间观念上没有说清楚：所谓知行合一，究竟是指知行同时合一呢，还是指异时合一呢？如果说是同时合一，则意味着人同禽兽同为知行合一，智愚、贤不肖也同时合一，这就排除了心性修养的必要性，因而有违于王阳明的本意；如果说知行合一不是同时性的，中间拉开很长的距离，需经过努力方可达到目标，似乎也不符合王阳明的本意。贺麟认为他提出的"自然的知行合一"解决了这些问题，在理论上更为圆融。

贺麟认为，他提出的自然的知行合一说，同朱熹、王阳明的知行观皆有内在的联系，可以说是儒家知行观的第三个发展阶段。贺麟强调自然的知行合一观是理论上的新发展，但并没有因此而贬低朱熹、王阳明在知行观方面的贡献。

陆九渊与王阳明是对贺麟影响最大的中国哲学家，他所创立的新心学可以说是陆王心学在现时代的转换，在现时代的继承和发展。新心学与陆王心学之间存在着十分密切的思想联系。第一，新心学继承了陆王心学的主体性原则，并自觉地从现代哲学的角度加以论证。贺麟提出的"心为物之体，物为心之用"，同陆九渊提出的"吾心即是宇宙，宇宙便是吾心"，同王阳明提出的"心外无理，心外无物"是一脉相承的。第二，新心学继承了王阳明的知行合一论，并且从生理学和心理学的角度加以发挥，形成了自然的知行合一观。他一方面以王阳明的知行合一观印证自然的知行合一观，另一方面以自然的知行合一观发挥、批评、推进王阳明的知行合一观。尽管有些说法有所不同，其基本精神大体上是一致的。第三，新心学继承了陆王扶持纲常名教的传统，从本体论的角度论证三纲五常的合理性。贺麟认为，五伦是礼教的核心，而三纲又是五伦的核心。在他看来，三纲五常在现时代仍旧是行之有效的伦理规范。同陆王一样，贺麟也以扶持三纲五常为己任。不过，他对这一传统的伦理规范按照现时代的要求做了改铸发挥，赋予其现代性的内涵。

贺麟提出的"自然的知行合一说"，实际上把知和行都统一于人，就这一点来说，无疑是正确的。他没有接着西方近代哲学主客二分的思路讲知识论，而是接着王阳明的思路讲知行观，表现出一个中国现代哲学家长独立思考的可贵品格。他在分析技巧、论证方式、表达方式、理论深度等方面，均超过了王阳明。不过，由于贺麟对知和行的界定过于抽象，致使"自然的知行合一说"取消了由不知到知的认识发展过程，因而不能不对人的认识活动和实践活动的理论指导意义失落。如何把"自然的知行合一说"提升到认识与实践具体的历史的统一的高度，应当说还是新心学没有解决的问题。

（原载于《宜宾学院学报》2011 年第 1 期）

策划编辑:方国根　戚万迁

责任编辑:方国根

图书在版编目(CIP)数据

儒学新诠/宋志明 著. —北京:人民出版社,2022.6
ISBN 978－7－01－023181－5

Ⅰ.①儒…　Ⅱ.①宋…　Ⅲ.①儒学-研究　Ⅳ.①B222.05

中国版本图书馆 CIP 数据核字(2021)第 032049 号

儒学新诠

RUXUE XIN QUAN

宋志明　著

人民出版社　出版发行

(100706　北京市东城区隆福寺街99号)

中煤(北京)印务有限公司印刷　新华书店经销

2022 年 6 月第 1 版　2022 年 6 月北京第 1 次印刷
开本:710 毫米×1000 毫米 1/16　印张:24.75
字数:360 千字

ISBN 978－7－01－023181－5　定价:94.00 元

邮购地址 100706　北京市东城区隆福寺街 99 号
人民东方图书销售中心　电话 (010)65250042　65289539